国家社科基金一般项目（17BSH135）
教育部一般规划基金项目（15YJAZH107）

马克思主义社会学与新时代社会治理研究

新生代职业群体
公民行为与社会治理

NEW GENERATION OCCUPATION GROUP
CITIZEN BEHAVIOR AND SOCIAL GOVERNANCE

张凤荣　著

社会科学文献出版社
SOCIAL SCIENCES ACADEMIC PRESS (CHINA)

内容简介

随着我国工业化、城镇化和农业现代化的快速推进，新生代员工正逐渐成为劳动力市场和产业转型升级过程的主力，近年来新生代农民工问题和职业群体失范问题频发，已成为我国社会治理的重点。对新生代职业群体行为开展积极的社会干预，是创新社会治理理念的根本要求，也是法制社会建设的必然选择。

本书是一部从实证调查出发探讨新生代职业群体公民行为与社会治理的学术专著。全书运用调查分析、理论分析、案例分析和实证研究相结合的方法，真实地再现了再社会化过程中新生代职业群体公民行为的类型与样态，形成了一套新生代职业群体公民行为激励机制的分析框架，并且根据创新社会治理理论的要求，有针对性地提出了新生代职业群体公民行为的引导策略和职业群体规范形成的自增强机制，为实现社会治理能力现代化和依法治国目标提供研究依据与对策建议。

1. **以实证调查为依据，从新生代职业群体公民行为生成问题入手，打破了以理论为主的传统研究局限。** 随着工业化程度的不断深化和城市化进程的推进，无论是从数量上看，还是从社会能量上看，新生代职业群体都已经成为城市社会的主体群体。由于成长环境的不同，新生代员工普遍存在离职率高、反权威、团队意识弱化、心理承受力差和工作绩效不稳定等代表性问题。因此，如何提高职业群体竞争力，使之适应社会发展的需要，是新生代职业群体社会治理最迫切的任务。本书第一章通过对新生代职业群体公民行为现状的抽样调查与实证分析，真实地再现了再社会化过程中新生代职业群体公民行为存在的问题，以期为增强新生代职业群体竞争力提供丰富的理论基础和现实依据。

2. **建立法制社会情境的新生代职业群体公民行为结构分析模型，让公**

民行为竞争力成为企业的管理策略和管理工具。公民行为作为员工的一种自愿行为，对提高企业的服务质量水平会产生重要的作用。对于以群体竞争力为推动力的社会治理的发展具有重要意义。本书通过建立结构方程分析模型，考察新生代职业群体公民行为的内涵、类型、特征与影响，探索其个体理性、集体理性与组织认同、职业认同的相关关系，分析其关键行为认同的一致性趋势。建立新生代职业群体公民行为生成激励机制，试图让公民行为成为提高职业群体竞争力可操作化的工具。

3. 创新性地建构新生代职业群体公民行为生成的社会治理多元协同机制。新生代职业群体公民行为的强化效应策略、企业社会责任的推进策略、社会工作介入策略的提出和证明，不仅能够完善和发展新生代职业群体社会治理理论研究，而且对找出问题并探讨基层社会治理创新提供了理论依据依据，为实现社会治理能力现代化和依法治国目标提供研究依据与对策建议。

本书运用了大量社会学和管理学类的文献资料，从分类体系、测度变量、表现形式、行为动机、内在机理等视角出发，结合理论与实践进行实证分析和策略研究，不仅能够为企业新生代员工管理和企业社会工作开展提供相应的技术支持，同时也为当地经济发展和人才建设，基层社会治理能力的提高提供参考建议。全书的内容图文并茂，深入浅出，不仅可作为高等学校社会科学类和经济管理类学生的专业指导书籍，而且可供企业管理者与企业工作人员参考。

关键词：新生代职业群体　公民行为　职业群体竞争力　社会治理

前　言

近年来新生代农民工问题和职业群体失范问题，如本田事件、富士康事件、广东增城事等频发，为什么随着城市化和全球化的进一步发展，社会在不断进步的同时，这些个性鲜明的新生代职业群体，城市社会发展与建设的主体却纷纷出现各种失范行为，是单纯的个体行为，还是企业的管理不当，这背后有什么原因？我们又应该采取何种治理策略？总之，关于职业群体的种种失范行为，似乎社会每一个组织或细胞都或多或少有不可推卸的责任。群体性事件发生的复杂性、多因性决定了社会治理任务的重要性，现阶段企业社会组织在参与治理群体性事件中局限颇多。在创新社会治理理念的要求下，企业该如何承担企业社会责任，整合优势资源，优化自身局限，如何从公民行为视角建立增强企业职业群体竞争力，形成社会治理的可操作化管理工具，使企业社会组织在群体性事件治理中能够更好地与政府携手合作，共同建构新生代职业群体公民行为生成的基层多元协同机制，则显得尤为重要。

《新生代职业群体公民行为与社会治理研究》将解开新生代职业群体背后的种种疑问，从新生代职业群体着手分析，归纳不同层次、不同企业、背景来源不同的新生代职业群体的特征，从法制社会建设过程中新生代职业群体公民行为生成问题入手，探究基层社会治理机制创新，对新生代职业群体公民行为的强化效应，以及社会治理策略进行了全面深入的剖析。

新生代职业群体已经成为城市社会发展的主力军。城市社会的和谐发展与职业群体的现状息息相关，对于频发的新生代农民工问题和职业群体失范问题，新生代职业群体的竞争力还能否起到积极作用？如何避免这种群体性事件的发生？企业社会责任还能否再次发挥有效作用？政府、社会组织、社会工作者又应该如何携手合作进行多元社会治理？本书不是轻率地用行或不行来回答，而是通过深入的实证调查和系统分析，将新生代职业群体的方方面面呈现在广大读者的面前。

群体性事件是指由某些社会矛盾引发，特定群体或临时聚合群体通过非法的破坏性行为来表达利益诉求、维护自身权益、发泄不满情绪，从而对社会秩序造成严重负面影响的各种事件。当前，群体性事件多发于土地征收、房屋拆迁、农民工讨薪、移民安置补偿、国企转制、环境污染、劳资纠纷、灾难事故、校园突发事件与城管执法失当等事件中，呈现出主体成分多元化、事件规模扩大化、内容对象复杂化、表现方式激烈化的发展态势。在实施依法治国与构建和谐社会的大背景下，如何正确看待与妥善处理群体性事件，是对社会治理模式的重大考验。

已踏入职场的"80后"农民工等企业员工作为我国新生代职业群体的主力军，不论是从数量还是从社会能量而言，显然是一个庞大而且还在不断发展的群体，然而在今天飞速发展的知识经济时代背景下，他们却不得不面对就业压力和潜在的生存压力，因此在职业发展过程中，为了获得更多的发展机会，实现阶层的升级，他们在激烈的竞争中不可避免地会发生矛盾与冲突，当冲突无法解决便会进一步升级为群体性的失范事件。层出不穷的职业群体失范问题对企业的发展和社会的和谐稳定带来巨大的挑战，同时，针对我国社会治理政策提出了必须要面对的难题。新生代职业群体是在日益发展的社会中担当重任，还是逐渐演变成社会发展的短板？解决新生代职业群体目前存在的问题，破解困境，不仅是企业承担社会责任的要求，也是我国和谐社会建设的必然选择。新生代职业群体失范问题的社会治理与身在其中的群体、政府及社会组织息息相关，解决新生代职业群体问题，探索多元化社会治理路径至关重要。一旦引导不当，决策失误，将对公民个人、社会组织、企业发展和和谐社会发展进程产生重大影响。因此，本书将新生代职业群体发展中面临的困境悉数呈现，期望为社会治理策略提供理论和实践上的意见和建议。

本书不同于已有的关于新生代职业群体的其他论著，主要从公民行为理论出发，以实证调查为依据，运用多种研究方法，层层递进，步步深入，运用结构方程系统分析方法，探索新生代职业群体公民行为的生成路径，解析利组织性角色外行为形成机理，以及利用新生代职业群体公民行为强化效应推动基层社会治理创新的方法手段。具体来说，本书的工作聚焦于以下四个方面。

第一，"不同视角下的新生代群体研究发现"从职业满意度视角讨论生成公民行为的影响因素和职业认同现状，了解新生代职业群体的职业生涯发展的满意度；又从女性视角入手分析新生代女性农民工这一特殊职业群体在企业组织中的发展状况。在此基础上，运用因子分析、聚类分析、典型相关分析等多种研究方法进行关联性分析。

第二，"主题研究：新生代职业群体公民行为推进分析"建立结构方程分析模型，探讨组织认同下的新生代职业群体公民行为生成机理。在分析再社会化过程中新生代员工职业需求趋势的基础上，探索其工作中表现出的积极主动、责任认同、知识分享、参与决策等群体公民行为的作用现状，探讨具有不同群体特征的新生代员工公民行为的特殊性。

第三，"新生代职业群体社会治理政策研究"以创新社会治理理论为指导，从公民行为角度探索再社会化群体基层社会治理推动力，分析新生代职业群体公民行为的强化效应。

第四，"区位分析：新生代职业群体公民行为生成能力"基于性别差异、地区差异、城乡差异和行业差异，比较新生代职业群体公民行为的生成能力与发展趋势，了解各地区、各行业新生代职业群体在企业中的优劣势状况。

对于社会治理政策的制定者和企业管理者而言，只有学会运用科学、系统的定量分析方法，根据客观事实来准确把握经济发展不同阶段所面临的结构性问题的实质，揭示社会发展与变迁的规律，才能制定出正确的社会治理策略和相应的治理政策。撰写本书的目的，就是为新生代职业群体的发展、企业的发展以及社会结构的优化和秩序的稳定提供理论和实践依据，为相关领域的理论研究者和社会治理决策者解决新生代职业群体失范问题提供理论和定量分析方法。

本书以教育部一般规划基金项目"新生代职业群体公民行为生成与基层社会治理机制创新实证研究"和国家社科基金项目"大数据社会治理精细化推进问题实证研究"的研究成果为基础撰写而成。在研究过程中，吉林大学和长春理工大学的师生参与了数据的收集、整理等工作，东北师范大学研究生方翰林、孙文倩、张征然、钱偏偏参与了模型的构建和文献的整理，在此对他们的工作表示感谢！感谢东北师范大学马克思主义学部学科建设项目的支持，让本书得以付梓！

张凤荣

2018年8月于长春

目 录

第一章 现状、问题与对策 …………………………………………… 1
 第一节 新生代职业群体基本情况分析 ………………………… 2
 第二节 新生代职业群体的主要问题 …………………………… 8
 第三节 新生代职业群体的主要优势 …………………………… 19
 第四节 目标与策略 ……………………………………………… 27

第二章 新生代职业群体行为结构分析 ……………………………… 32
 第一节 新生代职业群体竞争力 ………………………………… 34
 第二节 职业认知、成功与承诺 ………………………………… 42
 第三节 组织、约束与身份 ……………………………………… 57
 第四节 公民行为与群体行为 …………………………………… 93

第三章 新生代职业群体行为归因分析 ……………………………… 124
 第一节 职业认同的系统性差异 ………………………………… 124
 第二节 情感、行为与职业认同 ………………………………… 126
 第三节 性别、嵌入与公民行为 ………………………………… 132
 第四节 职业归属感与利组织行为 ……………………………… 142

第四章 新生代职业群体行为与社会治理机制研究 ………………… 173
 第一节 社会治理概念的发展历程 ……………………………… 173
 第二节 新生代职业群体的现实困境 …………………………… 175
 第三节 多元社会治理与新生代职业群体规范形成 …………… 177
 第四节 新生代职业群体公民行为激励因素分析 ……………… 181

第五章　新生代职业群体公民行为生成分析 …… 185
第一节　新生代职业群体公民行为相关因素分析 …… 186
第二节　新生代职业群体公民行为生成路径分析 …… 191
第三节　新生代职业群体公民行为生成效果分析 …… 198

第六章　新生代职业群体竞争力分项排序 …… 201
第一节　分性别排序 …… 201
第二节　分城乡排序 …… 218
第三节　分地区排序 …… 235
第四节　分行业排序 …… 252

参考文献 …… 270

附　录 …… 286

第一章 现状、问题与对策

世界经济复杂多变、竞争日益激烈，21世纪的中国面临着更大的压力和更多的挑战。数量众多的企业是我国经济结构转型、保持可持续发展的根本支柱，企业要想在行业中保持一定的竞争力，首先要平衡好其内部的生态圈，企业的员工、制度、流程等要形成协调、和谐的良性发展关系。近几年大批"90后"涌入劳动市场成为求职队伍中的新生力量，而这时的"80后"已经在职场中经过数年的历练，有的甚至已经进入企业的核心岗位。2014年《智联招聘80/90后职场生态大调查》显示，有超过50%的"80后"已经担任公司重要职位，其中有超过15%的人担任了公司的中层管理岗位。在这些员工中，超过80%的"80后"在平均工作的6~8年间有过多次跳槽经验。更让人惊讶的是作为最晚进入职场的"90后"，也有超过70%的人有多次的跳槽经验。与此同时，我国工业化、城市化进程中不断涌现的新生代农民工，这支新型劳动大军已经陆续进入城市，成为农村外出务工队伍的主力军，这一特殊社会群体的很多权利得不到保护、保障。因此，了解各层次职业群体的权利保障需求，提高职业群体的竞争力，使之适应社会发展的需要，是当前社会治理最迫切的任务。

截至2016年12月，新生代职业群体公民行为课题组已完成问卷的回收和整理工作。本次调查问卷共分为基本情况调查、社会认同量表和职业群体行为量表三个部分。共发放问卷3000份，有效问卷2670份，占总问卷数的89%。从地域分布来看，东北地区问卷444份，占有效问卷的16.6%，东南沿海地区问卷483份，占有效问卷的18.1%，中部地区问卷858份，占有效问卷的32.1%，西南地区问卷681份，占有效问卷的25.5%，西北地区问卷204份，占有效问卷的7.6%。在本次调查中抽取了农业、林业、牧业、渔业、采矿业、制造业、零售业、交通运输、餐旅业、软件、信息技术服务业、金融业、房地产业、商务服务业、技术服务业、环境能源、居民服务、教育、卫生、体育、娱乐业、公共管理、社会保障、文化和建筑 25 个主要行业，其中农业问卷 261 份，占有效问卷的 9.8%，林业 54 份，占有效问卷的 2%，牧业问卷 33 份，占有效问卷的 1.2%，渔业问卷 51 份，占有效问卷的 1.9%。采矿业问卷 57 份，占有效问卷的 2.1%，制造业问卷 309 份，占有效问卷的 11.6%。零售业问卷 339 份，占有效问卷的 12.7%，交通运输业问卷 54 份，占有效问卷的 2%。餐旅业问卷 159 份，占有效问卷的 6%，软件业问卷 120 份，占有效问卷的 4.5%。信息技术服务业问卷 111 份，占有效问卷的 4.2%，金融业问卷 120 份，占有效问卷的 4.5%。房地产业问卷 57 份，占有效问卷的 2.1%，商务服务业问卷 69 份，占有效问卷的 2.6%。技术服务业问卷 54 份，占有效问卷的 2%，环境能源产业问卷 102 份，占有效问卷的 3.8%。居民服务产业问卷 57 份，占有效问卷的 2.1%，教育业问卷 243 份，占有效问卷的 9.1%。卫生产业问卷 159 份，占有效问卷的 6%，体育产业问卷 15 份，占有效问卷的 0.6%。娱乐业问卷 39 份，占有效问卷的 1.5%，公共管理产业问卷 81 份，占有效问卷的 3%。社会保障产业问卷 24 份，占有效问卷的 0.9%，文化产业问卷 69 份，占有效问卷的 2.6%。建筑业问卷 27 份，占有效问卷的 1%。在本次调查所抽取的企业中国有企业占 28.1%，民营企业占 71.9%。

第一节 新生代职业群体基本情况分析

一 新生代职业群体年龄结构

新生代职业群体是指出生在 1980 年以后，年龄在 36 岁以下，已踏入职场的群体。由于成长环境的差异，新生代职业群体具有个性鲜明、思维活跃、创造能力强、不安于现状的群体特征，智联招聘的职场调查显示，三成左右的"80 后"员工已经担任企业主管以上的职位。随着他们在各行业人数的壮大，新生代职业群体已经成为经济发展的中坚力量。

新生代职业群体为城市发展注入了新鲜血液，缓解了劳动力紧缺的城市发展困局，对于经济现代化发展具有重要意义。年龄是划分新生代职业群体的一个重要标准。图 1-1 表明，25~31 岁的新生代员工所占比例较高。城市中男性在 25 岁以下、25～31 岁及 31 岁以上的比例分别为 26.7%、50%、23.3%，女性的比例为 28.5%、57%、14.5%，在 25～31 岁年龄段间女性的比例要高于男性。在来自农（乡）村的新生代职业群体中，男性在 25 岁以下、25～31 岁及 31 岁以上的比例分别为 29.9%、44.2%、25.9%，女性的比例为 38.5%、43.8%、17.7%，在 25 岁以下年龄段间女性的比例要高于男性。图 1-2 显示，"80 后"所占比重较大，占到总体的 63.9%，是新生代职业群体的主力。

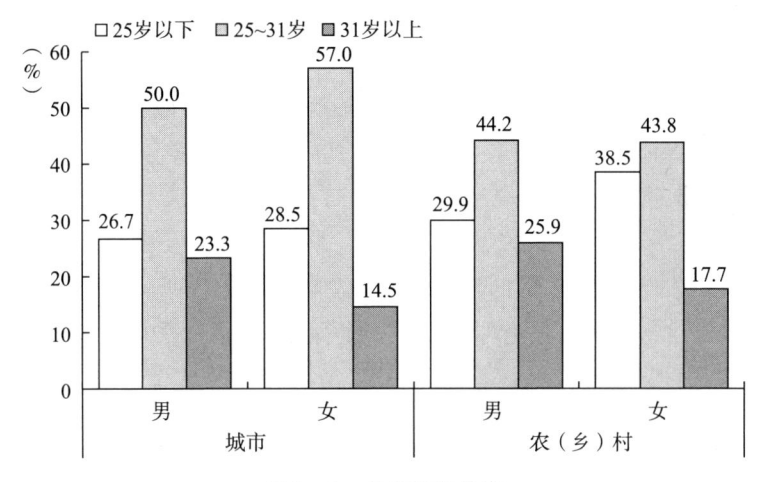

图 1-1　年龄区间分布

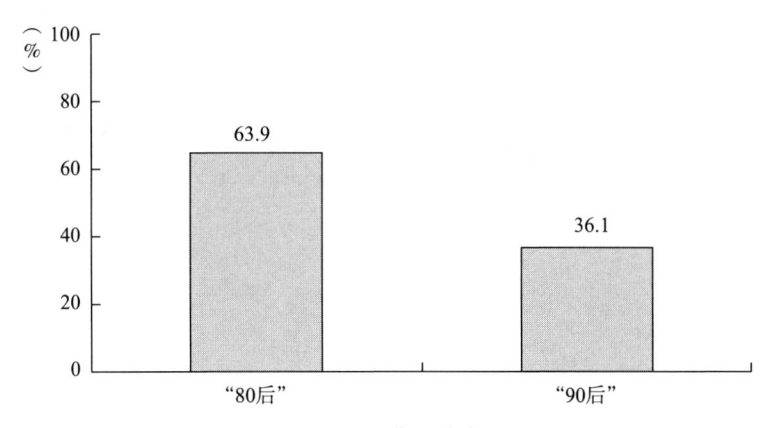

图 1-2　代际分布

二　新生代职业群体的行业结构

改革开放以来，国民经济快速发展，产业结构发生了很大的变化，服务业在国民经济中的地位日益凸显。服务业在增加就业、调整产业结构、提高人民生活水平、促进国民经济增长等方面扮演着重要的角色。在这样的背景下出生并成长起来的"80后""90后"员工具有不同于"60后""70后"员工的性格特征，他们有不同的职业追求和态度，思想更加开阔，头脑更加灵活，价值观更加多元。新生代职业群体渴望尝试不同的职业领域，致力于寻找更多职业发展机会的企业，新兴服务行业如软件、信息技术服务业成为很多新生代职业群体的选择（宋超、陈建成，2011）。

本次调查共涉及25个主要行业的新生代职业群体（如图1-3所示）①。其中零售业、制造业、农业和教育四种行业新生代职业群体所占比重较大，分别为12.7%、11.57%、农业9.78%和教育9.1%。在服务型行业中，零售业12.7%、教育9.1%、餐旅业5.96%、信息技术服务业4.16%、金融业4.72%、商务服务业2.58%、技术服务业2.02%、居民服务2.13%、娱乐业1.46%、公共管理3.03%、卫生5.96%、文化2.58%，共计占此次调查样本的56.4%。累计有12.81%的新生代员工在新兴服务行业工作，其中软件业占4.49%、信息技术服务业占4.16%、技术服务业占2.02%。

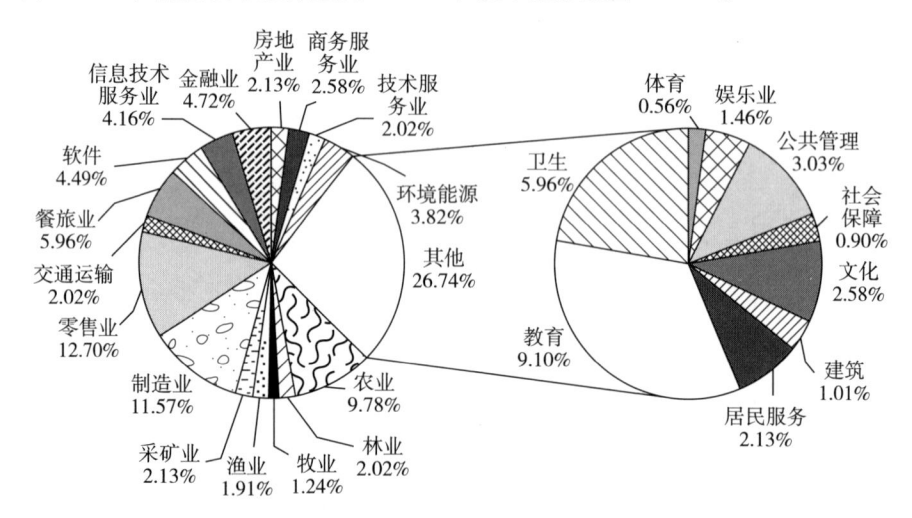

图1-3 行业结构分布

本研究对调查中的岗位进行了范围上的定义。放牧：是一个以草原为基本生产资料，通过牧民的劳动，利用牲畜的生长繁殖机理，把草原牧草资源转化为畜牧产品，以满足社会需要的岗位。务农：以农业作为主要行

---

① 其他未列明的行业为其他行业，因此图1-3中的行业为26个。

业的岗位。销售：从事销售或与之相关工作，销售岗位主要包括：业务及助理、客户代表、销售经理、销售代表、销售主管、客户服务专员/助理、销售工程师、投资理财顾问、渠道/分销专员、营销专员、营销主管及经理等。财务：处理财务关系的一项经济管理岗位。生产：从事与生产有关的职业。管理：担负领导职责或管理任务的工作岗位，这一岗位的设置要适应增强单位运转效能、提高工作效率、提升管理水平的需要。技术人员：从事专业技术工作，具有相应专业技术水平和能力要求的工作岗位，这一岗位的设置要符合专业技术工作的规律和特点，适应发展社会公益事业与提高专业水平的需要。服务人员：个人或社会组织直接或凭借某种工具、设备、设施、媒体等所做的工作或进行的一种经济活动，是向消费者个人或企业提供的，旨在满足对方某种特定需求并主要以活动形式表现使用价值或效用。自由职业：独立工作，不隶属于任何组织的人并且不向任何雇主做长期承诺而从事某种职业的人。设计：从事与设计相关的职业，包括工业设计、平面设计、环境设计、建筑设计等。样本统计显示，管理、销售、生产和财务岗位的人员最多，占总体的87%，服务人员和自由职业者各占4%，技术人员占3%，务农和放牧人员各占1%。

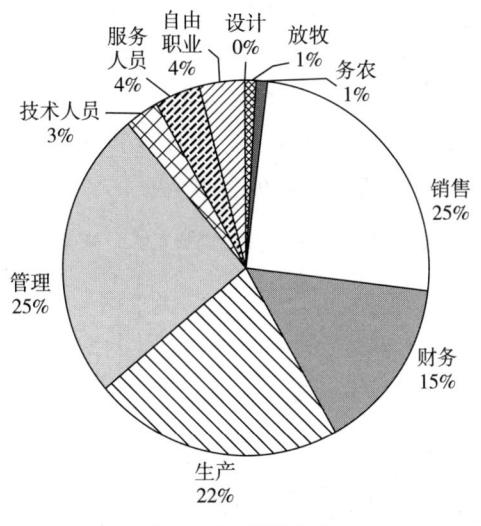

图1-4 岗位分布

三 新生代职业群体的受教育程度

对于新生代职业群体来说，他们成长在物质条件相对富裕的年代，多数为独生子女,和父辈相比,他们中接受过高等教育的比例较高,拥有较高的知识水平和创新潜力。与"60后""70后"职业群体相比,他们具有强烈的求知欲、开阔的视野和较强的学习能力,其个人能力素质均较高。

图1-5显示,城市男性中,小学及以下的比例为7.9%,初中、高中或中专为11.7%和14.6%,大专和大学本科分别为12.9%和40.8%,硕士和博士及以上占到10.4%和1.7%。城市女性中,小学及以下的比例为8.2%,初中、高中或中专为7.2%和12.1%,大专和大学本科分别为9.2%和50.7%。硕士和博士及以上占到9.7%和2.9%。城市中女性新生代职业群体大学本科和博士及以上的比例要高于男性。农(乡)村男性中,小学及以下的比例为7.2%,初中、高中或中专为14.7%和29.9%,大专和大学本科分别为15.5%和25.9%,硕士和博士及以上占到4.4%和2.4%。农(乡)村女性中,小学及以下的比例为11.5%,初中、高中或中专为16.1%和22.4%,大专和大学本科分别为13%和33.3%,硕士和博士及以上占到2.6%和1%。农(乡)村中女性新生代职业群体样本中大学本科的比例高于男性。从整体来看,城市职业群体的受教育程度要高于农村。大学本科所占比例是总体中的37.3%。受教育程度的整体提高,使新生代职业群体能够很好地利用互联网去获取大量信息和知识,开阔自己的视野,运用自身的能力迅速吸收消化新事物、新知识,不断提升自己。同时,他们也很重视提升自身的专业技能和社会价值,关注能为他们提供大量学习、培训和继续受教育机会的企业。

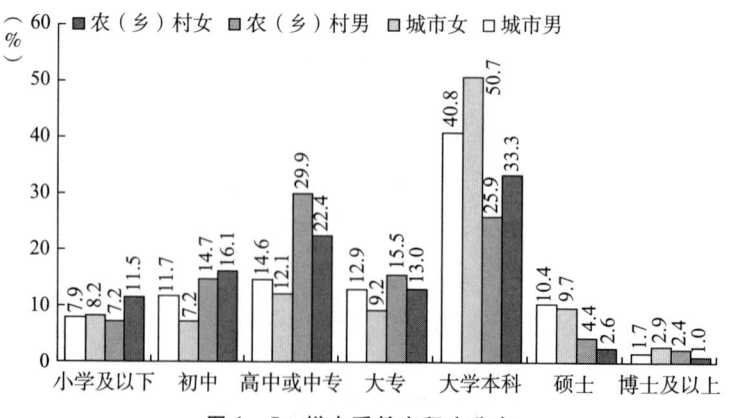

图1-5 样本受教育程度分布

四 新生代职业群体的工作流动特点

随着工业化和城市化进程的推进,农村剩余劳动力不断向非农产业转移。农业人口数量的持续减少和比重降低是一个国家现代化进程中必不可少的现象,数量巨大的农村剩余劳动力在城乡间流动,为我国经济增长做出巨大贡献。受户籍制度、二元劳动力市场分割、人力资本约束等国情影响,中国的新生代职业群体在工作变换中所呈现的特殊现象,诸如工作转换是否受人力资本约束,工作变换方向是向上、水平还是向下,工作变换是"停驻"还是"迁移"等,被学界称为职业流动(柳延恒,2014)。和老一代员工的职业流动相比,频繁离职的新生代职业群体多数拥有自己独特的见解,相对见识广泛且拥有一定的专业知识,跳槽会为他们带来更好的收益或更多的机会,但员工的流失会给企业经营带来一定程度的影响(李玲,2014)。

新生代职业群体成长于中西方文化碰撞的多元文化时期,成长期形成的独特思维模式和价值观不断冲击着传统的观念,去富有挑战性的地方工作成为新生代员工流动的首选理由。选择在户口所在地就业的新生代职业群体普遍少于外地员工,这些外地员工中有来自其他城市的,也有来自农(乡)村的。新生代员工工作总时间分城乡统计显示,来自城市的跨地区就业3~5年的员工为多数,占62.3%;而本地就业的则是3年以下为多数,占56.5%,可见在当地就业的新生代员工多为外地(跨地区就业)员工。来自农(乡)村的跨地区就业5年及以上的员工为多数,占到66.0%,来自农(乡)村的本地就业3~5年的员工为多数,占55.1%(见图1-6)。

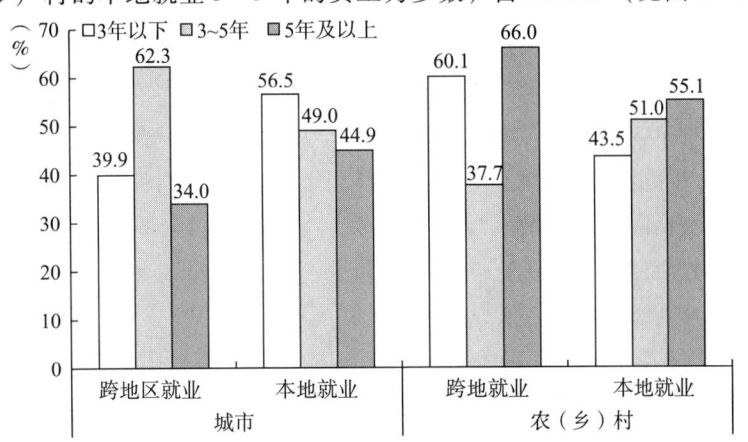

图1-6 新生代员工总计工作时间分布

来自城市的新生代员工受过高等教育的比例较高，他们掌握系统的专业知识与技能，在工作中表现出较强的学习能力和创造能力，能够为组织带来显著效益。然而，频繁离职的也多为这部分高知群体。根据新生代员工在现在单位工作时间，统计，分城乡显示，来自城市的跨地区就业5年及以上的员工仅有26.1%，多数仅工作3~5年；来自城市的本地就业5年及以上的员工占到48.1%，多数在3年以下，为53.1%。来自农（乡）村的样本中，工作5年及以上的跨地区就业和本地就业占比分别为73.9%和51.9%（见图1-7）。可见，更多的农村青年与企业建立了长期的工作关系，选择留在工作地，这部分人的离职率低于城市员工。

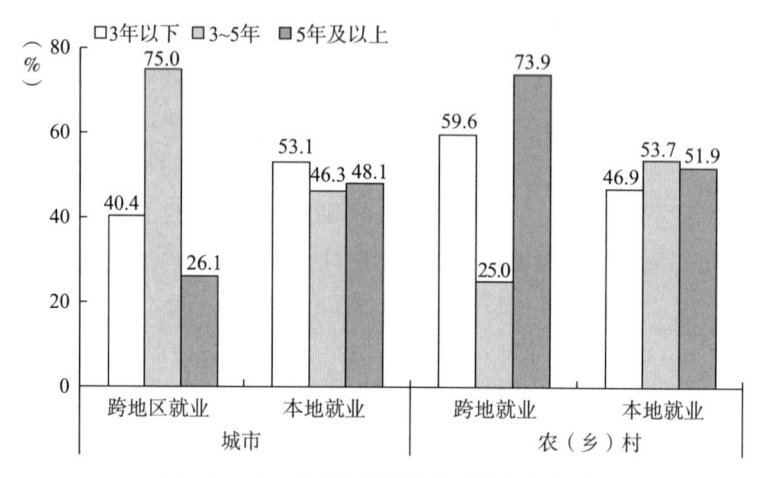

图1-7 新生代员工在现在单位工作时间分布

第二节 新生代职业群体的主要问题

人们对于新生代员工的整体印象是离职倾向严重、跳槽次数频繁、对工作要求以外的事情不热心等；从个体层面来看，他们的问题主要体现为收入与付出、固守与跳槽、规划与目标、归属与追求、自我与价值、交往与激励等方面的不平衡。这些问题从根本上限制了组织的长期发展，不利于组织在激烈竞争中建立优势地位。

一 收入与付出问题

新生代员工的社会认同不仅仅指他们在地区有着稳定的工作和生活，

而且指他们能内化所在工作地区的文化、价值观和生活方式。社会认同可以让新生代职业群体与所在工作地区的居民公平地、自由地共同生活和工作，他们不仅平等地享受经济和社会发展带来的成果，还以实现个人的全面发展为最终状态。然而，由于所在地区经济社会发育程度不同，经济发达地区和经济欠发达地区的新生代职业群体在收入上也表现出差异的一面。国家统计局数据整理显示，2014年我国中部地区的年均GDP最高，为233143.59亿元，而西北地区的GDP仅为36183.79亿元（见图1-8）。

图1-8 各地区GDP分布（2014年）

资料来源：国家统计局数据库。

劳动投入与收益的不均衡是阻碍新生代员工职业认同的主要表现，包括劳动投入与收益的非对等性以及创造的社会收益增长率与收益分享增长率的非均衡性，以工薪收入普遍偏低和工资收入增幅缓慢为表现形式，这两个问题已经成为中国社会分配领域最突出的问题。收入是决定个体生存状况和生活品质的物质基础，同时对个体的生活方式有着决定性的影响；工作不仅能带来收入，也能带来优质的人际关系和社会资本。从图1-9可以看出，在5个被调查地区中，5001元及以上月收入在东南沿海地区比例最高，为34.08%，东北地区为20.61%，中部地区为20%，西南地区和西北地区分别为19.62%和14.04%。3000~5000元比例最高的地区为西北地区，占85.96%，西南地区次之，占80.38%，中部地区和东北地区分别为80%和78.9%。仅在东北地区调查到有低于2999元及以下工资的样本，占0.61%。在欠发达的东北和西部地区，经济发展长期滞后，多数新生代员工只能拿到微薄的工资，勉强维持生计，这也是促使"孔雀东南飞"的无奈选择，而跨地区就业的新生代员工在就医、子女教育等方面往往要支付比本地居民更多的成本。

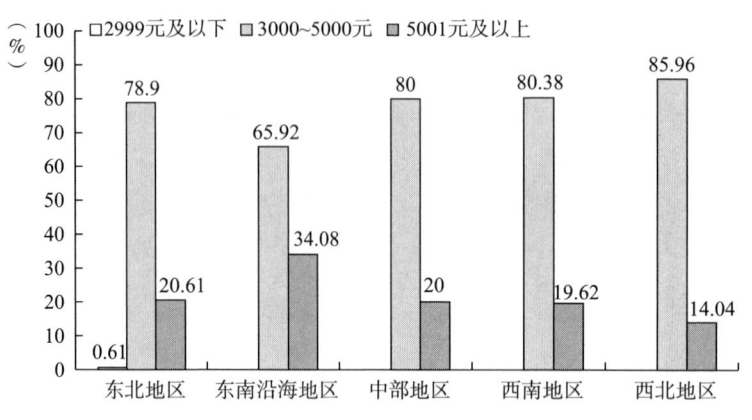

图 1-9 各地月收入占比

二 固守与跳槽问题

由于时代特点和新生代职业群体的自身特征，该群体的离职率较高，跳槽行为较为频繁。新生代员工是企业的主力，关键性人才的离职往往会对企业造成不可估量的损失。

流动性的一个体现是在同一个单位工作时间短。从图 1-10 可以看出，在现在工作单位工作 3 年以下的比例各地区均为最高，在五个地区中，最高的西北地区为 70.18%，其次为东北地区和东南沿海地区，分别为 65.45% 和 65.36%，中部地区和西南地区分别为 60.71% 和 60.77%；与在现在单位工作三 3 年以下的高比例分布相比，各地只有 20% 左右的员工在

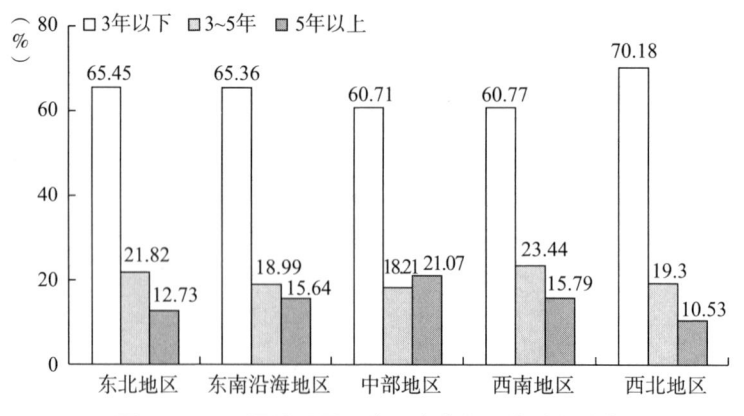

图 1-10 不同地区员工在现在单位工作时间分布

本单位工作 3~5 年时间，除了中部地区（21.07%），在多数地区工作 5 年以上的员工占比在 10%~16%。

从流动性本身来看，东南沿海地区和中部地区多为人口流入地区，而西北、东北和西南多为人口流出地区，经济发展是主要原因，西部和东北地区整体经济发展相对滞后，薪资水平相对较低，而东南沿海地区和中部地区的经济发展较好，报酬较高，更能对新生代员工产生吸引力；除了薪酬，职业发展机会是新生代员工工作选择的另一个原因，一个有更大职业上升空间的工作往往更能吸引他们，缺乏竞争力、机械的工作往往会让他们产生职业倦怠，从而产生离职倾向，导致离职行为（甘罗娜，2016）。

工作满意度体现的是新生代员工在工作中所获得的满足感，很多研究显示，新生代员工表现出的工作满意度越高，那么忠诚于当前工作的可能性越大，他们产生离职倾向的可能性就越小。总体上，男性在管理（71.8%）和财务岗位（66.7%）满意度最高，女性在财务岗位（71.8%）满意度最高。图 1-11 分类显示，在来自城市的员工中，无论男女均在财务和管理岗位上感到满意的比例最高。在来自农（乡）村的员工中，男性在管理岗位和自由职业方面满意度较高，分别为 70.97% 和 68.42%，女性在销售和财务岗位满意度最高，分别为 71.43% 和 69.23%。无论是来自农（乡）村还是城市，从事放牧、务农职业的员工满意度都很低。

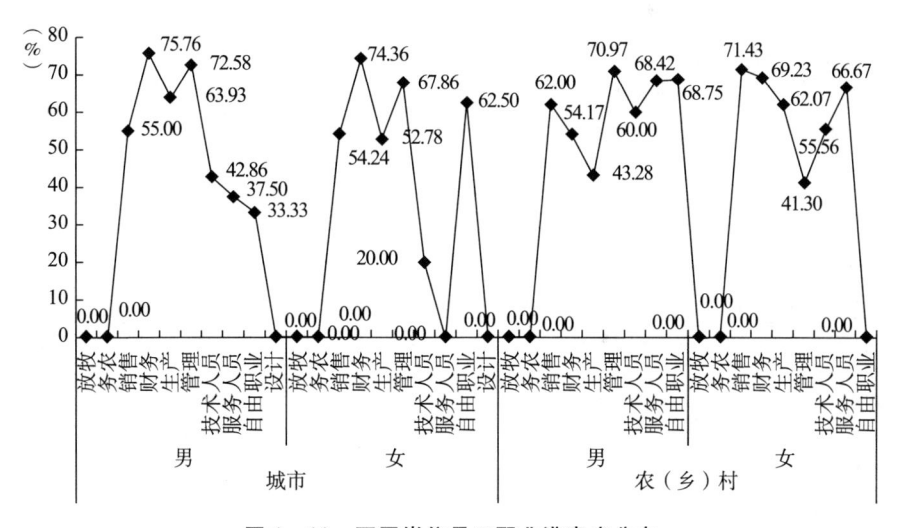

图 1-11 不同岗位员工职业满意度分布

三 规划与目标问题

新生代员工是当前经济社会发展的重要力量,细致、全面、深入地了解他们的职业需求能够更有针对性地帮助新生代员工制定职业发展规划。对个人而言,其能够通过有针对性的培训获得所需的知识和技能,成功实现就业或职位升迁;对国家和社会而言,有利于人力资本的开发与积累,提高新生代职业群体的整体竞争力,推动产业经济转型发展。

新生代员工大多期盼通过自身的努力实现美好的梦想。面对瞬息万变的信息和复杂的社会环境,他们确定具体职业发展目标的能力仍旧不足。数据显示,东南沿海地区新生代员工制定职业目标的比例高于其他地区,各地区比例依次为东南沿海地区(67.82%)、西南地区(60%)、中部地区(59.3%)、东北地区(55.17%)和西北地区(22.58%)。从图1-12可以明显看出,在东南沿海地区有63.83%来自城市的男性员工和72%来自农村的男性员工制定了职业生涯具体目标。在女性员工中,来自西南地区无论男女、城市还是农(乡)村,农(乡)村的女性员工占比较多,达到69.33%。但西北地区员工支持这一观点的都相对较少。

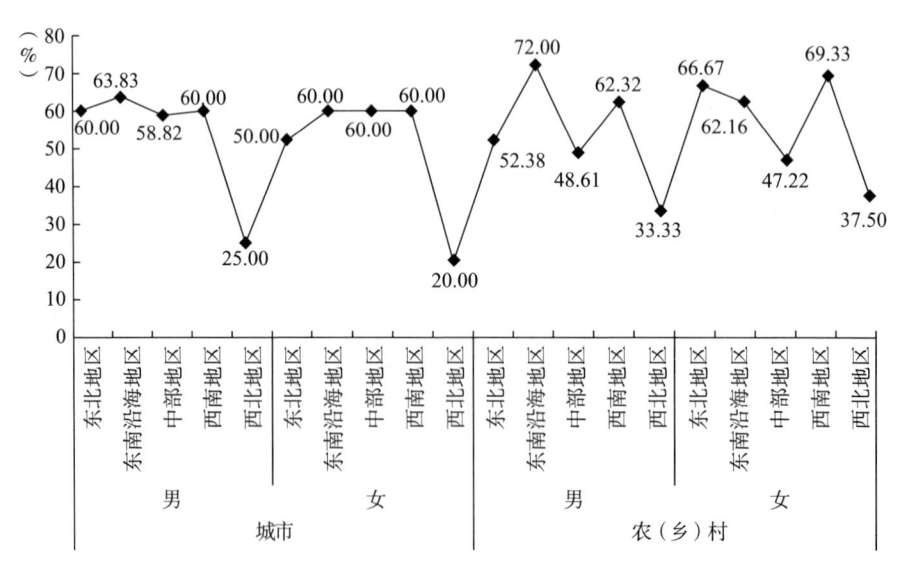

图1-12 不同地区员工制定职业目标情况分布

为了增强竞争力,新生代员工在职业生涯中不仅需要制定合理的目标，培训的机会更是必不可少。在调查中，大部分地区新生代员工都接受了企业的职业培训，东北、东南地区的企业对员工的培训较多，西北地区企业对员工的培训较少，各地区员工接受企业培训机会的比例依次为东南沿海地区（64.86%），东北地区（63.89%），西南地区（58.67%），中部地区（58.33%），西北地区（37.5%）。图1-13分类显示，西北地区来自城市的员工接受企业培训的比例最低，男性为43.75%，女性为40%；而西南地区来自农（乡）村的员工接受企业培训的比例较低，男性为57.97%，女性为58.67%。

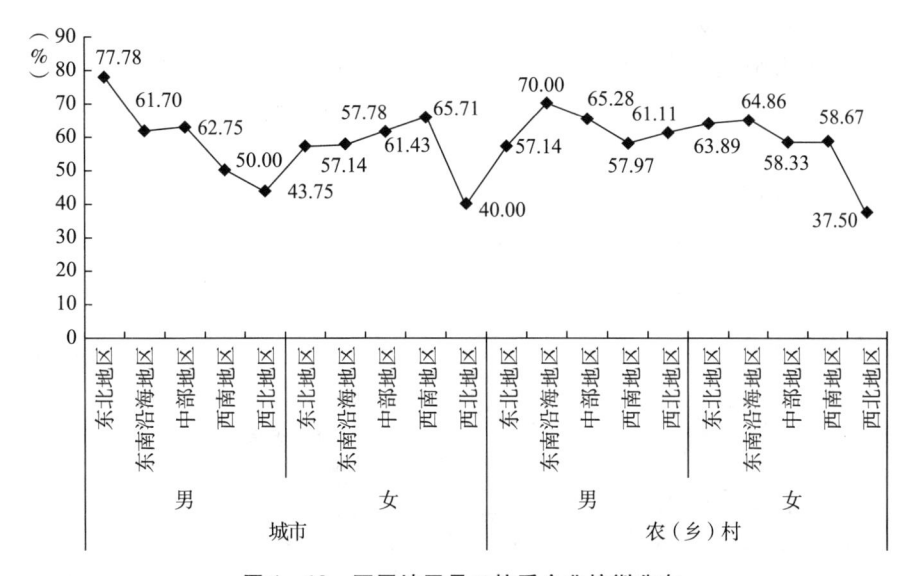

图1-13 不同地区员工接受企业培训分布

四 归属与追求问题

一个积极向上、良性运行的组织离不开成员间的尊重和欣赏。尊重个性的多样化是一个组织良性发展的心理基础，尤其在当今崇尚个性发展的时代，尊重差异和多元是员工产生组织归属感的保障。归属的需要是人的一种基本需要。新生代员工是社会一分子，往往不是隶属于这个组织，就是隶属于那个组织，处于纷繁复杂的社会关系网络中，他们的生存和发展离不开社会和组织。新生代员工渴望自我能够成为自己理想的组织的一员，在自己理想的组织中能够获得组织的支持与认同。一旦新生代员工在组织中获得了肯定和激励，他们就会表现出对组织的忠诚，为实现组织的目标加倍努力。如果归属感得不到满足，他们就会选择离职等反生产行为（宫淑燕、牛振喜，2014）。

新生代员工受教育程度高，个性强烈，崇尚自我，自主意识强，有强烈的追求自我成就的心理需求，表现为重视个人成长和自我实现，追求自我控制与自主的管理方式。他们貌视权威，在工作上表现为喜欢按自己的方式工作。传统管理方法特别强调控制、程序、规则，如果一些规则和程序与新生代员工的个性不合，就容易产生管理上的矛盾，这让他们很难对采取传统管理模式的组织产生认同感与归属感。

来自城市的员工的组织归属感普遍高于来自农（乡）村的员工。在技术人员和服务人员岗位中，来自城市的男性员工认为在这个组织很有归属感的分别有 71.4% 和 62.5%，来自城市的女性员工中有 75% 和 100% 的样本也认同这一观点。图 1-14 分岗位显示，在来自农（乡）村的男性员工中，生产和账务岗位上分别有 49.3% 和 41.7% 有归属感，女性员工有 51.7% 和 48.7% 的样本认同这一观点。

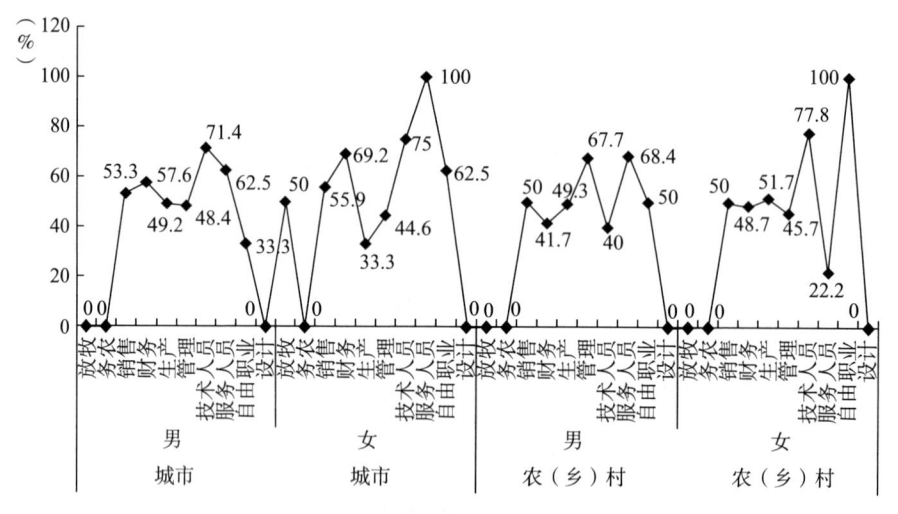

图 1-14　不同岗位员工组织归属感分布

从不同地区来看，在东南沿海、东北和西南三个地区中新生代员工对组织的归属感较强，分城乡显示，这三个地区来自城市的男性员工中分别有 61.7%、57.8% 和 53.3%，来自城市的女性中则有 57.8%、64.3%、51.4% 的员工对组织有归属感。在中部和西北地区来自农（乡）村的员工中，男性有 45.8% 和 33.3% 对组织有归属感，女性占比分别为 44.4% 和

25%（见图1-15）。

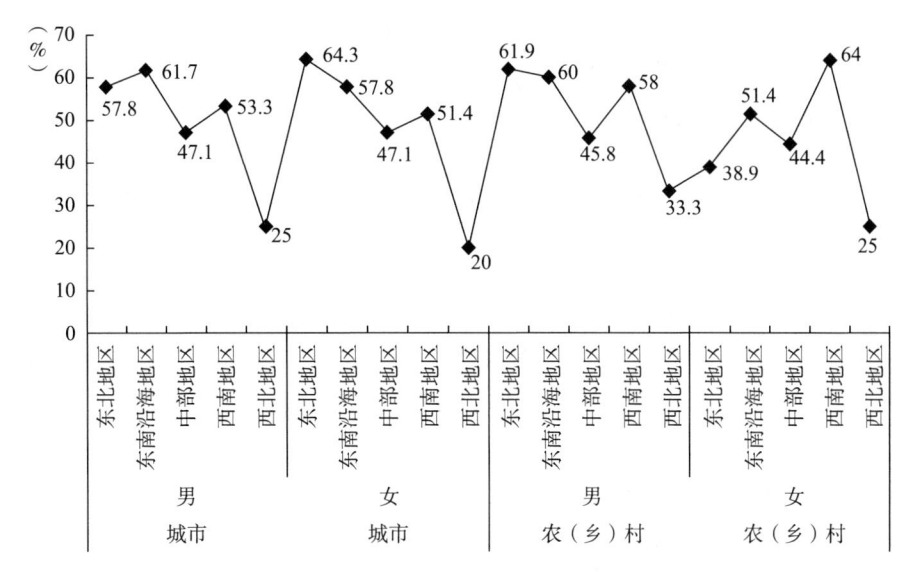

图1-15 不同地区员工组织归属感分布

五 自我与价值问题

新生代员工身处社会转型时期，信息化、现代性、风险社会、全球化成为转型期社会特征。随着新生代员工步入职场，他们一方面感到了生存的压力：经济危机、就业困难、物价飞涨、房价飙升，都让他们觉得不知该何去何从；另一方面风险社会和现代性也冲击着他们原有的自我认同，焦虑和不安也深深地影响着新生代员工，让他们感到无所适从。

哈贝马斯（2000）认为，自我同一的出路在于将个人置于无限交往的社会群体中。自我是存在于各种关系中的自我，新生代员工在与他人的交往过程中，与群体成员不断对话与沟通，不断更新着他们的自我认同感。反之，如果新生代员工总是试图脱离自己所在的组织，不愿意与组织中的成员对话，结果将会迷失自己的存在和发展方向，导致认同危机。

新生代员工在与社会、组织、他人交往和合作的过程中，实现了物质和精神的满足，从而完成自我的提升和价值认可。从价值被他人承认的程度来看，来自城市的跨地区就业员工（58.1%）要高于来自农（乡）村的跨地区就业员工（45.1%）；技术人员的认同程度在所有调查岗位中最高，为 63.3%；来自城市的跨地区就业员工的认同程度（58.1%）要高于本地就业员工（50.6%）；放牧和务农的认同程度最低（0%）。图 1-16 显示，来自城市的跨地区就业的技术人员和来自农（乡）村的跨地区就业者中的服务人员认同程度最高，在样本中均达到 100%；除了放牧和务农，来自城市的跨地区就业的销售人员和来自农（乡）村的跨地区就业的技术人员认同程度相对较低，分别为 43.9% 和 18.2%。

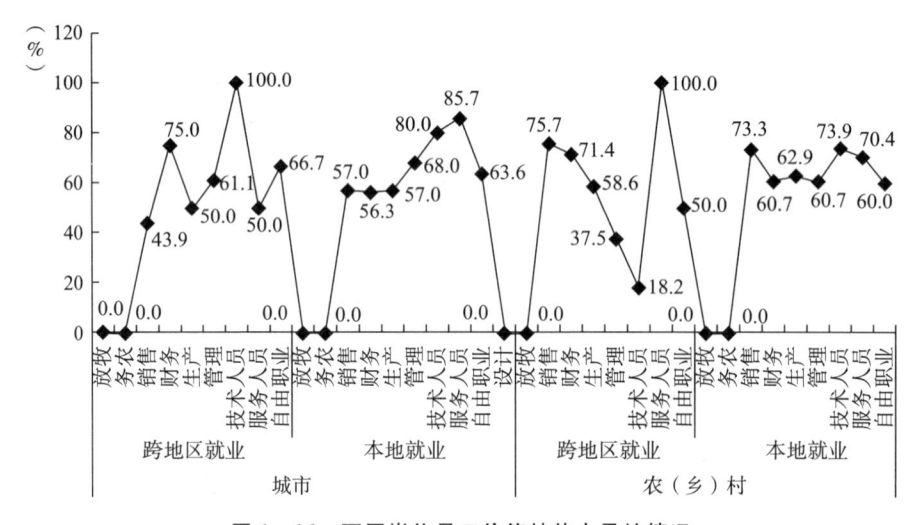

图 1-16 不同岗位员工价值被他人承认情况

自我认同危机的一个表现是怀疑自己的工作能力，新生代员工通过在工作中不断提升能力，来强化自我的肯定和认同。统计显示，在不怀疑自己的工作能力方面，来自城市的员工（51.68%）比例高于农（乡）村（48.82%）；跨地区就业者的比例（51.63%）高于本地就业者（49.64%）；东北和东南沿海地区的比例显著高于中部和西南、西北地区，各地员工不怀疑自己工作能力的比例从高到低依次是东北地区（53.33%）、东南沿海地区（51.4%）、西南地区（50.24%）、中部地区（48.93%）、西北地区（38.6%）。分城乡统计表明，来自城市的员工中比例最高的是西南和西北的跨地区就业者，均达到 100.00%，最低的是西北地区的本地就业者，为 40.00%；来自农（乡）村的员工中比例最高的是西北地区的跨地区就业者，为 75.00%，最低的是中部地区的跨地区就业者，为 21.43%；来自东北地区城市的本地就业者怀疑工作能力的达到 60.20%（见图 1-17）。

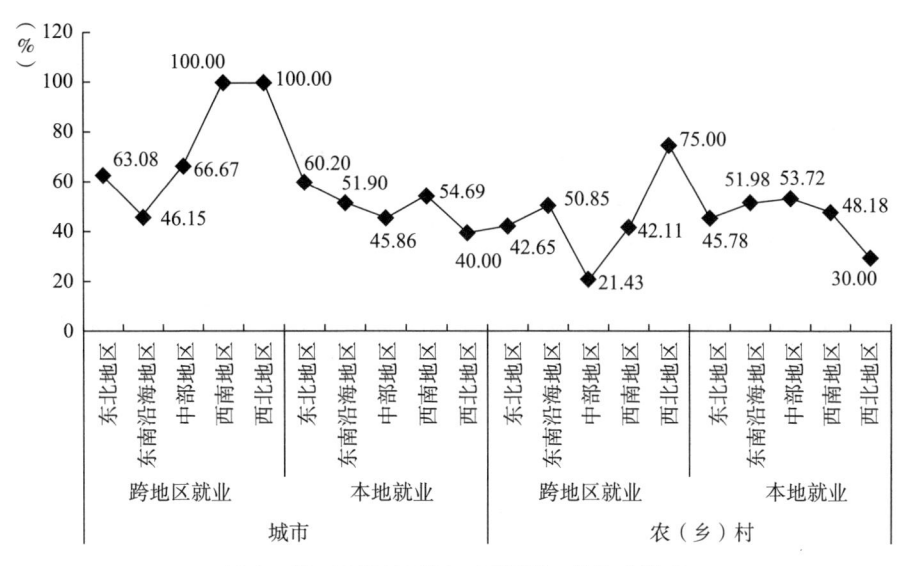

图 1-17 不同地区员工不怀疑工作能力情况

六 交往与激励问题

感到满意的员工会以更加积极的心态来谈论组织、帮助他人，做出比期望更多的工作（胡翔、李燕萍、李泓锦，2014）。在本次调查中发现，工作满意度的降低，会增强新生代职业群体的离职倾向，增加新生代职业群体的跳槽行为，组织失去有能力人才的可能性增高，而人员的过快流动，也会让员工的互动无法加深，组织参与程度降低，导致员工工作满意度的进一步降低，由此形成恶性循环。

从图 1-18 可以看出，来自城市的男性中，认为自己社交能力较好的人员分布在技术人员、服务人员和管理岗位中，分别为 85.7%、75% 和 72.6%；来自城市的女性中，认为自己社交能力较好的人员分布在服务、财务和管理岗位中，分别为 100%、69.2% 和 64.3%。来自农（乡）村的男性员工对自我的社会交往能力认可度普遍较高，其中放牧和务农人员达到 100%，生产、技术人员、管理和财务岗位的人员也能达到 77.6%、70%、69.4% 和 68%，来自农（乡）村的女性员工认为自己社交能力较好的最高为自由职业者，达到 100%，其次为销售和服务人员，分别占 71.4% 和 66.7%。

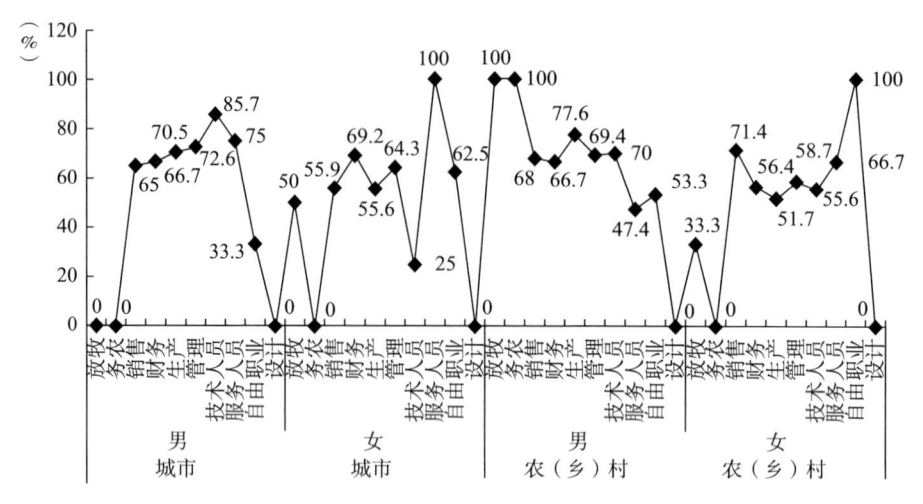

图 1-18 不同岗位社交能力的比例

随着全球化和改革开放的发展，职业群体的工作价值观由计划经济转向了市场经济，"任劳任怨"、"无私奉献"这样的宣传在这个时代中显得不够有说服力，新生代职业群体需要在组织中有更多的参与感。数据显示，新生代员工能够参与组织决策的占总体的62.6%。分地区显示，新生代员工组织决策参与程度存在地区差异（卡方值=20.219，p=0.000），其比例从高到低的地区顺序为东北（69.1%）、东南沿海（63.7%）、中部（62.9%）、西南（58.9%）、西北（52.6%）。其中在东北地区和东南沿海地区男性参与组织决策的占比最高，分别为66.7%和66%；女性为东北地区和西南地区最高，分别为69.2%和64.5%。分城乡显示，来自城市的员工组织决策参与比例（65.1%）明显高于来自农（乡）村的员工（60%），且呈现统计显著性（卡方值=7.285，p=0.007）。分性别显示，男女在组织决策参与程度上不存在显著差异（卡方值=1.628，p=0.202），但男性群体中，分地区存在显著差异（卡方值=29.253，p=0.000），男性参与组织决策比例最高的是东北和东南沿海地区，分别为69%和67%；女性群体中，分城乡存在显著差异（卡方值=5.873，p=0.015），来自城市和来自农（乡）村的女性参与率分别为67.1%和60.4%。

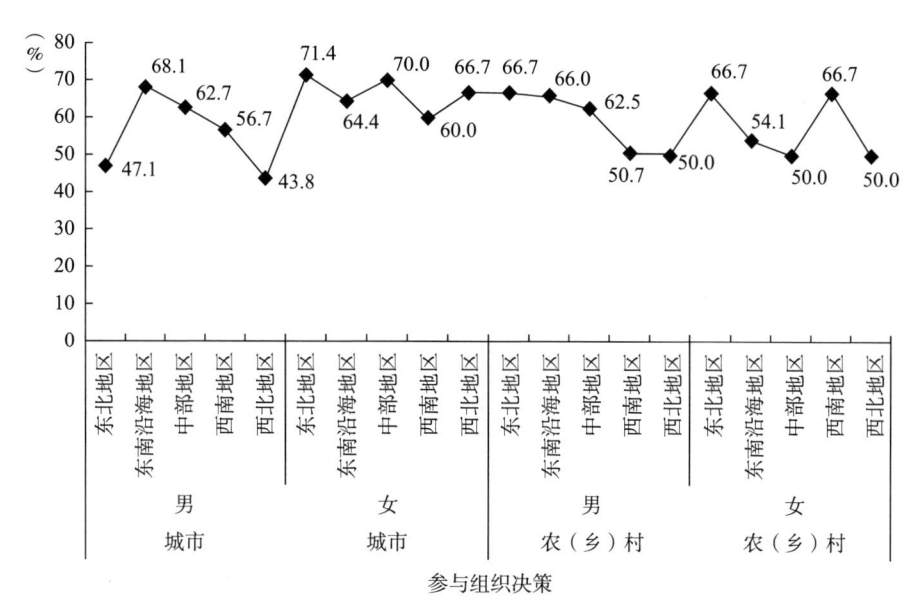

图 1-19 不同地区参与决策的比例

第三节 新生代职业群体的主要优势

一 法律意识较强

随着社会经济的发展与年龄结构的变化,新生代员工已逐渐成为职场中的活力主体,他们在企业中扮演着重要的角色。和老一代员工相比,新生代员工教育水平普遍较高,对法律知识的了解程度也更高,法律意识较强。新生代员工有着自己的独特见解与想法,较强的法律意识也更有利于保护新生代员工的合法权益,在面对一些易产生劳资纠纷的用工行为时,如部分企业不按法律规定签订劳动合同或签订强制性不平等用工合同等,多数新生代员工会拿起法律武器维护自身的权益。

不同岗位的新生代员工了解法律知识的比例均较高。图 1-20 显示,在各个岗位上新生代员工赞同"我了解当前的法律知识"这一观点的比例都超过50%,在技术人员、自由职业、放牧和生产四种岗位中比例最高,分别有80%、77.4%、71.4%和68.8%的新生代样本认同这一观点;对法律知识的了解存在地区差异。图 1-21 显示,在中部地区、东南沿海地区、西南地区分别有73.6%、67%和66.5%的样本认为自己"了解当前法律知识",西北地区相对较低(40.4%)。西北地区经济发展相对落后,人口大量外流,多种因素交互作用导致在该地区就业的新生代员工对当前法律知识的了解程度不高。新生代员工法律意识的增强必然促使企业转变管理方式,推进更加公平合理的现代企业管理制度发展。可以说,新生代员工掌握法律知识是劳动者综合素质提高的必要条件,而员工综合素质的提高又是产业转型升级发展的前提。较强的法律意识,不仅加强了新生代员工对自身利益的关注,也是对他们公民行为的基本保障(闫新燕,2014)。

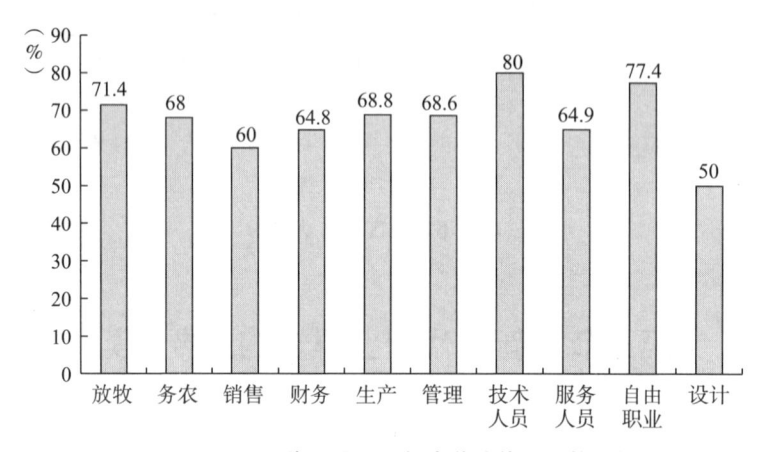

图1-20 不同岗位员工了解当前法律知识的比例

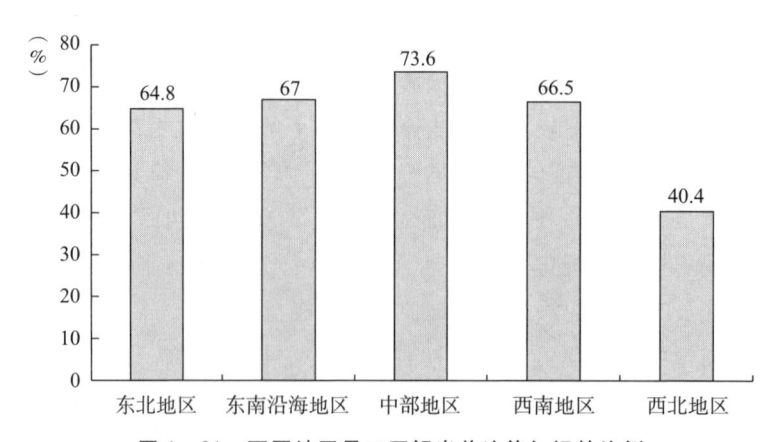

图1-21 不同地区员工了解当前法律知识的比例

二 注重合作精神

在企业内部,团队工作模式逐渐取代了以个体为主的原子化模式。工作模式的改变,对个人的综合素质提出了新的要求。团队工作模式期望成员能发展出更多适应任务的特征,发展顺应人际互动的社会能力,如果不会合作,便无法融入团队,还可能给其他成员的发展带来一定程度的阻滞,影响整个团队的绩效。合作是团队行为的重要组成部分,是团队发展的必备条件(杨紫怡,2013)。在现代化的企业里,多数工作的开展和成就的取得都不可能由个人独立实现,越来越多的工作需要团队合作来完成。新生代职业群体中知识型员工增多,工作内容中需要增加更多的智力成分,与传统组织管理模式相比,协作模式最大的优势在于,个人在其中的创造力能产生倍增效应,团队整体的协同让每个成员的实际效应得到加倍提升。

从图1-22可以明显看出,不同岗位对"为了出色地完成工作,同事们能够团结一致"和"在工作中我同他人的工作关系很密切"均有较高的认同度。新生代员工在工作过程中可能会产生方方面面的问题,给企业管理带来很多挑战。当新生代员工与企业有一致目标时,他们更愿意团结合作,这样就会达到事半功倍的效果。在放牧、务农、技术人员以及生产四种岗位中分别有86%、75%、73%和70%的新生代员工认同"为了出色地完成工作,同事们能够团结一致",设计岗位的认同率相对较低,但仍然有50%的样本同意这一观点。对于企业而言,合作精神能帮助企业选拔合

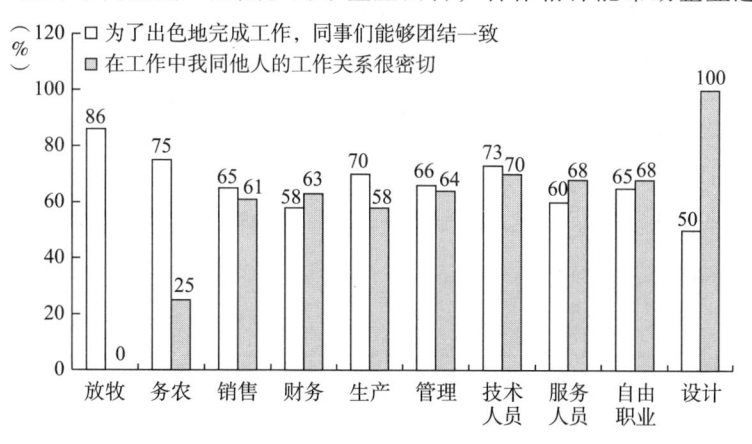

图1-22 不同岗位对合作意识的认识比例

适的人员，减少管理成本；合作制度的构建是为了使企业形成一种团结奋进的企业文化，增强组织的凝聚力；畅通沟通渠道是为了形成良好的交际氛围，增进团队成员的情感意识，鼓励形成互帮互助的团队精神，提高工作的愉悦感和工作效率（张朝孝、蒲勇健，2003）。

在此次调查中发现，设计岗位中所有的新生代员工都认为"在工作中我同他人的工作关系很密切"，在技术人员、自由职业和服务人员岗位中分别有70%、68%和68%的新生代员工对此有认同感，在放牧岗位中这一占比最低，这是由工作环境决定的，放牧岗位更倾向于个人独立完成工作。从图1-22可以看出，在本次调查的几个主要地区中，不同地区对"为了出色地完成工作，同事们能够团结一致"和"在工作中我同他人的工作关系很密切"的认同程度是不同的。改革开放以来，沿海地区经济发展势头迅猛，开放程度高，跨国企业的大量涌入带来了西方的管理理念，他们更加注重效率和分工合作；而内陆地区开放较晚，好企业依然沿袭家长制的管理模式，注重领导权威，表现在数据中就是这些地区认同这个观点的较少。中部、东北、西南和东南沿海四个地区中分别有71.8%、66.1%、65.6%和63.7%的新生代员工赞同"为了出色地完成工作，同事们能够团结一致"的观点，而在西北地区仅有42.1%的新生代员工赞同这一说法。针对"在工作中我同他人的工作关系很密切"的观点，西南、东北和中部三个地区中分别有74.2%、61.8%和59.6%的人对此有认同感，西北地区仅有33.3%的认同度。

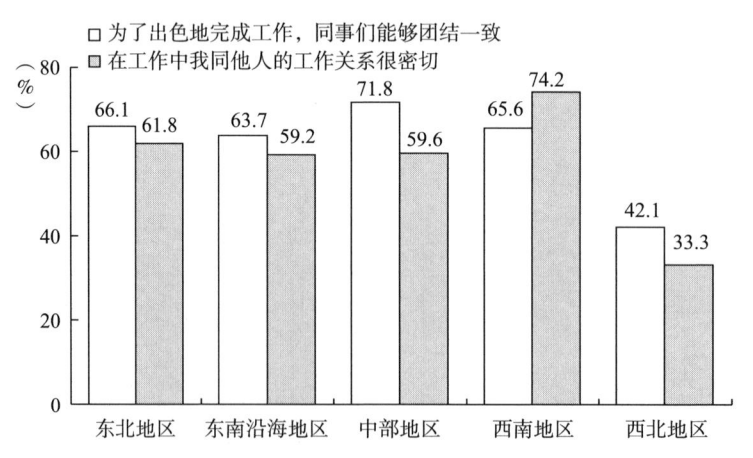

图1-23 不同地区对合作意识的认识比例

无论是岗位层面还是地区层面，总体来说，新生代员工都具有较好的合作意识和协作精神，对企业/团队的发展目标较为支持，这不仅有益于企业/团队发展，也有利于群体公民行为的养成。当代中国民主政治的建设和经济的持续发展，需要新生代员工的积极参与和奉献，他们既是现代化发展的受益者，也是建设者和参与者。新生代员工的合作意识、公民行为和契约精神，是城市建设和经济发展的重要基础。

三 喜欢富有挑战性的工作

改革开放、市场经济的成长背景赋予新生代员工较高的知识水平，同时也赋予了他们追求平等、竞争、创新和独立自主的个性特征。他们不惧权威，喜欢挑战，对自由、平等和民主的渴望尤其强烈，对传统的价值观念和就业观念嗤之以鼻。面对世界一体化、人才国际化的形势，为了实现自身价值，新生代员工不再满足于安稳的工作，不喜欢循规蹈矩，表现出较强的开拓意识，对从事具有挑战性的工作有更高的成就感。

图1-24显示，新生代员工对"我的工作具有挑战性并且有一种成就感"的认同度普遍较高，但不同岗位间存在一定程度的差距。在设计和务农岗位中，所有新生代员工都赞同这一观点；在技术人员、自由职业和管理岗位中分别有93.3%、90.3%和88.9%的新生代员工对此观点有认同感；服务人员对这一观点的认同度最低，但也有83.8%的员工对这一观点有认同感。从图1-25可以看出，不同地区新生代员工对"我的工作具有挑战性并且有一种成就感"这一观点的认同比例也很高，在西南和东北地

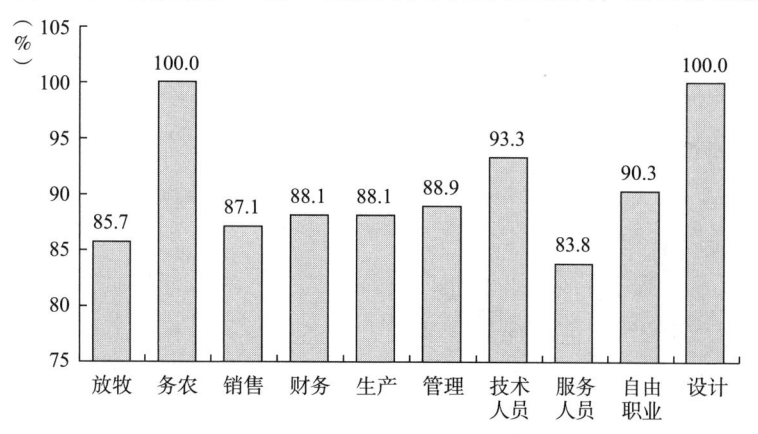

图1-24 不同岗位对挑战性工作认同占比

区分别有 92.3% 和 90.3% 的新生代员工认同这一观点，西北地区稍低，认同度为 75.4%。

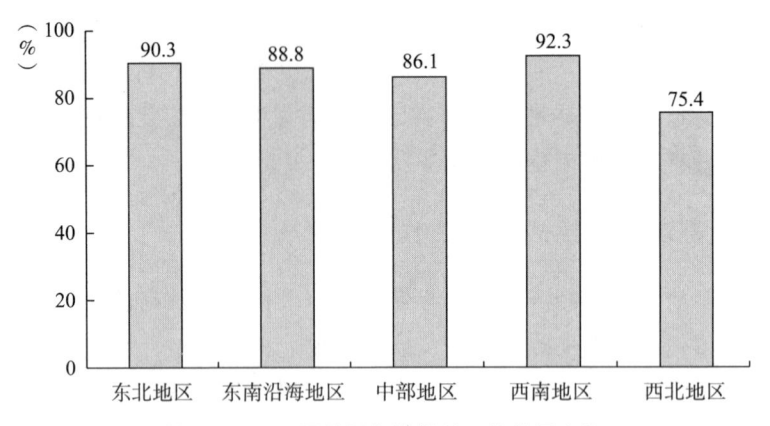

图 1-25　不同地区与挑战性工作认同占比

一方面，新生代员工敢于创新，对工作富有激情。在工作中遇到问题时会在自己无法解决的情况下主动寻求帮助，以最快的速度解决问题，保证做事的效率。同时还会充分利用现有的资源，发挥自身的创造力，寻求解决问题的新方法和有效工作的新流程。另一方面，新生代员工多为独生子女，成长中获得家人较多的关注，由此养成了不畏权威、敢于挑战的个性。对于组织来说，应该利用新生代员工的这些个性特点，营造和谐自由的创新氛围，明确个体学习的目标导向，强化新时代职业群体自身的创造力。

四　自我投入度高

在企业中，如果员工选择不会为了个人利益而损害企业利益（自我投入）的行为，就说明他对所做的工作有更高的认可度，其工作效率也会提高。因此，企业需要做出相应的改变，培养组织公民行为，以增强新生代员工的自我投入度和工作认可度，增添组织发展的动力。

图 1-26 显示，在新生代员工自我投入度分岗位比较中，设计岗位认同度最高（100%），自由职业、财务、技术人员和销售四大岗位中分别有 80.6%、73.3%、73.3% 和 64.9% 的新生代员工都认同这一观点，相对较低的是务农（0%）和放牧（14.3%）。

推进企业履行社会责任，有助于提高新生代员工的自我投入度和工作

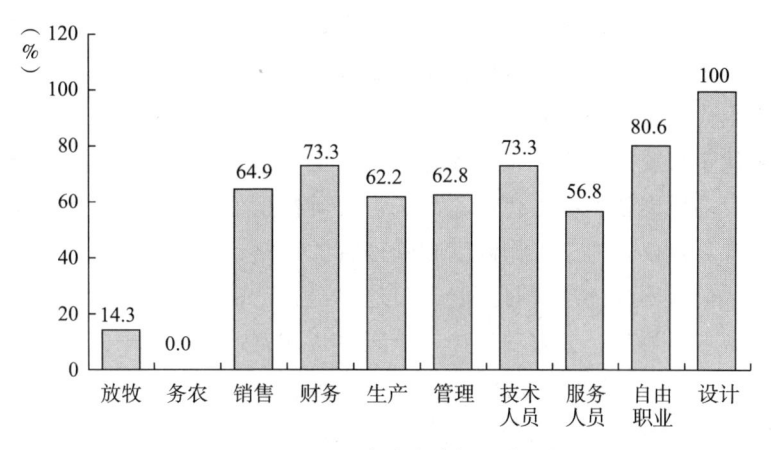

图 1-26 不同岗位自我投入度比例

认可度，让他们更加倾向于维护企业利益。调查发现，西南、东北、中部、东南沿海四个地区中分别有 69.9%、67.9%、67.9% 和 62.2% 的员工赞同"我不会为了自己的利益而损害企业利益"，西北地区相对较低，只达到了 31.6%（见图 1-27）。较高的员工自我投入度将更有利于克服企业变革过程中所遇到的困难，在企业发展和改革的过程中，能够让组织目标更加容易达成。

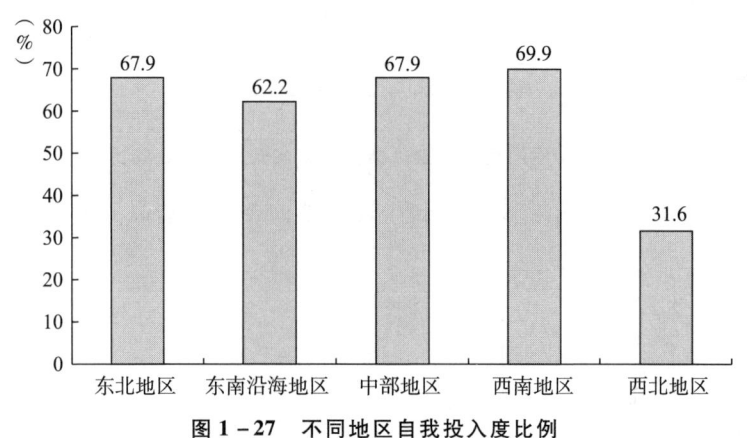

图 1-27 不同地区自我投入度比例

五 崇尚自由和民主

新生代员工不善于处理复杂的人际关系，反对论资排辈走关系，关注过程和结果的公开、公平和公正，崇尚自由和民主，喜欢按照自己的方式学习、工作和生活，不喜欢被规矩和制度约束。新生代员工喜欢企业领导能快速、准确地做出决策，比起注重约束和强调无私奉献的企业，强调民主和谐的企业文化更能让他们接受（傅红、段万春，2013）。

新生代员工思想独立，不盲目跟从，敢于提出自己的看法和见解，不盲目服从于权威和上级，有异议时往往会主动进行反馈。从图1-28可以看出，大多数岗位的新生代员工都认为其所在工作小组会主动向企业提供相关的意见建议。对于工作制度和管理者的风格，新生代员工有独立的定位，当他们有不同的理解时，能大胆地提出自己的看法甚至挑战权威。针对这一观点，放牧、务农和设计三个岗位认同度最高（100%），在自由职业、服务人员、技术人员和销售四类岗位中分别有80.6%、78.4%、76.7%和74.2%的新生代员工认同这一观点。

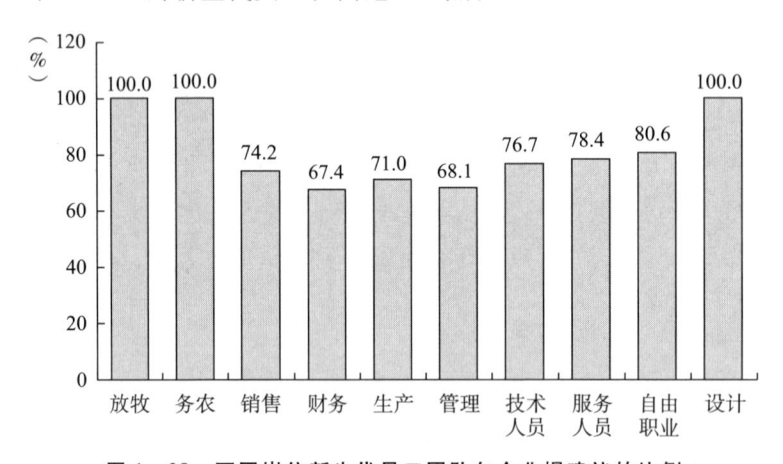

图1-28 不同岗位新生代员工团队向企业提建议的比例

图1-29表明，不同地区的新生代员工向企业提建议的欲望还是比较

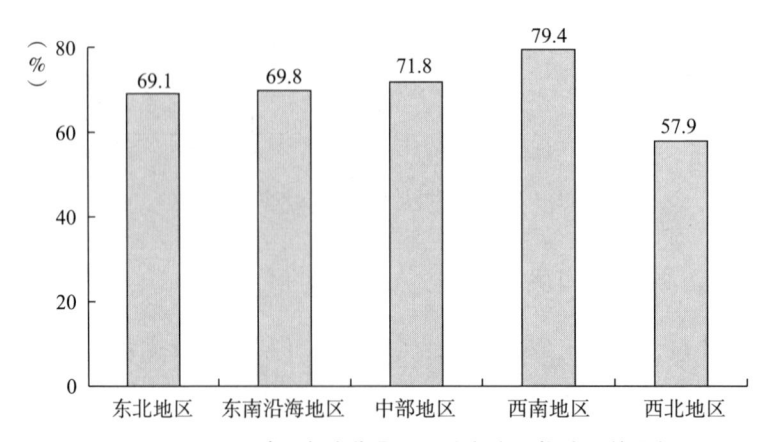

图1-29 不同地区新生代员工团队向企业提建议的比例

强烈的。对于"我的工作小组会向企业提供相关的意见建议"这一观点，西南、中部和东南沿海地区分别有79.4%、71.8%和69.8%的新生代员工认同这一观点。在经济欠发达的东北和西北两个地区中，分别有69.1%和57.9%的新生代职业群体能够认同这一观点。

第四节　目标与策略

加强新生代职业群体的职业认同，进而推进其更高程度的社会认同，从而形成新生代个体与组织全面和谐、共谋发展的观点在本研究中得到了证实。因此，从组织管理的角度，在管理制度和政策支持等方面推动新生代员工的职业认同、组织认同、法律认同和公民行为认同，不仅能够保证和增强新生代职业群体的工作自主性，还能为新生代职业群体实现职业理想营造良好的组织环境。

一　新生代职业群体公民行为推进目标

（一）增强职业归属感

第一，培养新生代员工的职业兴趣。职业兴趣是一个人从事某种职业的动力和精神支柱，只有当个体对某个职业产生比较浓厚的兴趣时，才会全身心地投入其中。对于新生代员工来说，工作不应仅仅是为了挣钱糊口，还应该是一项对自己有益，能够包容自己兴趣爱好的职业。因此，企业管理者应该有意识地去发掘员工的职业兴趣，提升他们的职业认同感。

第二，提高新生代员工的工资。对于员工而言，工资不仅仅是一种劳动所得，还代表着自身的价值、代表着企业对员工的认同，甚至还代表着个人的能力和发展前景。合理的工资会让员工认为自己的工作付出是值得的，其职业认同感会较强，归属感和工作积极性也会较高，也更愿意留在该企业，减少企业的离职率，提高企业的凝聚力和竞争力。

第三，让新生代员工看到清晰的晋升空间。管理者要想让自己的员工拥有较强的职业认同，就必须让员工清晰地看到自己的晋升空间。在赫茨伯格的双因素理论中，他指出工资、工作条件和环境等对于员工来说都属于"保健因素"，它们的激励作用有限，而职位的提升、工作当中的成就感、自我实现等因素对于员工来说才是更强有力的激励因素（刘洪义，2008）。

(二)形成一致的工作价值观

第一,培养新生代员工健康的工作价值观。在积极健康的工作价值观养成过程中,要紧密结合新生代员工的专业特征和兴趣特征,通过教育、培训和工作岗位设置去引导他们,通过健康的组织氛围和精神理念去塑造他们。企业还要善于运用适当的规章制度和奖惩措施来规范员工的行为,使其自觉形成与企业理念、企业文化相一致的工作价值观,提高其工作能动性。

第二,提高新生代员工的组织归属感。在企业管理过程中要充分利用工作岗位的特点,解决新生代员工工作回报与内部需求一致性等问题,增强组织和团队吸引力,形成有组织归属感的企业文化。

第三,健全新生代员工的激励机制。对于有理想、有责任心和在相对经济宽裕的生活环境中长大的新生代员工而言,单纯的薪酬、福利等物质性激励并不能有效地对新生代员工产生作用,还需要采用多种形式的精神激励方式,通过增强其工作成就感和组织荣誉感,来提高他们对组织的忠诚度和信赖感。

(三)强化遵纪守法的观念

第一,培养新生代员工的法律保障意识。新生代员工作为组织的一员,有各种各样的利益诉求,为了让他们更乐于依法行事,就要让他们能够切实感受到法律带来的权益保障,让法律意识与新生代员工的生活和工作相结合。

第二,培养新生代员工的法律价值认同。法律价值认同感是产生法律信仰的前提,也是新生代员工形成法律信念时必不可少的主观心理环节。新生代员工的法律价值认同感产生于法律对其利益需求的满足,但也受外部社会环境的制约。

第三,培养新生代员工的法律信念。法律信念是对法律的崇尚、诚服和坚信的心理,其形成来自对法律价值的认同。针对新生代员工的法律意识教育应着力渗透现代法律的人文精神,以人权、民主、自由和秩序为目标,培养他们人格平等和自治自律的法律意识。

(四)增强团队凝聚力

第一,加强新生代员工心理疏导,激发其积极情绪,倡导员工参与管理。新生代员工的流失率一直处于高企状态,有研究显示,当前很多新生代员工缺乏工作热情,思想压力大,团队凝聚力弱,工作幸福感处于中等偏下水平。这一方面有员工对企业发展战略理解不足,工作满意度降低等方面的问题;另一方面也反映出企业存在缺少员工心理疏导机制,员工负面情绪无法宣泄等企业管理问题。

第二,优化绩效考核和薪酬管理,积极开展员工职业规划。当前,产业转型升级,变动频繁,直接影响到员工的薪酬水平。频繁的变动不利于员工专注工作,也会降低员工的工作满意度。因此,管理者应建立企业预警机制。

第三,加强工会关怀,促进家企互动,增强新生代员工的归属感。家庭关系、家庭生活和家人健康是衡量员工主观幸福感的重要因素,加强工会关怀,促进家企互动,以满足员工的社会互动需要,增强员工的组织归属感。

(五)强化组织公民行为激励措施

激励员工的组织公民行为是十分有必要的。公民行为虽然不能直接带来个人的利益,与正式的奖励制度没有直接或外显的联系,却可以从整体上有效提高组织的效能,通过群体或组织利益的增加,给个人带来利益的增加。对于新生代员工的组织公民行为,可以从以下几方面进行激励。

第一,确立正面态度,认同和推崇组织公民行为。当个体认为其将要实施的特定行为会受到群体或组织的支持时,该个体就会倾向实施特定行为。组织可以通过给予实施组织公民行为的新生代员工适当的物质或精神奖励等措施,认同他们的行为,一方面鼓励此类员工继续实施此类行为;另一方面,给予该种行为正面的宣传,强化新生代员工的认知,使这种行为成为企业和组织之间所普遍认同和推崇的行为。

第二,注重分配式公平和程序式公平。Adams 的公平理论认为,当员工感到不公平时,将减少组织公民行为发生的频率;而感到公平时,将持续表现出组织公民行为,以作为对组织的回报。当新生代员工认为自己在报酬与福利、绩效评价、工作过程和工作安排等方面受到组织或领导的公平对待时,新生代员工会有较强的组织公平感,发生组织公民行为的可能性就大(叶勤等,2008)。因而,企业在开展各项工作时,应该有制度可依,注重公平;在薪酬管理上,将"外在薪酬"和"内在薪酬"结合,使新生代员工的付出与回报趋向一致。

第三,运用工作轮换和工作获得感提高工作吸引力。增强工作的吸引力可以通过工作轮换和工作获得感来实现。工作获得感是对工作内容和责任层次的改变，旨在向新生代员工提供更能发挥潜能的工作。工作获得感是对工作责任的垂直深化，它使得新生代员工在完成工作的过程中，有机会获得一种成就感、认同感、责任感和自身发展。

二 新生代职业群体公民行为推进策略

（一）创新社会治理，推动积极的新生代员工公民观

推进社会治理体制创新，加快从传统社会管理向现代社会治理转变，从而实现社会善治，需要政府、社会组织和广大社会成员的共同努力，需要实行多元主体共同治理，需要增强社会成员的责任意识，提升社会成员的文化自觉。在新生代员工社会认同的进程中，组织作为最重要的推动者，其决策影响引导新生代员工的心理状态，也影响着新生代员工在工作中的心理活动和行为方式。作为组织的管理者，要建立新生代员工权益维护意识，充分认识到新生代员工公民观的重要性，肯定新生代员工在组织发展中做出的贡献。尤其对新生代员工中的农民工群体，要改变过去对农民工"经济接纳，社会排斥"的管理办法，把农民工作为服务对象纳入城市社会公共服务体系，保障迁居城市的新生代农民工在政治、经济和文化方面的权益；充分整合社会力量构建农民工市民化的支持网络，为新生代农民工公民观的树立创造良好的社会氛围。

（二）完善教育培训措施，保障新生代员工的发展权益

职业培训对于提高劳动者的职业素质和技能，促进社会生产力发展具有重要意义。在对新生代员工进行教育培训的过程中，各级政府、相关部门要充分利用各种措施，开展文化知识、法律知识、岗位技能、道德规范等方面的教育培训，促进新生代员工综合素质的提高，通过政府主导、社会团体辅助等方式整合现有资源，充分发挥各类教育培训机构和群团组织的作用，积极探索政府、企业和社会共同推进员工教育培训的路径，多层次、多渠道、多形式地开展员工职业培训和素质教育，不断提高新生代员工整体素质。

（三）加强新生代员工的心理疏导，关注心理健康

针对新生代员工在工作过程中遇到的心理困惑，应及时发现、干预和疏导，建立心理干预疏导机制。开展组织关怀活动，帮助新生代员工做好

自我管理、自我调适，缓解心理压力，提高耐挫能力，平衡心理情感，培养其对组织的认同感和归属感，树立健康的生活情趣。在心理上引导他们树立积极、健康、专业的职业自尊心，引导和培养新生代员工做好职业生涯规划，同时也要做好心理疏导。自我情绪管理和人际关系相对薄弱的新生代员工，在工作中会面对方方面面的压力。因此，明确的团队目标和个人目标，以及相对明确的职责和团队荣誉感的培养对他们十分重要。

第二章 新生代职业群体行为结构分析

为了解新生代职业群体的思维模式和行为习惯,以期提高新生代职业群体的竞争力,本研究设计了社会认同量表和职业群体行为量表,通过抽样调查,一方面,可以帮助企业了解新生代员工的发展需求,提高企业的竞争力;另一方面,可以为新生代员工解决社会治理问题提供合理化建议。

社会认同量表包括职业认同分量表、组织认同分量表、法律认同分量表、身份认同分量表和公民行为分量表五个分量表,共计101个问题,采用的是李克特量表五点记分法。各个层面的信度和效度检验结果如表2-1至表2-3所示。

表2-1 社会认同量表结构及信度、效度分析

单位:%

量表层面名称	信度α系数	解释的变异量
1. 职业认同分量表	0.937	95.40
职业认知	0.854	88.80
职业成功	0.86	90.20
职业承诺	0.833	88.90
2. 组织认同分量表	0.942	96.60
组织嵌入	0.895	93.40
组织凝聚力	0.9	94.40
3. 法律认同分量表	0.804	85.20
法律态度	0.868	87.40
法律认知	0.639	57.10
4. 身份认同分量表	0.908	94.60

续表

量表层面名称	信度 α 系数	解释的变异量
社会距离	0.851	88.40
安全感	0.832	90.20
5. 公民行为分量表	0.913	93.60
个人约束	0.881	90.80
群体约束	0.786	80.40
工作约束	0.823	87.10
社会认同量表	0.975	96.60

表 2-1 显示，五个分量表共计 101 个题项（变量），累计可解释社会认同变异量的 96.6%，说明量表具有很好的结构效度。此外，从量表的 101 个保留题项的含义来看，量表也具有很好的表面效度。在保证效度不降低的情况下，本量表各项经过筛选后信度 α 系数为 0.975，且各项信度 α 系数均在 0.6 以上。

表 2-2 职业群体竞争力分量表信度、效度检验

单位：%

量表层面名称	信度 α 系数	解释的变异量
工作能力打分	0.82	68.30
同事认可程度打分	0.805	64.30
岗位认可程度打分	0.805	59.30
企业认可程度打分	0.804	60.60
工作单位守法情况打分	0.815	69.40
企业完成任务打分	0.802	56.20
社会地位满意程度打分	0.807	48.80
社会交往程度打分	0.81	72.40
人际关系情况打分	0.806	58.00
员工照顾程度打分	0.807	44.90
职业群体竞争力量表	0.894	61.43

职业群体竞争力为打分形式的总加量表，其信度检验如表 2-2 所示。职业群体竞争力量表各项经过筛选后信度 α 系数为 0.894，且各项信度 α 系数均在 0.8 以上。10 个题项（变量）累计解释职业群体竞争力水平变异

量的 61.43%，具有很好的结构效度。此外，从量表的 10 个保留题项的含义来看，量表也具有很好的表面效度。

第一节 新生代职业群体竞争力

职业竞争力是指从业者之间对于从事某种领域、某种工作所具有的各自的竞争优势，它表现为从事某一职业的劳动者的职业适应能力和职业创造力。在竞争激烈的市场经济中，新生代员工的职业竞争力是推动企业发展和提高企业竞争力的必要条件。

一 行业差异性分析

信息技术革命及其带来的世界生产力质变促进了经济全球化的发展，竞争理念深入人心，在竞争环境日益激烈的趋势下，一些企业在竞争中崛起，但更多的企业在竞争中步履维艰。基于新生代职业群体在企业竞争中所起的关键作用，了解其在行业、地域、企业类型和个体属性方面的差距尤其重要。

表 2-3 不同行业新生代职业群体竞争力水平分析

序号	您目前所处的行业	均值	N	标准差
1	社会保障	50.7500	24	7.51954
2	房地产业	47.7368	57	6.22646
3	牧业	46.6364	33	3.83094
4	交通运输	46.3889	54	7.23309
5	商业服务业	46.3043	69	6.98171
6	渔业	45.5294	51	6.30350
7	软件	45.2750	120	9.28536
8	信息技术服务业	45.1081	111	6.82023
9	金融业	45.0238	126	8.08996
10	林业	45.0000	54	10.20544
11	餐旅业	44.6792	159	7.46580
12	教育	44.6543	243	7.90621
13	制造业	44.5728	309	6.51163
14	农业	44.4713	261	6.22805

续表

序号	您目前所处的行业	均值	N	标准差
15	娱乐业	44.2308	39	6.43372
16	环境能源	44.1471	102	5.94596
17	采矿业	44.0000	57	7.02038
18	居民服务	43.8947	57	5.61148
19	零售业	43.8053	339	7.34588
20	卫生	43.4151	159	5.94096
21	公共管理	42.4815	81	6.90853
22	技术服务业	41.8333	54	5.12762
23	建筑	41.6667	27	7.96628
24	体育	40.8000	15	5.04551
25	文化	40.3043	69	7.23005
	总计	44.4146	2670	7.17730
	F	4.214 ($p = 0.00$)		

从表 2-3 可以明显看出,不同行业的竞争力水平具有显著性差异（$F = 4.214$, $p = 0.00 < 0.05$）。通过均值分析发现,职业群体竞争力较强的前九大产业为社会保障、房地产业、牧业、交通运输、商业服务业、渔业、软件、信息技术服务业和金融业,其中,社会保障和房地产业竞争力水平最高。社会保障产业是一项新兴的朝阳产业。人们对社会保障需要的增长,将导致社会保障费用急剧上升,也将成为社会保障事业发展乃至经济发展的一个难得的机遇。据专家预测,社会保障产业的一大分支——老人产业是 21 世纪最有前途的产业,在我国发展老人产业大有潜力。社会保障产业的其他分支——残疾人产业、社会保障金融业等在我国发展滞后,有的还是一块处女地（如社会保障金融业）,都需要大力开发和发展。未来通过发展社会保障产业来实现社会保障功能,而不是全部由国家解决,以减轻国家财政负担,将成为社会治理的一个趋势;职业群体竞争力较弱的后九大产业为采矿业、居民服务、零售业、卫生、公共管理、技术服务业、建筑、体育和文化,其中体育和文化产业的职业群体竞争力水平最低。相比于火热的体育和文化产业,我国的体育和文化产业人才还存在总量偏少、精英不多、创新能力弱、结构失衡、分布不均、知识老化等问题,职业群体缺乏竞争力已经成为制约体育和文化产业发展的一大瓶颈

(黄海燕等，2014；欧阳友权，2012）。

二 地区差异性分析

对于一个国家或地区而言，竞争优势是指其产业创新和升级的能力，即持续提高生产力的能力，而这在相当程度上取决于发展环境。

表 2-4 不同城市职业群体竞争力水平分析

序号	目前工作的城市	均值	N	标准差
1	重庆市	51.3673	147	4.28933
2	北京市	49.9600	75	4.36026
3	上海市	48.2500	12	1.54479
4	广州市	48.0462	195	7.36409
5	沈阳市	48.0000	3	.00000
6	杭州市	47.9231	117	7.19693
7	合肥市	47.5333	90	5.89649
8	哈尔滨市	46.9000	90	5.80207
9	武汉市	46.2432	111	7.25662
10	长春市	45.5833	144	7.46694
11	呼和浩特市	45.5789	57	7.78264
12	南京市	45.4000	15	4.46894
13	成都市	44.8478	138	6.23260
14	贵阳市	44.5667	90	5.69851
15	六盘水市	44.4595	111	6.50424
16	伊宁市	44.4000	90	7.77897
17	厦门市	44.4000	90	7.77897
18	吉林市	44.3913	69	5.44280
19	石家庄市	44.2500	132	6.37070
20	南宁市	44.2500	36	5.05611
21	昆明市	43.9500	60	6.12974
22	太原市	43.3913	138	5.65612
23	宁波市	41.6667	9	3.04138
24	济南市	41.3125	48	5.29615
25	安顺市	41.0000	6	1.09545

续表

序号	目前工作的城市	均值	N	标准差
26	西宁市	40.6842	114	4.29924
27	葫芦岛市	40.5000	12	8.75422
28	郑州市	40.0800	150	5.02814
29	大连市	39.9130	69	3.63698
30	拉萨市	38.4286	63	3.74043
31	长沙市	37.4194	93	5.20101
32	遵义市	37.3333	9	5.63471
33	兰州市	36.0345	87	8.60563
	总计	44.4146	2670	7.17730
	F	29.095（$p=0.00$）		

从表 2-4 可以明显看出，不同城市的职业群体竞争力水平具有显著性差异（$F=29.095$，$p=0.00<0.05$）。排名前十位的城市为重庆市、北京市、上海市、广州市、沈阳市、杭州市、合肥市、哈尔滨市、武汉市和长春市。重庆市的竞争力水平在33个城市中最高，近几年重庆的高速发展与其较高的职业群体竞争力有不可分割的联系。重庆地处"一带一路"和长江经济带，位于两大国家战略的"Y形"连接点上，区位优势明显，在2017中国旅游城市排行榜中仅次于北京位列全国第二。2017年重庆GDP增速位列全国第二位，在2017全球城市竞争力排行榜中排名中国第六位，《2017年中国城市营商环境报告》显示重庆紧跟广州、北京、深圳、上海之后排名全国第五位、西部第一位。

排名后五位的城市为大连市、拉萨市、长沙市、遵义市和兰州市。兰州市在调查的城市中竞争力水平最低。作为西部城市之一，兰州在文化产业竞争力、民营经济竞争力、产业品牌竞争力等方面与其他城市比相对薄弱，兰州又是一个突发性事件多发的城市，各类自然灾害经常造成城乡出现重大经济损失，严重削弱城市竞争力，近几年高端人才外流严重，在城市抢人大战中处于劣势。为了扭转这些劣势，兰州市政府提出了营建城市形象、整合区域资源、提高自主创新能力、激活民间金融、支持民营经济等提高竞争力的对策措施。

表 2-5 不同省份类型职业群体竞争力水平

序号	目前工作所在省份	均值	N	标准差
1	重庆	51.3673	147	4.28153
2	北京	49.9600	75	4.25181
3	上海	48.2500	114	7.06081
4	广东	48.0462	195	7.17942
5	江苏	47.6053	12	1.62595
6	浙江	47.5333	90	5.58657
7	湖北	46.9000	90	5.76597
8	安徽	46.2432	111	7.34411
9	吉林	45.5789	57	7.22711
10	内蒙古	45.4000	135	5.97036
11	辽宁	45.1972	213	6.29391
12	河北	44.6000	15	4.38261
13	四川	44.5111	60	5.63675
14	湖南	44.4000	90	7.51345
15	黑龙江	44.4000	135	6.75365
16	河南	43.9500	108	6.05370
17	山东	43.8611	138	5.60611
18	福建	43.7333	90	7.76265
19	云南	43.3913	45	3.94108
20	贵州	42.5781	192	6.12407
21	广西	41.3125	48	5.05792
22	青海	41.1795	117	4.96807
23	新疆	40.0800	150	4.83838
24	山西	38.4286	63	3.78873
25	西藏	37.4194	93	5.17586
26	甘肃	36.0345	87	8.04829
	总计	44.5560	2670	4.28153
	F	\multicolumn{3}{	}{34.250（$p = 0.00$）}

从表 2-5 的调查结果可以明显看出，不同省份的职业群体竞争力存在显著性差异（$F = 32.250$，$p = 0.00 < 0.05$）。排名前十位的省份为重庆、北京、上海、广东、江苏、浙江、湖北、安徽、吉林、内蒙古，均值分析

发现，除了重庆、上海、北京三个直辖市，广东省的职业群体竞争力在所有省份中最高，甘肃省最低，三个直辖市中，重庆最高，北京市略高于上海市。国家在改革开放初期赋予广东省的优惠政策如今已进入收获期，它的经济社会制度改革与对外开放水平位于我国其他各地的前列，经济的快速发展让广东省对人才的吸引力也远高于其他省份。

西部地区的甘肃省，和西部其他地区一样作为后发地区，劣势明显，社会发展方面的建设已成为当前西部地区发展的短板。目前西部地区运输成本高、通信条件差、技术和管理力量薄弱、劳动成本高的现状，导致西部地区的人才、劳动力等生产因素在市场利益的驱动下，向效益好、投资回报高的发达地区转移。

三 企业类型差异性分析

表 2-6 不同企业类型职业群体竞争力水平

序号	您所在企业的经济类型	均值	N	标准差
1	港澳台独（合）资	45.8571	42	7.23667
2	自由职业者	45.3889	108	6.58919
3	外商独（合）资	45.3617	141	7.47403
4	家族企业	45.3043	414	8.15225
5	个体工商户	44.7680	750	7.00254
6	国有（营）	44.5942	207	7.35108
7	民营	43.8857	735	6.25768
8	其他类型	43.5000	78	5.53560
9	家庭手工作坊	42.2941	51	10.30397
10	乡镇企业	41.6250	144	7.84186
	总计	44.4146	2670	7.17730
	F	5.173（$p=0.00$）		

从表 2-6 中可以看出，不同类型企业的职业群体竞争力水平呈现显著性差异（$F=5.173$，$p=0.00<0.05$）。职业群体竞争力从高到低依次是港澳台独（合）资、自由职业者、外商独（合）资、家族企业、个体工商户、国有（营）、民营、其他类型、家庭手工作坊、乡镇企业。职业群体竞争力水平最高的为港澳台独（合）资企业，最低的是乡镇企业。港澳台

独（合）资企业以高薪、国际化等优势吸引了大量高素质人才，形成了强大的人力资本优势，在这些企业工作的职业群体竞争优势也远超其他类型企业。近年的一些新兴自由职业会聚了大量的高技术人才，让这个群体也具有强大的竞争力。20世纪90年代中期开始的乡镇企业改制让乡镇企业先天不足的产权问题和因产权问题导致的经营管理水平低下问题得以暴露，乡镇企业从而失去了原来的竞争优势；来自民营和外资企业的竞争力，以及中国经济总体上摆脱短缺经济的政策，也加速乡镇企业的没落，"被抛弃"的乡镇企业很难吸引高素质的就业者。

四 个体性差异分析

表2-7 不同年龄段职业群体竞争力水平

序号	年龄分组	均值	N	标准差
1	25岁以下	44.8272	816	7.71379
2	25~31岁	44.1247	1299	6.90670
3	31岁以上	44.4865	555	6.95870
	总计	44.4146	2670	7.17730
	F	2.438（$p=0.087$）		

从表2-7的调查结果可以明显看出，不同年龄段的竞争力水平在0.1显著性水平下呈现差异（$F=2.438$，$0.05<p=0.087<0.1$），在这一水平下，年龄对新生代职业群体的竞争力影响显著。员工的工作绩效在30岁以后会随年龄的增长而明显下降，绩效随年龄增长而下降的现象或许是员工长期积累的厌烦或工作倦怠所造成的（刘莹、廖建桥，2006）。本研究发现，25岁以下和31岁以上年龄组对职业竞争力水平没有显著影响，这与已有的研究结果相反，25岁以下和31岁以上年龄组的职业竞争力水平，高于25~31岁年龄组，25~31岁年龄组也是流动最为频繁的年龄段，频繁的跳槽也让这个年龄段群体竞争力不足。

表2-8 不同工作时间职业群体竞争力水平

序号	工作时间分组	均值	N	标准差
1	3年以下	44.2758	1077	7.51424
2	3~7年	44.6486	939	7.14710

续表

序号	工作时间分组	均值	N	标准差
3	7年以上	44.3073	654	6.63431
	总计	44.4146	2670	7.17730
	F	\multicolumn{3}{c}{0.773（$p=0.462$）}		

从表2-8的调查结果可以明显看出，不同工作时间的竞争力水平不具有显著性差异（$F=0.773$，$p=0.462<0.05$），说明工作时间对新生代职业群体的竞争力水平不具有显著性影响，工作时间不是职业群体竞争力的影响因素，企业员工的竞争力水平高低并不会因为工作时间的长短而有所差异。因此企业应注重提高员工的工作效率，而不是一味地延长其工作时间。

表2-9 不同文化程度竞争力水平

序号	文化程度	均值	N	标准差
1	博士及以上	46.7778	54	7.72076
2	硕士	45.5674	534	7.18727
3	大学本科	44.9016	183	6.54328
4	大专	44.4912	342	7.80283
5	高中或中专	44.4367	996	6.98836
6	初中	43.8553	228	6.99220
7	小学及以下	42.1532	333	6.88135
	总计	44.4146	2670	7.17730
	F	\multicolumn{3}{c}{9.333（$p=0.00$）}		

从表2-9的调查结果可以明显看出，不同文化程度的职业群体竞争力水平具有显著性差异（$F=9.333$，$p=0.00<0.05$）。博士及以上群体的竞争力水平的均值最高；硕士群体的竞争力水平的均值次之；小学及以下群体的竞争力的均值最低。可以看出文化程度越高的群体，其竞争力水平的均值相对越高。具体排序为：博士及以上＞硕士＞大学本科＞大专＞高中或中专＞初中＞小学及以下。学历代表员工的文化程度，高学历意味着更强的学习能力和创造力，员工学历水平越高，公司状况越好，薪酬水平也越高，竞争力越强（张卓雅，2016），本书研究结果与上述相关研究结果具有一致性。在知识经济时代，企业应鼓励、支持员工围绕本职工作开展业务学习，提高员工个人和企业的竞争力。

在职业群体竞争力的研究中，本研究对不同行业、不同城市、不同省份、不同企业、不同年龄段、不同工作时间以及不同文化程度对职业群体竞争力的影响状况的调查数据进行了分析，结果显示不同年龄和不同工作时间对职业群体竞争力不具有显著性影响；职业群体竞争力在不同行业、不同城市、不同省份、不同企业、不同文化程度方面均有显著性差异。针对差异的具体情况，本书提出了相关的理论解释和应对措施，旨在帮助新生代员工个人和企业寻找提高竞争力的方向和方式方法。

第二节 职业认知、成功与承诺

为了深入分析新生代职业群体公民行为，探寻以群体竞争力为推动力的社会治理的发展路径，本书在参考相关研究的基础上设计了职业认同量表，从职业认知、职业成功、职业承诺三个方面衡量新生代职业群体的发展程度，为政府制定政策和企业制定相关规则提供依据。

职业认同是指从业者对本职工作的认可和赞同程度，从业者只有从心里认可并喜欢这份职业，才会倾注所有热情全身心地投入其中。员工对职业认同的积极自我感知能够克服他们对恶劣工作条件的不满、减少职业倦怠感，而强烈的职业认同也会弱化他们的离职倾向。新生代职业群体是经济发展的主力军，了解他们的职业认同现状，多角度分析影响其职业认同的相关因素，并为提高其工作效率提出有针对性的解决措施，对企业发展具有极其重要的现实意义。

职业认同量表包含三个分量表共计 26 个题项（变量），累计可解释职业认同变异量的 95.4%，具有很好的结构效度。本量表各项信度 α 系数为 0.937，且各项信度 α 系数均在 0.6 以上，说明用本量表收集的数据进行分析具有较高的可信度（见表 2-10）。

表 2-10 新生代职业群体职业认同分量表指标信度效度检验

单位：%

量表层面名称	代号	包含的题项	题数	信度 α 系数	解释的变异量
职业认知	Cog	Z1 Z2 Z3 Z4 Z5 Z6 Z7 Z8 Z9	9	0.854	88.8
职业成功	Success	Z10 Z11 Z12 Z13 Z14 Z15 Z16 Z17	8	0.860	90.2

续表

量表层面名称	代号	包含的题项	题数	信度 α 系数	解释的变异量
职业承诺	Com	Z18 Z19 Z20 Z21 Z22 Z23 Z24 Z25 Z26	9	0.833	88.9
职业认同分量表			26	0.937	95.4

一 职业认知分析

职业认知是指个体对职业世界的认识与了解,它是一个动态变化的过程。在认知职业的过程中,员工通过积极的职业探索与环境探究提升自我的职业认知水平,达到合理制定职业规划、准确定位就业方向、提高职业满意度的目的。较高的职业认知程度有助于新生代职业群体提升自我认知,激发职业兴趣,做出更好的职业规划和选择。本研究对于职业认知的测量包括职业认知水平总加项 Cog 和以下分项内容。

Cog:职业认知水平;

Z1:我制定了职业生涯各阶段的具体目标;

Z2:我了解目前工作的工作模式;

Z3:我了解工作的职业价值、职业伦理;

Z4:我能够经常对工作中的问题进行思考与研究;

Z5:我觉得目前职业和在学校时所期望的相符合;

Z6:我目前的工作是自我形象中很重要的一部分;

Z7:我认为目前的工作发展前景很好;

Z8:我希望我的子女以后也能从事这项工作;

Z9:我目前的工作社会地位高。

表 2-11 新生代职业群体职业认知水平的特征分析

单位:%

变量		职业认知水平			卡方值（显著性）
		较低	中等	较高	
性别	男	0.528	0.548	0.593	6.092 ($p = 0.048$)
	女	0.472	0.452	0.407	
城乡	城市	0.476	0.471	0.603	31.274 ($p = 0.000$)
	农(乡)村	0.524	0.529	0.397	

续表

变量		职业认知水平			卡方值（显著性）
		较低	中等	较高	
就业流动	跨地区就业	0.13	0.121	0.131	0.496 ($p=0.780$)
	本地就业	0.87	0.879	0.869	

表 2-12　不同岗位新生代职业群体职业认知各项分析

单位：%

变量 岗位	Z1	Z2	Z3	Z4	Z5	Z6	Z7	Z8	Z9
放牧	0.011	0.005	0.015	0.016	0.005	0	0.016	0.039	0.018
务农	0.002	0	0.002	0.008	0.008	0.01	0.007	0.006	0.007
销售	0.232	0.496	0.237	0.47	0.479	0.501	0.46	0.497	0.473
财务	0.371	0.341	0.343	0.291	0.273	0.331	0.342	0.293	0.261
生产	0.345	0.394	0.399	0.409	0.454	0.411	0.405	0.437	0.501
管理	0.521	0.519	0.544	0.561	0.521	0.509	0.553	0.506	0.492
技术人员	0.068	0.081	0.065	0.067	0.051	0.066	0.067	0.055	0.055
服务人员	0.086	0.078	0.079	0.038	0.086	0.076	0.07	0.084	0.094
自由职业	0.083	0.076	0.066	0.005	0.086	0.081	0.07	0.081	0.089
设计	0.005	0	0	0.005	0.005	0	0.005	0	0
卡方值	175.817	155.084	256.736	161.021	119.331	172.744	114.627	220.911	174.823
显著性	0	0	0	0	0	0	0	0	0

表 2-13　不同省份新生代职业群体职业认知各项分析

单位：%

变量 省份	Z1	Z2	Z3	Z4	Z5	Z6	Z7	Z8	Z9
青海	0.600	0.200	—	—	0.400	0.600	0.400	—	0.400
新疆	—	—	—	—	—	—	—	0.586	0.500
内蒙古	0.471	0.529	0.647	0.588	0.588	0.529	0.706	0.706	0.412
吉林	0.716	0.746	0.746	0.657	0.672	0.687	0.672	0.582	0.522
安徽	0.680	0.720	0.960	0.760	0.680	0.640	0.440	0.440	0.560
山东	0.750	0.750	0.500	0.875	0.688	0.813	0.750	0.688	0.500
山西	0.522	0.674	0.674	0.652	0.609	0.717	0.630	0.500	0.543
甘肃	0.040	0.320	0.440	0.640	0.240	0.360	0.280	0.323	0.480
四川	0.659	0.795	0.795	0.750	0.614	0.727	0.659	0.409	0.477

续表

变量 省份	Z1	Z2	Z3	Z4	Z5	Z6	Z7	Z8	Z9
贵州	0.618	0.882	0.794	0.676	0.706	0.647	0.529	0.529	0.500
广西	0.647	0.529	0.647	0.647	0.735	0.676	0.647	0.441	0.647
浙江	0.667	0.600	0.800	0.733	0.600	0.733	0.667	0.333	0.733
江苏	0.789	0.474	0.605	0.605	0.737	0.632	0.763	0.711	0.711
河南	0.596	0.447	0.404	0.745	0.702	0.809	0.383	0.277	0.298
湖北	0.571	0.629	0.600	0.686	0.600	0.686	0.743	0.429	0.714
辽宁	0.484	0.532	0.565	0.532	0.645	0.710	0.629	0.565	0.548
河北	0.535	0.605	0.628	0.628	0.674	0.674	0.628	0.731	0.628
广东	0.754	0.852	0.836	0.836	0.656	0.787	0.738	0.574	0.623
重庆	0.851	0.894	0.872	0.532	0.872	0.894	0.872	0.809	0.489
湖南	0.226	0.484	0.677	0.484	0.355	0.677	0.323	0.400	0.387
西藏	0.389	0.278	0.389	0.222	0.333	0.389	0.500	0.167	0.444
上海	0.577	0.538	0.769	0.692	0.577	0.500	0.654	0.767	0.346
福建	0.577	0.538	0.769	0.692	0.577	0.500	0.654	0.731	0.346
北京	0.793	0.724	0.793	0.793	0.828	0.793	0.759	0.750	0.724
云南	0.750	0.900	0.800	0.500	0.450	0.700	0.600	0.550	0.350
黑龙江	0.571	0.714	0.714	0.750	0.607	0.750	0.571	0.500	0.357
卡方	309.255	322.803	247.878	167.207	199.841	189.507	215.680	235.970	161.807
显著性	.000	.000	.000	.000	.000	.000	.000	.000	.000

表2-14 不同文化程度新生代职业群体职业认知各项分析

单位：%

变量 文化程度	Z1	Z2	Z3	Z4	Z5	Z6	Z7	Z8	Z9
小学及以下	0.116	0.125	0.163	0.157	0.155	0.133	0.136	0.212	0.176
初中	0.239	0.244	0.235	0.206	0.244	0.255	0.224	0.228	0.243
高中或中专	0.367	0.383	0.388	0.376	0.404	0.373	0.417	0.385	0.392
大专	0.245	0.265	0.258	0.225	0.242	0.246	0.224	0.234	0.224
大学本科	0.867	0.828	0.765	0.809	0.775	0.808	0.805	0.752	0.763
硕士	0.141	0.827	0.149	0.167	0.154	0.159	0.153	0.146	0.161
博士及以上	0.182	0.038	0.035	0.037	0.03	0.02	0.034	0.035	0.034
卡方	255.594	147.668	103.704	103.455	139.639	157.435	129.779	100.973	73.283
显著性	0	0	0	0	0	0	0	0	0

面对当今社会的竞争,作为新生代职业群体,要想在职场中占据更好的位置,除了自身能力的提高,还要有明确的奋斗目标,做好职业定位。此外,在进行职业生涯规划的过程中要提高职业认知水平,综合考虑和协调多方面因素。

从表2-11职业认知水平特征分析中可以看出,新生代职业群体的职业认知呈现性别（$p=0.048$）和城乡（$p=0.000$）差异,总体呈现出男性（59.3%）高于女性（40.7%）、城市（60.3%）高于农（乡）村（39.7%）的趋势。在就业流动方面,跨地区就业和本地就业员工的职业认知水平并不存在显著性差异。

表2-12分岗位显示,制定职业生涯各阶段具体目标的新生代员工比例不高,较高比例分布在管理和财务岗位的员工中,分别有52.1%和37.1%的员工认同这个观点。了解当前的工作模式是实现职业认知的基础,除了放牧,六成以上的新生代员工能够了解目前的工作模式,其中管理岗位（51.9%）和销售（49.6%）是了解目前工作模式最多的两个群体。

随着现代社会的发展,对职业伦理的迫切要求更甚于对个人道德修养的要求,因为社会的总体性要求和价值观的贯彻是与现代职业紧密联系在一起的（孙青平,2010）。在个人与社会的关系协调中,职业成为其中的连接点,是人际交往的主要分类。重视职业伦理,推进公民行为建设成为员工管理的重要出发点。调查显示,对职业价值观和职业伦理的认知程度较高的新生代员工分布在管理（54.4%）、生产（39.9%）、财务（34.3%）和销售（23.7%）岗位上。

职业期望能否成为现实,除了个人素质、社会需求等条件外,还主要取决于个体的职业认知,这些成为其职业目标能否实现的关键。新生代员工的年龄一般在18~38岁,对职业的认知贯穿于其整个就业过程。在调查中,有52.1%的管理人员、47.9%的销售人员、45.4%的生产岗位员工和27.3%的财务岗位员工觉得目前职业和在学校时所期望的相符合,占比相对较高。

除了职业期望,对工作中的问题进行思考也是新生代职业群体认知的内容之一。表2-13分省统计显示,除了湖南（48.4%）和西藏（22.2%）,各省份半数以上的员工都能够对工作中的问题进行思考,对工作中的问题进行思考的员工认同比例较高的省份依次为山东（87.5%）、广东（83.6%）、北京（79.3%）、安徽（76%）。

各地区的产业优势不尽相同,工作在其中的新生代职业群体对工作前景的认识存在较大程度的差异性。数据显示,重庆有87.2%的员工认为目前的工作发展前景很好,而甘肃只有28%;在代际传承方面,重庆有80.9%、上海有76.7%、北京有75%、河北有73.1%、福建有73.1%、江苏有71.1%、内蒙古有70.6%、山东有68.8%的员工希望子女以后也能从事这项工作,而浙江、甘肃、河南、西藏则分别只有33.3%、32.3%、27.7%、16.7%的员工持有这一观点;对目前工作的社会地位认同较高的地区为浙江(73.3%)、北京(72.4%)、湖北(71.4%)、江苏(71.1%),较低的地区为黑龙江(35.7%)、云南(35.0%)、上海(34.6%)、福建(34.6%)、河南(29.8%),不同地区新生代员工对这些问题的态度反映到行动中就表现为跳槽,以谋求自身的利益最大化和工作心理的平衡。

此外,文化程度对新生代员工的代际传承期望有显著影响($p = 0.000$)。表2-14显示,大学本科的新生代员工是最希望自己的子女以后也能从事这项工作的(75.2%),其后依次为高中或中专(38.5%)、大专(23.4%)、初中(22.8%)、小学及以下(21.2%)、硕士(14.6%)和博士及以上(3.5%)学历的员工对子女从事与自己相同职业的期望比例最低。

二 职业成功分析

主观职业成功是指个体从工作内部和外部所获得的对自身的职业发展有重要影响方面的满意度;客观职业成功是指个体在工作中获得,以他人或者组织、集体评价为标准的资源、其他优势和富足的条件。本书对于职业成功的测量包括职业成功水平总加项Success和以下分项内容。

Success:职业成功水平;

$Z10$:在目前的单位里,我有许多发展机会;

$Z11$:我目前的单位视我为宝贵的资源;

$Z12$:凭借我的技能与经验,我有很多工作机会可以选择;

$Z13$:我很容易就能在其他单位找到相类似的工作;

$Z14$:凭借我的技能与经验,其他组织视我为有价值的资源;

$Z15$:我对自己的职业所取得的成功感到满意;

$Z16$:我对自己为达到收入目标取得的进步感到满意;

$Z17$:我对自己为达到获得新技能目标所取得的进步感到满意。

表 2-15 新生代职业群体职业成功水平的相关性分析

单位：%

变量		职业成功水平			卡方值（显著性）
		较低	中等	较高	
性别	男	0.553	0.537	0.577	2.748 ($p=0.253$)
	女	0.447	0.463	0.423	
城乡	城市	0.477	0.448	0.631	60.09 ($p=0.000$)
	农（乡）村	0.528	0.552	0.369	
就业流动	跨地区就业	0.107	0.133	0.137	3.835 ($p=0.147$)
	本地就业	0.893	0.867	0.863	

表 2-16 不同岗位新生代职业群体职业成功分项内容分析

单位：%

岗位 \ 变量	Z10	Z11	Z12	Z13	Z14	Z15	Z16	Z17
放牧	0.006	0.005	0.012	0.1	0.021	0	0.017	0.03
务农	0.006	0.002	0.005	0.02	0.014	0.002	0.008	0.002
销售	0.482	0.435	0.455	0.449	0.259	0.512	0.517	0.027
财务	0.307	0.317	0.329	0.309	0.303	0.336	0.302	0.553
生产	0.408	0.406	0.431	0.441	0.434	0.379	0.407	0.264
管理	0.543	0.615	0.542	0.51	0.537	0.552	0.52	0.442
技术人员	0.08	0.056	0.076	0.058	0.057	0.063	0.073	0.0517
服务人员	0.083	0.078	0.079	0.066	0.085	0.083	0.067	0.0549
自由职业	0.077	0.078	0.062	0.078	0.064	0.053	0.075	0.06
设计	0	0.01	0	0	0.01	0.01	0.005	0
卡方值	101.142	188.727	122.907	128.612	130.613	185.11	109.95	152.526
显著性	0	0	0	0	0	0	0	0

表 2-17 不同省份新生代职业群体职业成功分项内容分析

单位：%

省份 \ 变量	Z10	Z11	Z12	Z13	Z14	Z15	Z16	Z17
青海	0.006	0.01	0.013	0.007	0.007	0.005	0.008	0.011
新疆	0.021	0.01	0.01	0.01	0.01	0.014	0.014	0.013
内蒙古	0.024	0.046	0.049	0.056	0.047	0.042	0.036	0.038

续表

变量 省份	Z10	Z11	Z12	Z13	Z14	Z15	Z16	Z17
吉林	0.192	0.172	0.178	0.148	0.167	0.161	0.175	0.162
安徽	0.086	0.087	0.106	0.114	0.102	0.081	0.065	0.082
山东	0.04	0.051	0.053	0.053	0.048	0.051	0.031	0.041
山西	0.114	0.131	0.142	0.123	0.12	0.135	0.118	0.129
甘肃	0.006	0.017	0.031	0.042	0.044	0.031	0.017	0.021
四川	0.134	0.097	0.1	0.083	0.106	0.114	0.093	0.118
贵州	0.071	0.071	0.051	0.067	0.073	0.064	0.056	0.082
广西	0.097	0.095	0.078	0.09	0.076	0.072	0.11	0.076
浙江	0.04	0.033	0.018	0.03	0.028	0.04	0.028	0.032
江苏	0.103	0.099	0.07	0.09	0.103	0.091	0.107	0.098
河南	0.053	0.063	0.049	0.034	0.051	0.073	0.093	0.054
湖北	0.108	0.087	0.092	0.084	0.097	0.108	0.104	0.096
辽宁	0.124	0.109	0.125	0.16	0.125	0.142	0.144	0.148
河北	0.105	0.128	0.119	0.096	0.118	0.117	0.118	0.132
广东	0.195	0.193	0.19	0.163	0.157	0.172	0.175	0.17
重庆	0.107	0.089	0.09	0.105	0.109	0.098	0.105	0.106
湖南	0.031	0.041	0.057	0.034	0.049	0.042	0.036	0.044
西藏	0.018	0.008	0.018	0.028	0.017	0.03	0.025	0.013
上海	0.049	0.061	0.068	0.078	0.065	0.055	0.053	0.054
福建	0.049	0.061	0.068	0.078	0.065	0.055	0.053	0.054
北京	0.105	0.102	0.09	0.084	0.08	0.076	0.099	0.093
云南	0.04	0.034	0.04	0.026	0.044	0.039	0.053	0.035
黑龙江	0.071	0.088	0.081	0.1	0.079	0.081	0.07	0.082
卡方值	1024.01	856.571	793.913	1057.76	777.151	747.212	696.112	922.662
显著性	0	0	0	0	0	0	0	0

表 2-18 不同文化程度新生代职业群体职业成功分项内容分析

单位：%

变量 文化程度	Z10	Z11	Z12	Z13	Z14	Z15	Z16	Z17
小学及以下	0.009	0.015	0.034	0.029	0.032	0.017	0.033	0.035
初中	0.085	0.166	0.137	0.137	0.143	0.147	0.158	0.162

续表

变量 文化程度	Z10	Z11	Z12	Z13	Z14	Z15	Z16	Z17
高中或中专	0.1	0.173	0.144	0.179	0.164	0.154	0.158	0.167
大专	0.085	0.225	0.24	0.237	0.235	0.23	0.198	0.239
大学本科	0.11	0.273	0.259	0.249	0.24	0.257	0.255	0.228
硕士	0.201	0.418	0.417	0.37	0.437	0.398	0.427	0.398
博士及以上	0.406	0.727	0.766	0.795	0.745	0.794	0.767	0.767
卡方值	131.855	145.873	76.955	83.922	123.691	103.471	94.828	122.069
显著性	0	0	0	0	0	0	0	0

新生代员工公民行为的职业认同只靠职业认知是不够的，只有探索职业认同其各个分维度在新生代员工工作价值观与职业成功之间的调节作用，深化新生代职业群体工作价值观、职业成功体系，才能更好地完成新生代员工公民行为建立的目标。

从表2-15可以看出，男性职业成功较高的比例为57.7%，女性职业成功较高的比例为42.3%；城市职业成功较高的比例为63.1%，要高于农（乡）村的36.9%。在就业流动中，跨地区就业的职业成功水平要低于本地就业。

由表2-16可以看出，针对"在目前的单位里，我有许多发展机会"这一观点，在高占比群体中，分岗位分析显示，管理、销售和生产岗位中有54.3%、48.2%和40.8%的员工认同；分省份分析显示（见表2-17），广东、四川和吉林认同这一观点的新生代员工分别有19.5%、13.4%和19.2%；不同文化程度分析显示（见表2-18），博士及以上、硕士、大学本科、高中或中专分别有40.6%、20.1%、11%和10%的新生代员工认同这一观点，小学及以下学历的员工对这一观点的认同度最低，仅为0.9%。

针对"目前单位视我为宝贵的资源"的观点，在高占比群体中，分岗位分析显示，管理、销售、生产、财务中分别有61.5%、43.5%、40.6%和31.7%的新生代员工认为"单位视我为宝贵的资源"；分省份分析显示，广东、吉林和山西三个地区分别有19.3%、17.2%和13.1%的新生代员工认同这一观点，但是在经济发展相对落后的青海和新疆只有1%的新生代员工对这一观点有认同感。新生代员工的职业成就感能够通过支持性的组织得到显著改善，当新生代员工在工作、生活上遇到困难时，组织要及时给予帮助，关心他们的个人发展、福利水平、晋升机会等，让他们感觉到自己在组织中存在的价值。组织应采取相应的支持措施开发新生代员工的工作潜力，增强其职业认同感，让他们能更大程度地感受到企业对人才的重视。

针对"凭借我的技能与经验，我有很多工作机会可以选择""我很容易就能在其他单位找到相类似的工作"和"凭借我的技能与经验，其他组织视我为有价值的资源"这三个观点，在高占比群体中，分岗位分析显示，管理、销售、生产和财务分别有54.2%、45.5%、43.1%和32.9%的新生代员工同意"凭借我的技能与经验，我有很多工作机会可以选择"的观点，对于"我很容易就能在其他单位找到相类似的工作"观点也在管理和销售岗位有较高的认同度。

针对"凭借我的技能与经验，其他组织视我为有价值的资源"的观点，设计、务农和放牧岗位认同度最低，分别占1%、1.4%和2.1%。新生代员工个性突出，应该有针对性地营造不同的工作氛围，对于愿意承担高挑战性、高创新性、注重未来发展的员工，企业应该设置多种技能结合并具有前瞻性的岗位，让员工发挥其才华，在工作中不断获得新知识和技术、给予他们提升能力的机会，开拓他们的创新空间，提高他们的成就感。

针对"我对自己的职业所取得的成功感到满意""我对自己为达到收入目标取得的进步感到满意"和"我对自己为达到获得新技能目标所取得的进步感到满意"三个观点，在高占比地区中，有14.4%和7%的辽宁和黑龙江的新生代员工对自己的职业所取得的成功感到满意；有9.9%、6.5%和3.1%的北京、安徽和山东的新生代员工对自己为满足收入目标取得的进步感到满意；有7.6%、3.5%的广西和云南新生代员工对自己为达到获得新技能目标所取得的进步感到满意。

在博士及以上、硕士、大学本科、大专、高中或中专、初中、小学及以下分别有79.4%、39.8%、25.7%、23%、15.4%、14.7%和1.7%的新生代员工对自己的职业所取得的成功感到满意。随着市场经济的逐渐发展、规范，近年来，拥有高学历的一些知识精英，通过互联网等新经济方式，及时抓取社会发展期的良好机遇，为自己创造了巨额财富——这也逐渐成为社会主流的创富模式（陈海砚，2018）。知识经济时代，学历越高，越容易获得成功，周围同事的认可让他们感到被重视，得到周围群体对自己的肯定，个体对工作的满意度也会提升。因此，高学历的员工比低学历的员工更渴望事业的成功，也更加注重工作中的认同感。

三 职业承诺分析

随着经济一体化程度的加深，工作组织正经历巨大的变化，雇佣关系变得越来越不稳定，职业模式也正在发生变化。随着员工流失率的上升，平均工作任期缩短。一种观点认为组织的不稳定导致一些员工将他们的承诺从日益临时性的工作组织转向相对稳定的职业。员工开始重新考虑自己的职业前景，更多地将自己的精力和努力放在职业发展而非组织方面（聂林等，2014）。但组织作为职业存在的载体，不可避免地会对员工职业承诺产生深刻的影响。本书对于职业承诺的测量包括职业承诺水平总加项Com 和以下分项内容。

Com：职业承诺水平；

Z18：从事当前职业能使我实现职业理想；

Z19：目前的职业能发挥我的特长；

Z20：我花较多时间阅读与目前相关的资料；

Z21：我愿意从事给予相同报酬，但不同于现有职业的另一职业；

Z22：如果我不必工作就能拥有必需的钱，我仍然会继续从事目前的职业；

Z23：我已经在目前的职业上投入太多个人努力（如教育），因而我不再考虑改变职业；

Z24：如果离开现在的职业，我会损失很多待遇，如住房、子女入学、离退休保险等；

Z25：一旦离开现在的职业，我很难找到更好的工作；

Z26：我认为接受过某类职业教育或培训的人，就应该为该职业贡献一段合理的时间。

表 2-19 新生代职业群体职业承诺水平的相关性分析

单位：%

变量		职业承诺水平			卡方值（显著性）
		较低	中等	较高	
性别	男	0.529	0.552	0.587	4.825 ($p=0.09$)
	女	0.471	0.448	0.413	

续表

变量		职业承诺水平			卡方值（显著性）
		较低	中等	较高	
城乡	城市	0.508	0.445	0.593	29.267 ($p=0.000$)
	农（乡）村	0.492	0.545	0.407	
就业流动	跨地区就业	0.126	0.104	0.175	17.482 ($p=0.000$)
	本地就业	0.874	0.896	0.825	

表2-20 不同岗位新生代职业群体职业承诺分项内容分析

单位：%

变量 岗位	Z18	Z19	Z20	Z21	Z22	Z23	Z24	Z25	Z26
放牧	0.008	0.011	0.008	0	0.02	0.034	0.011	0.006	0.014
务农	0.002	0.014	0	0.021	0.008	0.005	0	0.016	0.012
销售	0.521	0.499	0.465	0.565	0.473	0.469	0.495	0.511	0.551
财务	0.298	0.332	0.328	0.377	0.323	0.311	0.329	0.301	0.277
生产	0.386	0.374	0.412	0.308	0.424	0.459	0.455	0.469	0.403
管理	0.561	0.558	0.54	0.458	0.548	0.521	0.479	0.518	0.514
技术人员	0.057	0.063	0.061	0.101	0.049	0.049	0.068	0.058	0.076
服务人员	0.078	0.087	0.09	0.112	0.086	0.084	0.092	0.064	0.075
自由职业	0.084	0.051	0.086	0.054	0.066	0.064	0.061	0.052	0.064
设计	0	0.005	0.005	0	0	0	0.005	0	0.009
卡方值	108.689	103.938	212.259	150.084	91.901	136.783	111.750	90.418	146.046
显著性	0	0	0	0	0	0	0	0	0

表2-21 不同省份新生代职业群体职业承诺分项内容分析

单位：%

变量 省份	Z18	Z19	Z20	Z21	Z22	Z23	Z24	Z25	Z26
青海	0.005	0.005	0.005	0	0.014	0.014	0.002	0.006	0.005
新疆	0.016	0.017	0.019	0	0.014	0.017	0.018	0.013	0.02
内蒙古	0.044	0.055	0.063	0.101	0.046	0.058	0.04	0.051	0.029
吉林	0.167	0.17	0.168	0.166	0.193	0.152	0.164	0.179	0.182
安徽	0.076	0.072	0.056	0	0.086	0.127	0.108	0.078	0.109
山东	0.069	0.045	0.045	0.021	0.06	0.041	0.045	0.075	0.057

续表

变量 省份	Z18	Z19	Z20	Z21	Z22	Z23	Z24	Z25	Z26
山西	0.122	0.165	0.13	0.077	0.155	0.116	0.165	0.152	0.145
甘肃	0.04	0.031	0.04	0.144	0.051	0.043	0.039	0.042	0.032
四川	0.123	0.124	0.138	0.055	0.127	0.112	0.126	0.134	0.125
贵州	0.075	0.081	0.08	0.033	0.083	0.082	0.07	0.095	0.106
广西	0.09	0.087	0.079	0.131	0.095	0.077	0.084	0.093	0.083
浙江	0.049	0.04	0.036	0	0.025	0.03	0.058	0.015	0.024
江苏	0.09	0.066	0.061	0	0.077	0.076	0.095	0.068	0.054
河南	0.055	0.114	0.104	0.11	0.066	0.059	0.102	0.086	0.145
湖北	0.117	0.099	0.101	0.089	0.098	0.107	0.099	0.094	0.105
辽宁	0.112	0.096	0.1	0.065	0.1	0.123	0.066	0.108	0.076
河北	0.131	0.114	0.11	0.11	0.112	0.127	0.099	0.097	0.116
广东	0.201	0.195	0.194	0.333	0.153	0.178	0.197	0.155	0.16
重庆	0.097	0.119	0.12	0.033	0.112	0.111	0.107	0.107	0.127
湖南	0.064	0.044	0.054	0.222	0.072	0.058	0.071	0.057	0.034
西藏	0.022	0.005	0.011	0.111	0.002	0.02	0.019	0.031	0.021
上海	0.031	0.046	0.051	0.045	0.043	0.049	0.021	0.041	0.038
福建	0.047	0.057	0.066	0.056	0.057	0.067	0.036	0.043	0.039
北京	0.037	0.041	0.043	—	—	—	0.049	0.044	0.034
云南	0.048	0.041	0.041	0.056	0.054	0.043	0.04	0.04	0.054
黑龙江	0.058	0.058	0.071	0.021	0.066	0.073	0.067	0.083	0.066
卡方值	811.6542	865.9508	699.0434	702.8104	663.6588	738.5522	578.3521	541.7176	800.7394
显著性	0	0	0	0	0	0	0	0	0

表2-22 不同文化程度新生代职业群体职业承诺分项内容分析

单位：%

变量 文化程度	Z18	Z19	Z20	Z21	Z22	Z23	Z24	Z25	Z26
小学及以下	0.159	0.145	0.186	0.221	0.17	0.163	0.121	0.154	0.137
初中	0.217	0.214	0.208	0.131	0.216	0.255	0.279	0.257	0.22
高中或中专	0.382	0.427	0.398	0.366	0.421	0.408	0.461	0.426	0.4
大专	0.209	0.214	0.248	0.447	0.265	0.224	0.27	0.319	0.26
大学本科	0.821	0.849	0.795	0.657	0.741	0.758	0.722	0.705	0.772

续表

变量 文化程度	Z18	Z19	Z20	Z21	Z22	Z23	Z24	Z25	Z26
硕士	0.164	0.124	0.14	0.099	0.147	0.175	0.106	0.114	0.156
博士及以上	0.045	0.022	0.022	0.076	0.037	0.014	0.036	0.022	0.052
卡方值	151.928	144.925	143.260	153.419	51.915	196.173	150.290	126.303	132.080
显著性	0	0	0	0	0	0	0	0	0

从表 2-19 可以看出，职业承诺存在性别、城乡和流动性差异。男性职业承诺较高的占比为 58.7%，女性职业承诺较高的占比为 41.3%，男性高于女性；来自城市的员工中职业承诺较高的占比为 59.3%，高于来自农（乡）村的员工（40.7%）；在就业流动中，跨地区就业（17.5%）的职业承诺水平要低于本地就业（82.5%）。

随着社会生产力的不断提高，人们的生活水平也得到了很大的提高，再加上社会保障制度的逐步完善，职业的生存意义开始下降，人们开始注重更高层次的需要，更加关注自身利益的获得、自我价值的实现。此外，伴随市场经济的运行，人们的价值观念也在发生变化，社会价值呈现一种多元化的取向，传统的无私奉献、忠诚、责任、从一而终的职业伦理观在逐渐改变，人们开始追求自身的价值。由表 2-20 可以看出，在管理、销售、生产、财务四个岗位中分别有 56.1%、52.1%、38.6% 和 29.8% 的新生代员工样本认为从事当前职业能使自己实现职业理想。不过对于一些低收入、回报率较低的岗位，承诺度较低，如在务农岗位中仅有 0.2% 的新生代员工同意这一观点。在服务人员、技术人员、自由职业和设计岗位中分别有 8.7%、6.3%、5.1% 和 0.5% 的新生代员工认为"目前的职业能够发挥我的特长"。在管理、销售、生产和财务四个行业中分别有 54%、46.5%、41.2% 和 32.8% 的新生代员工认为"我花较多时间阅读与目前的职业相关的资料"。在本次调查中发现，部分岗位对此观点的认同度很低，在设计岗位中只有 0.5% 的新生代员工同意这一观点，而放牧的新生代员工中则没有人认同这一观点。

组织内部的薪酬设计问题是组织管理中的关键环节，因为薪资分配是员工最为关心的利益分配问题，薪酬差距会直接影响组织内部员工的工作情绪，进而影响组织的整体效能的提升和目标的实现。

由表 2-21 可以看出，在广东、湖南和吉林三个省份中分别有 33.3%、

22.2%和16.6%的新生代员工认同"我愿意从事给予相同报酬,但不同于现有职业的另一职业"的观点。在甘肃和河北两个省份中分别有14.4%和11%的新生代员工对此持赞同观点。在山西、四川、江苏和辽宁四个省份中分别只有15.5%、12.7%、7.7%和10%的新生代样本认为"如果不必工作就能拥有必需的钱,我仍然会继续从事目前的职业"。由此可见,新生代群体缺少职业承诺意识。针对"我已经在目前的职业上投入太多个人努力(如教育),因而我不考虑改变职业"的观点,占比较高的广东和吉林分别有17.8%和15.2%的新生代样本同意这一观点,但是仅有1.4%的青海省新生代员工同意这一说法。

新生代员工期望以技能和绩效作为薪酬分配的基础而不是工作量,他们希望企业能开发科学合理的绩效考核体系,客观准确地衡量员工对组织的贡献,通过优化薪酬结构,如股份、培训等增强激励性因素。

由表2-22可以看出,由于福利待遇、工作回报以及培训等在不同文化程度的员工中机会不等,不同文化程度的新生代员工对待现有工作的去留态度呈现显著差异。大学本科和高中或中专分别有72.2%和46.1%的新生代员工认为"如果离开现在的职业,我会损失很多待遇,如住房、子女入学、离退休保险等",而博士及以上学历仅有3.6%的新生代员工同意这一观点。在高中或中专学历中,有42.6%的新生代员工认为"一旦离开现在的职业,我很难找到更好的工作",但在硕士和博士及以上的学历中只有11.4%和2.2%的新生代员工同意这一观点。在本科和大专中,分别有77.2%和26%的中新生代员工认为接受过某种职业教育或培训的人,就应该为该工作贡献一段合理的时间,但是小学及以下学历员工对此观点的认同度就相对较低,只有13.7%的员工同意这一观点。

当新生代员工感受到组织对他的支持和利益倾斜时,基于互惠原则和报恩心理,可能表现出更强的组织承诺和职业承诺,因而出现较少的职业流动倾向与离职行为(刘小平,2011),即组织支持感通过影响个体对组织的认同,而影响新生代员工的工作态度和行为输出。个体会因组织提供的良好条件而提高对工作的兴趣和爱好,并激发出对该工作的内在热情。换言之,组织关心新生代员工的利益,重视他们在本单位的作用,可以提升他们的职业满意度和对组织的忠诚度。其中,职业承诺高的员工较少受外界的影响而专注于自己的工作,无形之中增强了组织的凝聚力,并形成带动效应。

第三节　组织、约束与身份

组织认同是特定组织的成员与组织具有一致性倾向的程度。其兴起的社会背景主要在于大量现代社会组织变迁及个体主体性意识的增强。国外组织认同研究主要是从组织认同和组织认同感进行的，国内学者王彦斌将上述两个从狭义上使用的概念合起来统称为组织认同。从实质上说，组织认同研究所关注的是组织成员为完成组织目标，与自己所在的组织保持一致性的程度。

法律认同作为一种民众运用实践经验和理性对社会中所运作的法律制度是否符合社会生活事实进行判断后产生的内心情感，蕴含着民众对自身和他人价值、自由、尊严的维护与尊重。它的存在是民众法律意识提升的前提，也是法律权威最终确立的先决条件，更是实现法治的必要条件。

身份认同是主体对自身的认知和描述，主要可以分为社会身份认同和自我身份认同。早期研究以哲学范式为主，并逐渐应用于心理学、社会学等其他社会科学领域中。社会学领域中的身份认同主要指主体对身份或角色的合法性的确认，对身份或角色的共识及这种共识对社会关系的影响。

在以上三个基于组织、约束与身份的认同中，组织认同是关键，它对法律认同和身份认同构成了支撑。

（一）组织认同的内容

在关于认同的理论阐述中，学者们认为人们倾向归属于组织，这种倾向促使他们在行动时更多地考虑组织利益。Simon、March（1958）最早提出了组织认同模型，此后学者们对组织认同的探索逐渐加深并越发丰富。关于组织认同的内容，有学者认为组织认同是组织中的个体采取的一种行为选择，是受多种因素综合影响而产生的行为，把组织认同的研究看作一种个体行为研究，将其界定为一种个人自我感受，把组织认同的内容研究当作组织中个体的感知和知觉的情感内容的有西蒙（2004）、Mael 和 Ashforth（1992）。西蒙认为："一个人在作决策时对被选方案的评价，如果是以这些方案给群体造成的后果为依据的，我们就说那个人对那个特点的群体具有认同感了。"（转引自王彦斌，2004：60）西蒙的观点认为组织认同的内容基于成员在组织中的决策行为的自我考量、自我感受。当组织中的个人把自我的感受考量与组织决策行为相关联，个体就产生了对组织的认同感。Mael 和 Ashforth（1992）持有的观点是：个人对于自己属于一个组织或者与一个组织命运共享关系的知觉和感受，是一个人用组织成员的身份来定义自己的过程。根据 Mael 和 Ashforth（1992）提出的组织认同内容，我们可以得出组织认同的内容包含个体的知觉和感受，认同是一种情感感受，这种感受是成员个人根据自己在组织中的角色身份来定义的。Lewin 等（1999）认为组织认同是一种行为，这种行为是多种因素综合的结果。这种行为是组织中的个人与环境因素进行互动的结果，组织认同是个人对组织环境所做出的个人行为反应，包括情感的反应以及行为认知方面的内容。勒温认为组织认同的内容主要指个体认同并参与一个组织的强度，它强调个体心理对组织的认同感和归属感。它说明影响一个人外在行为的主要因素包括个体的主观认知和客观环境的状况。组织认同可以被视为个体对组织文化、价值追求等的感知。

Patchen（1970）扩充了组织认同的内容，提出了成员关系也包含在组织认同的内容当中。成员关系产生于个人在组织感知中把自我概念与组织进行联结，把自我行为考量与组织影响、组织互动相结合，在个人与组织之间建立起一个沟通联结的桥梁。成员关系强调的是在成员与组织产生联结的基础上出现的个人与组织之间的互动密切程度。组织认同除了包括个体对组织的情感感知以及个体在环境中产生的情境行为外，还包括成员与组织联结的密切程度。Patchen 认为组织认同包括三个方面的内容：①相似性，即成员感知到自己与组织中的其他成员拥有共同的目标与利益；②成员关系，即成员个人自我概念与组织的联结程度；③忠诚度，即成员对组织的支持与维护组织的程度。Patchen 提出的相似性也即成员对其身份以及对组织成员的价值观的感知，是自我心理感知的层面。忠诚度是组织成员把组织认同的情感基础转换为外显行为的表现，是组织公民行为的特征。成员对组织的认同会转化成组织中的行动选择，会通过行为上的组织支持以及主动维护组织形象，采取保护组织行为等行动方式体现。成员关系产生于个人在组织感知中把自我概念与组织进行联结，把自我行为考量与组织影响、组织互动相结合，在个人与组织之间建立起一个沟通联结的桥梁。成员关系强调的是在成员与组织产生联结的基础上出现的个人与组织之间的互动密切程度。

有学者认为组织认同是组织中的个体采取的一种行为选择，是受多种因素综合影响而产生的行为，把组织认同的研究看作一种个体行为研究。

勒温认为组织认同是一种行为,这种行为是多种因素综合的结果。这种行为是组织中的个人与环境因素进行互动的结果,组织认同是个人对组织环境所做出的个人行为反应,包括情感的反应以及行为认知方面的内容。在勒温提出的著名的行为公式:$B = f(P * E)$ 中,B 代表行为,P 代表人,E 代表环境,f 代表函数,表明行为是个体及其情境的函数。根据勒温的公式,组织认同的内容主要指个体认同并参与一个组织的强度,它强调个体心理对组织的认同感和归属感。它说明影响一个人外在行为的主要因素包括个体的主观认知和客观环境的状况。组织认同可以视为个体对组织文化、价值追求等的感知。Lewin(1999)的行为公式丰富了组织认同的内容,组织认同不仅仅包含个体对组织的情感感知,还包括个体对环境的反应以及行为反应,这种反应具有可以表现为个体对组织状况的认知以及对组织文化价值的追求。

Ashforth、Mael(1989)进一步丰富了组织认同的内容,将组织认同内容外扩至个体工作特征以及组织管理行为。以企业中的员工为研究主体,切尼认为,组织认同从理论或经验上都与多种多样的工作态度、行为和结果——包括动机、工作满意度、工作表现、角色定位和冲突、员工的相互作用以及服务时间的长短相联系。对组织认同的研究可以帮助我们解释各种组织政策和行为效果,包括社会化(正式的和非正式的)、人员选择、培训、提升和变动,组织内部的交流以及公共关系……对组织认同的研究可以帮助我们更好地理解组织机构设置中"参照力量"(referent power)的基础。切尼提出的组织认同研究内容包含组织成员(企业员工)的工作态度、工作行为、工作表现、员工之间的相互联系等。组织认同的研究内容扩展使对组织认同的研究意义也进一步深入。研究组织认同的内容对组织了解内部成员之间的互动关系以及对组织政策的制定和决策等具有影响作用。

(二)组织认同与组织承诺

组织认同内容有别于组织承诺的内容,与组织承诺存在交叉关系。不同学者对组织内容与组织承诺之间的范畴划分不一。Schein(1978)把认同看作组织承诺(organizational commitment)的一个要素。Benkhoff 等(1997)则认为组织承诺是更大的一个概念。Buchanan 认为组织承诺包含认同组织目标与价值、高度投入组织工作,以及忠诚地隶属于组织。后续的相关研究中,大多把组织认同与组织承诺作为同义概念(Aiken et al., 1991)。Dutton 等(1994)认为组织承诺与组织认同具有相同含义。Dutton 等

(1994)区分了组织认同与组织承诺：组织承诺要回答的是"我对组织是如何满意和感到幸福的"，而组织认同回答的是"在与组织联系起来时，我如何认识我自己"。组织承诺与工作满意度、组织满意度和工作卷入等相关，包括情感因素。而认同在概念本质上是认识和知觉方面的，并不一定涉及特定的情感和行为因素。相较于把组织承诺等同于组织认同的研究，较多学者持有的观点是组织承诺包含组织认同，认为组织承诺包含更多的情感行为因素，而认同只是情感的一种。也有部分学者认为组织认同的概念比组织承诺广，组织认同可以包含行为与情感方面的内容，组织认同的行为表现是认知上对组织形象的维护以及行为上对组织的赞扬和推崇。组织认同是组织中的个人在组织情境中把情感基础与组织相连，综合多种因素并产生组织公民行为，从此角度看，组织认同的外延比组织承诺要大。不管组织认同与组织承诺之间的交叉关系如何，组织承诺与组织认同都存在着密切关联。

Brown（1969）认为组织认同其实是员工对自己下定义的一个程序，当员工与组织产生互动时，组织成员对组织的认同也就形成了。Ashforth、Mael（1989）认为组织认同是一个过程，在这个过程中个体自身与社会情境因素联系和互动。Ashforth 和 Mael（1989）认为组织认同其实是社会认同的分支，即社会认同表现在组织中就形成了组织认同，在这种表现中员工基于价值观的一致性而对组织产生依附感。陈威如、徐玮伶（2014）将组织认同分成四种，他们认为组织认同是组织成员对组织具有归属感，在此基础上组织成员进行组织识别及自我定义。王彦斌（2004）把组织认同定义为一种一致性，这种一致性产生于员工的心理、情感、行为等方面，并且具有综合特征。宝贡敏等（2006）认为，组织认同是组织成员从自身出发进行标准确定及自我判断，并希望自我概念能够从组织中折射出来。董彦和王益宝（2008）把组织认同定义为组织成员与组织之间的一致性，包括理性的责任感与契约感以及情感上的归属感两方面。

（三）组织认同与公民行为

组织认同是对组织产生的归属感或者共同感，当组织成员与组织强烈地联系在一起的时候，他们自身的命运就与组织的命运联系在一起了。所以，组织认同强烈的员工，很可能关注对整个组织有利的任务，而不仅仅是对其自己有利的任务，也就是公民行为。

有很多学者的研究发现为组织认同与组织公民行为的正向关系提供了支持。Benkhoff（1997）的研究表明，组织认同会对公民行为产生显著影响。Riketta 的元分析也表明，组织认同与角色外行为的相关性较强，说明高度认同自己组织的成员会从群体规范和价值利益来思考和行动，即使工作合同或控制机制中并没有明确要求，其中的原因就是他们已经将群体规范和价值观融入自我概念中。

组织认同与组织公民行为之间具有显著的相关关系这一观点已经被西方学者所证实。国外学者在研究组织认同的结果变量时，普遍将组织公民行为视为重要且被显著影响的变量。Benkhoff、Disentangling（1997）的研究表明，组织认同会对组织公民行为的五个维度产生显著的影响，并证实了组织认同是通过组织承诺以及组织的自尊产生中介效应，并进而影响组织公民行为的。Allen、Meyer（1996）的研究证明，组织认同显著影响组织公民行为。Allen、Meyer（1996）采用文献整理、分析的方法，对以往96篇与组织认同研究相关的文献进行综合分析，从而得出组织认同感对角色外行为有着非常好的预测效果这一结论。Mael 等的研究也支持这一观点。Mayer 等（1993）认为，组织认同与组织公民行为有着显著相关关系，同时组织认同感是个体变量和组织变量与组织公民行为之间关系的中介变量，如工作满意和组织声望等。Eisenberger 等（1986）认为，组织认同的产生会在员工心理产生巨大的动力和效用，增强员工的工作积极性和强化员工的内在信念，具体表现为更多的工作合作性、自信心、满意度以及角色外的员工行为。以上观点也得到了一些实证研究的证实。

国内学者基于我国的文化背景，对组织认同与组织公民行为的关系研究也有所拓展。但总的来说，国内对这二者之间的关系研究还相对较少。由于我国的组织认同研究起步较晚且均以国外认同理论为研究基础，因此，在研究的系统性和适用性方面还有待提高。郭晶晶（2007）在其名为《企业员工组织认同结构维度及其相关研究》的文章中通过实证分析验证了组织认同与工作卷入、组织公民行为之间存在极其显著的相关性。然而，不是所有学者都支持这一观点。王彦斌（2005）在《转型期国有企业员工的组织认同》一文中研究了组织认同与组织公民行为之间的关系，在研究中他运用阿尔德福的理论将组织认同分为生存性组织认同、归属性组织认同和成功性组织认同，并分别与组织公民行为各维度进行实证研究。结果表明：组织公民行为与组织认同的各要素几乎不存在显著的相关关系，组织认同的"生存性""归属性"和"成功性"维度对组织公民行为中的"对组织热心"维度和"对组织负责"维度均无显著影响。

本研究使用的组织认同量表包含两个分量表共计 27 个题项（变量），可解释的变异量为 96.6%，具有很好的结构效度。本量表信度 α 系数为 0.942，且各项信度 α 系数均在 0.6 以上，说明用本量表收集的数据进行分析具有较高的可信度（见表 2-23）。

表 2-23　新生代职业群体组织认同分量表指标信度效度检验

单位：%

量表层面名称	代号	包含的题项	题数	信度 α 系数	解释的变异量
组织认同分量表			27	0.942	96.6
组织嵌入	Embed	Z27 Z28 Z29 Z30 Z31 Z32 Z33 Z34 Z35 Z36 Z37 Z38 Z39	13	0.895	93.4
组织凝聚力	Cohe	Z40 Z41 Z42 Z43 Z44 Z45 Z46 Z47 Z48 Z49 Z50 Z51 Z52 Z53	14	0.900	94.4

一　组织认同分析

（一）组织嵌入分析

组织嵌入反映的是组织成员个体与组织的联系密切程度，一定程度上反映了成员与组织的互动程度。员工在组织中与他人或者部门联系的程度越紧密，员工与组织的联结越多，就越容易融入当前的组织。程度较高的嵌入有助于增强新生代员工对组织的归属感和依附感，有利于促进他们的组织公民行为，从而提高组织绩效。基于此，本书中关于组织嵌入的总加项 Embed 和分项内容如下。

Embed：组织嵌入程度；

Z27：在这个组织（公司）工作，我很有归属感；

Z28：当组织（公司）取得成绩时，我会很兴奋；

Z29：看到组织（公司）的广告时，我觉得很开心；

Z30：当同事主动指出我的不足时，我觉得他/她是把我当自己人看；

Z31：当我与外界打交道时，我会想到我是代表着组织（公司）的形象；

Z32：当我遇到困难时，我首先会想到的是请求组织（公司）的帮助；

Z33：即使以后我离开了这家组织（公司），我也会很自豪；

Z34：我认为组织（公司）员工是一家人；

Z35：我对组织（公司）很有感情；

Z36：谈论组织（公司）时，我经常用"我们"而非"他们"；

Z37：组织（公司）的成功就是我的成功；

Z38：我为自己能够参与组织（公司）的大型活动而激动；

Z39：我觉得我是组织（公司）的员工，是因为我签订了正式的劳动合同。

表 2-24　新生代职业群体组织嵌入程度的相关性分析

单位：%

变量		组织嵌入程度			卡方值（显著性）
		较低	中等	较高	
性别	男	0.554	0.541	0.573	1.779
	女	0.446	0.459	0.427	(0.411)
城乡	城市	0.481	0.477	0.583	20.754
	农（乡）村	0.519	0.523	0.417	(0.000)
就业流动	跨地区就业	0.139	0.119	0.128	1.573
	本地就业	0.861	0.881	0.872	(0.455)
劳动合同	有	0.164	0.566	0.270	415.544
	无	0.612	0.373	0.015	(0.000)

表 2-25　不同岗位新生代职业群体与组织嵌入分项内容分析

单位：%

变量 岗位	Z27	Z28	Z29	Z30	Z31	Z32	Z33	Z34	Z35	Z36	Z37	Z38	Z39
放牧	0.571	0.857	—	0.857	0.857	—	—	—	0.857	0.857	—	—	—
务农	0.250	0.750	0.750	0.500	—	—	0.750	0.500	0.750	—	—	0.500	0.500
销售	0.803	0.906	0.897	0.924	0.879	0.848	0.892	0.892	0.879	0.888	0.892	0.857	0.852
财务	0.776	0.888	0.836	0.866	0.903	0.851	0.888	0.918	0.851	0.888	0.813	0.799	0.851
生产	0.704	0.849	0.914	0.898	0.866	0.887	0.919	0.892	0.882	0.882	0.882	0.903	0.871
管理	0.813	0.920	0.879	0.897	0.888	0.902	0.888	0.879	0.906	0.897	0.915	0.853	0.866
技术人员	0.800	0.900	0.800	0.900	0.900	0.867	0.800	0.800	0.933	0.933	0.967	0.867	0.900
服务人员	0.784	0.892	0.973	0.919	0.919	0.811	0.838	0.892	0.946	0.892	0.973	0.865	0.865
自由职业	0.806	0.806	0.871	0.903	—	0.871	0.871	0.871	0.871	0.774	0.806	0.839	0.839
设计	0.571	0.857	—	0.857	0.857	—	—	—	0.857	0.857	—	—	—0
卡方值	59.327	36.333	28.832	31.645	29.523	18.386	13.158	31.092	20.691	19.367	53.919	27.972	19.427
显著性	0.000	0.000	0.000	0.000	0.001	0.031	0.156	0.000	0.014	0.022	0.000	0.001	0.022

表 2-26 不同省份新生代职业群体与组织嵌入分项内容分析

单位：%

变量 省份	Z27	Z28	Z29	Z30	Z31	Z32	Z33	Z34	Z35	Z36	Z37	Z38	Z39
青海	0.600	0.800	—	—	—	—	0.800	0.600	0.400	0.800	0.600	—	0.800
新疆	0.750	—	—	—	—	—	—	—	—	—	—	—	—
内蒙古	0.588	0.882	0.941	0.824	0.824	0.765	0.824	0.941	0.824	0.882	0.882	0.765	0.941
吉林	0.783	0.899	0.768	0.870	0.870	0.913	0.928	0.870	0.942	0.812	0.942	0.783	0.884
安徽	0.760	0.960	0.960	0.960	0.960	0.760	0.960	—	0.960	0.875	0.938	—	—
山东	0.875	0.938	—	0.875	—	—	0.938	0.938	0.813	0.913	0.938	—	0.813
山西	0.761	0.913	0.891	0.848	0.891	0.848	0.870	0.870	0.891	0.786	0.870	0.826	0.783
甘肃	0.321	0.679	0.750	0.821	0.679	0.571	0.607	0.643	0.607	0.786	0.607	0.536	0.643
四川	0.889	—	0.933	0.956	0.978	0.933	0.933	0.956	0.956	—	0.978	—	0.800
贵州	0.806	0.944	0.972	0.917	0.917	0.889	0.972	0.889	0.944	0.972	0.972	0.944	0.889
广西	0.737	0.789	0.816	0.816	0.842	0.895	0.816	0.868	0.842	0.842	0.868	0.816	0.895
浙江	—	—	—	0.933	0.933	0.867	—	—	—	0.867	0.800	0.800	0.667
江苏	0.949	0.857	—	0.980	0.980	—	0.974	—	0.974	—	0.974	0.897	0.872
河南	0.837	0.857	0.980	0.980	0.980	0.959	0.918	0.980	0.939	0.980	0.939	0.959	0.939
湖北	0.784	0.892	0.892	0.892	0.892	0.784	0.865	0.838	0.757	0.973	0.757	0.919	0.892
辽宁	0.781	0.859	0.906	0.922	0.859	0.875	0.922	0.891	0.953	0.906	0.906	0.875	0.938
河北	0.591	0.886	0.909	0.932	0.932	0.977	0.955	0.864	0.818	0.864	0.977	0.932	0.886

续表

变量\省份	Z27	Z28	Z29	Z30	Z31	Z32	Z33	Z34	Z35	Z36	Z37	Z38	Z39
广东	0.906	0.938	0.891	0.938	0.891	0.906	0.906	0.938	0.953	0.906	0.906	0.891	0.750
重庆	0.959	0.918	0.918	0.918	0.959	0.918	0.918	0.980	0.959	0.939	0.959	0.959	0.959
湖南	0.613	0.677	0.677	0.677	0.677	0.581	0.710	0.710	0.710	0.903	0.581	0.645	0.774
西藏	0.667	0.667	0.857	0.762	0.762	0.667	0.667	0.429	0.619	0.333	0.619	0.571	0.714
上海	0.607	0.857	0.893	0.857	0.857	0.821	0.821	0.893	0.821	0.857	0.821	0.750	0.893
福建	0.607	0.857	0.893	0.857	0.857	0.821	0.821	0.893	0.821	0.857	0.821	0.750	0.893
北京	0.900	0.967	0.900	0.833	0.867	0.900	0.933	0.900	0.967	0.900	0.967	0.833	0.900
云南	0.700	0.900	0.550	0.950	0.900	—	0.950	0.850	0.950	0.600	0.900	0.750	0.800
黑龙江	0.867	0.967	0.933	0.900	0.867	0.933	0.967	—	0.933	0.900	—	0.967	0.933
卡方值	320.837	202.166	218.069	160.632	175.060	268.909	218.623	298.848	292.740	341.216	323.850	303.409	148.109
显著性	0.000	0.000	0.000	0.000	0.000	0.000	0.000	0.000	0.000	0.000	0.000	0.000	0.000

表 2-27　不同文化程度新生代职业群体与组织嵌入分项内容分析

单位：%

变量\学历	Z27	Z28	Z29	Z30	Z31	Z32	Z33	Z34	Z35	Z36	Z37	Z38	Z39
小学及以下	0.676	0.817	0.944	0.944	0.845	0.901	0.859	0.803	0.887	0.817	0.775	0.845	0.845
初中	0.642	0.817	0.826	0.899	0.890	0.835	0.890	0.881	0.908	0.853	0.872	0.853	0.862
高中或中专	0.760	0.903	0.891	0.857	0.863	0.863	0.851	0.857	0.863	0.903	0.909	0.857	0.840
大专	0.781	0.860	0.877	0.842	0.877	0.816	0.851	0.904	0.860	0.886	0.877	0.825	0.833
大学本科	0.827	0.933	0.900	0.921	0.918	0.891	0.918	0.921	0.897	0.909	0.912	0.870	0.897
硕士	0.869	0.902	0.918	0.918	0.934	0.918	0.934	0.918	0.902	0.934	0.918	0.836	0.852
博士及以上	0.833	0.833	0.667	1.000	0.722	0.944	1.000	1.000	0.889	0.667	0.778	0.944	0.667
卡方值	88.039	72.353	40.426	34.126	49.795	25.034	47.154	63.911	13.192	66.355	67.969	13.674	37.385
显著性	0.000	0.000	0.000	0.000	0.000	0.000	0.000	0.000	0.04	0.000	0.000	0.034	0.000

对于一个组织而言，一支稳定的员工队伍能给组织的生存和发展带来很多的利益和正面影响。因此，如何根据员工在组织中的融入程度来提高他们的组织嵌入度，吸引和留住他们，进而提升他们对组织的忠诚度、归属感和依附感，是稳定员工队伍、提高组织经济效益的途径之一。而在提升嵌入度和情感承诺的前提下，通过有效的管理不断激发他们的工作积极性和主动性，促使他们在完成自身工作的同时，自主地表现出更多的有利于组织的角色外行为，将利于提高组织的整体绩效水平，抢占市场竞争中的有利地位。

从表2－24可以看出，组织嵌入程度呈现城乡、岗位和是否有劳动合同的差异，不存在性别和流动性差异。来自城市和农（乡）村的新生代员工在组织嵌入方面存在显著差异（卡方值＝20.754，p＝0.000），城市员工（58.3%）的组织嵌入程度高于农（乡）村员工（41.7%）；不同岗位的员工组织嵌入程度存在显著差异（卡方值＝60.194，p＝0.000），要让成员具有组织嵌入感，组织内部必须具有一定的"吸引力"。有劳动合同的和没有劳动合同的员工组织嵌入感存在显著差异（卡方值＝415.544，p＝0.000），有劳动合同的（27%）比没有劳动合同的（1.5%）的员工的组织嵌入程度高；男女两性员工在组织嵌入程度方面没有显著差异（p＝0.411）；就业流动性与组织嵌入水平关系不显著，说明组织嵌入程度不受本地就业和跨地区就业影响（p＝0.455）

成员对组织有情感、归属感，为组织感到自豪的程度越高，组织嵌入的程度就越高。在此次调查中，被调查者来自全国26个省份，因此由于地区发展不同，来自不同地区的新生代员工的组织嵌入程度也不同，各地区存在显著差异（卡方值＝783.551，p＝0.000）。我国各个省份员工在组织嵌入的各层面表现也不尽相同。数据显示，新生代员工组织嵌入较高的省份分别是安徽68.0%、黑龙江46.7%、广东41.5%、云南40.0%、吉林31.0%；79.3%的甘肃员工、71.4%的西藏员工、64.5%的湖南员工、33.3%的上海员工、33.3%的福建员工认为他们的组织嵌入程度较低。重庆的各项指标以突出的表现领先于各省，其后为北京和江苏，西部地区多数各省的组织嵌入程度较低。表2－26的分项统计表明，组织嵌入的各项指标也存在显著的地区差异。

在表2－27中可以看出新生代员工的文化程度也会影响其组织嵌入程度，学历较高的员工在组织嵌入各层面的程度均较高。如对于"我认为组织（公司）员工是一家人"的观点，不同文化程度的新生代员工的认同就存在显著差异，从高到低依次是博士及以上、大学本科、硕士、大专、初中、高中或中专、小学及以下的员工，分别是100%、92.1%、91.8%、90.4%、88.1%、85.7%、80.3%。

（二）组织凝聚力分析

凝聚力是一个动态过程，是促使成员留在团体内的作用力总和的场，它体现为团队在追求其目标的过程中团结并保持一体性的趋势。基于此，本书对于组织凝聚力总加项 Cohe 和分项内容如下。

Cohe：组织凝聚力；

Z40：我的上司工作能力很强，他做的许多事情都让我信服；

Z41：我的上司能积极地对我的工作做出反馈；

Z42：我朋友很羡慕我现在的工作；

Z43：组织（公司）提供给我许多参与组织（公司）经营的决策机会；

Z44：组织（公司）没有为我提供足够的培训机会；

Z45：我对组织（公司）的付出得到相应的回报；

Z46：我能够从组织（公司）获得足够多的信息来完成我的工作；

Z47：在这家组织（公司）工作我感到很有前途；

Z48：总的来说，这家组织（公司）的薪酬福利政策比同行其他公司好；

Z49：在这家组织（公司）工作，我能接触到许多信息和资源，这是同行其他公司不能提供的；

Z50：我所在的组织（公司）很有凝聚力；

Z51：为了出色地完成工作，同事们能够团结一致；

Z52：当同事知道我身体不适时，他们会主动来关心；

Z53：组织（公司）为我提供了梦寐以求的生活。

表 2-28　新生代职业群体组织凝聚力的相关性分析

单位：%

变量		组织凝聚力			卡方值（显著性）
		较低	中等	较高	
性别	男	0.544	0.522	0.603	10.457
	女	0.456	0.478	0.397	(0.005)
城乡	城市	0.476	0.465	0.583	25.121
	农（乡）村	0.524	0.535	0.417	(0.000)
就业流动	跨地区就业	0.125	0.107	0.131	2.055
	本地就业	0.875	0.893	0.869	(0.358)

表 2-29　不同岗位新生代职业群体与组织凝聚力分项内容分析

单位：%

变量 岗位	Z40	Z41	Z42	Z43	Z44	Z45	Z46	Z47	Z48	Z49	Z50	Z51	Z52	Z53
放牧	0.024	0.028	0.014	0.006	0.014	0.016	0.008	0.014	0.025	0.021	0.003	0.015	0.021	0.013
务农	0.000	0.008	0.003	0.006	0.011	0.003	0.008	0.006	0.011	0.011	0.000	0.008	0.005	0.014
销售	0.517	0.476	0.492	0.542	0.521	0.457	0.479	0.497	0.496	0.499	0.552	0.508	0.520	0.463
财务	0.276	0.336	0.312	0.287	0.291	0.310	0.301	0.318	0.293	0.342	0.277	0.275	0.310	0.295
生产	0.425	0.400	0.430	0.436	0.396	0.423	0.431	0.444	0.406	0.406	0.439	0.454	0.394	0.436
管理	0.532	0.540	0.539	0.526	0.523	0.568	0.561	0.507	0.546	0.508	0.532	0.521	0.514	0.547
技术人员	0.059	0.080	0.073	0.057	0.079	0.061	0.053	0.058	0.070	0.063	0.060	0.069	0.070	0.067
服务人员	0.085	0.069	0.081	0.069	0.093	0.085	0.093	0.081	0.078	0.088	0.080	0.074	0.090	0.095
自由职业	0.079	0.063	0.056	0.069	0.066	0.077	0.066	0.072	0.072	0.062	0.055	0.072	0.076	0.064
设计	0.003	0.000	0.000	0.003	0.006	0.003	0.003	0.003	0.003	0.000	0.003	0.003	0.000	0.005
卡方值	37.325	10.105	39.375	22.616	28.650	27.398	32.730	27.898	11.458	12.482	27.431	8.864	10.123	15.142
显著性	0.000	0.342	0.000	0.007	0.001	0.001	0.001	0.001	0.246	0.187	0.001	0.450	0.341	0.087

表 2-30　不同省份新生代职业群体与组织凝聚力分项内容分析

单位：%

省份\变量	Z40	Z41	Z42	Z43	Z44	Z45	Z46	Z47	Z48	Z49	Z50	Z51	Z52	Z53
青海	0.009	0.019	0.014	0.006	0.023	0.008	0.008	0.011	0.018	0.016	0.003	0.008	0.011	0.008
新疆	0.015	0.011	0.014	0.011	0.000	0.016	0.011	0.017	0.011	0.013	0.016	0.008	0.010	0.012
内蒙古	0.023	0.036	0.034	0.048	0.018	0.048	0.037	0.044	0.022	0.037	0.025	0.028	0.019	0.044
吉林	0.149	0.199	0.188	0.190	0.263	0.161	0.164	0.181	0.191	0.204	0.187	0.198	0.163	0.178
安徽	0.096	0.086	0.048	0.068	0.179	0.085	0.074	0.086	0.085	0.071	0.085	0.085	0.077	0.098
山东	0.047	0.036	0.045	0.051	0.000	0.042	0.048	0.047	0.045	0.035	0.049	0.049	0.052	0.043
山西	0.120	0.149	0.126	0.126	0.054	0.127	0.120	0.127	0.106	0.131	0.104	0.126	0.132	0.105
甘肃	0.017	0.033	0.042	0.039	0.123	0.032	0.050	0.036	0.016	0.035	0.027	0.023	0.048	0.045
四川	0.130	0.102	0.107	0.076	0.104	0.095	0.120	0.081	0.096	0.091	0.115	0.141	0.125	0.095
贵州	0.073	0.088	0.076	0.080	0.045	0.063	0.081	0.089	0.069	0.083	0.069	0.077	0.083	0.061
广西	0.078	0.091	0.118	0.090	0.068	0.074	0.089	0.065	0.087	0.083	0.082	0.072	0.080	0.084
浙江	0.023	0.017	0.028	0.019	0.027	0.034	0.041	0.039	0.035	0.027	0.027	0.031	0.024	0.017
江苏	0.104	0.074	0.096	0.107	0.009	0.092	0.075	0.078	0.101	0.088	0.098	0.080	0.101	0.109
河南	0.090	0.047	0.048	0.054	0.045	0.092	0.084	0.062	0.093	0.067	0.085	0.079	0.068	0.047
湖北	0.115	0.099	0.081	0.071	0.082	0.103	0.102	0.078	0.090	0.095	0.080	0.095	0.098	0.088
辽宁	0.133	0.113	0.138	0.156	0.080	0.151	0.133	0.145	0.163	0.134	0.140	0.113	0.141	0.124
河北	0.102	0.113	0.115	0.108	0.077	0.114	0.114	0.108	0.112	0.123	0.115	0.118	0.129	0.157

续表

变量 省份	Z40	Z41	Z42	Z43	Z44	Z45	Z46	Z47	Z48	Z49	Z50	Z51	Z52	Z53
广东	0.191	0.168	0.174	0.150	0.163	0.177	0.178	0.163	0.163	0.143	0.192	0.167	0.182	0.146
重庆	0.093	0.098	0.098	0.096	0.027	0.084	0.086	0.091	0.085	0.091	0.095	0.097	0.083	0.102
湖南	0.048	0.055	0.048	0.064	0.109	0.050	0.063	0.060	0.056	0.085	0.068	0.061	0.059	0.071
西藏	0.037	0.014	0.028	0.037	0.199	0.019	0.028	0.022	0.032	0.022	0.027	0.008	0.020	0.022
上海	0.047	0.060	0.062	0.067	0.027	0.063	0.047	0.067	0.050	0.054	0.041	0.046	0.040	0.062
福建	0.047	0.060	0.062	0.067	0.027	0.063	0.047	0.067	0.050	0.054	0.041	0.046	0.040	0.062
北京	0.067	0.091	0.087	0.105	0.064	0.077	0.080	0.098	0.077	0.078	0.077	0.095	0.085	0.086
云南	0.050	0.066	0.042	0.041	0.140	0.048	0.037	0.044	0.059	0.068	0.052	0.051	0.038	0.049
黑龙江	0.098	0.075	0.081	0.076	0.050	0.082	0.085	0.091	0.090	0.071	0.096	0.098	0.091	0.084
卡方值	301.7	315.42	193.72	184.69	202.84	356.41	188.17	248.88	268.01	324.03	283.55	345.56	316.95	347.34
显著性	0.000	0.000	0.000	0.000	0.000	0.000	0.000	0.000	0.000	0.000	0.000	0.000	0.000	0.000

表 2-31 不同文化程度新生代职业群体与组织凝聚力分项内容分析

单位：%

变量 文化程度	Z40	Z41	Z42	Z43	Z44	Z45	Z46	Z47	Z48	Z49	Z50	Z51	Z52	Z53
小学及以下	0.154	0.165	0.143	0.166	0.132	0.150	0.127	0.186	0.142	0.188	0.137	0.195	0.157	0.189
初中	0.240	0.229	0.244	0.241	0.331	0.243	0.215	0.252	0.240	0.224	0.242	0.213	0.265	0.291
高中或中专	0.353	0.430	0.433	0.385	0.352	0.378	0.421	0.424	0.406	0.398	0.383	0.441	0.390	0.385
大专	0.235	0.215	0.272	0.299	0.232	0.249	0.250	0.248	0.222	0.241	0.244	0.221	0.237	0.224
大学本科	0.805	0.766	0.730	0.725	0.876	0.790	0.794	0.687	0.799	0.765	0.780	0.768	0.759	0.720
硕士	0.166	0.168	0.149	0.153	0.077	0.164	0.168	0.158	0.170	0.155	0.184	0.136	0.168	0.169
博士及以上	0.047	0.028	0.028	0.031	0.000	0.027	0.025	0.044	0.022	0.029	0.030	0.026	0.024	0.022
卡方值	17.853	27.267	49.771	30.882	45.369	11.554	34.633	11.304	34.173	16.511	64.511	40.561	21.840	23.775
显著性	0.007	0.000	0.000	0.000	0.000	0.073	0.000	0.079	0.000	0.011	0.000	0.000	0.001	0.001

如何保留优秀的成员一直是新生代组织管理面临的大问题。在竞争激烈的环境下，组织的竞争就是人才的竞争，一个不稳定的团队会降低组织的竞争力。因此，对于组织来说，组织的凝聚力也是新生代职业群体对组织产生认同的核心能力。

从表2-28可以看出，组织凝聚力存在性别和城乡差异，但不存在流动性差异。在组织凝聚力较高的群体中，分性别统计显示，男性占60.3%，女性占39.7%，组织凝聚力在男性群体中要高于女性群体（卡方值＝10.457，$p＝0.005$）；分城乡统计显示，来自城市的员工占58.3%，来自农（乡）村的员工占41.7%，城市高于农（乡）村（卡方值＝25.121，$p＝0.000$）；在就业流动性统计中，跨地区就业和本地就业员工的组织凝聚力水平并不存在显著差异（卡方值＝2.055，$p＝0.358$）。

表2-29显示，不同岗位的新生代员工在组织凝聚力认同方面存在显著差异。销售、管理、生产和财务岗位有55.2%、53.2%、43.9%和27.7%的新生代员工认同所在组织很有凝聚力这一观点；表2-30显示在不同省份的数据中，广东19.2%、吉林18.7%、辽宁14%、四川11.5%的员工认同这一观点；分文化程度统计显示（见表2-31），78%的大学本科、38.3%的高中或中专、24.2%的初中新生代员工认同他们所在的组织很有凝聚力这一观点。

表2-29显示，不同岗位的新生代员工对于"在这家组织（公司）工作我感到很有前途"的观点存在显著的认同差异。分岗位统计显示，49.7%的销售、31.8%的财务、44.4%的生产和50.7%的管理就业者同意这一观点；分省份数据显示（见表2-30），18.1%的吉林、12.7%的山西、14.5%的辽宁、16.3%的广东就业者有认同感；在不同文化程度的分析中（见表2-31），68.7%的大学本科、42.4%的高中或中专和25.2%的初中新生代员工持这一观点。

表2-29显示，不同岗位的新生代员工对于"组织（公司）为我提供了梦寐以求的生活"的观点存在显著差异。分岗位统计显示，46.3%的销售、29.5%的财务、43.6%的生产和54.7%的管理新生代员工认同这一观点，但在放牧和务农者中仅有1.3%和1.4%的新生代员工认同这一观点。可见，多数新生代员工认为务农和放牧并不能为他们提供梦寐以求的生活。不同文化程度的新生代员工对于这一观点也存在显著差异（见表2-31），其中72%的大学本科、38.5%的高中或中专、29.1%的初中新生代员工认为组织为他们提供了梦寐以求的生活，说明新生代职业群体文化程

度越高组织凝聚力就越强。

二 法律认同分析

职业群体在经济发展中起着重要作用,为了解新生代职业群体的法律认同现状,可以多角度分析影响其法律认同的相关因素,并为推动他们知法守法提出更具有针对性的建议措施。本研究采用的法律认同量表,从法律态度、法律认知两个方面衡量新生代职业群体的法律认同程度,为政府制定相关法律政策提供依据。

法律认同量表包括两个分量表共计 9 个题项(变量),累计可解释法律认同变异量的 85.2%,具有较好的结构效度。本量表各项信度 α 系数为 0.804,且各项信度 α 系数均在 0.6 以上,说明用本量表收集的数据进行分析具有较高的可信度(见表 2-32)。

表 2-32 新生代职业群体法律认同分量表指标信度效度检验

单位:%

量表面层名称	代号	包含的题项	题数	信度 α 系数	解释的变异量
法律认同分量表			9	0.804	85.2
法律态度	Attitude	Z54 Z55 Z56 Z57 Z58 Z59	6	0.868	87.4
法律认知	Reco	Z60 Z61 Z62	3	0.639	57.1

(一)法律态度分析

法律态度是个体对法律的认识与了解,并且法律态度是一种内在的心理历程,只能间接地从当事人的言行中去推断,由于社会角色的差异往往意味着社会地位、社会期待和个人要求的不同,而这些都会影响一个人对法律的看法,从而影响着法律态度的形成。了解新生代职业群体的法律态度有助于新生代员工提升自我认知,激发职业兴趣,从而做出更好的职业规划。我们期待就业者能有较强的法律意识,可以运用法律的武器保护自己,同时也能很好地帮助他人。本研究对于法律态度的测量包括法律态度程度总加项 Attitude 和以下分项内容。

Attitude:对于遵法守法的认同程度;

Z54 我对于现阶段法律完全赞同;

Z55 我能够遵守法律;

Z56 我愿意学习法律知识;

Z57 我认为可以正常接触犯过法的人；

Z58 我没有犯过法；

Z59 我愿意检举犯法的人。

表 2-33 新生代职业群体法律态度相关性分析

单位：%

变量		法律态度			卡方值（显著性）
		较低	中等	较高	
性别	男	0.515	0.563	0.56	4.042 ($p=0.133$)
	女	0.485	0.438	0.44	
城乡	城市	0.505	0.475	0.577	16.892 ($p=0$)
	农（乡）村	0.495	0.525	0.423	
就业流动	跨地就业	0.139	0.141	0.07	19.964 ($p=0$)
	本地就业	0.861	0.859	0.93	

表 2-34 不同岗位新生代职业群体法律态度分项内容分析

单位：%

变量 岗位	Z54	Z55	Z56	Z57	Z58	Z59
放牧	0	0.005	0.008	0.003	0.008	0.003
务农	0.004	0.003	0.005	0.005	0.006	0.005
销售	0.258	0.256	0.268	0.258	0.263	0.260
财务	0.148	0.149	0.129	0.154	0.151	0.150
生产	0.221	0.212	0.217	0.215	0.217	0.208
管理	0.243	0.258	0.258	0.253	0.247	0.254
技术人员	0.040	0.036	0.033	0.033	0.033	0.036
服务人员	0.044	0.043	0.041	0.036	0.042	0.044
自由职业	0.039	0.034	0.037	0.039	0.030	0.038
设计	0.004	0.003	0.003	0.003	0.003	0.003
卡方值	105.158	28.118	71.497	54.830	37.240	56.076
显著性	0	0.060	0	0	0.005	0

表 2-35 不同省份新生代职业群体法律态度分项内容分析

单位：%

变量 省份	Z54	Z55	Z56	Z57	Z58	Z59
青海	0.002	0.003	0.008	0.007	0.006	0.005

续表

变量 省份	Z54	Z55	Z56	Z57	Z58	Z59
新疆	0.007	0.007	0.006	0.007	0.005	0.006
内蒙古	0.014	0.160	0.018	0.016	0.017	0.016
吉林	0.084	0.071	0.069	0.084	0.080	0.087
安徽	0.040	0.030	0.040	0.039	0.039	0.039
山东	0.025	0.023	0.016	0.023	0.016	0.017
山西	0.067	0.071	0.065	0.066	0.064	0.069
甘肃	0.011	0.016	0.016	0.015	0.014	0.020
四川	0.063	0.067	0.064	0.057	0.063	0.060
贵州	0.032	0.041	0.040	0.041	0.044	0.035
广西	0.032	0.038	0.037	0.039	0.039	0.038
浙江	0.018	0.020	0.013	0.025	0.016	0.016
江苏	0.047	0.048	0.045	0.023	0.049	0.043
河南	0.069	0.076	0.070	0.057	0.058	0.057
湖北	0.044	0.044	0.048	0.051	0.042	0.041
辽宁	0.063	0.054	0.065	0.056	0.064	0.068
河北	0.044	0.046	0.051	0.048	0.047	0.047
广东	0.076	0.082	0.081	0.077	0.072	0.082
重庆	0.065	0.067	0.054	0.057	0.058	0.061
湖南	0.033	0.036	0.026	0.036	0.031	0.020
西藏	0.011	0.050	0.011	0.016	0.017	0.014
上海	0.026	0.280	0.035	0.030	0.028	0.027
福建	0.026	0.028	0.035	0.030	0.028	0.027
北京	0.040	0.030	0.030	0.034	0.035	0.036
云南	0.021	0.057	0.016	0.030	0.027	0.030
黑龙江	0.040	0.025	0.041	0.036	0.038	0.039
卡方值	547.135	653.170	429.869	526.591	419.615	600.930
显著性	0	0	0	0	0	0

表2-36 不同文化程度新生代职业群体法律态度分项内容分析

单位：%

变量 文化程度	Z54	Z55	Z56	Z57	Z58	Z59
小学及以下	0.067	0.059	0.080	0.071	0.083	0.079

续表

变量 文化程度	Z54	Z55	Z56	Z57	Z58	Z59
初中	0.123	0.108	0.124	0.130	0.676	0.126
高中或中专	0.228	0.223	0.203	0.204	0.204	0.203
大专	0.134	0.133	0.693	0.131	0.137	0.135
大学本科	0.371	0.383	0.380	0.384	0.369	0.372
硕士	0.070	0.076	0.073	0.064	0.077	0.071
博士及以上	0.007	0.018	0.014	0.016	0.011	0.014
卡方值	125.892	131.231	87.185	51.116	59.106	77.497
显著性	0	0	0	0	0	0

长久以来，民众的法律认同虽然有明显的提高趋势，但实际上这种认同并不是偶然形成的，也不是民众盲目地依据意识形态形成的，而是社会共同体各个成员、各个利益群体、各个阶层之间在法律规则和法律制度进入社会生活时进行的沟通和博弈，是依据实践经验和理性渗透社会生活的事实，是与社会生活事实相契合的规范体系，也是对构建和谐的法治秩序的评判。只有基于这种评判，民众才能自发形成对法律的认可、尊重和信任，并把法律作为最高的行为规范和内在情感归属。在表2-33中，员工的法律态度存在城乡和流动性差异，但不存在性别差异，男女在法律认同方面没有差别。

作为当代经济发展的主力军，新生代员工的法律态度很重要。研究表明，新生代员工在两个极端的法律态度之间存在梯级的量的变化和差异。

法律产生于习俗。它的活力来自多数人对法律的认同，它的效力亦来自深厚的社会基础所产生的特定约束力和强制力。在调查中（见表2-34），对于现阶段法律完全赞成的人数不多，有25.8%的销售岗位员工以及24.3%的管理岗位员工对现阶段法律完全赞成。

懂得并很好地遵守法律，是每个公民的职责，是维护社会公共生活正常秩序的必要条件，在新生代职业群体中，25.6%的销售岗位员工和25.8%的管理岗位员工可以自觉遵守法律。学习法律知识是提高自身素质，使社会走向和谐、走向法治的希望，是发展市场经济的需要，是形成良好社会风尚的基础。对于员工自身而言，学习好法律可以保护好自己的合法权益不受侵害，调查显示，销售、生产、管理岗位上的员工，分别有

26.8%、21.7%、25.8%的人愿意学习法律知识,在新生代职业群体中,大部分人愿意遵守法律,但对法律条例并不全部知情。因为不懂法律才会触犯法律的情况在新生代职业群体中很少发生,但法律的普及不足还是会造成一些法律盲点,使公民不能够深入地了解哪些法律能够保护自己的哪些利益,从而失去许多维护自身权益的机会。在新生代职业群体的法律教育中,我们不仅应该注重多样化和现代化方式,还需要政府的正确定位以及与公民的积极互动,注重公民主体意识的发挥。

每个人的生长环境不同,价值观的形成也有所不同,对法律的认同也会有所差别。调查显示,有25.8%销售岗位的职员认为可以正常接触犯过法的人,其他岗位,如服务人员、自由职业分别有3.6%、3.9%的人赞同此观点。

面对正在实施犯罪或犯罪既遂的分子,作为知情人是要有所抉择的,正确的抉择有赖于法律意识的养成。公民法律意识的养成需要通过一定的手段才能实现,普法活动着眼于提高公民的法律意识,而法律意识是公民意识的重要组成部分。培养适应民主法治和社会发展的合格公民是普法活动的意义所在,所以普法活动开展的过程也是公民意识养成的过程。普法活动不能只停留在最初级的普及法律知识的层面,它必须上升到公民意识养成的理论高度才会取得实效。公民法治意识的提高有助于公民更加深入地理解法律的内涵与意义,而主体意识、参与意识的提高能使公民自觉地参与普法活动,增强守法的责任感,从而提高公民的法律认同。

调查显示,有26%在销售岗位的工作人员愿意检举犯法的人。在吉林、山西、四川、河南、辽宁、广东、重庆不同地区的新生代员工中分别有8.4%、6.7%、6.3%、6.9%、6.3%、7.6%、6.5%的人对现阶段的法律完全赞成(见表2-35)。此外,工作在广东的8.2%的就业人员能够很好地遵守法律,8.1%的就业人员愿意学习法律知识;吉林6.9%、河南7.0%的新生代员工也能够自愿学习法律知识。但可以看出,当代社会的新生职业群体要比老一辈的人更加了解法律,通过义务教育学业以及各项社会熏陶,新生代职业群体已然更加了解法律方面的相关知识。在新生代职业群体的相关文献中,更加偏向一些普法知识的调查。由于在研究过程中存在文献稀少的困难,我国在普法理念上的时代性和人文性上都不佳,在普法这一环节就已经落后,在法律认同方面的文献以及资料更加缺乏,这也在一定程度上影响了资料的解释力。

此外，文化程度也会影响新生代员工对法律的态度。调查发现（见表2-36），本科学历的新生代员工对法律态度的整体方面的认同度较高，高中或中专的次之，大专的再次之，硕士、博士及以上位于其后。不同文化层次对于法律的认识有所不同，受文化水平的影响，不同新生代员工对同一问题的看法自然而然也就有所不同。

（二）法律认知分析

法律认知指个体通过对法律现象的认知加工，形成认知结果，从而调节法律行为。个体法律认知是主体的心理过程，突出了认知加工的过程；法律现象是认知客体，有其特殊性，主体的认知结果可以调节行为，只有积极的认知结果才能带来积极的守法行为。本书对于法律认知的测量包括法律认知程度总加项 Reco 和以下分项内容。

Reco：法律认知水平；

Z60 我了解当前的法律方面知识；

Z61 我认为个人犯法对社会的危害不大；

Z62 我认为犯过法的人都不是好人。

表 2-37　新生代职业群体法律认知水平的相关性分析

单位：%

变量		法律认知水平			卡方值（显著性）
		较低	中等	较高	
性别	男	0.534	0.555	0.564	1.278 ($p=0.275$)
	女	0.466	0.445	0.436	
城乡	城市	0.457	0.5	0.555	12.368 ($p=0.002$)
	农（乡）村	0.543	0.5	0.445	
就业流动	跨地区就业	0.097	0.125	0.16	11.691 ($p=0.003$)
	本地就业	0.903	0.875	0.84	

表 2-38　不同岗位新生代职业群体与法律认知分项内容分析

单位：%

变量 岗位	Z60	Z61	Z62
放牧	0.008	0.006	0.010
务农	0.005	0	0.006
销售	0.257	0.254	0.253

续表

变量 岗位	Z60	Z61	Z62
财务	0.136	0.150	0.166
生产	0.210	0.212	0.216
管理	0.261	0.275	0.246
技术人员	0.040	0.036	0.041
服务人员	0.040	0.036	0.031
自由职业	0.040	0.028	0.031
设计	0.002	0.002	0.010
卡方值	72.978	68.970	56.040
显著性	0	0	0

表2-39 不同省份新生代职业群体与法律认知分项内容分析

单位：%

变量 省份	Z60	Z61	Z62
青海	0.007	0.006	0.008
新疆	0.007	0.008	0.008
内蒙古	0.012	0.021	0.018
吉林	0.077	0.095	0.086
安徽	0.039	0.019	0.016
山东	0.013	0.023	0.029
山西	0.072	0.051	0.051
甘肃	0.013	0.017	0.021
四川	0.062	0.036	0.033
贵州	0.042	0.044	0.041
广西	0.040	0.040	0.039
浙江	0.013	0.004	0.008
江苏	0.057	0.055	0.037
河南	0.055	0.017	0.033
湖北	0.047	0.044	0.043
辽宁	0.066	0.076	0.078
河北	0.050	0.055	0.064
广东	0.084	0.072	0.008

续表

变量 省份	Z60	Z61	Z62
重庆	0.059	0.078	0.008
湖南	0.034	0.042	0.045
西藏	0.010	0.011	0.001
上海	0.024	0.036	0.033
福建	0.028	0.036	0.033
北京	0.035	0.044	0.047
云南	0.020	0.028	0.021
黑龙江	0.031	0.038	0.037
卡方值	552.379	426.799	462.880
显著性	0	0	0

表2-40 不同文化程度新生代职业群体与法律认知分项内容分析

单位：%

变量 文化程度	Z60	Z61	Z62
小学及以下	0.067	0.093	0.078
初中	0.133	0.117	0.129
高中或中专	0.205	0.214	0.207
大专	0.138	0.131	0.127
大学本科	0.370	0.360	0.374
硕士	0.077	0.072	0.070
博士及以上	0.010	0.013	0.014
卡方值	115.171	43.144	39.881
显著性	0	0	0

在新生代职业群体中，虽然员工对法律的认识程度仍然有待提高，但是很多员工都了解过有关法律方面的知识。然而，统计资料显示，新生代职业群体对法律的认知程度与他们的性别无关，其 p 值为 0.275，说明男女在法律认知方面不存在显著差别（见表2-37）。

法律认知不仅指获取和积累法律知识，也指了解知识。不同岗位的新生代员工在当前法律知识的了解方面存在显著差异（卡方值 = 72.978, p = 0）。表2-38显示，销售和管理岗位上的员工分别有25.7%、26.1%的人了解当前的法律方面知识，但多数人对法律知识的认知较少，如从事设计工作的人员中只有0.2%的人对法律知识有所了解，可见法律知识的普及程度还有待提高；表2-39显示，在不同省份的调查中，山西省有7.2%的新生代员工了解当前的法律知识；表2-40显示，在不同受教育程度的调查者中，大学本科、高中或中专、大专中分别有37%、20.5%、13.8%的新生代员工了解当前的法律方面知识。认知的结果有两个层次：一是了解相关法律知识，二是对法律行为做出推理判断。认知的结果不仅会影响法律在人们心目中的地位，也会影响法律功能的发挥，所以新生代职业群体的法律认知在各个层级应该引起足够的重视。

不同岗位的新生代员工对于"我认为个人犯法对社会的危害不大"（卡方值=68.970，$p=0.000$）、"我认为犯过法的人都不是好人"这两个观点存在显著差异（卡方值=56.040，$p=0.000$）。分析显示，放牧、设计新生代员工中分别有0.6%、0.2%的新生代职业群体赞同"我认为个人犯法对社会的危害不大"这个观点，表明大多数人有正确的法律认知观，能够很好地遵守法律法规，但在管理、销售方面分别有27.5%、25.4%的人认为个人犯法对社会的危害不大。管理和销售是各个企业的核心部门，在这些岗位上的员工如果法律意识淡薄对企业的危害更大，因此，我们认为在普法过程中应该加强对这类人群的法治教育。普法工作应坚持因地制宜、区别对待的原则，在选择普法内容前应进行科学细致的调查和研究，充分考虑普法对象的职业背景、文化程度的差异，根据不同的群体选择不同的普法内容。针对"我认为犯过法的人都不是好人"这一观点，25.3%的销售人员选择认同，在放牧和务农者中持一观点的比例较低，分别有1%和0.6%；分省份统计显示（见表2-39），吉林地区认同此观点的人占9.5%，是占比最高地区，其他地区较少，青海、新疆、浙江地区仅有0.6%、0.8%、0.4%的样本认同此观点。吉林、辽宁地区分别有8.6%、7.8%的样本认为犯过法的人都不是好人，但在西藏地区仅有1%的人赞同此观点。由于受法治建设"稳定社会秩序"的最初目标的影响，国家有法必依、促进公民遵纪守法在一定程度上成了普法的单一目的，法律精神的弘扬、公民权利的保障在普法之初并没有引起足够的重视。一直以来，我国在普法内容上也呈现义务本位的原则，注重对公民义务的普及而忽视对公民权利的宣传。"义务本位"思想的主导容易使人们对于普法产生抵触情绪，认为法律的普及就是对自身行为的要求和约束，因此不利于普法内容深入人心，影响普法活动的深入开展。随着社会治理模式和政府职能的转变，我们认为普法内容也应该更加侧重对公民权利的宣传和普及。

我国是一个人口众多、文化水平存在巨大差异的国家，这就要求任何面向全社会的广泛宣传活动都要实现理论的通俗化甚至常识化。实证研究发现，不同文化层次的新生代员工对于"个人犯法对社会的危害不大的"（卡方值＝43.144，$p=0$）和"我认为犯过法的人都不是好人"（卡方值＝39.881，$p=0$）两个观点存在显著差异。在大学本科、高中或中专、大专中分别有36%、21.4%、13.1%的样本支持"个人犯法对社会的危害不大的"的观点，硕士、博士及以上群体赞同这一观点的比例较低，分别仅有7.2%、1.3%。针对"我认为犯过法的人都不是好人"的观点，硕士、博士及以上的新生代职业群体中分别有7%、1.4%赞同此观点，大学本科、高中或中专、大专群体中的赞同比例分别为37.4%、20.7%、12.7%。由此可见，受不同教育层次的影响，就业者们对待问题的判断也会有所不同，也需要我们去思考，如何引导不同受教育程度的新生代员工做出更客观、更具科学性的判断。

三 身份认同分析

了解新生代员工对自身角色的共识现状，多维度分析影响其社会关系的相关因素，对新生代职业群体的发展具有极其重要的现实意义。本书采用的身份认同量表，主要从社会距离、安全感两个方面衡量当新生代职业群体的身份认同程度。

身份认同量表包含两个分量表共计18个题项（变量），累计可解释低碳发展经验和态度变异量的94.6%，具有很好的结构效度。本量表各项信度 α 系数为0.908，且各项信度 α 系数均在0.8以上，说明用本量表收集的数据进行分析具有较高的可信度。

表2-41 新生代职业群体身份认同分量表指标信度效度检验

单位：%

量表层面名称	代号	包含的题项	题数	信度 α 系数	解释的变异量
身份认同分量表			18	0.908	94.6
社会距离	Distance	Z63 Z64 Z65 Z66 Z67 Z68 Z69 Z70 Z71 Z72	10	0.851	88.4
安全感	Security	Z73 Z74 Z75 Z76 Z77 Z78 Z79 Z80	8	0.832	90.2

(一) 社会距离分析

社会距离（distance）是指人与人、群体与群体之间关系亲近或疏远的等级与程度（郭星华、姜华，2009）。对社会距离的研究可以从一个侧面反映出新生代员工身份认同的变化动态，同时作为一个重要的自变量，社会距离也是理解社群融合和社群隔离的重要指标，对群际关系的发展和社会秩序的良性运行有着积极的影响。随着新生代员工进入劳动力市场，其抗压能力差、容易产生挫败感、职业观不稳定等问题，使他们真正融入组织生活还有一段距离；另外，随着市场经济的发展和城市化进程的加快，流动农民工正在逐步摆脱对家乡的依恋，融入流入地城市；或者认为虽然流动农民工生活在城市，但由于其较低的经济社会地位、传统保守的价值理念，他们与城市生活之间仍然存在深刻的隔阂。本书试图以社会距离作为重要标志，深入理解新生代员工的身份认同，对于社会距离的测量包括社会距离总加项 Distance 和以下分项内容。

Distance：社会距离；

Z63：我感到被忽略；

Z64：人们好像不接纳我；

Z65：人们对我的看法与我对自己的看法差别很大；

Z66：常常无法拒绝别人做些违心的事，很少倾诉自己的想法；

Z67：其实，我没几个真心好的朋友，常常感觉很孤单；

Z68：在聚会场所我常能准确找到自己的角色定位，能够参与进大家的互动中；

Z69：我感到我对周围人很适应；

Z70：我的价值被他人所承认；

Z71：我具有很好的社交能力，人缘也很好；

Z72：我认为我对于我的朋友很重要。

表 2-42 新生代职业群体社会距离的相关性分析

单位：%

变量		社会距离			卡方值（显著性）
		较小	中等	较大	
性别	男	0.54	0.545	0.58	3.08 ($p=0.214$)
	女	0.46	0.455	0.42	

续表

变量		社会距离			卡方值
		较小	中等	较大	(显著性)
城乡	城市	0.559	0.455	0.56	51.595
	农（乡）村	0.441	0.545	0.44	($p=0.000$)
就业流动	跨地区就业	0.107	0.133	0.13	39.469
	本地就业	0.893	0.867	0.87	($p=0.000$)

表 2-43 不同岗位新生代职业群体社会距离分项内容分析

单位：%

变量 岗位	Z63	Z64	Z65	Z66	Z67	Z68	Z69	Z70	Z71	Z72
放牧	0.006	0	0.006	0	0	0.014	0.01	0.026	0.013	0.01
务农	0.035	0	0	0	0.021	0.006	0.01	0.01	0.003	0.003
销售	0.511	0.523	0.473	0.499	0.470	0.492	0.456	0.452	0.482	0.501
财务	0.326	0.276	0.351	0.269	0.386	0.322	0.306	0.309	0.307	0.292
生产	0.429	0.388	0.438	0.389	0.358	0.448	0.440	0.464	0.457	0.448
管理	0.442	0.551	0.506	0.548	0.465	0.502	0.529	0.491	0.534	0.519
技术人员	0.039	0.046	0.037	0.064	0.051	0.100	0.096	0.083	0.068	0.078
服务人员	0.097	0.12	0.089	0.091	0.117	0.063	0.078	0.085	0.078	0.073
自由职业	0.103	0.085	0.086	0.139	0.116	0.053	0.074	0.080	0.059	0.077
设计	0.005	0.01	0.012	0	0	0	0	0	0	0
卡方值	169.088	144.531	111.090	145.234	143.734	136.596	131.363	100.175	98.518	100.168
显著性	0	0	0	0	0	0	0	0	0	0

表 2-44 不同省份新生代职业群体社会距离分项内容分析

单位：%

变量 省份	Z63	Z64	Z65	Z66	Z67	Z68	Z69	Z70	Z71	Z72
青海	0.006	0	0	0	0.007	0.003	0.01	0.013	0.008	0.008
新疆	0	0	0.006	0.007	0	0.006	0.005	0.005	0.008	0.01
内蒙古	0.034	0.03	0.044	0.044	0.045	0.025	0.033	0.039	0.028	0.031
吉林	0.131	0.143	0.127	0.187	0.18	0.203	0.194	0.204	0.186	0.202
安徽	0.109	0.084	0.148	0.048	0.085	0.097	0.094	0.081	0.082	0.086
山东	0.011	0.017	0.006	0.014	0.026	0.054	0.043	0.041	0.033	0.041

续表

变量\省份	Z63	Z64	Z65	Z66	Z67	Z68	Z69	Z70	Z71	Z72
山西	0.109	0.099	0.113	0.057	0.052	0.122	0.133	0.113	0.101	0.128
甘肃	0.102	0.099	0.097	0.084	0.103	0.03	0.048	0.036	0.03	0.039
四川	0.062	0.142	0.069	0.112	0.098	0.124	0.117	0.121	0.106	0.114
贵州	0.034	0.034	0.03	0.035	0.043	0.07	0.069	0.051	0.062	0.073
广西	0.091	0.103	0.122	0.114	0.117	0.094	0.08	0.087	0.088	0.098
浙江	0.134	0.134	0.151	0.146	0.095	0.032	0.046	0.049	0.052	0.043
江苏	0.023	0.028	0.026	0	0.026	0.108	0.07	0.085	0.099	0.073
河南	0.156	0.194	0.165	0.133	0.145	0.036	0.041	0.059	0.065	0.06
湖北	0.097	0.102	0.093	0.096	0.11	0.094	0.09	0.09	0.104	0.099
辽宁	0.124	0.106	0.065	0.108	0.128	0.107	0.12	0.118	0.137	0.109
河北	0.155	0.1	0.125	0.18	0.131	0.092	0.098	0.096	0.106	0.111
广东	0.162	0.197	0.137	0.155	0.164	0.186	0.183	0.181	0.182	0.157
重庆	0.022	0.024	0.04	0.037	0.014	0.111	0.097	0.099	0.092	0.102
湖南	0.09	0.074	0.072	0.09	0.064	0.061	0.06	0.061	0.067	0.063
西藏	0.098	0.04	0.085	0.037	0.064	0.026	0.033	0.024	0.041	0.018
上海	0.045	0.036	0.071	0.082	0.064	0.048	0.051	0.056	0.052	0.049
福建	0.045	0.036	0.071	0.082	0.064	0.048	0.051	0.056	0.052	0.049
北京	0.058	0.051	0.038	0.021	0.064	0.092	0.085	0.093	0.09	0.093
云南	0.045	0.069	0.051	0.083	0.064	0.04	0.059	0.06	0.043	0.059
黑龙江	0.063	0.2	0.046	0.044	0.05	0.095	0.088	0.082	0.083	0.087
卡方值	1063.687	908.858	1077.769	782.315	782.315	885.992	715.642	667.892	651.005	733.286
显著性	0	0	0	0	0	0	0	0	0	0

表2-45 不同文化程度新生代职业群体社会距离分项内容分析

单位：%

变量\文化程度	Z63	Z64	Z65	Z66	Z67	Z68	Z69	Z70	Z71	Z72
小学及以下	0.158	0.180	0.166	0.189	0.225	0.157	0.164	0.189	0.150	0.160
初中	0.243	0.168	0.195	0.237	0.232	0.267	0.257	0.234	0.246	0.245
高中或中专	0.403	0.472	0.382	0.389	0.375	0.394	0.356	0.346	0.380	0.375
大专	0.215	0.260	0.287	0.260	0.264	0.281	0.262	0.273	0.264	0.256
大学本科	0.799	0.753	0.825	0.828	0.772	0.748	0.790	0.790	0.761	0.810
硕士	0.118	0.121	0.105	0.059	0.095	0.128	0.136	0.137	0.162	0.607

续表

变量 文化程度	Z63	Z64	Z65	Z66	Z67	Z68	Z69	Z70	Z71	Z72
博士及以上	0.063	0.046	0.040	0.039	0.038	0.026	0.033	0.031	0.036	0.018
卡方值	120.103	91.337	86.280	123.387	113.612	107.304	91.505	93.463	60.561	135.422
显著性	0	0	0	0	0	0	0	0	0	0

新生代员工具备了与"60后""70后"显著不同的四个特征：年轻、受教育程度高、挑战权威、价值取向多元化。基于这四个特征，双方存在的矛盾与冲突的表现形式也相对明显。因此，新生代员工在融入组织过程中所面临的问题依旧不断。本书将社会距离定义为衡量新生代员工与组织之间互动程度的差异。

从表 2-42 可以看出，性别变量对于新生代员工与组织之间互动程度并不存在显著差异（$p=0.214$）。在来自城市的就业者中，新生代员工与组织之间互动程度较高的人数占 56%，远远高于来自农（乡）村的员工。在就业流动中，本地区就业的新生代员工中新生代员工与组织之间互动程度较高的人数明显要少于异地就业的。

在调查中（见表 2-43），大多数岗位的新生代员工认为自己常常被忽视和不被接纳，51.1% 的销售岗位员工感到被忽略，55.1% 的管理岗位员工感到不被接纳。

新生代员工对自身的认知也会影响到组织与新生代员工之间的互动程度。由于新生代员工缺乏社会实践和历练，不能清晰定位。因此，有 50.6% 的管理岗位员工，43.8% 的生产岗位员工，47.3% 的销售岗位员工和 35.1% 的财务岗位员工认为人们"对我的看法与我对自己的看法差别很大"；只有 50.2% 的管理岗位员工、49.2% 的销售岗位员工认同"在聚会场所能准确找到自己的角色定位，能够参与进大家的互动中"这一观点。

现代社会的发展，迫切需要个人能快速适应自我角色与具备良好的社交能力。作为 18~36 岁的新生代员工，正确处理社会关系与具备良好的社交能力是十分必要的。因为个人力量有限，良好的团队合作有助于充分发挥个体的潜能，进而推动企业整体效益的提高和产业升级改造。只有 53.4% 的管理岗位员工与 48.2% 的销售岗位员工能认识到良好人际关系与社交能力的重要性。所以说，新生代员工迫切需要提高自我的社交能力，快速适应角色的转变和融入社会大集体。

除此之外，在不同地区工作的新生代员工与组织之间的互动程度也不尽相同。如表 2-44 所示，在我国改革开放的前沿阵地的江浙沪地区与闽粤地区，由于非公有制经济的快速发展与市场经济体系的建立，在广东工作的新生代员工中有 18.3% 认为"我感到我对周围人很适应"，而与之相比，西部地区新疆、青海、甘肃分别有 0.5%、1% 和 4.8% 的新生代员工认为自己很适应周围环境。由于在我国西部欠发达地区中小企业基层员工的入行门槛低、薪资待遇低、劳动强度大、工作琐碎和岗位认同度较低等原因，员工的流动性偏大，缺乏认同感和归属感。工作在西部的新生代员工环境适应能力较差，害怕与人交往，常常感到孤独无助，他们感受到的社会距离也相对较大。不同于发达地区更开放、更多样的社会交往模式，西部地区员工的交往范围多以同事为主，也更加重视同事关系，在山西工作的新生代员工中有 11.3% 认为"我的价值被他人所承认"，在经济发达的浙江，这一比例只占到 4.9%。因此，在推动西部企业发展的过程中，不仅要让新生代员工具有组织支持感，也要鼓励资深员工为新人提供积极的支持和帮助，增加员工之间的互动机会，创造和谐的工作环境。

此外，文化程度也会影响新生代员工与组织互动的程度。高学历群体与低学历群体在角色定位、社交能力、环境适应等多个方面具有截然不同的观点。调查发现（见表 2-45）：博士及以上学历者中有 6.3% 的人认为自己被忽视，而 24.3% 的初中文化程度的新生代员工持有这种观点。这反映了低学历导致工作的不稳定，难以融入组织，最终认为自己被忽视与排斥。同时，学历在处理情感问题时也起到关键作用。例如，只有 3.9% 的博士及以上学历者感觉到孤独和没有倾诉对象，而 18.9% 的小学及以下的新生代员工常常感觉孤单和没有倾诉对象。总之，要想构建和谐的社会关系与工作环境，必须注意到不同地区、岗位和学历与组织互动的相关性，关注新生代员工的情感世界，采取针对性措施解决其面临的思想困境和情感问题。

（二）安全感分析

由于新生代员工多存在抗挫折能力差、缺乏归属感、情感封闭等问题，这些问题对他们的心理健康会产生负面的影响。近年来，新生代员工自杀等恶性事件不断增多，更是引发人们对新生代员工安全感的审视。安全感是指对可能出现的身体或心理的危险或风险的预感，以及个体在处事时的有力/无力感，主要表现为确定感和可控感。安全感有助于自信和自尊的形成，有助于人际关系的建立，有助于自身潜力的发掘。所以，新生代员工安全感的研究不仅关系到其个人的身心健康和职业发展，更是关系到和谐社会的建构。本书对于安全感的测量包括安全感总加项 Security 和以下分项内容。

Security：安全感；

Z73：我时常怀疑自己的工作能力；

Z74：我害怕与不熟悉的人交往；

Z75：面对不熟悉的环境，我常常感到无所适从；

Z76：面对人际冲突，我常常会不知所措；

Z77：我感觉自己承受各方面的压力很大；

Z78：我时常担心自己的人身安全；

Z79：面对巨大的心理压力，我会通过合理的方法缓解压力；

Z80：比较敏感别人的窃窃私语，我总是容易联想到是对自己不满的评价。

表 2-46 新生代职业群体安全感的相关性分析

单位：%

变量		安全感			卡方值（显著性）
		较低	中等	较高	
性别	男	0.547	0.565	0.522	2.494 ($p=0.287$)
	女	0.453	0.435	0.478	
城乡	城市	0.586	0.441	0.576	29.006 ($p=0.000$)
	农（乡）村	0.414	0.559	0.424	
就业流动	跨地区就业	0.057	0.157	0.118	2.704 ($p=0.000$)
	本地就业	0.943	0.843	0.882	

表 2-47 不同岗位新生代职业群体安全感分项内容分析

单位：%

岗位 \ 变量	Z73	Z74	Z75	Z76	Z77	Z78	Z79	Z80
放牧	0.014	0	0.006	0	0	0.007	0.016	0.006
务农	0.014	0.027	0	0.007	0	0.015	0.005	0.028
销售	0.412	0.447	0.531	0.509	0.533	0.455	0.518	0.57
财务	0.344	0.248	0.301	0.368	0.358	0.325	0.279	0.325

续表

变量 岗位	Z73	Z74	Z75	Z76	Z77	Z78	Z79	Z80
生产	0.358	0.388	0.385	0.334	0.4	0.334	0.403	0.422
管理	0.574	0.628	0.513	0.541	0.499	0.566	0.532	0.457
技术人员	0.068	0.059	0.071	0.048	0.016	0.07	0.075	0.073
服务人员	0.088	0.102	0.06	0.067	0.076	0.094	0.087	0.054
自由职业	0.115	0.088	0.119	0.114	0.101	0.133	0.085	0.065
设计	0.014	0.012	0.013	0.014	0.016	0	0	0
卡方值	205.97	215.643	147.923	111.457	133.941	170.572	137.866	146.359
显著性	0	0	0	0	0	0	0	0

表2-48 不同省份新生代职业群体安全感分项内容分析

单位：%

变量 省份	Z73	Z74	Z75	Z76	Z77	Z78	Z79	Z80
青海	0.007	0.012	0.012	0.007	0	0	0.005	0.024
新疆	0	0	0	0	0.008	0	0.008	0
内蒙古	0.047	0.024	0.024	0.047	0.05	0.027	0.041	0.035
吉林	0.088	0.135	0.135	0.145	0.109	0.156	0.2	0.197
安徽	0.088	0.114	0.114	0.112	0.152	0.083	0.077	0.091
山东	0.028	0.024	0.024	0.023	0.025	0.022	0.031	0.017
山西	0.02	0.086	0.086	0.023	0.033	0.055	0.106	0.173
甘肃	0.136	0.104	0.104	0.088	0.126	0.096	0.026	0.081
四川	0.149	0.153	0.153	0.179	0.058	0.11	0.131	0.097
贵州	0.02	0.039	0.039	0.043	0.05	0.05	0.08	0.075
广西	0.122	0.071	0.071	0.083	0.1	0.133	0.065	0.099
浙江	0.115	0.115	0.115	0.13	0.116	0.109	0.008	0.006
江苏	0.027	0.012	0.012	0.021	0.025	0.007	0.09	0.067
河南	0.142	0.181	0.181	0.16	0.206	0.122	0.073	0.017
湖北	0.115	0.106	0.106	0.107	0.125	0.085	0.087	0.059
辽宁	0.055	0.091	0.091	0.084	0.108	0.11	0.132	0.17
河北	0.155	0.146	0.146	0.149	0.127	0.136	0.123	0.129
广东	0.183	0.148	0.148	0.148	0.108	0.259	0.191	0.084
重庆	0.034	0.038	0.038	0.027	0.049	0.042	0.088	0.051

续表

变量 省份	Z73	Z74	Z75	Z76	Z77	Z78	Z79	Z80
湖南	0.102	0.112	0.112	0.097	0.083	0.114	0.062	0.101
西藏	0.102	0.074	0.074	0.06	0.059	0.042	0.029	0.084
上海	0.068	0.03	0.03	0.054	0.067	0.04	0.057	0.069
福建	0.068	0.03	0.03	0.054	0.067	0.04	0.057	0.069
北京	0.034	0.051	0.051	0.047	0.042	0.043	0.104	0.065
云南	0.047	0.045	0.045	0.062	0.025	0.057	0.049	0.059
黑龙江	0.055	0.061	0.061	0.05	0.084	0.063	0.075	0.081
卡方值	705.099	777.046	879.157	835.332	789.676	606.44	801.03	486.684
显著性	0	0	0	0	0	0	0	0

表2-49 不同文化程度新生代职业群体与安全感分项内容分析

单位：%

变量 文化程度	Z73	Z74	Z75	Z76	Z77	Z78	Z79	Z80
小学及以下	0.142	0.145	0.123	0.204	0.141	0.084	0.145	0.186
初中	0.176	0.185	0.237	0.183	0.2	0.134	0.229	0.245
高中或中专	0.466	0.508	0.394	0.464	0.494	0.47	0.426	0.39
大专	0.244	0.23	0.237	0.237	0.201	0.229	0.226	0.316
大学本科	0.818	0.788	0.794	0.754	0.75	0.838	0.802	0.729
硕士	0.088	0.11	0.159	0.112	0.132	0.123	0.146	0.114
博士及以上	0.068	0.033	0.057	0.047	0.084	0.078	0.026	0.019
卡方值	152.421	95.581	135.827	136.351	122.084	128.184	90.594	110.338
显著性	0	0	0	0	0	0	0	0

中国文化具有集体主义、权力距离（人们对组织中权力分配不平等情况的接受程度）及规避不确定性的特点，这些特点对于崇尚自由、抗压能力差的新生代员工来说更易导致其在工作上出现不安全感，由工作不安全感导致的消极结果也会间接影响到企业的绩效。对个人而言，工作不安全感在短期内可能会导致员工工作满意度下降，积极性减弱，离职倾向严重等；从长期来看，员工会出现情绪衰竭、身心疲惫、抑郁等生理疾病。对组织而言，工作不安全感则会导致员工组织承诺的降低，对组织的贡献程度下降，削弱企业核心竞争力。冯冬冬等（2008）的研究结果显示，随着

工作不安全感的增强，员工工作绩效明显下降；工作不安全感上升，达到中等程度时，工作绩效依然保持下降趋势；而当工作不安全感再上升时，员工的工作绩效不再下降，转而呈上升趋势。可以看出，员工安全感的提升有利于提升组织工作效率。

从表2-46可以看出，性别变量与工作安全感影响（卡方值=2.494，$p=0.287$）不显著，即工作安全感不会因为性别而表现出较大的差异。来自城市的新生代员工工作安全感较高的比例为57.6%，要远远高于来自农（乡）村的员工。在就业流动的统计分析中，跨地区就业的员工的安全感要远远低于在本地就业的新生代员工。在信仰与工作安全感的分析中，没有信仰的员工工作安全感水平较高为76.1%，远远高于其他有信仰的员工。

如表2-47所示，在不同岗位调查中，销售、财务、生产和管理岗位中有41.2%、34.4%、35.8%和57.4%的员工时常怀疑自己的工作能力，这反映了这些岗位的工作特点"压力大、任务重"。而与此形成鲜明对比的是岗位为务农、放牧和自由职业，这进一步说明工作岗位的作用。并且在对岗位与"我害怕与不熟悉的人交往""面对不熟悉的环境，我常常感到无所适从"和"面对人际冲突，我常常会不知所措"问题的分析中，调查结果也佐证了这一观点，即不同的岗位对新生代员工工作安全感起到决定性影响。因此，政府和企业应针对特定岗位的新生代员工做出特殊的关怀，创造具有安全感的工作环境，帮助其渡过岗位的适应期。同样，处在激烈竞争岗位的员工，相比那些工作轻松安逸的，更加能够通过合理的方法调节压力。销售、财务、生产和管理的分别达到了51.8%、27.9%、40.3%和53.2%，而放牧、务农和自由职业分别只达到1.6%、0.5%和8.5%。这也从侧面说明了岗位具有挑战性，能够锻炼人的抗压能力，而安逸只会导致消极。这就要求对新生代员工的压力要达到合理适度的水平，企业要充分发挥员工的工作积极性，使其创造更高的价值。

同时，这种趋势在不同地区的表现形式也不尽相同，东部与西部地区之间不同，并且西部内部也有差异。比如，在回答"我时常怀疑自己的工作能力"方面，广东、浙江分别达到了18.3%和11.5%，而位于西部的贵州、青海分别只达到2%和0.7%，同样的差异也体现在经济、教育等方面。

东部作为我国改革开放的前沿，市场化程度高，经济发达，民营企业和外资企业较多，大多数员工都在非国有企业工作。外资企业一向以优厚的待遇吸引人，但竞争激烈，工作压力大，工作时间不固定（如经常加班），裁员随时发生等，这些都是造成员工工作不安全感较高的因素。虽然国有企业改革已经很多年了，但其本身的很多特征是无法改变的，国有企业的工作被看作"铁饭碗"，寓意其工作稳定。公、私企业的分化也反映在压力、人际交往等方面，针对"我害怕与不熟悉的人交往""面对不熟悉的环境，我常常感到无所适从""面对人际冲突，我常常会不知所措"这三个观点，浙江分别达在了 11.5%、11.5% 和 13%，而青海只有 1.2%、1.2% 和 0.7%。由于，人际关系的不安全感在很大程度上影响着新生代员工的工作不安全感，因此组织应设计畅通的沟通渠道，增加员工的内部沟通机会，以帮助员工与上级和同事保持良好的人际交往关系，从而降低其人际关系不安全感。

除了岗位和地区会对安全感产生重要影响以外，文化程度也对安全感有着重要的影响力。例如，认同"我时常怀疑自己的工作能力"这一观点的，在小学及以下、初中和高中或中专的新生代员工中分别占 14.2%、17.6% 和 46.6%，而硕士和博士及以上的只占 8.8% 和 6.8%。学历高的员工在公司往往具有"体面"的职务，有更大的自主性，能够比较容易获得工作中需要的资源（人、物、信息等），在工作内容上也会有多种变化，有安排自己工作时间的自由，在工作上能够得到上级的指导与支持，其工作表现能够得到及时的反馈，还可以获得更多的培训与升迁机会，其自我效能感也更强，体验的工作安全感也就越更高。一般来说，大专以下学历的员工在公司多属于"无领"阶层，作为一线工人或者办公室文员，其工作性质决定了他们没有足够的权力去控制对其工作有影响的事，由于缺少话语权，面对裁员和岗位调转更无能为力。结合上述分析，我们认为，企业应该建立公平的发展和进修机制，保障每个员工的机会均等性，同时关注员工的精神文化需要，以提高新生代员工的安全感和存在感。

在日常管理过程当中，企业应该通过正式和非正式渠道增进新生代员工对行业和企业的了解，影响其工作价值观，增强其对企业的认同感。新生代员工渴望得到组织的认可，这就需要管理者从关心和尊重的立场出发，在组织内部创造轻松和谐的沟通氛围，以缓解员工的工作压力，增强其组织融入感和亲切感及对公司的感情。

第四节 公民行为与群体行为

团队精神的最高境界是全体成员具有向心力、凝聚力，反映的是个体利益和整体利益的统一，并进而保证组织的高效率运转，这就是员工组织公民行为的核心作用。早在1982年，Organ教授就指出，在组织中，单独的一次性的组织公民行为很难对组织绩效产生较大的影响，只有员工个体的组织公民行为的跨时间累积或者多个员工个体的组织公民行为的累积才有助于组织整体绩效的提升。也就是说，单独一个员工或单独一次的组织公民行为对群体绩效提升的贡献程度有限，只有多个成员的多次组织公民行为的累积才能对组织绩效的提升起到显著的作用，而这种累积就类似于群体公民行为。群体公民行为是在多个员工的个体组织公民行为的基础上形成的。

Chen等（2005）的群体公民行为的概念界定将组织公民行为的实施主体换成了工作群体，但在行为客体上只是"其他的工作群体和组织"。也就是说，只要是工作群体作为实施主体在群体间和组织内所实施的角色外行为都可以用群体公民行为加以概括。比如，管理学院帮助国际交流学院召开新生指导会，管理学院为了准备学校运动会而做的额外努力等，都属于群体公民行为。但是其忽略了组织层面的组织公民行为的另外几个方面，如工作群体对自己的成员和相关利益公众所实施的有助于实现组织目标的角色外行为等。因此，Chen等（2005）的群体公民行为仅是从一个特殊的方面描述了群体公民行为。

群体公民行为是指工作群体作为整体所表现出来的，有利于促进整个组织总体目标实现的，用于支持本群体及其成员、本群体所在组织、组织内其他工作群体及其成员、组织外部利益相关公众的一种角色外行为（吕政宝、凌文辁、马超，2010）。这个概念包括四个方面的含义：第一，群体公民行为的实施主体是工作群体，而不是群体成员，群体成员的个体组织公民行为的总和与平均水平都不是群体公民行为；第二，群体公民行为的实施目的是促进整个组织总体目标的实现，不管这种目的是有意的还是无意的；第三，群体公民行为的实施客体包括本群体、本群体内的成员、本群体所在的组织、组织内的其他群体、组织内其他群体的成员、组织外部利益相关公众六个方面；第四，这种行为虽然能促进组织的有效发展，但却是一种角色外行为，即这种行为得不到组织的正式薪酬体系的直接或明确的回报。

概括起来，群体公民行为应具有以下三个特点：第一，整体性。群体公民行为是工作群体作为一个整体所表现出来的行为，而个体组织公民行为的实施主体为员工个体，单独一个员工的公民行为不是群体公民行为。同时，群体公民行为不是群体中所有成员个体组织公民行为的平均水平，而是对群体标准行为模式的知觉。第二，规范性。群体公民行为具有个体组织公民行为所不具备的"社会规范作用"，群体公民行为是一种群体现象，能够发展成为一种群体规范，从而影响群体成员的工作行为与态度，其不仅能够提升个体的绩效水平，而且能够帮助群体成员判断哪些行为是合乎规范的。第三，情境性。群体公民行为是一种群体现象，与情境高度相关。比如，在我国集体主义文化背景下，个体更容易将自己识别为某个群体中的一员，从而为了维持自己作为群体成员的地位，而对周围他人的行为和反应更加敏感，更倾向于遵从群体中的社会规范。

职业群体公民行为包括公民行为和群体行为两个方面，是群体作为一个整体所实施的组织公民行为，在工作中会形成一种约束氛围，这种氛围会促进个体转变态度，显著提高员工个体的绩效，进而提高组织的工作效率。

一　公民行为分析

公民行为指员工自发表现出来的、未得到组织正式报酬系统所明确或直接认可的、能够从整体上提高组织效能的个体行为。叶茂林和郭佳琪针对我国企业员工公民行为展开了实证研究，为我国学术界和企业管理界提供了更具应用价值的研究结论。公民行为作为员工的一种自愿行为，对提高企业的服务质量水平会产生重要的作用。因此研究员工的行为尤其是基层员工组织公民行为与服务质量之间的关系，对于以群体竞争力为推动力的社会治理的发展具有重要意义。

公民行为量表包含三个分量表共计 21 个题项（变量），累计可解释变异量的 93.6%，具有很好的结构效度。本量表各项信度 α 系数为 0.913，且各项信度 α 系数均在 0.6 以上，说明用本量表收集的数据进行分析具有较高的可信度（见表 2-50）。

表 2-50　新生代职业群体职业认同分量表指标信度效度检验

单位：%

量表层面名称	代号	包含的题项	题数	信度 α 系数	解释的变异量
公民行为分量表			21	0.913	93.6
个人约束	Individual	Z81 Z82 Z83 Z84 Z85 Z86 Z87	7	0.881	90.8
群体约束	Group	Z88 Z89 Z90 Z91 Z92 Z93 Z94	7	0.786	80.4
工作约束	Work	Z95 Z96 Z97 Z98 Z99 Z100 Z101	7	0.823	87.1

(一) 个人约束分量表分析

较高的个人约束水平有助于新生代员工提升自我认知，激发其职业兴趣，使其做出更好的职业选择和决策。张斌等（2016）认为公民个人约束水平较高能使其理解并自觉地在工作中将自身的发展目标与组织的长、短期目标结合起来，更有效地为组织服务，不断提高组织效能。本书对于个人约束的测量包括个人约束总加项 Individual 和以下分项内容。

Individual：个人自我约束的程度；

$Z81$：我不会为了自己的利益而损害企业利益；

$Z82$：我的行为规范符合企业要求；

$Z83$：我会时刻维护企业形象；

$Z84$：我会参加并支持企业的各种联谊、会议等；

$Z85$：我会向企业提供相关的意见建议；

$Z86$：与其他人相比，我的出勤率较高；

$Z87$：我会主动向同事介绍自己的工作经验。

表 2-51 新生代职业群体个人约束水平的相关性分析

单位：%

变量		个人约束水平			卡方值（显著性）
		较低	中等	较高	
性别	男	0.257	0.511	0.232	17.196 ($p=0.000$)
	女	0.328	0.474	0.198	
城乡	城市	0.282	0.443	0.275	31.274 ($p=0.000$)
	农（乡）村	0.296	0.546	0.158	
就业流动	跨地区就业	0.279	0.534	0.187	2.952 ($p=0.229$)
	本地就业	0.290	0.489	0.221	

表 2-52 不同岗位新生代职业群体公民行为分项内容分析

单位：%

变量\岗位	$Z81$	$Z82$	$Z83$	$Z84$	$Z85$	$Z86$	$Z87$
放牧	0.143	0.143	0.571	0.857	0.286	0.429	0.714
务农	0	0	0.75	0.5	1	0.75	0.5
销售	0.64	0.698	0.773	0.698	0.747	0.707	0.689

续表

变量 岗位	Z81	Z82	Z83	Z84	Z85	Z86	Z87
财务	0.733	0.733	0.763	0.719	0.763	0.689	0.652
生产	0.622	0.679	0.694	0.684	0.741	0.71	0.642
管理	0.628	0.765	0.735	0.757	0.699	0.712	0.677
技术人员	0.733	0.667	0.667	0.7	0.7	0.667	0.667
服务人员	0.568	0.73	0.676	0.73	0.621	0.73	0.622
自由职业	0.806	0.645	0.839	0.774	0.839	0.677	0.71
设计	1	1	1	1	1	1	0.5
卡方值	103.924	126.737	55.869	34.123	73.017	27.136	22.595
显著性	0	0	0	0.012	0	0.076	0.207

表2-53 不同省份新生代职业群体个人约束分项内容分析

单位：%

变量 省份	Z81	Z82	Z83	Z84	Z85	Z86	Z87
青海	0.2	0.4	0.6	0.6	0.6	0.4	0.8
新疆	1	0.75	1	1	1	0.75	0.75
内蒙古	0.474	0.632	0.632	0.684	0.526	0.632	0.526
吉林	0.718	0.718	0.775	0.817	0.789	0.775	0.718
安徽	0.96	1	0.96	1	0.96	0.92	0.96
山东	0.813	0.813	0.875	0.938	0.875	0.875	0.75
山西	0.609	0.783	0.87	0.543	0.848	0.891	0.674
甘肃	0.138	0.483	0.517	0.241	0.414	0.310	0.379
四川	0.756	0.867	0.822	0.844	0.822	0.844	0.746
贵州	0.694	0.833	0.806	0.778	0.833	0.778	0.694
广西	0.632	0.632	0.711	0.763	0.684	0.658	0.711
浙江	0.933	0.933	0.933	1	0.933	0.867	0.8
江苏	0.487	0.615	0.615	0.667	0.795	0.769	0.641
河南	0.74	0.68	0.7	0.7	0.7	0.68	0.6
湖北	0.622	0.082	0.703	0.757	0.649	0.757	0.703
辽宁	0.594	0.73	0.656	0.64	0.563	0.578	0.656
河北	0.511	0.556	0.644	0.622	0.689	0.711	0.689
广东	0.723	0.815	0.815	0.723	0.8	0.738	0.769

续表

变量 省份	Z81	Z82	Z83	Z84	Z85	Z86	Z87
重庆	0.878	0.857	0.776	0.796	0.878	0.714	0.714
湖南	0.612	0581	0.516	0.549	0.548	0.226	0.194
西藏	0.19	0.286	0.476	0.429	0.667	0.524	0.381
上海	0.533	0.667	0.7	0.633	0.5	0.5	0.5
福建	0.533	0.667	0.7	0.633	0.5	0.567	0.5
北京	0.767	0.667	0.767	0.933	0.867	0.867	0.9
云南	0.8	0.85	0.85	0.9	0.8	0.85	0.65
黑龙江	0.767	0.767	0.33	0.833	0.867	0.8	0.867
卡方值	589.725	404.054	284.754	526.945	413.913	679.583	630.586
显著性	0	0	0	0	0	0	0

表2-54 不同文化程度新生代职业群体个人约束分项内容分析

单位：%

变量 文化程度	Z81	Z82	Z83	Z84	Z85	Z86	Z87
小学及以下	0.421	0.487	0.553	0.592	0.618	0.513	0.618
初中	0.577	0.631	0.658	0.676	0.667	0.631	0.586
高中或中专	0.719	0.758	0.747	0.728	0.781	0.725	0.708
大专	0.64	0.737	0.833	0.768	0.746	0.702	0.675
大学本科	0.693	0.75	0.756	0.754	0.759	0.768	0.666
硕士	0.656	0.738	0.852	0.754	0.754	0.705	0.738
博士及以上	0.611	0.556	0.611	0.667	0.389	0.556	0.667
卡方值	104.044	99.253	130.478	78.087	101.011	78.394	33.88
显著性	0	0	0	0	0	0	0

认同的企业文化需要了解组织中大多数成员的心智模式，发掘出既符合组织意图又和员工的价值观有交集的意义体系，也只有这样，企业才能获得员工的认同，引导出利组织目标的行为。

从表2-51可以看出，男性个人约束较高的比例为23.2%（卡方值=17.196，$p=0.000$），女性个人约束较高的比例为19.8%，男性个人约束的比例高于女性。城市中个人约束较高的比例为27.5%，要高于农（乡）村的15.8%（卡方值=31.274，$p=0.000$）。在就业流动中，跨地区就业的个人约束水平要低于本地就业。调查样本中,个人约束较高的比例占到66.7%(卡方值=194.516,$p=0.000$),

个人约束是公民行为认同的前提,也是员工对组织归属情感与组织成员身份的自我认知,个人约束行为反映出其在心理方面对组织的认可程度。绝大多数的员工认为自己在工作中的行为规范符合企业要求,其中财务岗位和管理岗位的比例更高一些,分别为73.3%和76.5%。能够时刻维护企业形象的岗位集中在销售岗位、财务岗位以及自由职业,可见这些岗位的人对自己的个人约束能力更强,参见表2-52。

此外,文化程度也会影响新生代职业群体的个人约束水平。表2-54的数据显示,高中或中专、大学本科以及硕士学历的新生代职业群体会严格按照企业的要求来约束自己的行为规范,个人约束能力更强,其比例分别是75.8%、75%以及73.8%;大专的次之,初中的再次之。可见,新生代职业群体的受教育程度与个人约束水平存在正相关关系。

(二)群体约束分量表分析

群体约束是每个成员必须遵守的已经确立的思想、评价和行为的标准。在不同的群体中产生不同的作用。利用正式群体中的压力与非正式群体中的内聚力可以产生相应的道德效应。潘文哲的研究结果发现,个人价值观匹配对公民行为中的帮助同事行为、敬业精神行为、认同组织行为和人际融洽行为有明显的影响。广义的群体规范包括社会制度、法律、纪律、道德、风俗和信仰等,这是一个社会里多数成员共有的行为模式。本书对于群体约束的测量包括群体约束程度总加项 Group 和以下分项内容。

Group:群体约束程度;

Z88:我认为同事认可我在工作中的表现;

Z89:我把其他成员看作自己的朋友;

Z90:在工作中我同他人的工作关系很密切;

Z91:我必须同他人一起才能完成工作;

Z92:我自己的绩效依赖于他人的准确信息;

Z93:我工作的方式对他人有重要影响;

Z94:我的工作要求同他人很频繁地进行协商,在目前的单位里,我有许多发展机会。

表 2-55　新生代职业群体的群体约束的相关性分析

单位：%

变量		群体约束程度			卡方值（显著性）
		较低	中等	较高	
性别	男	0.47	0.409	0.12	7.589 ($p=0.022$)
	女	0.456	0.451	0.093	
城乡	城市	0.434	0.434	0.132	19.997 ($p=0.000$)
	农（乡）村	0.494	0.422	0.084	
就业流动	跨地区就业	0.436	0.466	0.098	2.284 ($p=0.319$)
	本地就业	0.468	0.423	0.109	

表 2-56　不同岗位新生代职业群体的群体约束分项内容分析

单位：%

岗位＼变量	Z88	Z89	Z90	Z91	Z92	Z93	Z94
放牧	0.286	0.857	0	0.571	0.143	0.857	0.429
务农	0.75	1	0.25	0	0.5	1	1
销售	0.64	0.667	0.609	0.587	0.587	0.64	0.569
财务	0.6	0.615	0.63	0.556	0.637	0.622	0.6
生产	0.596	0.58	0.58	0.534	0.544	0.58	0.606
管理	0.615	0.659	0.642	0.628	0.602	0.659	0.584
技术人员	0.7	0.767	0.7	0.8	0.6	0.567	0.567
服务人员	0.73	0.649	0.676	0.459	0.405	0.622	0.595
自由职业	0.613	0.548	0.677	0.355	0.581	0.645	0.613
设计	0	0	1	0	0	0	0
卡方值	59.826	64.405	76.711	143.927	109.537	54.941	37.532
显著性	0	0	0	0	0	0	0.004

表 2-57　不同省份新生代职业群体的群体约束分项内容分析

单位：%

省份＼变量	Z88	Z89	Z90	Z91	Z92	Z93	Z94
青海	0.4	0.6	0	0.4	0.4	1	0.4
新疆	1	0.75	0.5	0.75	1	1	1
内蒙古	0.632	0.684	0.526	0.579	0.526	0.684	0.526

续表

省份\变量	Z88	Z89	Z90	Z91	Z92	Z93	Z94
吉林	0.592	0.606	0.704	0.676	0.606	0.69	0.577
安徽	1	1	0.96	0.36	0.44	0.6	0.68
山东	0.625	0.563	0.5	0.75	1	0.813	0.75
山西	0.696	0.717	0.435	0.63	0.739	0.783	0.696
甘肃	0.345	0.207	0.241	0.31	0.31	0.379	0.276
四川	0.822	0.867	0.844	0.622	0.578	0.756	0.6
贵州	0.667	0.75	0.75	0.472	0.611	0.556	0.75
广西	0.553	0.579	0.605	0.474	0.526	0.632	0.579
浙江	0.933	0.867	0.8	0.733	0.533	0.533	0.467
江苏	0.538	0.385	0.641	0.564	0.513	0.641	0.718
河南	0.44	0.48	0.66	0.46	0.54	0.38	0.38
湖北	0.676	0.568	0.676	0.622	0.594	0.676	0.514
辽宁	0.5	0.563	0.516	0.578	0.594	0.578	0.625
河北	0.644	0.644	0.511	0.556	0.6	0.578	0.711
广东	0.723	0.754	0.692	0.6	0.6	0.677	0.569
重庆	0.776	0.735	0.735	0.776	0.735	0.735	0.735
湖南	0.226	0.484	0.355	0.323	0.29	0.258	0.29
西藏	0.381	0.667	0.619	0.381	0.381	0.429	0.429
上海	0.533	0.6	0.4	0.5	0.5	0.667	0.5
福建	0.533	0.6	0.4	0.5	0.5	0.667	0.5
北京	0.9	0.733	0.767	0.633	0.733	0.833	0.8
云南	0.4	0.7	0.9	0.85	0.5	0.7	0.45
黑龙江	0.733	0.7	0.633	0.667	0.667	0.633	0.733
卡方值	683.366	445.572	621.87	445.937	388.056	513.989	421.315
显著性	0	0	0	0	0	0	0

表 2-58 不同文化程度新生代职业群体的群体约束分项内容分析

单位：%

文化程度\变量	Z88	Z89	Z90	Z91	Z92	Z93	Z94
小学及以下	0.487	0.526	0.434	0.467	0.408	0.592	0.566
初中	0.595	0.559	0.477	0.532	0.55	0.514	0.532
高中或中专	0.646	0.702	0.646	0.607	0.579	0.657	0.612

续表

变量 文化程度	Z88	Z89	Z90	Z91	Z92	Z93	Z94
大专	0.578	0.605	0.596	0.509	0.614	0.64	0.596
大学本科	0.623	0.666	0.702	0.608	0.614	0.648	0.569
硕士	0.721	0.705	0.656	0.639	0.656	0.656	0.803
博士及以上	0.389	0.444	0.389	0.278	0.222	0.667	0.333
卡方值	117.496	60.973	128.002	64.448	85.701	92.433	62.649
显著性	0	0	0	0	0	0	0

从表2-55可以看出，男性群体约束较高的比例为12%（卡方值=7.589，$p=0.022$），女性群体约束较高的比例为9.3%，男性群体约束较高的比例高于女性。城市中群体约束较高的比例为13.2%，要高于农（乡）村的8.4%（卡方值=19.997，$p=0$）。在就业流动中，跨地区就业的群体约束水平要低于本地就业。如表2-56所示，在不同岗位的调查中，销售、管理和生产岗位有64%、61.5%和59.6%的人认为同事认可自己在工作中的表现；如表2-57所示，在不同省份的调查中，广东、四川和吉林分别有72.3%、82.2%和59.2%的新生代职业群体在工作中的表现被同事认可；如表2-58所示，大学本科、高中或中专和大专学历中分别有64.8%、65.7%和64%的新生代职业群体认为自己的工作方式对他人有重要影响。针对"我必须同他人一起才能完成工作"的观点，在岗位调查中，管理、销售、生产、财务中分别有62.8%、58.7%、53.4%和55.6%的新生代职业群体认为"我必须和他人一起才能完成工作"；在不同地区的调查中（见表2-57），广东、辽宁和山西三个地区分别有60%、57.8%和63%的新生代职业群体认同这一观点，但是在经济发展相对落后的新疆和青海只有75%和40%的新生代职业群体对这一观点有认同感。当员工认可自己的工作伙伴，并且认为工作伙伴对自己认同时，就会产生满足感，从而喜欢自己的工作环境，提高了工作效率。

在此次调查中（见表2-57），吉林和山西分别有70.4%和43.5%的新生代职业群体认为自己在工作中与他人的工作关系很密切；广东、吉林和山西分别有75.4%、60.6%和71.7%的新生代职业群体认为自己把其他成员看作朋友；吉林和广东分别有60.6%、60%的新生代职业群体样本认为"自己的效绩依赖于来自他人的准确信息"。

在大学本科、高中或中专、大专和初中分别有 70.2%、64.6%、59.6% 和 47.7% 的新生代职业群体认为自己在工作中与他人的工作关系很密切。但是博士及以上学历，只有 38.9% 的新生代职业群体对此有认同感；有 61.4% 的大学本科以及 57.9% 的高中或中专新生代职业群体认为自己的绩效依赖于来自他人的准确信息。

（三）工作约束分量表分析

工作约束是指对自己的工作所抱有的态度，是对自己的工作喜欢或不喜欢的情感或情绪体验。一般而言对工作约束度高的员工对工作持积极的态度，在工作中投入的时间和精力更多，并且对企业很忠诚，愿意积极参与其中。研究者认为公民行为是组织成员对组织的一种回报行为，其发生取决于组织成员对个体与组织交换公平性的认知。只有当员工对来自组织的支持或交换行为给予积极评价时，员工才会基于互惠性原则回报相应的行为。也就是说，员工对从事的职业越有兴趣、越热爱，越能转化成具有实质性的工作绩效。作为一种非正式要求的自发行为，公民行为更多地来源于员工对组织的情感依附。当员工对所在组织产生强烈的心理认同时，必然会表现出较多的公民行为。本书对于工作约束的测量包括工作约束程度总加项 Work 和以下分项内容。

Work：工作约束程度；

Z95：我觉得和其他企业做类似工作的人相比我的工资比较高；

Z96：我认为工作的环境很好，所以在这里工作；

Z97：我的工作具有挑战性并且有一种成就感；

Z98：我经常想离开现在的工作；

Z99：如果有机会，我很有可能去做新工作；

Z100：即使企业效益差，我也不会离开；

Z101：我愿意为企业贡献全部心血。

表 2-59 新生代职业群体工作约束的相关性分析

单位：%

变量		工作约束程度			卡方值（显著性）
		较低	中等	较高	
性别	男	0.47	0.409	0.12	7.589 ($p=0.022$)
	女	0.456	0.451	0.093	

续表

变量		工作约束程度			卡方值
		较低	中等	较高	(显著性)
城乡	城市	0.434	0.434	0.132	19.997
	农(乡)村	0.494	0.422	0.084	($p=0.000$)
就业流动	跨地区就业	0.436	0.466	0.098	2.284
	本地就业	0.468	0.423	0.109	($p=0.000$)

表2-60 不同岗位新生代职业群体工作约束分项内容分析

单位：%

变量 岗位	Z95	Z96	Z97	Z98	Z99	Z100	Z101
放牧	0.857	0.857	0.857	0.857	0.571	0.857	0.286
务农	0.25	0.25	0.5	1	0	0.75	0.5
销售	0.556	0.609	0.636	0.573	0.556	0.556	0.262
财务	0.615	0.674	0.667	0.607	0.63	0.593	0.244
生产	0.544	0.539	0.658	0.575	0.596	0.544	0.269
管理	0.597	0.615	0.646	0.558	0.562	0.633	0.292
技术人员	0.433	0.567	0.7	0.6	0.5	0.7	0.133
服务人员	0.514	0.568	0.459	0.459	0.622	0.595	0.189
自由职业	0.129	0.645	0.613	0.548	0.645	0.419	0.355
设计	0.5	0.5	0.5	0	0	0	0
卡方值	69.388	49.677	38.425	70.252	100.412	80.734	50.037
显著性	0	0	0	0	0	0	0

表2-61 不同省份新生代职业群体工作约束分项内容分析

单位：%

变量 省份	Z95	Z96	Z97	Z98	Z99	Z100	Z101
青海	0.4	0.8	0.8	0.8	0.6	0.6	0.6
新疆	0.1	1	1	0.75	1	0.75	0.5
内蒙古	0.632	0.579	0.579	0.526	0.526	0.737	0.474
吉林	0.648	0.634	0.634	0.648	0.507	0.648	0.507
安徽	0.48	0.64	1	0.64	0.72	0.72	0.92
山东	0.813	0.688	0.875	0.688	0.75	0.875	0.625
山西	0.609	0.652	0.674	0.696	0.717	0.63	0.63

续表

省份＼变量	Z95	Z96	Z97	Z98	Z99	Z100	Z101
甘肃	0.138	0.31	0.379	0.379	0.286	0.207	0.379
四川	0.667	0.533	0.689	0.533	0.689	0.667	0.711
贵州	0.694	0.778	0.639	0.639	0.722	0.667	0.722
广西	0.5	0.632	0.711	0.605	0.711	0.605	0.684
浙江	0.6	0.533	0.8	0.267	0.4	0.4	0.4
江苏	0.846	0.41	0.487	0.615	0.744	0.692	0.59
河南	0.24	0.26	0.54	0.32	0.28	0.3	0.24
湖北	0.486	0.622	0.649	0.541	0.676	0.541	0.703
辽宁	0.516	0.672	0.609	0.578	0.531	0.5	0.594
河北	0.467	0.533	0.667	0.511	0.689	0.689	0.667
广东	0.554	0.692	0.677	0.508	0.508	0.508	0.631
重庆	0.796	0.796	0.776	0.776	0.796	0.633	0.796
湖南	0.323	0.452	0.226	0.29	0.29	0.452	0.258
西藏	0.333	0.429	0.524	0.619	0.381	0.333	0.19
上海	0.6	0.667	0.667	0.633	0.533	0.633	0.467
福建	0.6	0.667	0.667	0.633	0.533	0.633	0.467
北京	0.8	0.667	0.8	0.7	0.733	0.8	0.667
云南	0.65	0.7	0.4	0.6	0.35	0.6	0.35
黑龙江	0.6	0.767	0.767	0.633	0.567	0.6	0.733
卡方值	535.243	507.638	436.843	363.151	694.112	542.229	563.936
显著性	0	0	0	0	0	0	0

表2-62　不同文化程度新生代职业群体与工作约束分项内容分析

单位：%

文化程度＼变量	Z95	Z96	Z97	Z98	Z99	Z100	Z101
小学及以下	0.539	0.553	0.566	0.645	0.5	0.553	0.513
初中	0.532	0.559	0.712	0.55	0.541	0.604	0.55
高中或中专	0.59	0.64	0.646	0.579	0.601	0.59	0.601
大专	0.535	0.561	0.614	0.491	0.544	0.614	0.561
大学本科	0.584	0.596	0.642	0.584	0.596	0.581	0.578
硕士	0.607	0.738	0.738	0.639	0.607	0.574	0.656
博士及以上	0.389	0.667	0.389	0.444	0.667	0.333	0.444

续表

变量 文化程度	Z95	Z96	Z97	Z98	Z99	Z100	Z101
卡方值	36.245	37.772	45.623	33.959	44.143	24.631	51.081
显著性	0	0	0	0.001	0.001	0.117	0.273

从表 2-59 可以看出，男性工作约束较高的比例为 12%（卡方值 = 7.589，$p = 0.022$），女性工作约束较高的比例为 9.3%，男性受工作约束的水平较高的比例要高于女性。城市中受工作约束较高的比例为 13.2%，要高于农（乡）村的 8.4%（卡方值 = 19.997，$p = 0.000$）。在就业流动中，跨地区就业的工作约束水平要低于本地就业。

伴随着社会生产力的提高，人们的生活水平也得到了很大的提高，新生代职业群体中大多数为"80 后"以及"90 后"，他们不只在乎自己的薪酬，更注重生活的品质以及工作的环境，尤其关注自身利益的获得和自我价值的实现。如表 2-60 所示，在管理、销售、生产、财务四个岗位中分别有 61.5%、60.9%、53.9% 和 67.4% 的新生代职业群体认为自己在这里工作，是因为工作环境很好。在服务人员、技术人员、自由职业中分别有 45.9%、70%、61.3% 的新生代职业群体样本认为目前的工作具有挑战性并且有成就感。在管理、销售、生产和财务四个行业中分别有 63.3%、55.6%、54.4% 和 59.3% 的新生代职业群体即使企业效益差，也不会离开。

薪酬问题是员工最为关心的问题，薪酬差距会直接影响员工的工作情绪，进而影响组织的整体效能的提升和目标的实现。

如表 2-61 所示，在广东、河北和吉林三个省份中分别有 55.4%、46.7% 和 64.8% 的新生代职业群体觉得"和其他企业做类似工作的人相比我的工资更高"。在经济比较落后的青海和新疆分别只有 40% 和 10% 的新生代职业群体对此观点有认同感。在吉林、山西、广东和四川四个省中分别有 50.7%、71.7%、50.8% 和 68.9% 的新生代职业群体认为如果有机会，我很可能去做新工作，但是在甘肃省和河南仅有 28.6% 和 28% 的新生代职业群体有换新工作的打算。

如表 2-62 所示，由于福利待遇、精力投入以及个人喜好等因素，学历较高的新生代职业群体经常想放弃现有的岗位，新生代职业群体中博士及以上、硕士、大学本科、大专、高中或中专、初中和小学及以下学历的分别有 66.7%、60.7%、59.6%、54.4%、60.1%、54.1% 和 50% 的人有换工作的打算。对于"即使企业效益差,我也不会离开"和"我愿意为企业贡献全部心血"的观点,各学历员工则无显著差异。

新生代职业群体有情感和归属的需求,在工作中,员工期待在组织中找到一种归属感。对组织的认同能够解释和预测工作场所中员工的许多态度和行为,它会促使员工将自身的行为观念与组织的价值目标相统一,从而对员工在工作上产生约束,受工作约束水平高的员工在工作中的态度更加积极;工作约束水平高的员工也可能因组织提供的良好条件以及待遇增强对所从事职业的兴趣和爱好,从而激发出对工作的热情。

二 职业群体行为分析

职业群体公民行为,是组织公民行为在企业这一群体层次上的表现,主要指职业角色外的、有利于实现企业组织目标的行为。本书采用的职业群体行为量表从互动程度、群体目标和协作精神三个维度对新生代职业群体公民行为进行测量。职业群体行为互动程度越好,越有利于使工作群体的行为规范符合企业整体的行为规范,让各工作群体之间能够融洽相处,和谐并存,共同发展,从而促进企业整体绩效的提升。

职业群体行为量表包含三个分量表共计25个题项(变量),累计可解释新生代职业群体公民行为现状和发展趋势变异量的93.2%,具有很好的结构效度。本量表各项信度 α 系数均在 0.6 以上,说明用本量表收集的数据进行分析具有较高的可信度(见表 2-63)。

表 2-63 职业群体行为量表结构及信度、效度分析

单位:%

量表层面名称	代号	包含的题项	题数	信度 α 系数	解释的变异量
互动程度	Mutu	a1 a2 a3 a4 a5 a6 a7 a8 a9 a10 a11 a12	12	0.899	93.2
群体目标	Targ	a13 a14 a15 a16 a17 a18	6	0.825	87.5
协作精神	Colla	a19 a20 a21 a22 a23 a24 a25	7	0.820	86.5
职业群体行为总量表	Beha		25	0.942	96.1

表 2-63 包含三个分量表共计 25 个题项(变量),累计可解释职业群体行为变异量的 96.1%,具有很好的结构效度。

上述量表经过筛选后信度 α 系数为 0.942，且各项信度 α 系数均在 0.6 以上，说明用本量表收集的数据进行分析具有较高的可信度。

（一）互动程度分量表分析

较高的职业群体互动程度有利于工作小组形成，也能够形成一种良好的职业群体公民行为的氛围，良好的职业群体公民行为的氛围有利于提高职工的工作效率，避免重复或者无效的工作，减少资源的浪费。有效的职业群体互动可以让职工或者企业更加及时地了解、发现职工的困难，使得职工增加对该群体的归属感，以提高职工个人的组织公民行为水平，促进企业目标的达成。本书对于互动程度的测量包括互动程度总加项 Mutu 和以下分项内容。

Mutu：成员间的互动程度；
a1：我的工作小组不会为了本小组利益而损害企业利益；
a2：我的工作小组不会为了本小组利益而损害其他小组的利益；
a3：我的工作小组时刻维护企业形象；
a4：我的工作小组会参加并支持企业的各种联谊、会议等；
a5：我的工作小组会主动参与企业的变革行动；
a6：我的工作小组会向企业提供相关的意见建议；
a7：与其他工作小组相比，我的工作小组出勤率较高；
a8：我的工作小组会积极进行内部改革，以谋求企业最大利益；
a9：我的工作小组会与其他动作小组联络与沟通；
a10：我的工作小组关心小组成员的个人生活问题；
a11：我的工作小组会给其他工作量沉重的小组提供支援；
a12：我的工作小组会帮助遇到困难的其他小组成员。

表 2-64 新生代职业群体互动程度的相关性分析

单位：%

变量		互动程度			卡方值（显著性）
		较低	中等	较高	
性别	男	0.530	0.539	0.603	8.8172766
	女	0.470	0.461	0.397	(.012)
城乡	城市	0.495	0.474	0.574	17.714495
	农（乡）村	0.505	0.526	0.426	(.000)
就业流动	跨地区就业	0.157	0.125	0.100	8.9296894
	本地就业	0.843	0.875	0.900	(.012)

表 2-65 不同岗位新生代职业群体互动程度分项内容分析

单位：%

变量 岗位	a1	a2	a3	a4	a5	a6	a7	a8	a9	a10	a11	a12
放牧	0.004	0.017	0.019	0.007	0.013	0.019	0.020	0.023	0.020	0.016	0.005	0.011
务农	0.006	0.011	0.012	0.005	0.003	0.009	0.011	0.003	0.011	0.003	0.011	0.010
销售	0.511	0.474	0.497	0.533	0.532	0.506	0.503	0.510	0.471	0.508	0.526	0.522
财务	0.302	0.320	0.293	0.299	0.276	0.288	0.311	0.336	0.332	0.307	0.299	0.315
生产	0.406	0.404	0.427	0.405	0.453	0.417	0.406	0.392	0.399	0.413	0.439	0.408
管理	0.498	0.511	0.512	0.502	0.481	0.498	0.516	0.513	0.527	0.527	0.507	0.508
技术人员	0.085	0.087	0.075	0.084	0.078	0.073	0.066	0.082	0.077	0.086	0.068	0.073
服务人员	0.100	0.090	0.091	0.083	0.093	0.099	0.089	0.075	0.086	0.074	0.081	0.083
自由职业	0.079	0.077	0.068	0.075	0.066	0.085	0.078	0.065	0.077	0.062	0.061	0.064
设计	0.009	0.008	0.007	0.005	0.005	0.005	0.000	0.000	0.000	0.005	0.003	0.005
卡方值	187.995	134.218	96.302	137.891	81.621	98.827	114.840	282.190	129.538	154.627	122.518	118.921
显著性	0.000	0.000	0.000	0.000	0.000	0.000	0.000	0.000	0.000	0.000	0.000	0.000

表 2-66 不同省份新生代职业群体互动程度分项内容分析

单位：%

省份 变量	a1	a2	a3	a4	a5	a6	a7	a8	a9	a10	a11	a12
青海	0.003	0.009	0.012	0.003	0.008	0.009	0.007	0.014	0.010	0.008	0.003	0.012
新疆	0.016	0.018	0.013	0.020	0.018	0.012	0.019	0.018	0.016	0.011	0.015	0.011
内蒙古	0.049	0.046	0.050	0.064	0.063	0.057	0.052	0.060	0.044	0.035	0.056	0.046
吉林	0.155	0.173	0.187	0.168	0.166	0.187	0.175	0.188	0.195	0.203	0.180	0.173
安徽	0.117	0.109	0.093	0.116	0.121	0.112	0.105	0.097	0.096	0.102	0.097	0.103
山东	0.048	0.054	0.054	0.063	0.056	0.061	0.068	0.063	0.068	0.049	0.057	0.047
山西	0.117	0.142	0.130	0.096	0.121	0.137	0.122	0.101	0.135	0.105	0.117	0.128
甘肃	0.018	0.037	0.043	0.037	0.035	0.044	0.059	0.034	0.036	0.029	0.050	0.050
四川	0.167	0.158	0.141	0.124	0.127	0.129	0.135	0.133	0.128	0.128	0.130	0.150
贵州	0.085	0.082	0.087	0.098	0.094	0.099	0.097	0.087	0.083	0.097	0.094	0.100
广西	0.092	0.089	0.098	0.086	0.084	0.087	0.092	0.100	0.083	0.087	0.090	0.115
浙江	0.045	0.037	0.039	0.054	0.033	0.035	0.042	0.034	0.030	0.040	0.036	0.021
江苏	0.063	0.064	0.064	0.045	0.043	0.044	0.052	0.057	0.078	0.071	0.050	0.054
河南	0.151	0.137	0.122	0.107	0.104	0.100	0.068	0.066	0.060	0.120	0.106	0.095
湖北	0.099	0.092	0.087	0.095	0.103	0.112	0.105	0.112	0.102	0.118	0.105	0.108
辽宁	0.083	0.071	0.099	0.075	0.081	0.073	0.098	0.094	0.101	0.100	0.122	0.109
河北	0.094	0.114	0.097	0.094	0.104	0.107	0.100	0.089	0.098	0.091	0.098	0.102
广东	0.176	0.163	0.152	0.168	0.194	0.161	0.148	0.143	0.165	0.157	0.158	0.164

续表

变量 省份	a1	a2	a3	a4	a5	a6	a7	a8	a9	a10	a11	a12
重庆	0.125	0.093	0.118	0.146	0.120	0.105	0.112	0.124	0.127	0.124	0.113	0.116
湖南	0.031	0.031	0.030	0.038	0.025	0.023	0.055	0.043	0.040	0.041	0.044	0.035
西藏	0.027	0.028	0.024	0.029	0.015	0.028	0.024	0.031	0.023	0.020	0.013	0.013
上海	0.043	0.040	0.041	0.043	0.048	0.040	0.036	0.050	0.042	0.033	0.038	0.037
福建	0.048	0.056	0.063	0.057	0.066	0.059	0.055	0.071	0.060	0.041	0.056	0.052
北京	0.024	0.029	0.037	0.049	0.043	0.038	0.040	0.044	0.041	0.043	0.034	0.040
云南	0.057	0.063	0.060	0.045	0.050	0.064	0.057	0.062	0.057	0.064	0.055	0.044
黑龙江	0.069	0.066	0.060	0.080	0.076	0.076	0.076	0.083	0.079	0.082	0.085	0.076
卡方值	948.935	785.052	892.975	844.058	799.313	800.996	1048.987	1053.248	1077.310	947.682	844.515	750.254
显著性	0	0	0	0	0	0	0	0	0	0	0	0

表 2-67　不同文化程度新生代职业群体互动程度分项内容分析

单位：%

变量 文化程度	a1	a2	a3	a4	a5	a6	a7	a8	a9	a10	a11	a12
小学及以下	0.101	0.120	0.166	0.105	0.122	0.141	0.144	0.170	0.167	0.118	0.139	0.128
初中	0.223	0.225	0.225	0.221	0.255	0.260	0.264	0.247	0.245	0.226	0.244	0.245
高中或中专	0.426	0.397	0.395	0.410	0.413	0.405	0.419	0.402	0.387	0.404	0.403	0.390
大专	0.240	0.256	0.214	0.261	0.205	0.256	0.228	0.227	0.238	0.257	0.235	0.278
大学本科	0.848	0.831	0.819	0.824	0.842	0.776	0.765	0.774	0.783	0.814	0.774	0.767
硕士	0.146	0.135	0.149	0.149	0.129	0.125	0.158	0.148	0.160	0.160	0.166	0.172
博士及以上	0.016	0.036	0.031	0.030	0.033	0.035	0.023	0.033	0.022	0.020	0.039	0.020
卡方值	257.272	131.111	221.494	187.672	133.104	137.324	122.247	116.473	166.733	145.488	98.575	213.839
显著性	0.000	0.000	0.000	0.000	0.000	0.000	0.000	0.000	0.000	0.000	0.000	0.000

表 2-64 显示，新生代职业群体互动程度在男女和就业流动方面不存在显著性，说明新生代职业群体在互动方面没有因男女性别和就业流动的差异而受到影响；在城乡方面显著性较明显，说明新生代职业群体在互动方面因为城乡上的差异而受到显著影响。

职工之间的互动，有利于形成也能够形成一种良好职业群体公民行为的氛围，提高职工个人的组织公民行为，牢固企业文化，促进企业目标的达成（张凤荣，2016）。所以正确认识新生代员工的互动程度至关重要。表 2-64 的调查结果显示：不同岗位的新生代员工互动程度的差异性显著（$p=0.000$）。本次调查结果显示：职业群体的互动程度较高的岗位主要集中在销售、财务、生产和管理四个岗位上，其中处于销售岗位的工作群体间互动程度最高；生产和管理岗位次之；财务岗位的工作群体间互动程度最低。从表 2-65 的调查结果可以看出在销售岗位和管理岗位上分别有 52.6% 和 50.7% 的新生代员工在"我的工作小组会给其他工作量沉重的小组提供支援"上表示同意；管理岗位上有 51.1% 的新生代员工同意"我的工作小组不会为了本小组利益而损害其他小组的利益"。

企业中的各种联谊会利于丰富员工的业余活动，增强各部门之间的沟通与联系，同时也能体现出企业对职工的人文关怀，销售岗位和管理岗位上分别有 53.3% 和 50.2% 的新生代员工同意"我的工作小组会参加并支持企业的各种联谊、会议等"。但是在技术人员岗位和服务人员岗位上只有 8.4% 和 8.3% 的新生代员工同意这一观点。

在销售、生产和管理三个岗位分别有 52.2%、40.8% 和 50.8% 的新生代员工认为"我的工作小组会帮助遇到困难的其他小组成员"。小组之间的互帮互助会让企业形成良好的企业文化，促进企业的良性发展。

如表 2-66 所示，不同省份新生代职业群体与互动程度分析的结果显示我国大多数省份职业群体间的互动程度较低，职业群体的互动程度基本处于 10% 水平左右。在不断发展的今天要想适应时代的发展就必须要不断进行变革，在广东省、吉林省、四川省分别有 19.4%、16.6% 和 12.7% 的新生代职业群体认为"我的工作小组会主动参与企业的变革行动"。

此外，文化程度也会影响新生代职业群体的互动程度。文化资本指的是借助不同的教育行动传递的文化产品。在一定条件下，这些文化资本可以转化为经济资本，并可以通过教育证书的形式予以制度化。因此，文化资本在形式上表现为一种具体化的文化资源，本质上则是人类劳动成果的一种积累（布迪厄）。文化程度就是新生代职业群体的体制化的文化资本，对新生代员工的职业发展影响重大。

调查发现（见表2-67），文化程度为大学本科的新生代员工小组间的互动程度较高；高中或中专的次之；大专和初中的较低；而博士及以上的员工间的互动程度最低。84.8%的大学本科的新生代员工同意"我的工作小组不会为了本小组利益而损害企业利益"；77.6%的大学本科的新生代员工认为"我的工作小组会向企业提供相关的意见建议"；78.3%的大学本科的新生代员工认为"我的工作小组会与其他动作小组联络与沟通"。在分析社会交换与经济交换关系时布劳指出，无论是社会交换还是经济交换，都会对交换关系产生回报，且经济交换的回报是确定的，而社会交换的回报是不确定的。从内容上来说，经济交换的内容多为有形的物质，如金钱、物品等，而社会交换的内容一般是不具体的，通常表现为情感、认可、付出等。因此在一个组织中，处于社会交换关系中的员工为了维护关系，会以奉献、建议、帮助等额外行为作为对组织的回报。大学本科的新生代员工为了维护关系，会向企业提供相关的建议和意见作为对公司的回报。

（二）群体目标分量表分析

任何一个群体的存在和运转都是为了实现其群体目标。所谓群体目标，也就是群体中人的行为的目标，对于绝大多数群体而言，目标绝不是单一的，而是多种多样的（黄丽华、王琳，1999）。群体目标越具有一致性，越利于加强群体内部的认同，促进组织目标更好地实现，员工越有可能表现出公民行为。本书对于群体目标的测量包括群体目标一致性程度总加项 Tang 和以下分项内容。

Tang：群体目标实现程度；
a13：我的工作小组的优先目标与企业的优先目标相似；
a14：我的工作小组与企业有相似的工作目标；
a15：我的工作小组与企业的工作目标没有差异；
a16：我所在小组是非常具有胜任力的；
a17：我所在小组做事非常有效率；
a18：我所在小组能够把工作做得很好。

表 2-68　新生代职业群体目标一致性分析

单位：%

变量		职业群体目标一致性程度			卡方值（显著性）
		较低	中等	较高	
性别	男	0.527	0.567	0.538	3.408
	女	0.473	0.433	0.462	(.012)
城乡	城市	0.463	0.471	0.621	42.024
	农（乡）村	0.537	0.529	0.379	(.000)
就业流动	跨地区就业	0.164	0.112	0.123	10.97
	本地就业	0.836	0.888	0.877	(.012)

表 2-69　不同岗位新生代职业群体的群体目标分项内容分析

单位：%

岗位 变量	a13	a14	a15	a16	a17	a18
放牧	0.015	0.016	0.021	0.014	0.010	0.015
务农	0.006	0.007	0.011	0.006	0.005	0.010
销售	0.466	0.557	0.511	0.502	0.481	0.512
财务	0.305	0.313	0.324	0.324	0.321	0.320
生产	0.439	0.394	0.387	0.405	0.460	0.403
管理	0.524	0.522	0.519	0.513	0.512	0.519
技术人员	0.078	0.060	0.075	0.069	0.058	0.069
服务人员	0.076	0.076	0.084	0.088	0.091	0.087
自由职业	0.089	0.050	0.067	0.081	0.062	0.062
设计	0.003	0.005	0.000	0.000	0.000	0.002
卡方值	142.577	134.246	134.839	111.378	166.480	108.940
显著性	0.000	0.000	0.000	0.000	0.000	0.000

表 2-70　不同省份新生代职业群体的群体目标分项内容分析

单位：%

变量 省份	a13	a14	a15	a16	a17	a18
青海	0.011	0.010	0.012	0.010	0.005	0.007
新疆	0.014	0.010	0.013	0.018	0.014	0.016
内蒙古	0.041	0.054	0.046	0.058	0.050	0.046

续表

省份＼变量	a13	a14	a15	a16	a17	a18
吉林	0.198	0.206	0.198	0.196	0.189	0.191
安徽	0.095	0.094	0.102	0.088	0.106	0.106
山东	0.051	0.052	0.058	0.051	0.049	0.049
山西	0.111	0.116	0.126	0.107	0.139	0.135
甘肃	0.032	0.053	0.044	0.035	0.053	0.039
四川	0.131	0.127	0.138	0.143	0.123	0.129
贵州	0.089	0.088	0.079	0.101	0.105	0.105
广西	0.100	0.085	0.080	0.094	0.094	0.087
浙江	0.040	0.032	0.029	0.036	0.040	0.044
江苏	0.063	0.070	0.056	0.065	0.062	0.061
河南	0.109	0.088	0.085	0.057	0.056	0.091
湖北	0.102	0.088	0.089	0.097	0.108	0.090
辽宁	0.111	0.085	0.101	0.099	0.100	0.112
河北	0.098	0.097	0.100	0.098	0.095	0.092
广东	0.154	0.172	0.153	0.169	0.168	0.164
重庆	0.127	0.104	0.128	0.115	0.103	0.114
湖南	0.051	0.086	0.066	0.056	0.061	0.049
西藏	0.012	0.025	0.019	0.021	0.027	0.014
上海	0.032	0.037	0.041	0.050	0.030	0.039
福建	0.058	0.057	0.060	0.062	0.044	0.044
北京	0.044	0.032	0.030	0.033	0.036	0.030
云南	0.055	0.059	0.056	0.066	0.060	0.059
黑龙江	0.073	0.076	0.091	0.075	0.085	0.086
卡方值	839.481	682.905	856.854	980.974	905.252	845.898
显著性	0.000	0.000	0.000	0.000	0.000	0.000

表2-71 不同文化程度新生代职业群体的群体目标分项内容分析

单位：%

文化程度＼变量	a13	a14	a15	a16	a17	a18
小学及以下	0.116	0.141	0.147	0.156	0.112	0.136
初中	0.246	0.233	0.223	0.248	0.265	0.232

续表

变量 文化程度	a13	a14	a15	a16	a17	a18
高中或中专	0.429	0.390	0.429	0.390	0.394	0.385
大专	0.253	0.233	0.279	0.253	0.263	0.249
大学本科	0.786	0.797	0.739	0.772	0.790	0.802
硕士	0.144	0.161	0.150	0.151	0.151	0.157
博士及以上	0.026	0.045	0.033	0.031	0.024	0.039
卡方值	195.959	179.119	104.923	72.889	204.083	114.040
显著性	0.000	0.000	0.000	0.000	0.000	0.000

表 2-68 显示，新生代职业群体目标一致性程度在性别、城乡、就业流动方面存在显著差异。分性别统计显示，男女在职业群体目标一致性程度的表现上存在显著差异（卡方值 = 3.408，$p = 0.012$），男性职业群体目标一致性程度在低、中、高三个层次均高于女性；在城乡方面差异较大（卡方值 = 42.024，$p = 0.000$），农（乡）村职业群体目标一致性程度在低、中两个层次均高于城市；城市职业群体目标在高层次上高于农（乡）村；在就业流动方面存在显著差异（卡方值 = 10.97，$p = 0.012$），本地就业的职业群体目标一致性程度在低、中、高三个层次上均高于跨地区就业的职业群体。

企业都有自己的工作目标，一个企业的生产目标，仅仅依靠一项工作是无法实现的，同样，一个工作组的工作目标也不能单单依靠职工个人实现。在一个工作组当中，职工拥有共同的目标，企业的生产需要每个职工各司其职，分工协作，所有职工个体之间是相互依赖的，最后，群体目标实现之后有利于职工成就感的产生（张凤荣，2016）。小组目标是企业总目标的组成部分，小组目标与企业目标是部分与整体的关系。小组对目标的分解实施对公司整体目标的实现有重大影响。当每个工作小组的优先目标与企业的优先目标相似的时候，会促进企业更好地完成目标。表 2-69 的结果表明：在销售岗位和管理岗位上分别有 46.6% 和 52.4% 的新生代员工均认为我们工作小组的优先目标与企业的优先目标相似，在务农岗位上仅有 0.6% 的新生代员工在这一观点上表示认同。

企业为避免人才资源的浪费，在人事安排上需要针对员工的文化程度对人力资源分配做出恰当的选择，如果安排不当不仅是对职工自身的一种伤害，对于企业来说也是一种人才的浪费。只有合理安排岗位，才能够让职工感觉到其自身价值的实现，激发员工工作的积极性。调查数据还表明，在大连市中的所有的中小企业样本都认为我所在的工作小组非常具有胜任力，在销售岗位和管理岗位上分别有50.2%和51.3%的员工均认为"我所在小组是非常具有胜任力的"。

不同省份的企业小组群体目标调查结果表明：吉林省、广东省、四川省分别仅有20.6%、17.2%和12.7%的新生代职业群体认为"我的工作小组与企业有相似的工作目标"（见表2－70）。

表2－71的调查结果表明有78.6%的大学本科新生代员工认同"我的工作小组的优先目标与企业的优先目标相似"这一观点；79.7%的大学本科新生代员工对"我的工作小组与企业有相似的工作目标"这一观点表示认同；73.9%大学本科新生代员同意"我的工作小组与企业工作目标没有差异"的观点。高工或中专新生代员工在这三个观点的认同比例次之，硕士较低，博士及以上最低。而在"我所在小组是非常具有胜任力的"、"所在小组做事非常有效率"和"我所在小组能把工作做得很好"群体目标上，分别有77.2%、79%、80.2%的大学本科新生代员工认同这一观点；有38.5%的高中或中专新生代员工认为"我所在小组能够把工作做得很好"；而仅有3.9%的博士及以上新生代员工认为"我所在小组能够把工作做得很好"。

（三）协作精神分量表分析

一个企业的生产目标单纯依靠一个工作小组是无法实现的，每个工作小组以及每个职工之间都是既分工又合作的关系。完成一项任务需要职工及工作小组之间的协作精神，即需要职工个体与组织其他成员之间的结构性联系，并对团队合作的要求程度高。高协作精神的群体内部，互相联系紧密，交流频繁，群体凝聚力较高，会有较高的工作满意度，更容易出现职业群体公民行为。企业为了实现群体目标需要加强对员工间协作精神的培养，促进小组在完成任务的互动过程中相互调整，采取措施提高小组团队意识，从而促进群体之间的协作互助行为。本书对于协作精神的测量包括协作精神总加项Colla和以下分项内容。

Colla：协作精神；

a19：我愿意帮助新同事适应工作环境；

a20：我的同事愿意帮助其他同事解决工作中的相关问题；

a21：我的同事愿意在需要的时候分担其他同事的工作任务；
a22：和同事相比，我的工作成绩比较优秀；
a23：我的领导对我的工作成绩比较满意；
a24：同事对我的工作成绩评价比较高；
a25：我的工作成绩经常受到单位的表扬。

表 2-72　新生代职业群体协作精神的相关性分析

单位：%

变量		协作精神			卡方值（显著性）
		较低	中等	较高	
性别	男	0.547	0.548	0.568	0.727
	女	0.453	0.452	0.432	0.695
城乡	城市	0.500	0.472	0.591	22.105
	农（乡）村	0.500	0.528	0.409	0.000
就业流动	跨地区就业	0.148	0.123	0.108	4.465
	本地就业	0.852	0.877	0.892	0.107

表 2-73　不同岗位新生代职业群体协作精神标分项内容分析

单位：%

岗位＼变量	a19	a20	a21	a22	a23	a24	a25
放牧	0.013	0.010	0.014	0.016	0.008	0.008	0.015
务农	0.000	0.010	0.007	0.005	0.003	0.000	0.008
销售	0.506	0.503	0.496	0.506	0.512	0.521	0.488
财务	0.315	0.295	0.307	0.315	0.336	0.307	0.339
生产	0.395	0.417	0.412	0.428	0.447	0.409	0.422
管理	0.510	0.538	0.533	0.514	0.490	0.542	0.483
技术人员	0.080	0.069	0.066	0.057	0.063	0.066	0.061
服务人员	0.098	0.084	0.084	0.095	0.089	0.086	0.094
自由职业	0.077	0.068	0.076	0.061	0.053	0.062	0.091
设计	0.005	0.005	0.005	0.003	0.000	0.000	0.000
卡方值	134.788	117.504	89.026	192.082	111.153	181.571	106.618
显著性	0.000	0.000	0.000	0.000	0.000	0.000	0.000

表 2-74　不同省份新生代职业群体协作精神分项内容分析

单位：%

变量 省份	a19	a20	a21	a22	a23	a24	a25
青海	0.005	0.009	0.009	0.007	0.005	0.005	0.010
新疆	0.010	0.018	0.020	0.017	0.018	0.013	0.025
内蒙古	0.037	0.045	0.041	0.051	0.047	0.051	0.033
吉林	0.201	0.189	0.201	0.196	0.217	0.207	0.205
安徽	0.117	0.108	0.133	0.102	0.115	0.098	0.086
山东	0.059	0.051	0.069	0.062	0.063	0.060	0.058
山西	0.106	0.137	0.112	0.137	0.129	0.112	0.119
甘肃	0.030	0.034	0.039	0.050	0.036	0.041	0.048
四川	0.139	0.129	0.114	0.118	0.137	0.129	0.113
贵州	0.094	0.086	0.085	0.095	0.103	0.103	0.116
广西	0.087	0.072	0.095	0.093	0.092	0.090	0.091
浙江	0.038	0.032	0.028	0.038	0.016	0.027	0.033
江苏	0.068	0.060	0.061	0.055	0.069	0.071	0.063
河南	0.114	0.110	0.097	0.077	0.074	0.083	0.078
湖北	0.080	0.096	0.078	0.085	0.084	0.102	0.117
辽宁	0.091	0.091	0.098	0.119	0.103	0.126	0.121
河北	0.086	0.095	0.101	0.116	0.110	0.094	0.104
广东	0.175	0.165	0.185	0.131	0.155	0.149	0.162
重庆	0.102	0.120	0.108	0.109	0.099	0.096	0.113
湖南	0.083	0.089	0.027	0.042	0.037	0.033	0.013
西藏	0.025	0.022	0.014	0.022	0.013	0.025	0.025
上海	0.020	0.032	0.039	0.045	0.040	0.039	0.035
福建	0.033	0.045	0.056	0.051	0.053	0.053	0.051
北京	0.049	0.044	0.044	0.034	0.050	0.046	0.043
云南	0.073	0.043	0.059	0.055	0.055	0.069	0.056
黑龙江	0.078	0.079	0.086	0.093	0.079	0.077	0.081
卡方值	863.212	886.851	1082.731	899.550	91.645	1180.319	1221.450
显著性	0.000	0.000	0.000	0.000	0.000	0.000	0.000

表 2-75 不同文化程度新生代职业群体协作精神分项内容分析

单位：%

变量 文化程度	a19	a20	a21	a22	a23	a24	a25
小学及以下	0.130	0.141	0.141	0.166	0.132	0.143	0.157
初中	0.250	0.254	0.230	0.255	0.245	0.234	0.248
高中或中专	0.383	0.410	0.397	0.464	0.411	0.378	0.402
大专	0.228	0.222	0.246	0.219	0.245	0.278	0.260
大学本科	0.831	0.774	0.789	0.728	0.780	0.778	0.743
硕士	0.153	0.165	0.154	0.148	0.160	0.164	0.149
博士及以上	0.025	0.034	0.043	0.020	0.026	0.026	0.040
卡方值	245.861	139.109	178.082	147.815	102.926	140.200	87.374
显著性	0.000	0.000	0.000	0.000	0.000	0.000	0.000

表 2-72 新生代职业群体协作精神的相关性分析结果显示：新生代职业群体互动程度在男女性别方面差异性不显著（卡方值=0.727，p=0.695），在城乡方面差异显著（卡方值=22.105，p=0.000），新生代职业群体协作精神在较低区域，城乡具有一致性，在中等区域，农（乡）村的新生代职业群体协作精神高于城市，较高区域城市的新生代职业群体协作精神高于乡村；在就业流动方面不存在显著差异（卡方值=4.465，p=0.107），本地就业的新生代职业群体协作精神在较低、中等、较高三个区域，高于跨地区就业的新生代职业群体。

良好的协作精神，有利于企业目标更好地达成。表 2-73 的结果显示：销售岗位上分别有 50.3% 和 49.6% 的新生代职业群体认可"我的同事愿意帮助其他同事解决工作中的相关问题"和"我的同事愿意在需要的时候分担其他同事的工作任务"这两个观点；管理岗位上分别有 53.8% 和 53.3% 的新生代职业群体认可以上两个观点。

傅红和段万春（2013）认为文化水平较高的员工，学习能力和竞争意识较强。同事之间的竞争不可避免，同事对自己工作的高评价，会加强自己的自信心，有助于更好更快地完成企业的目标，有 52.1% 的销售岗位新生代职业群体和 54.2% 的管理岗位的新生代职业群体同意"同事对我的工作成绩评价比较高"这一观点。

表 2-74 调查结果显示：吉林省、广东省、四川省分别有 20.1%、

17.5%和13.9%的新生代职业群体认可"我愿意帮助新同事适应工作环境"这一观点；吉林省和广东省分别有20.1%和18.5%的新生代职业群体同意"我的同事愿意在需要的时候分担其他同事的工作"这一观点。可以看出新生代职业群体的协作精神在省份上体现得不是很明显。黄万丽认为新生代员工具有较高的报酬期望和成就期望，注重自我价值的实现，且流动性高，易于跳槽，对企业忠诚度低。这也证明了不同省份的新生代职业群体的协作程度较低的事实。

在文化程度上，新生代员工的小组协作精神在大学本科上融洽程度最高，表2－75调查结果表明大学本科分别有83.1%、77.4%和78.9%的新生代职业群体表示认同"我愿意帮助新同事适应工作环境"、"我的同事愿意帮助其他同事解决工作中的相关问题"和"我的同事愿意在需要的时候分担其他同事的工作任务"这三个观点；高中或中专分别有38.3%、41%和39.7%的新生代职业群体同意以上三个观点；而博士及以上的新生代员工对以上三个观点的认同比例最低。

领导和同事对企业员工的积极称赞和评价对员工来说都是一种激励。高中或中专中分别有41.1%、37.8%和40.2%的新生代员工对"我的领导对我的工作成绩比较满意""同事对我的工作成绩评价比较高"和"我的工作成绩经常受到单位的表扬"这三个观点表示认同，对新生代员工的贡献要及时肯定，增强他们的成就感，企业应把员工的个人劳动和企业的发展相关联，提高员工的成就感。新生代员工不同于"60后""70后"员工，出生于特殊的时代背景之下。首先，知识经济时代的到来，为新生代员工提供更多与互联网、计算机等接触的机会；其次，改革开放的浪潮，打破了计划经济体制下人们固有的封建保守观念，新生代员工展现更多的个人和自由主义；最后，由于推行计划生育政策，新生代员工多为独生子女，成长于"421"的家庭模式中，具有强烈的自我意识，缺乏合作精神。因此要让新生代员工充分感觉到自己在企业中得到尊重和认可，以及他人对于自己的贡献的肯定，让新生代员工知道自己没有被忽视而受到很多人的关注，这会增强他们的信心并让其工作劲头更足（傅红、段万春，2013）。员工的工作得到肯定与认可，工作业绩带来的成就感加强员工自身信心的同时，也会间接加强团队合作，增强小组成员间的协作精神。

从互动程度、群体目标和协作精神三个维度对职业群体公民行为进行测量，发现有效的职业群体互动可以提高职工个人的组织公民行为水平，促进企业目标的达成。面对新生代群体协作精神的缺乏，企业为了实现群体目标需要加强对员工互相协作精神的培养，促进小组间在完成任务的互动过程中相互调整，采取措施提高小组团队意识，从而促进群体之间的协作互助行为。吕政宝认为职业群体行为是工作群体作为整体所表现出来的，有利于促进整个组织总体目标实现的，用于支持本群体及其成员、本群体所在组织、组织内其他工作群体及其成员以及组织外部利益相关公众的一种角色外行为。培养组织中的职业群体行为，非常有助于企业组织，尤其是实行团队管理模式的企业，提升组织绩效和改善员工的行为与态度。新生代职业群体通过有效的互动程度、群体目标、协作精神更容易出现职业群体公民行为。

第三章 新生代职业群体行为归因分析

第一节 职业认同的系统性差异

一 系统性特征差异

新生代员工的职业认同是一个多结构变量，由职业认知、职业成功、职业承诺三个因子组成。在经济复杂多变、竞争日益激烈的大环境中，企业成为我国经济结构转型调整、保持可持续发展的根本支柱。新生代员工作为企业发展的主力军，在其作用的发挥中，心理因素的影响不可小视。对中国新生代员工的职业认同的研究不能简单借鉴国外研究成果，而是必须基于中国国情，考虑价值观、文化等差异，通过在研究方法和技术手段方面的革新，为研究提供概念和实证支持。

（一）城乡差异性

来自城市和农村的新生代员工总体上在职业认同方面存在显著差异，来自城市的新生代员工的职业认同度显著高于来自农村的新生代员工。新生代农民工处于城市和农村的双重边缘地带，无论是在就业上还是在生活上，都处于劣势地位，要想吸引新生代农民工安稳就业，提升他们的职业认同度，企业具有不可推卸的责任。企业在保证新生代农民工的薪酬和福利的同时，要建立多种职业发展路径，对于在生产线的员工，根据其兴趣、爱好、特长及个性，采取岗位轮换制，使其寻找到适合自己的职业发展路径。此外，良好的沟通也对新生代农民工职业认同度的提高有很大的作用。只有在一个彼此尊重、平等、包容、民主的环境中，新生代农民工才会充分发挥他们的长处，调动工作积极性，更好地完成工作。

（二）教育程度差异

不同学历的新生代员工在职业认同程度上存在显著性差异。总体趋势是学历层次越低，职业认同及其各因子的水平就越低。大学本科的员工职业认同的水平显著高于大专的员工。受过高等教育的员工在岗位中可以充分发挥自己的专业优势；对于学历较低的员工，加强自身的专业能力培训十分必要。具体的做法包括：采取师徒制或导师制，强化对新生代员工的指导、培养和帮助，在实践中学习，此外，企业还可以鼓励新生代员工积极参加行业培训，考取相关资质证书等。自身专业能力的提升是为了更好地提高工作效率，能够得到企业领导、同事的认可，新生代员工自身的认同感也会得到加强。所以，加强工作培训机制的建立，促进企业新生代员工的培养，是提升新生代员工职业认同的关键。

（三）代际认同差异性

与父辈从事相同职业的新生代员工的职业认同度更高。职业的代际传承在一定程度上有利于提高员工的职业认同度，但是阻碍了代际收入流动，因此，我们应该重视个体在职业选择中的机会不均等问题。尤其在农村地区，普遍存在"子承父业"的现象，所以应建立城乡统一的劳动力市场、消除信息的不对称和市场分割、减少就业性别歧视、促进教育公平、缩小行业间的收入差距等，只有各个企业提高自身的责任感，公平对待不同的求职者，给来自不同背景的求职者公平发展的机会，才能构建更加合理的就业环境。

二 双因素理论解释

处于不同月收入水平的新生代员工在职业认同程度上存在显著性差异，月收入高的员工的职业认同度显著高于月收入低的员工。对于员工而言，工资不仅仅是一种劳动所得，更代表着一个人的工作能力和前景。双因素理论（two factor theory）亦称"激励—保健理论"，由美国心理学家赫茨伯格于1959年提出。他把企业中有关因素分为两种，即满意因素和不满意因素。满意因素是指可以使人得到满足和激励的因素。不满意因素是指容易产生意见和消极行为的因素，即保健因素。他认为这两种因素是影响员工绩效的主要因素。保健因素的内容包括公司的政策与管理、监督、工资、同事关系和工作条件等。这些因素都是工作以外的因素，如果能满足这些因素，则可以消除不满情绪，维持原有的工作效率，但不能激励人们更积极地行动。激励因素与工作本身或工作内容有关，包括成就、赞赏、工作本身的意义及挑战性、责任感、晋升、发展等。这些因素如果得到满足，可以使人产生很大的激励，若得不到满足，也不会产生不满情绪。根据赫茨伯格的双因素理论，当员工认为自己的工作所得和他的付出成正比时，他会愿意继续从事该职业，产生职业归属感。一旦员工得到激励，工作态度和热情就会大大提升，企业的凝聚力和竞争力也会增强。职业归属感的建立对于企业和员工来说都是有益的，员工的生产效率也会提高。相应地，员工的职业认同度也会提高，离职率降低，企业就会留住更多的人才为企业的发展效力。

第二节 情感、行为与职业认同

新生代员工在诸多行业所占比例的提高，促进了人们对新生代员工管理的关注。与此同时，目前很多行业遭遇了新生代员工不够敬业、忠诚度低、频繁跳槽等问题，学者们也开始强调新生代员工的公民行为，而职业认同正是影响公民行为的一个重要因素。企业推进职业认同的行为能够帮助员工改善工作环境，获得更强烈的自我认同感和社会认同感。宋广文、魏淑华（2006）认为职业认同能有效避免职业倦怠，防止工作中出现低效行为，不仅能促进职业的稳定和事业的良性发展，还有利于满足从业者内在的成功体验，提高从业者社交、尊重、自我实现等需求的满足程度。

对于新生代员工而言，职业认同是指员工通过与环境互动来建构关于个体和工作的意义，是个体对职业的心理认可。刘秋颖、苏彦捷（2007）认为工作年限会影响职业认同获得和角色冲突之间的关系，对于初次就业的个体，其职业认同获得与工作压力、自我效能信息来源、工作经验来源有关，个体主动的探索和努力在职业认同获得过程中有着积极的作用。罗明忠、卢颖霞（2013）认为影响农民工职业认同的因素分别是职业价值、职业情感、职业学习和职业态度，结构方程模型分析表明职业认同水平能促使农民工更好地融入城市。杨发祥、叶淑静（2016）认为职业认同是一个在客观情境下通过职业实践和社会互动形成的主观感受和评价的建构过程。从整合性的视角来看，结构性约束是职业认同的体制环境，而主体性建构则是职业认同的行业动力。

随着国内研究的深入，学者们在各自专业领域开发了不同岗位的职业认同量表，如教师、护士、社会工作者、导游、图书管理员等岗位的职业认同量表。陈祥丽、张乐华、杨昭宁（2007）编制了护士职业认同量表，内容包括职业自我概念、职业获益感、职业动力感三个维度。孙利、佐斌（2010）从职业认知、职业情感、职业价值三个维度测量中小学教师职业认同。王惠卿（2013）认为社会工作者职业认同由四个维度构成，即统一性职业自我认同、连续性职业自我认同、情感性职业社会认同、价值性职业社会认同。综合来看，研究者们提出的职业认同测量维度虽有差异，但在认知、情感和行为等维度上存在一定程度的相似性。

一　职业认同主因子解析

因子分析法最初由 Chales Spearman 提出，是多元统计分析中很重要的方法之一。因子分析法可在许多变量中找出隐藏的具有代表性的因子。将相同本质的变量归入一个因子，可减少变量的数目，还可检验变量间关系的假设。它通过研究众多变量之间的内部依赖关系，探求观测数据中的基本结构，并用少数几个假想变量来表示其基本的数据结构。这几个假想变量能够反映原来众多变量的主要信息。原始的变量是可观测的显在变量，而假想变量是不可观测的潜在变量，称为因子。因子分析法是一种用来在众多变量中辨别、分析和归结变量间的相互关系并用简单的变量（因子）来描述这种关系的数据分析方法。因子分析法的主要目的是用来描述隐藏在一组测量到的变量中的一些更基本的，但又无法直接测量到的隐性变量（latent factor）。因子分析法在教育学、心理学等领域得到了广泛的应用。

准确评价新生代员工的职业认同需要选取有效的评价指标和构建合理、完整的评价指标体系。职业认知反映了新生代员工对目前工作的满意程度；职业成功是新生代员工对现在工作的了解程度；职业承诺影响新生代员工对企业的认同。根据因子分析的模型和原理，对 2670 名新生代员工的指标数据进行因子分析，可行性检验表明，样本的 KOM 检验值为 $0.957 > 0.6$，Bartlett 球形检验的 $p > 0$，适合做因子分析。按照主成分特征值大于 1 的提取原则，获取 3 个公因子 F1、F2、F3（见表 3-1），其累计方差贡献率为 47.850%，三个公因子保留了原始数据中的大部分信息，以此评价员工职业认同可以在较大程度上降低原始数据的复杂性。

表 3-1 主因子特征值、累计方差贡献率

单位：%

主因子	特征值	方差贡献率	累计方差贡献率
F1	9.860	37.923	37.923
F2	1.454	5.591	43.514
F3	1.127	4.336	47.850

因子载荷矩阵体现了原始变量与各因子之间的相关程度。为了更准确地解释各个主因子，采用方差最大法对因子载荷矩阵实施正交旋转（见表3-2）。在目前单位里，有很多发展机会、对自己为满足收入目标取得的进步感到满意、对自己为满足获得技能目标所取得的进步感到满意在第一个主因子（F1）上是有较高的载荷，主要反映了工作满意度的情况，我们将其定义为职业认知。了解目前的工作模式、了解职业价值和职业伦理、制定具体的职业目标等指标在第二个主因子（F2）上具有较高的载荷，说明第二个主因子基本反映了这些指标的信息，而这些指标反映了各新生代员工对目前工作的认知程度，所以该主因子可被称为职业成功；希望子女以后从事这项工作、对自己职业所取得的成功感到满意、目前的工作发展前景很好在第三个主因子（F3）上具有较高载荷，而这些指标表征可以被解释为职业承诺。

上述分析结果支持了新生代员工职业认同是由职业认知、职业成功、职业承诺构成的三因子结构模型，从而使前面的理论构想得到了验证和确认。

表 3-2 旋转后的因子载荷矩阵

指标	F1	F2	F3
Z1	0.630	0.481	0.147
Z2	0.607	0.545	0.104
Z3	0.370	0.522	-0.002
Z4	0.597	0.358	-0.155
Z5	0.636	0.071	0.089
Z6	0.622	0.259	0.155
Z7	0.659	0.070	0.194
Z8	0.574	-0.281	0.256

续表

指标	F1	F2	F3
Z9	0.603	-0.171	0.086
Z10	0.718	0.000	-0.067
Z11	0.668	-0.167	-0.018
Z12	0.639	0.036	-0.270
Z13	0.590	-0.151	-0.362
Z14	0.645	-0.196	-0.221
Z15	0.612	-0.124	0.194
Z16	0.708	-0.021	0.200
Z17	0.696	-0.058	-0.016
Z18	0.668	-0.017	-0.082
Z19	0.654	-0.167	-0.239
Z20	0.616	0.006	-0.350
Z21	0.588	-0.105	-0.115
Z22	0.588	-0.114	-0.298
Z23	0.573	-0.065	0.040
Z24	0.600	-0.226	0.109
Z25	0.519	-0.349	0.484
Z26	0.534	0.012	0.237

二 职业认同影响因素研究

职业认同是指员工对从事工作的认同，它对于任何工作阶段都是十分重要的，只有认同并喜欢这个职业，才会全身心地投入其中。在新生代员工中出现的职业倦怠、离职等现象，从某种程度上说明他们的职业认同出了问题。因此，究竟是哪些因素影响了新生代员工的职业认同是这部分研究的重点。

（一）虚拟变量处理

我们将数据库中年龄组、性别、城乡、受教育程度等多分类变量转化为虚拟变量以进行多元回归分析。进入回归方程的变量和虚拟变量编码如下。

年龄；月收入；城乡，其中城市＝1，农（乡）村＝0；岗位分类，放牧 1 = 是，0 = 否，务农 1 = 是，0 = 否，销售 1 = 是，0 = 否，财务 1 = 是，0 = 否，生产 1 = 是，0 = 否，管理 1 = 是，0 = 否，技术人员 1 = 是，0 = 否，服务人员 1 = 是，0 = 否，自由职业 1 = 是，0 = 否，设计 1 = 是，0 = 否；就业流动情况，本地就业 1 = 是，0 = 否；文化程度，小学及以下 1 = 是，0 = 否，初中 1 = 是，0 = 否，高中或中专 1 = 是，0 = 否，大专 1 = 是，0 = 否，大学本科 1 = 是，0 = 否；有自己创业的打算 1 = 是，0 = 否；务农 1 = 是，0 = 否，从事与父辈相同的工作，1 = 是，0 = 否。对于影响新生代员工职业认同因素的分析，我们采取的是多元线性回归。我们假设新生代员工职业不仅受职业认知、职业成功和职业承诺等因素的影响，还受岗位、受教育程度和收入等社会因素，以及偶然突发事件等多元因素影响。因此，本章将重点对新生代员工职业认同产生合力作用的因素进行分析。

（二）模型建构与结果分析

从表 3-3 可以看出，新生代员工与其影响因素回归（$F = 3.940$，$p = 0.000$，$R^2 = 0.03$），具有显著性。模型显示，影响新生代员工职业认同的因素主要是月收入、城乡、受教育程度及代际认同等。

表 3-3 职业认同因素的多元回归模型

自变量	B	Beta	p
年龄	-0.2	0	.900
月收入	3	0.1	.081*
3000 元以下	-18.3	0	-.041*
5000 元以上	2.8	0	.079*
城乡	-2.4	-0.1	-.078*
城市	2.4	0	.078*
放牧	3.1	0	.015*
务农	-8.9	0	-.034*
销售	-1.4	0	-.025*
财务	-0.8	0	-.001**
生产	-0.6	0	-.026*
技术人员	0.8	0	.002**
服务人员	1.2	0	.001**
自由职业	2.3	0	.007**

续表

自变量	B	Beta	p
设计	-7	0	-.019*
本地就业	-0.5	0	-.021*
小学及以下	-3	0	-.041*
初中	-2.4	0	-.075*
高中或中专	1.6	0	.004**
大专	0.1	0	-.021
大学本科	1.7	0	.078*
打算创业	0.8	0	.035*
因变量	新生代员工职业认同		
R^2	0.03		
F	3.940 ($p=0.000$***)		

注：*** $p<0.005$，** $p<0.01$，* $p<0.05$。

1. 月收入的影响

月收入显著影响新生代员工的职业认同（$p=0.081$）。月收入对新生代员工的职业认同影响较大，收入不仅关系到职业的吸引力，而且关系到新生代员工的生活质量，关系到他们能否敬业乐业。分层分析发现，月收入3000元以下（$p=-0.041$）和5000元以上（$p=0.079$）对职业认同的影响显著，调查发现，月收入越高，员工的职业认同度越高。

新生代员工普遍认为较低的月收入不能很好地体现自己的工作价值。研究认为，工资、奖金、福利、保险、安全保障、管理方式及工作条件等构成了激发工作动力的外在因素，职业认同构成了工作动力的内在激励因素。此外，物价飞涨、生活成本的高企、工资增长始终落后于物价增长的现实，在很大程度上限制了新生代员工改善生活和发展职业的需求。

2. 城乡结构的影响

分析发现城乡结构与新生代员工关系显著（$p=-0.078$），其中来自城市的员工与职业认同关系呈显著状态（$p=0.078$）。职业认同包括职业认知、职业成功和职业承诺三个方面。调查显示，多数新生代员工都有自我发展的需求。企业能否为他们提供更多的发展机会、对个人职业成长有无规划、职业生涯设计能否达成预期目标，这些内容都与员工的职业认同息息相关。来自农村的员工认为发展机会要少于城市员工，这是多方面原因造成的，长期以来城乡二元结构所形成的"城市中心"资源倾斜被认为是主要原因。与农村相比，城市的经济、文化和教育条件更为优越，许多福利政策的制定也倾向于优先满足城市居民。在这一背景下成长的城市青年，其先赋地位要优于农村青年，拥有的社会资本相对更多，生活成本相对较低，良好的教育和优质的社会网络让他们在工作选择和职务升迁等方面更易获得企业的青睐。

3. 文化程度

文化程度对新生代员工的职业认同有显著影响（$p<0.05$）。调查发现，不同学历员工的职业认同水平不同且差异显著。学历越高，职业认同水平越高。本科学历员工的职业认同水平高于大专、高中或中专和初中及以下的员工，这一结果与王玉峰等（2015）和王雅荣等（2016）的研究结果相一致。有研究发现，在就业时高学历求职者比低学历求职者的机会更多。比较而言，员工学历越高其职业期望越高，他们更理性，有更高的抱负。在工作中，高学历的员工会被领导与同事寄予更多的期待。

4. 代际认同的影响

代际认同是指愿意从事或认可父辈的职业，代际认同对新生代员工的职业认同影响显著（$p=0.056$），与父辈从事相同职业的员工，其职业认同水平更高。父辈职业对子女的职业价值观会有不同程度的影响，在子女做职业生涯规划时会产生一定的作用。在支持性家庭氛围中成长的个体，在职业探索中会得到父辈反馈，在进入大学时可以自主选择专业方向；在高收入家庭中成长的个体则更加容易达成与父辈一致的职业认同（胡维芳、黄丽，2016）。美国心理学家佛隆在其职业动机理论中提出，择业动机表达了择业者对目标职业的追求程度。佛隆认为父辈从事的职业及在生活中所表现的兴趣、家长的文化修养和思想道德水平、家庭环境对子女职业选择的影响是显著的。在我们的研究中，新生代员工在职业认同方面同样受到父辈职业的影响。

第三节 性别、嵌入与公民行为

一 双重困境

随着社会经济发展水平的提高，新生代员工逐步成为职场的主体。他们在教育水平、经济状况、工作技能和学习能力等方面存在很大的差异性。综合来看,新生代员工的学历水平普遍比他们的父辈高,思想观念和行为方式更趋多元化。他们对职业的忠诚度较低,在职业选择方面更关注自我发展,如果目前的工作没有为其提供充分的成长机遇和上升空间,他们很容易离职去寻求更好的企业组织,以谋求新的发展机会。新生代员工这种高职业流动倾向导致其在企业组织中的嵌入程度普遍较低,频繁的跳槽不仅不利于他们自身的职业成长,也严重影响了企业组织发展的稳定性和可持续性。如何正确看待员工在职业发展过程中与企业组织间的关系,对新生代员工自身和企业组织意义重大。由于性别的特殊性,新生代女性员工在职业发展过程中与企业组织间的关系问题尤其突出,除了在职业选择方面更关注自我发展,她们在职业意愿方面也有明确的期望和规划。由于受传统女性在家庭中的角色期待的影响,新生代女性员工在工作中面临着来自性别与阶层的双重压力,她们中的大多数工作在层次低、待遇差、劳动强度大的行业里。即便有一部分新生代女性员工拥有较高的学历,也有很多企业组织为了节省用工成本,或直接表明不招收女性员工,或在招收女性员工时设置种种苛刻条件。与新生代男性员工相比,新生代女性员工在工作中阻碍更多。这些无疑会给她们自身的职业成长带来更多的不确定性。面对职业天花板,新生代女性员工将何去何从?自从嵌入性概念被引进组织理论,从组织嵌入视角研究新生代员工组织公民行为,则为这类问题的解决提供了一个新的视角。目前,关于组织嵌入与组织公民行为关系的研究多从个体角度出发,研究员工的离职倾向、工作满意度、职业倦怠等个人行为,而从组织嵌入、组织关联度入手,研究企业员工的组织公民行为表现的成果较少。本章以抽样调查数据为依据,从工作、情感和关系网络三个维度探索新生代女性员工的组织嵌入现状。在此基础上,采用方差分析和典型相关分析法剖析员工的组织嵌入和组织公民行为之间的关系。本研究成果将有助于企业形成组织嵌入意识,通过有针对性地制定员工组织嵌入和公民行为水平调整的管理方法,促进企业成员间的互动和交流,为新生代女性员工的职业发展规划提供新思路。

二 总体水平与差异性分析

新生代女性员工的组织嵌入主要表现为工作嵌入、情感嵌入和关系嵌入三个方面;新生代女性员工的组织公民行为表现为个人约束、群体约束和工作约束三个方面。表3-4的数据表明，新生代女性员工的组织嵌入平均分为3.53，组织嵌入水平较高，具体来看，工作嵌入的均值是3.51，情感嵌入为3.66，关系嵌入为3.73，其中关系嵌入程度最高，情感嵌入次之，工作嵌入最低。新生代女性员工的组织公民行为平均分为3.54，组织公民行为水平较高，具体来看，个人约束的均值是3.58，群体约束为3.47，工作约束为3.54，从高到低依次是个人约束、工作约束和群体约束。

表3-4 新生代女性员工组织嵌入与组织公民行为的总体水平

	N	M	SD
组织嵌入	576.00	3.53	0.88
工作嵌入	576.00	3.51	0.87
情感嵌入	576.00	3.66	0.89
关系嵌入	576.00	3.73	0.79
组织公民行为	576.00	3.54	0.89
个人约束	576.00	3.58	0.96
群体约束	576.00	3.47	0.87
工作约束	576.00	3.54	0.84

为了检验新生代女性员工在组织嵌入和组织公民行为方面的差异，我们采用方差分析模型，并运用事后多重检验法来检验样本数据在各维度上是否存在显著性差异（参见表3-5、表3-6、表3-7）。

（一）年龄差异

不同年龄段的新生代女性员工在工作嵌入和关系嵌入上存在显著性差异。表3-5显示，26~30岁组和31~37岁组新生代女性员工的工作嵌入和关系嵌入程度显著高于25岁及以下组；不同年龄段的新生代女性员工的组织公民行为和个人约束存在显著性差异。经过事后多重检验，26~30岁组新生代女性员工的组织公民行为显著高于25岁及以下组；26~30岁组新生代女性员工的个人约束水平显著高于25岁及以下和31~37岁组。

表3-5 不同年龄段的新生代女性员工方差分析

变量	25岁及以下		26~30岁		31~37岁		F值	Sig.
	M	SD	M	SD	M	SD		
组织嵌入	3.43	0.88	3.61	0.86	3.54	0.92	2.55	0.08

续表

变量	25岁及以下		26~30岁		31~37岁		F值	Sig.
	M	SD	M	SD	M	SD		
工作嵌入	3.35	0.91	3.6	0.84	3.63	0.82	6	0
情感嵌入	3.61	0.86	3.69	0.81	3.72	1.11	0.71	0.49
关系嵌入	3.57	0.82	3.85	0.76	3.79	0.77	7.73	0
组织公民行为	3.44	0.9	3.66	0.83	3.5	0.96	3.68	0.03
个人约束	3.41	0.85	3.79	0.95	3.41	1.09	11.15	0
群体约束	3.39	0.81	3.54	0.82	3.46	1.09	1.63	0.2
工作约束	3.45	0.8	3.61	0.8	3.56	1.03	2.03	0.13

注：方差检验的显著性水平为0.05。

（二）学历程度差异

不同学历的新生代女性员工的组织嵌入和工作嵌入存在显著性差异。从表3-6中可以看出，大专、本科和硕士及以上学历的新生代女性员工的组织嵌入和工作嵌入程度显著高于初中及以下和高中或中专学历者。不同受教育程度的新生代女性员工的组织公民行为、个人约束、群体约束和工作约束存在显著性差异。经过事后多重检验，大专学历组的新生代女性员工的组织公民行为、个人约束、群体约束和工作约束水平高于初中及以下、高中或中专、本科和硕士及以上组。

表3-6　不同受教育程度的新生代女性员工方差分析

变量	初中及以下		高中或中专		大专		本科		硕士及以上		F值	Sig.
	M	SD	M	SD	M	SD	M	SD	M	SD		
组织嵌入	3.07	0.98	3.37	0.86	3.65	0.84	3.62	1.03	3.65	0.76	4.90	0.00
工作嵌入	3.18	0.83	3.23	0.92	3.63	0.87	3.74	0.90	3.61	0.78	5.95	0.00
情感嵌入	3.68	0.94	3.79	0.87	3.56	0.83	3.52	1.14	3.72	0.83	1.09	0.37
关系嵌入	3.55	0.96	3.76	0.77	3.66	0.78	3.94	0.94	3.78	0.71	2.10	0.05
组织公民行为	3.27	0.83	3.48	1.04	3.77	0.77	3.46	1.12	3.56	0.77	3.11	0.01
个人约束	3.36	0.78	3.32	1.06	3.87	0.82	3.46	1.20	3.63	0.86	4.20	0.00
群体约束	3.59	0.72	3.10	0.98	3.64	0.74	3.16	1.21	3.58	0.73	6.70	0.00
工作约束	3.55	0.79	3.36	0.92	3.64	0.81	3.36	1.01	3.59	0.77	2.32	0.03

注：方差检验的显著性水平为0.05。

(三) 工作年限差异

不同工作年限的新生代女性员工在组织嵌入、工作嵌入、情感嵌入和关系嵌入上存在显著性差异。表 3-7 表明,1~7 年工作年限的新生代女性员工的组织嵌入和关系嵌入程度显著高于 1 年以下和 7 年以上的;7 年以上工作年限的新生代女性员工的情感嵌入程度显著高于 1 年以下的。不同工作年限的新生代女性员工的组织公民行为、个人约束和群体约束存在显著性差异。经过事后多重检验,1~7 年和 7 年以上工作年限的新生代女性员工的组织公民行为、个人约束和群体约束水平显著高于 1 年以下的。

表 3-7 不同工作年限的新生代女性员工方差分析

变量	1 年以下		1~7 年		7 年以上		F 值	Sig.
	M	SD	M	SD	M	SD		
组织嵌入	3.43	0.93	3.64	0.76	3.51	0.95	3.31	0.04
工作嵌入	3.36	0.96	3.59	0.75	3.64	0.86	5.96	0.00
情感嵌入	3.63	0.94	3.55	0.81	3.90	0.87	6.60	0.00
关系嵌入	3.62	0.91	3.84	0.63	3.77	0.79	4.28	0.01
组织公民行为	3.44	0.93	3.61	0.86	3.64	0.85	3.02	0.05
个人约束	3.44	0.85	3.64	1.04	3.72	0.98	4.47	0.01
群体约束	3.33	0.81	3.53	0.90	3.60	0.91	4.95	0.01
工作约束	3.46	0.79	3.61	0.85	3.56	0.92	1.86	0.16

注:方差检验的显著性水平为 0.05。

三 嵌入、激励与自适应性分析

(一) 模型建构

基于能够深入了解与组织公民行为整体构成最大相关关系的组织嵌入作用模式的要求,本章采用典型相关分析法,以进一步考察作为系统性的组织嵌入与组织公民行为之间的关系。其中,组织嵌入变量分别由工作嵌入、情感嵌入和关系嵌入三个维度组成,组织公民行为变量由个人约束、群体约束和工作约束三个维度组成。典型相关分析 (canonical correlation analysis) 是近年来开始普及的一种新型多元统计技术,它可以求出一组 X 变量 (自变量或控制变量) 和一组 Y 变量 (因变量或效标标量) 间是否有显著的关系。需要指出的是典型相关分析不是分别对其中一个变量组的每个变量与另一组多个变量做多元相关或多元回归,而是将各组变量作为整体来对待。因此典型相关分析描述的是两个变量组之间的整体相关形式，而不是关于两个变量组中变量的相关。为了找到两组变量间的关系，就要求出 X 变量间的线性组合和 Y 变量间的线性组合，并使这两组的线性组合有最大的相关。X 变量与 Y 变量的线性组合是潜在的、无法观察的，也是未知变量，研究者称之为典型变量（canonical variables）。两个典型变量间的相关被称为典型相关，典型相关系数用 "p" 符号表示。其中，组织嵌入变量分别由工作嵌入、情感嵌入和关系嵌入三个维度组成，组织公民行为变量由个人约束、群体约束和工作约束三个维度组成。通过典型相关显著性检验，发现两个典型相关系数的 F 值小于 0.05，第一个典型相关系数为 0.801，第二个典型相关系数为 0.163，两个典型相关系数都达到显著水平（$p_1 = 0.000 < 0.01$，$p_2 = 0.004 < 0.05$），因此可判断两组变量共产生两个典型相关关系。结果详见表 3-8、图 3-1。

表 3-8 组织嵌入与组织公民行为各因子的典型相关分析摘要 （n = 576）

组织嵌入 （X 组变量）	典型变量 X1	典型变量 X2	组织公民行为 （Y 组变量）	典型变量 Y1	典型变量 Y2
工作嵌入	-.910	.402	个人约束	-.933	.053
情感嵌入	-.850	-.338	群体约束	-.868	.290
关系嵌入	-.780	-.442	工作约束	-.838	-.413
抽出变异数百分比	71.972%	15.700%	抽出变异数百分比	77.518%	8.568%
重叠	46.130%	.418%	重叠	49.686%	.228%
			$p_1 = .80059$	$p_1^2 = .64095$	
			$p_2 = .16314$	$p_2^2 = .02661$	
			$p_1 = .000$	$p_2 = .004$	

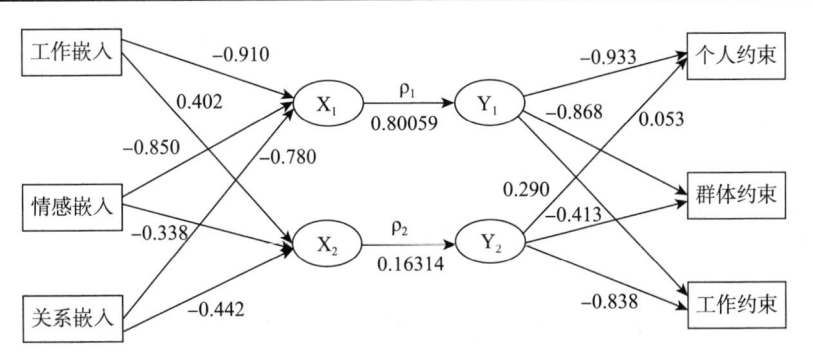

图 3-1 组织嵌入与组织公民行为典型相关分析路径

(二) 结果分析

组织嵌入与组织公民行为的典型相关分析数据表明：第一，组织嵌入与组织公民行为的典型相关分析共产生两对典型变量。组织嵌入的三个维度通过两个典型变量可以解释新生代女性员工组织公民行为水平总变异量的49.914%，两个典型因素可以直接解释组织公民行为水平总变异量的66.757%。

第二，在第一组典型相关中，组织嵌入（X组）变量中的工作嵌入和情感嵌入与第一个典型因素（X_1）的相关度较高，其典型因素负荷量分别是 -0.910 和 -0.850。而组织公民行为（Y组）变量中个人约束、群体约束和工作约束与第一个典型因素（Y_1）的相关度较高，其典型因素负荷量分别为 -0.933、-0.868 和 -0.838。因而，在第一个典型因素分析里，主要是工作嵌入和情感嵌入变量影响新生代女性员工的个人约束、群体约束和工作约束三个方面。由于负荷值均为负数，可见工作嵌入和情感嵌入程度越高，新生代女性员工对组织的满意度越高，越容易表现出有利于组织的公民行为。

第三，在第二组典型相关中，组织嵌入（X组）变量中关系嵌入与第二个典型因素（X_2）的相关度较高，其典型因素负荷量为 -0.442。典型变量（Y_2）与三个因变量间相关之负荷量分别为：个人约束 0.053、群体约束 0.290、工作约束 -0.413，因而在第二个典型因素里，主要是关系嵌入变量影响新生代女性员工的工作约束，二者结构系数均为负号，因此新生代女性员工的关系嵌入水平越高，她们的工作约束效果越好，越可能更多地表现出组织公民行为。

第四，通过以上两组典型相关分析结果发现，第一个典型相关重叠值为49.686%，第二个典型相关重叠值为0.228%，说明第一个典型相关程度较大，这表明作为控制变量的工作嵌入、情感嵌入和关系嵌入主要是受第一个典型因素影响的组织公民行为的变量组。从典型相关分析结果的总体来看，新生代女性员工在工作嵌入、情感嵌入和关系嵌入三方面的嵌入程度越高，越可能产生更多的组织公民行为。

(三) 职业自适应性分析

新生代女性员工在组织中比较注重人际关系的建立和培养，她们往往期望通过建立良好的人际关系来追求利益最大化和快速实现自我的职业目标，而忽视了对工作本身的经营和关注。具备创新价值观的新生代女性，开始追寻平等和舒适、在组织内部渴求实现人际平等，积极推动组织创新，这些因素推进了新生代女性在组织内部积极实施利他行为。研究发现，新生代女性员工在组织中的嵌入水平属于中等偏上，其中关系嵌入程度最高，情感嵌入次之，工作嵌入最低。这说明新生代女性员工虽然更关注自我，但也会调整自己去适应公司的文化和规章制度，约束自身不利于组织的行为。她们的组织公民行为总体水平较高，其中个人约束水平最高。

1. 新生代女性员工工作嵌入性分析

新生代女性员工随着年龄的增大，工作稳定性增强，心态趋于平和，工作的满意度有所提高。王莉、石金涛（2007）的研究认为在组织的嵌入过程中，员工在组织中的联结程度越高其人际关系越融洽，从而导致情感承诺的产生，而随着员工对组织投入成本的增加，情感承诺也随之提高。新生代女性员工随着工作年龄的增加，工作的熟悉度和稳定性更强，对组织的信任感和依赖感增强，与组织的关系也更密切，所以工作嵌入和关系嵌入水平更高。本研究表明，26~30岁和31~37岁组新生代女性员工的工作嵌入和关系嵌入程度显著高于25岁及以下组。杨廷钫、凌文辁（2013）研究表明，新生代农民工的外出工作动机已逐步实现由经济型向发展型、生存型向生活型的双重改变，他们在追求从工作中获得物质回报的基础上，开始追求组织中社会关系网络的嵌入。工作嵌入程度随着年龄的增长而增加，老年员工更有可能具有较强的组织意识，比年轻员工具有更强的适应能力，以及与组织间具有更为正式和非正式的关系，新生代女性员工的工作随着年龄的增加趋于稳定，心态愈加平和，对于工作的满意度也显著提高。

新生代女性逐渐成了职场中的主力军，在工作中表现出不同于以往的职业发展期待，呈现出追求经济独立和渴望自由的个性特征。但她们仍然表现出明显的情绪倦怠和工作怠慢。随着工作年限的增长，25岁及以上的新生代女性员工虽然组织嵌入水平较高，却并不倾向于自觉地表现出更多的组织公民行为；20岁以下的新生代女性员工正处于职业生涯发展的开始阶段，在工作中需要投入大量精力，长时间和高强度的工作，使其思想认知倾向于自身付出多于回报，因而在工作中出现厌倦心理。因此年龄较轻的新生代女性员工也不会表现出更多的组织公民行为。

2. 新生代女性员工工作约束性分析

不同文化程度的个体对于外在环境或客体需要的满足程度不同。经卫国、姚本先（2015）的研究表明，受过高等教育的新生代员工在自身成长方面，表现得更为敏感，学历为初中及以下的新生代员工，因学历低缺乏一定的文化知识，她们对自身的职业规划缺乏科学性。本书发现，初中及以下学历的新生代女性员工的组织嵌入程度和组织公民行为水平显著低于高中或中专、大专、本科和硕士及以上学历者。对于初中及以下学历的新生代女性员工而言，由于其受学历和知识的限制，在组织中的进一步发展和上升空间受限，其组织嵌入和工作嵌入程度也相应地处于较低水平。高学历员工对组织的依赖程度较高，由于她们离开组织所要付出的代价较大，所以她们会为组织的发展表现出更多的组织公民行为。新生代女性员工的组织嵌入程度越高，越利于其表现出组织公民行为，具体表现为新生代女性员工对组织工作越投入、与组织间及成员间的情感、人际关系越信任和亲密，新生代女性员工的个人约束、群体约束和工作约束水平就越高，越容易自觉地产生组织公民行为。

3. 新生代女性员工组织情感分析

本书发现，1~7年工作年限的新生代女性员工的组织嵌入、工作嵌入和关系嵌入程度显著高于1年以下和7年以上的；7年以上工作年限的新生代女性员工的情感嵌入程度显著高于1年以下的。本书了解到，未满1年的员工在公司工作时间较少，对于组织工作的了解还不够，与组织其他成员间还没来得及建立各种关系，而7年以上的员工因为在公司工作的时间比较长，对组织的工作流程掌握得很全面，与组织其他成员间的关系已经建立，不会太刻意去做嵌入的努力，所以工作年限在1年以下和7年以上的新生代女性员工的组织嵌入、工作嵌入和关系嵌入程度低于1~7年工作年限的员工。而在情感嵌入方面，情感嵌入程度随着工作年限的增加而加深，7年以上工作年限的新生代女性员工情感嵌入程度最好。随着工作时间的增加，新生代女性员工倾向于追求工作的稳定性，倾向于加强个人约束和工作约束，相应地，她们表现出的组织公民行为也越多。组织公民行为并不是组织对员工的强制性要求，而是员工出于本职工作要求之外的一种自发性角色外行为，比如主动关心同事、对组织的发展热情高涨、节省组织内部资源、主动向组织提出建议等。组织公民行为可以成为企业组织运行的"润滑剂"，能够减少组织内部人员之间和各组织部分间的矛盾和摩擦，一定程度上帮助企业塑造融洽的文化氛围，提升组织的整体绩效。这种行为并非来源于组织内部薪资的激励作用，其自发性有利于组织各部分的良性运行和发展。本书发现，1~7年和7年以上工作年限的新生代女性员工的组织公民行为、个人约束和群体约束水平显著高于1年以下的，年限长的员工表现出较积极的指向个人的组织公民行为。随着工作年限的增长，组织成员对组织的情感逐步加深，组织认同感也随之增强，而组织员工的组织认同度越高，其产生指向组织的公民行为越容易。

4. 新生代女性员工组织嵌入与组织公民行为互动关系分析

组织认同对员工的组织公民行为有显著的正向影响，组织成员通过组织嵌入能够获得更多的资源和机遇，从而更好地产生组织公民行为。企业为新生代女性员工创造良好的工作环境，激发她们的工作热情，使其全身心地投入工作，不仅增强了她们与企业间的信任关系，也促进了组织成员间的人际关系和谐，有效地增加个体的组织公民行为，进而提高员工个人及组织的绩效。本书发现，新生代女性员工的组织公民行为随着组织嵌入的程度提高而增加，这一结论与其他学者的相关研究一致。从关系网络嵌入程度来说，新生代员工能够从共事伙伴关系中找到依附感和归属感，从业务合作和人际交往中获取各种信息、资源、情感支持，以及在组织中谋求更好发展的资本，这些都有利于其更多地表现出组织公民行为。有研究表明，较高的组织嵌入源于较高的组织内部交往频率、组织匹配感和组织认同程度，而较高的福利待遇等物质激励因素也能够促进组织嵌入程度的提高。较高的组织嵌入程度有利于提升员工的工作责任感、工作成就感和工作积极性，进而提升组织的绩效，约束或减少伤害组织利益的反生产行为。本书的研究结果证明新生代女性员工的组织嵌入对组织公民行为具有显著正向影响。在新生代员工对企业和工作的满意度都较高的情况下，会形成一个积极互助的工作氛围，这样的工作氛围有利于组织成员间互助行为的产生。

四 职业发展前景探讨

作为面临性别和阶层双重压力的新生代女性员工，她们中的大多数在薪资待遇和职业发展方面不如同等条件的男性员工。为寻找突破新生代女性员工职场瓶颈的新思路，本章对新生代女性员工的组织嵌入、组织公民行为及二者间的典型相关关系进行了系统分析，研究得出如下结论。

第一，新生代女性员工的组织嵌入属于中等偏上程度，其中关系嵌入程度最高，情感嵌入程度次之，工作嵌入程度最低；新生代女性员工的组织公民行为总体水平较高，其中个人约束水平最高。

第二，新生代女性员工的组织嵌入在年龄、学历、工作年限上存在不同程度差异，具体情况为：处于不同年龄阶段的新生代女性员工的工作嵌入和关系嵌入、组织公民行为和个人约束存在显著性差异；不同学历的新生代女性员工的组织嵌入和工作嵌入，组织公民行为、个人约束、群体约束和工作约束存在显著性差异；不同工作年限的新生代女性员工的组织嵌入、工作嵌入、情感嵌入和关系嵌入，组织公民行为、个人约束和群体约束存在显著性差异。

第三，新生代女性员工的组织嵌入对其组织组织公民行为有显著的正向影响，具体表现在：新生代女性员工的工作嵌入和情感嵌入与组织公民行为呈显著正相关关系；关系嵌入变量与工作约束呈显著正相关关系。

在知识经济时代，人力资本的有效管理对于企业组织绩效的提高和员工的职业成长具有重要意义，而新生代女性员工不同于传统的女性员工，她们扮演家庭劳动者和事业工作者双重角色，工作领域更广泛和多样化，但组织中的性别歧视让女性在工作中压力倍增，随着工作年限的增加，容易产生职业倦怠心理，使其难以有效地嵌入其所工作的组织，因此企业管理者要立足于建立有效且公平的人才选拔程序，排除或减少女性员工的性别障碍，企业管理者必须形成组织的嵌入意识，明确组织文化，激发女性员工为完成组织目标而努力工作的动力和热情，提高女性员工的组织认同感，进而进一步提高员工对组织的情感嵌入和关系嵌入水平，推动新生代女性员工主动嵌入组织网络，使其更多地表现出利于组织发展的角色外行为，在企业提高绩效的同时实现新生代女性员工自身的职业成长。

第四节　职业归属感与利组织行为

一　职业归属感

Mowday（1982）认为职业归属感是员工对企业的一种信任，是对企业的一种肯定。Osterman（2000）、Abedin（2000）认为职业归属感是维护组织团结的重要因素，认为自己是群体的一部分，并被团体所接受。国内学者（张筝、黎永泰，2007）将职业归属感界定为员工经过一段时期的工作，在思想、心理和感情上对企业产生的认同感、安全感和工作使命感。朱云峰、周玮（2018）认为职业归属感是员工的一种积极主动的情感，表现为通过行动证明自己是组织的一员。武瑞杰（2005）认为职业归属感源于对组织高度的认可与依赖，是物质和精神两方面共同作用下的情感寄托，表现为员工将组织整体利益作为自己行事的出发点和归结点。

随着多学科的进入，职业归属感的研究开始朝着多元化方向发展。Hrebiniak、Alutto（1972）设计了 HA-S 量表，从薪酬、福利、退休金、利益回报几个方面分析员工的职业归属感。Meyer 等（1993）认为员工的职业归属感包括经济因素、情感依赖、道德规范三个方面。Liesbet、Gary（2003）从情感依恋、规范承诺、个人损失和选择限制四个维度进行研究。张治灿等（2001）从感情、理想、规范、经济、机会分析归属感。包克冰等（2006）从归属关系认知、相关情感、相关行为三个维度对学校归属感进行测量。刘于琪等（2017）从社区归属感、邻里熟悉、邻里互助和社区参与几个方面测量城中村居民的融合度。侯小富（2014）从身份归属、社区认同、行为承诺三个方面对社区归属感进行研究。

不同职业影响职业归属感的因素也不同。付佳迪（2011a）的研究发现内部环境因素、安全感、责任意识对公交车司机职业归属感有很大影响。罗云齐（2001）从薪酬、福利、文化、价值观、培训、安全感、公平感和价值感等方面研究组织对员工的归属感。戴冰、张惠（2007）的研究证实管理、文化、心理、个体和环境五个因素对员工归属感有影响。朱祖平等（2016）认为人文环境能够提升监狱民警的职业归属感。邓昌杰等（2016）认为影响民办幼儿教师职业归属感的有社会地位、福利待遇、人际关系等几个方面。李艳红等（2017）从压力和效能感等方面来研究乡村教师的职业归属感。郑钦（2011），赵妍、姚垚（2018）指出对专业的认可程度会影响到员工的职业归属感。王晖（2015）从个人特征、组织公平、绩效制度、培训体系、组织和文化方面研究银行员工的离职率。综合来看，组织和个人是影响职业归属感的两个主要层面，其中个人性格和组织文化在其中起主要作用。

本研究发现，新生代员工职业归属感的总体认同程度较低（总体均值为 18.1％），这一结论与国内多数学者的研究一致，如付佳迪（2011b）的公交司机群体研究、郑钦（2011）的社区工作者群体研究以及张江波（2018）的幼儿园男教师群体研究。图 3-2 显示，职业归属感各个维度的认同程度也不高,其中职业认同为 18.1%,组织认同 18.3%,情感认同 17.9%,组织支持 18.1%。新生代群体相对宽裕的生长环境,形成了他们独立、重视个人成长和自我实现的性格特点。传统的强调控制、规则的管理方式与新生代员工的性格特征无法融合,管理中矛盾频发,跳槽频繁,很难沿袭以往通过长期互动培养对组织归属感的方式。

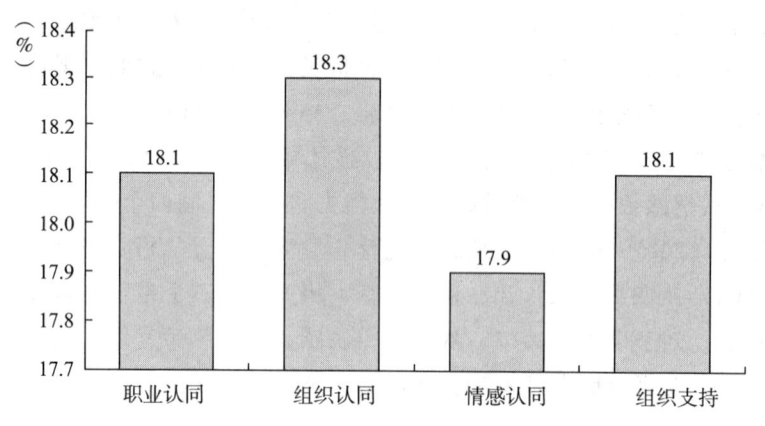

图 3-2　新生代群体职业归属感基本情况

(一)性别差异

职业归属感存在性别差异,男性的职业归属感普遍高于女性。图 3-3 显示,在职业归属感较低的样本中,男性(50.1%)的职业归属感低于女性(52.4%);而在职业归属感较高的样本中,男性(25.5%)的职业归属感高于女性(21.6%)。

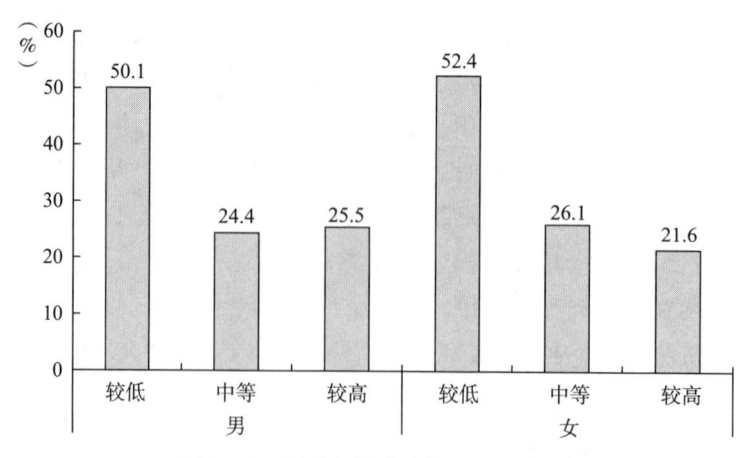

图 3-3　职业归属感分性别认同情况

表 3-9 职业归属感各项的性别差异性描述

维度	男		女		F
	M	SD	M	SD	
职业认同	18.31	4.412	17.76	4.094	11.794**
组织认同	18.38	4.079	18.31	3.807	0.210
情感认同	18.06	3.936	17.80	3.875	2.811
组织支持	18.16	3.827	18.07	3.683	0.419

注：**$p<0.01$。

表 3-9 反映了不同性别新生代群体职业归属感及各维度的认同情况。从各维度的得分来看，不同性别的员工在职业认同上存在显著差异（F = 11.794，$p<0.01$）。总体上，男性员工职业归属感的四个维度均高于女性。在实际工作中，部分组织管理者和同事在对待男女员工的态度、任务分配、绩效分配、公平性等方面的差异，都会导致男女员工的组织归属感存在差异，研究显示，女员工在工作中表现出的低成就感是普遍现象，这也是导致男女员工职业归属感差异的原因之一。

（二）城乡差异

职业归属感存在城乡差异，来自城市的员工普遍高于来自农（乡）村的员工。在低归属感群体中，来自城市的员工（50.6%）低于来自农（乡）村的员工（51.7%）；在高归属感群体中，来自城市的员工（26.6%）高于来自农（乡）村的员工（20.8%）（见图 3-4）。

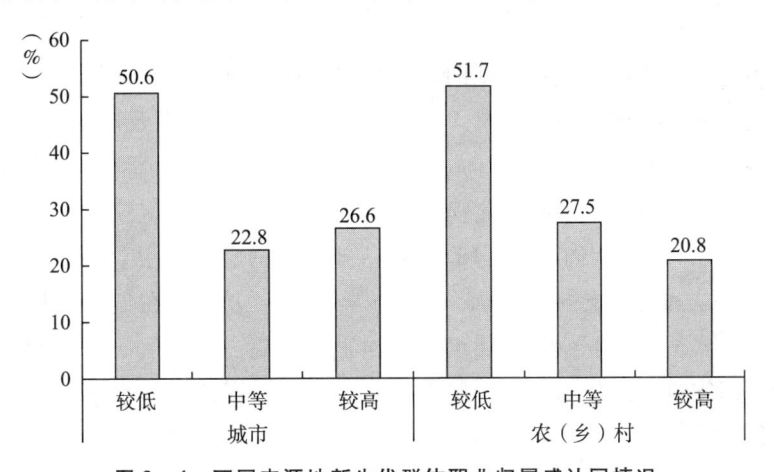

图 3-4 不同来源地新生代群体职业归属感认同情况

表 3-10　不同来源地的职业归属感差异性描述

维度	城市		农（乡）村		F
	M	SD	M	SD	
职业认同	18.33	4.059	17.79	4.182	11.604**
组织认同	18.46	3.996	17.24	3.919	2.050
情感认同	17.17	3.994	17.84	3.811	8.778**
组织支持	18.40	3.640	17.72	3.863	15.262***

注：$**p<0.01$，$***p<0.001$。

表 3-10 显示，不同来源地的新生代员工在职业认同（F=11.604，$p<0.01$）、情感认同（F=8.778，$p<0.01$）和组织支持（F=15.262，$p<0.001$）方面存在显著差异。来自城市的员工职业认同和组织支持程度较高，其均值高于来自农（乡）村的员工；来自农（乡）村的员工在情感认同维度上的均值高于来自城市的员工（17.84>17.17）。农村人口向城市的流动，打破了城乡二元结构，补充了城市劳动力的"不足"，对城市发展做出了重要贡献。然而，这些新"市民"并没有被完全纳入城市的公共服务体系，在现实生活中面临就业、居住、社会保障、子女教育等诸多问题。企业作为新"市民"融入城市生活的桥梁，可以通过提高来自农村的新生代群体的就业能力，帮助他们在城市生活找到合适位置，增强新"市民"的归属感。

（三）文化程度差异

不同文化程度新生代员工的职业归属感情况如图 3-5 所示，认同程度从高到低依次为博士（77.8%）、硕士（47.5%）、大专及以下（28.6%）和本科（21.1%）。

表 3-11 显示，不同文化程度的新生代员工在职业认同（F=18.529，$p<0.001$）、组织认同（F=18.664，$p<0.001$）、情感认同（F=7.959，$p<0.001$）和组织支持（F=5.689，$p<0.01$）方面存在显著差异。大专及以下层次员工的职业认同和组织认同程度较高，硕士层次员工的情感认同和组织支持程度较高，博士层次员工在职业归属感的四个维度的得分上均较低。

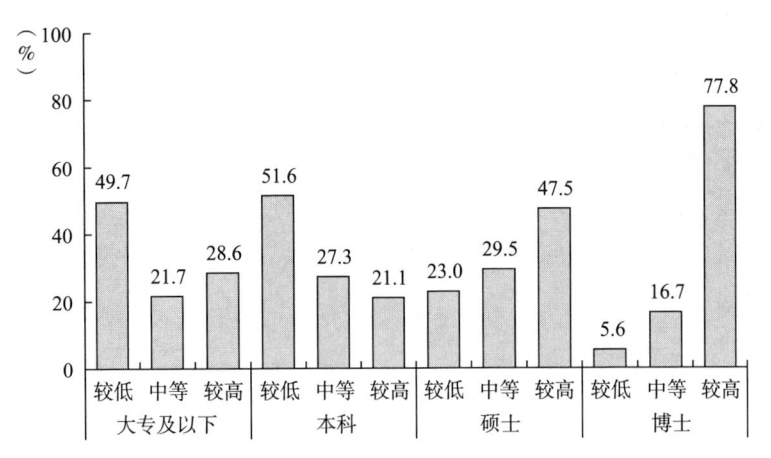

图 3-5　不同文化程度新生代群体职业归属感认同情况

表 3-11　职业归属感的文化程度差异性描述

维度	大专及以下		本科		硕士		博士		F
	M	SD	M	SD	M	SD	M	SD	
职业认同	18.72	3.961	17.58	4.157	18.64	3.708	16.72	5.557	18.529***
组织认同	19.01	3.736	17.87	4.063	18.79	4.032	17.33	2.815	18.664***
情感认同	18.17	3.901	17.78	3.961	18.70	3.399	16.11	3.543	7.959***
组织支持	18.21	3.707	17.99	3.847	19.02	3.370	17.06	3.236	5.689**

注：**$p<0.01$，***$p<0.001$。

(四) 新生代群体职业归属感的特点

新生代群体职业归属感主要呈现以下三个方面的特点。

1. 新生代群体对职业归属感不同维度的认同情况并不一致。以往的研究倾向于将"职业归属感"当作一个整体进行考察，较少关注其内部结构的差异。本研究显示，员工的组织认同程度虽然很高，但对组织支持的认同程度却相对较低。Allen 等 (1997) 证实组织支持与离职意向存在显著负相关，组织支持感的降低，会增加员工的离职倾向，降低员工的组织归属感。

2. 不同经济、教育背景下的新生代群体职业归属感差异主要体现在组织认同方面。本研究表明，来自城市地区的新生代员工的组织认同度要高于来自农村地区的新生代员工。这说明，中国各地区的经济文化发展不平衡已经在新生代群体身上有明显呈现，建立完善的保障制度是消除这种差异的关键。

3. 新生代群体受教育层次越高，对组织的认同程度也越高。人才是组织发展的动力和源泉，组织为文化程度较高的员工提供实现自我价值的平台，知识型新生代员工在实现自己的目标时，也是在促进组织的发展。当然，管理者们不应该只考虑高学历人才，如何建立科学的培训制度，提高不同年龄、不同学历背景员工的归属感，才是值得思考的问题。

二 利组织行为

利组织行为（Positive Organizational Behavior）也被称作积极组织行为，是指对企业有正面影响或有利于企业发展的行为。国外学者将利组织行为定义为利用积极的、自发的和面向未来的行动，以改变或改善目前的情况的行为（Fay，Frese，2001；Grant，Ashford，2008）。Luthans（2003）指出利组织行为是用积极的人力资源优势和心理能力，通过衡量、开发和有效管理以提高工作效率的行为。Luthans 和 Avey 等（2006），Donaldson 和 Ko（2010）认为利组织行为更专注于个人或微观层面的分析，倾向于强调自我效能、希望、乐观和坚韧四种核心能力。Bergami 等（2000）认为对职业的认同感会影响到利组织行为，职业认同由自我形象、自尊、工作动机、对任务的感知和对未来的预测五个部分组成，这五个要素相互联系、动态发展，并不断受到人、人的价值和情境的影响，同时指出利组织行为是个人特有的多重社会行为之一，是个人和环境之间相互作用的结果。国内学者潘孝富、秦启文（2009）指出，利组织行为是有利于提高员工绩效的行为，并通过投入行为、负责行为、主动行为、创新行为、助人行为、谋取人际和谐行为六个维度对积极组织行为进行量表测量。张正国（2012）认为利组织行为是一种可搭建的自我效能平台，通过搭建自我效能平台，员工能够感受到自己辛苦工作所带来的成就感，通过寻求自己与榜样员工的相似度来获得效能，可以通过积极导向的说服获得对自己表现的积极信息，可以通过正面的唤醒促使积极效能感的顺利传导，使员工的效能感具有良好的来源，受积极的态度、情感、人格以及社会组织系统等方面的影响。Lehman（1992）从微观层面入手，采用李克特量表，通过领导的评价，来衡量员工的积极组织行为。

针对如何推进利组织行为，不同领域的学者围绕这一问题分别从管学、教育学、社会学等领域做了深入研究。Barrick、Mount（1991）认为责任心、情绪稳定性、外向性、宜人性和开放性五个人格特征影响员工的利组织行为。Judge 等（1993）将利组织行为划分为自尊、一般效能感、心理节制源、情感不变性等。Snyder、Lopez（2002）认为利组织行为可分为情感取向、认知取向、自我取向、人际取向和应对方式。Peterson、Seligman（2004）将影响利组织行为的因素分为知识与智慧、勇敢的品德、仁慈的美德、公正的美德、自我克制的美德和卓越。国内学者张伶、聂婷（2011）证实工作-家庭冲突在工作匹配、工作压力与员工积极组织行为的关系中起到中介作用，并对积极组织行为产生负向影响。张海军（2012）认为以人为本的组织文化有利于提高员工的积极组织行为。刘筱芬（2012）认为组织公平感、组织归属感、组织支持感、组织自尊和组织形象影响了服务业组织员工的利组织行为。乐嘉昂、彭正龙（2012）的研究发现，在个体层面上，职场排斥行为在组织自尊的中介效应下会减少员工积极组织行为。聂会平（2015）指出人力资源管理实践对教师产生积极的组织行为。卢军（2014）从主动投入、尽忠本分、谋求创新和谋求和谐几个方面对利组织行为进行研究。综合来看，在研究影响个体利组织行为的诸多因素中，学者们从个人特征方面展开的研究较多，从组织层面进行研究的较少。本研究认为利组织行为是指新生代员工自觉和正向地付出自己的积极性，进而提高组织绩效的组织行为。个体除了受自身特征影响外，也会受到外部环境的影响。对于组织管理来说，短时间内个体行为不易改变，但可以通过组织的规章制度来影响员工的利组织行为。

数据显示，利组织行为中的助人行为、投入行为和主动行为分别占到14.4%、14.2%和14.0%（见图3-6），负责行为和创新行为仅占10.8%和10.9%。相较于创新行为和负责行为，新生代员工认为投入行为和助人行为在组织中更重要，如果以组织发展目标为导向，在工作中就会表现出更多的投入行为，而助人行为则能够带给他们良好的人际关系。负责行为比较低说明，员工只是为获取报酬而工作，没有将自己的发展与组织联系起来，所以很难建立对组织的认同。张惠琴等（2016）的研究证明创新行为与组织的创新氛围有着密切联系，提供良好的创新环境可以提升员工对组织的归属感和认同感，图3-6的结果说明被调查企业在发展中缺乏对员工创新行为的培训和投入。

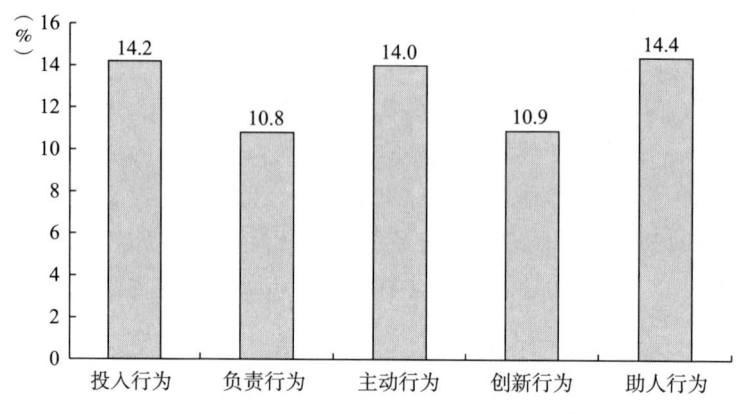

图 3-6 利组织行为的基本状况

(一) 性别差异

不同性别新生代员工对利组织行为的认同情况如图 3-7 所示。有 81.1% 的男性员工和 78.9% 的女性员工对利组织行为有较高的认同度。

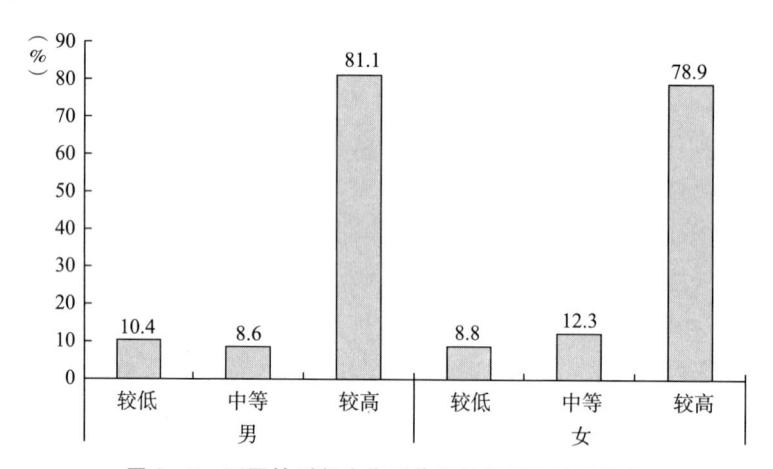

图 3-7 不同性别新生代群体利组织行为认同情况

表 3-12 不同性别的利组织行为差异性描述

维度	男		女		F
	M	SD	M	SD	
投入行为	14.70	3.119	14.42	3.038	5.490*
负责行为	14.32	3.237	14.25	3.005	0.317
主动行为	14.04	2.667	14.03	2.861	0.021

续表

维度	男		女		F
	M	SD	M	SD	
创新行为	14.58	3.171	14.42	3.066	1.920
助人行为	14.48	3.151	14.20	3.101	5.644*

注：*$p<0.05$。

不同性别的新生代员工在投入行为（$F=5.490$，$p<0.05$）和助人行为（$F=5.644$，$p<0.05$）方面存在显著差异。表3-12分性别显示，男性员工在助人行为方面有较高的认可度（均值=14.48），而女性员工在投入行为方面有较高的认可度（均值=14.42）。从各维度的得分来看，男性员工总体利组织行为比例要高于女性。现代社会提倡男女平等，女性在职场中承担和男性相同的工作负荷，同时女性还被要求承担家庭照料等传统角色。尤其是新生代女性员工，不仅要担负巨大的工作压力，还有来自家庭的压力，这些压力会使女性员工疲于应付，在利组织行为方面明显付出不足。

（二）城乡差异

不同来源地新生代员工的利组织行为存在城乡差异性别。如图3-8所示，有83.2%来自城市的员工（城市员工）和77%来自农（乡）村的员工（农村员工）对利组织行为有较高的认同度。

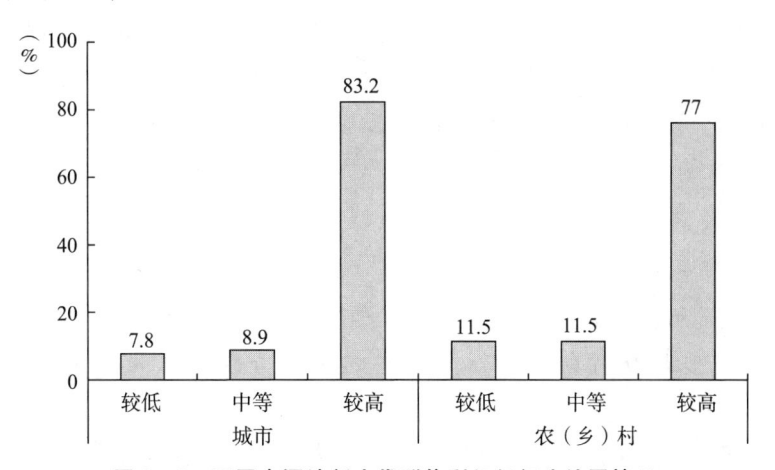

图3-8 不同来源地新生代群体利组织行为认同情况

表 3-13　不同来源地员工的利组织行为差异性描述

维度	城市		农（乡）村		F
	M	SD	M	SD	
投入行为	14.47	3.135	14.01	3.207	46.320***
负责行为	10.84	2.521	10.66	2.418	9.012**
主动行为	14.09	2.812	13.98	2.697	1.195
创新行为	11.11	2.447	10.76	2.377	25.958***
助人行为	14.55	3.094	14.16	3.158	10.758**

注：**$p<0.01$，***$p<0.001$。

从表 3-13 可以看出，城市员工和农村员工在投入行为（F=46.320，$p<0.001$）、负责行为（F=9.012，$p<0.01$）、创新行为（F=25.958，$p<0.001$）和助人行为（F=10.758，$p<0.01$）方面存在显著差异。城市员工的利组织行为总体高于农（乡）村员工。无论来自城市（14.55）还是农（乡）村（14.16），新生代员工中对于助人行为的认同度都是最高。施跃东等（2016）的研究表明自发性助人行为可以正向影响员工的工作幸福感。组织中创立良好的人文环境，鼓励组员工之间相互帮助、相互信任，构建一种良好的助人氛围，可以使得员工在工作中获得较高的认同感。来自农（乡）村的新生代职业群体内部差异也很大，有的通过教育获得城市身份而留在城市，他们与城市公民享受同等的福利保障，而另一部分，被称为农民工，他们的生活离不开企业，企业其实在很大一部分上代替了政府管理新生代农民工，在调查过程中发现，有很多企业在福利保障方面缺失，普遍存在没有劳动保险、没有劳动合同的问题。能够在企业工作是新生代农民工进入城市的最主要原因，而一旦他们对企业的管理感到不认同，又如何能做出有利于组织的行为？

（三）文化程度差异

在文化程度方面，图 3-9 的统计结果显示，大专及以下、本科、硕士和博士的被调查者利组织行为认同的比例分别占到 85.5%、76.0%、88.5% 和 61.1%。

由表 3-14 可知，在按学历分类中，大专及以下的新生代员工在投入行为维度上的均值较高（14.22），表明学历为大专及以下的被调查者能够积极地投入工作；本科（15.05）和硕士（15.03）的新生代员工在主动行

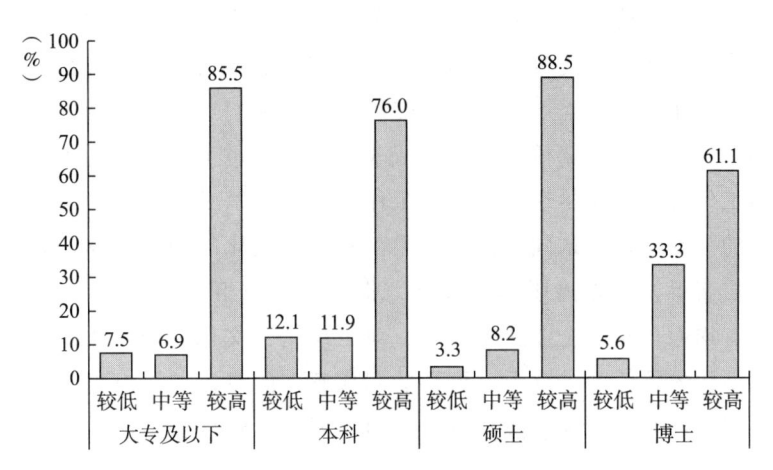

图 3-9　不同文化程度新生代群体利组织行为认同情况

表 3-14　不同文化程度的利组织行为差异性描述

维度	大专及以下		本科		硕士		博士		F
	M	SD	M	SD	M	SD	M	SD	
投入行为	14.22	3.197	14.45	2.518	14.41	2.744	13.11	3.980	21.651***
负责行为	14.11	3.175	14.43	3.106	15.11	2.889	13.67	2.815	7.185***
主动行为	13.75	2.866	15.05	2.825	15.03	2.741	12.56	2.611	19.188***
创新行为	13.34	3.216	14.74	3.020	15.31	2.727	15.40	3.316	8.637***
助人行为	14.20	3.126	14.62	3.216	14.48	2.745	13.17	2.361	6.273***

注：***$p<0.001$。

为上的均值较高，表明本科及硕士的被调查者能够主动为组织的发展做出努力；硕士（15.31）学历的被调查者在创新行为上的均值较高；此外调查发现，博士（13.67）学历的被调查者在负责行为上认同度较高。大专及以下文化程度的新生代员工创新行为显著少于本科及以上文化程度的员工。根据需要层次理论，受教育程度较低的员工更倾向于基本生活需要的满足，受教育程度较高的员工，除了满足基本生活需求以外，还为了满足更高层次的需求，即实现自我价值。

（四）新生代群体利组织行为特点的总结

本部分发现利组织行为在性别、来源地、文化程度人口学统计学变量上都有显著性差异，主要包括如下四个方面。

第一，新生代职业群体有关利组织行为不同维度的情况并不一致。本研究显示，新生代职业群体对投入行为和助人行为认同程度比较高。新生代职业群体大多数接受过完整的教育，这使他们形成良好的道德品质，能够与人和谐相处，注重坦诚沟通与交流，所以他们对助人行为的认同度是很高的。由于在自由宽松的环境里成长，新生代员工适应能力很强，在面对新的工作时，也能尽快地投入到工作中去，所以对投入行为的认同度也是很高的。责任行为认同低说明，员工对组织文化的理解不够深入，更倾向于物质获得，所以离职率比较高，很难建立与组织一致的目标；另外，组织没有加强自身的企业文化建设，对组织精神文化熏陶不够，没能建立与组织一致的价值观，缺乏对组织的归属感。同时，如果组织没有舒适的工作环境、良好的福利保障和晋升渠道，就会影响到员工的积极性，减少员工的主动行为。

第二，新生代男性群体的利组织行为认同度要高于女性。随着社会的不断进步，传统社会中"男主外，女主内"的模式也发生了变化，很多女性进入劳动力市场，多重角色的重叠使她们承担了更多的压力，从而进一步加重了工作-家庭角色冲突，女性在工作中和家庭中需要扮演不同的角色。这样就需要她们在不同的环境中进行角色的切换。工作中，需要女性更加理想、高效地投入工作，而家庭则需要她们更加温柔感性。因此，如果把工作的状态带回家，就会引起家庭成员的不满。这种行为冲突可能给女性员工的家庭和工作带来麻烦，无形中增加了女性工作和家庭压力，从而降低了其工作积极性，影响了对组织的认同。

第三，不同经济、教育环境下的新生代群体利组织行为差异主要体现在工作责任行为方面。目前，很多来自农村的新生代员工从事劳动密集型的工作，通常他们都是工作在最基层、最一线的员工，重复单一的工作使他们很难有晋升的空间，满足不了他们的自尊需要和归属需要，极大地降低了他们对组织的忠诚度。

第四，不同教育环境下的新生代群体利组织行为认同差异主要体现在对创新的认同方面。由于受教育程度的提高，员工掌握的知识更多，能力更强，在工作中能够获得更多的成就感，在遇到困难时也会采取各种办法去克服，拥有较好的心理素质。此外，创新行为是一个很复杂的活动，需要拥有较强的心理素质才能完成。

三 差异性与整体影响分析

(一) 研究假设

1. 职业认同对利组织行为假设

虽然学者们分别对职业认同和利组织行为进行了独立研究，但大都集中在职业倦怠、离职意向、工作满意度、工作压力等方面。在目前的研究成果中，对员工职业认同与利组织行为的关系，以及通过量表形式测量职业认同如何影响其利组织行为的研究还很鲜见。王卫国（2013）的研究认为高校教师职业认同会影响到教师对组织的认可程度。同类研究还发现，护士的职业认同会影响其离职倾向（陈蕾，2015；张斌等，2016；马娟婷、徐娟，2017），而工作压力、离职倾向又是影响组织内部团结和归属感的重要变量。如果员工个体的职业认同感比较强，组织又能提供必要的资源和创造良好的环境，来实现个体的职业发展和职业理想，将有益于新生代员工增加利组织行为。基于以上分析，本研究提出假设：

H1：职业认同正向影响利组织行为。

2. 组织认同对利组织行为假设

张淑华和刘兆延（2016）的研究发现，员工的组织认同会影响到离职倾向，组织认同与离职意向呈现高度的负相关。同时，李永周等（2016）认为组织认同对利组织行为有显著的正向影响。而离职倾向又是影响组织内部团结和归属感的重要变量。如果员工个体的组织认同感比较强，组织又能提供必要的资源和创造良好的环境，来实现个体的职业发展和职业理想，那么员工利组织行为会受到积极影响。综上所述，组织支持是员工对组织提供的投入的感受，这种感受会对员工的利组织行为产生重要影响作用。基于以上分析，本研究提出假设：

H2：组织认同对利组织行为存在正向影响。

3. 情感认同对利组织行为假设

秦鹏、邓安娜（2014）证实，员工情感认同与酒店员工流失呈负相关关系。员工对酒店的认同情感越强，流失倾向越弱。Moorman、Blakely（1995）研究发现员工共同的工作价值观有利于组织的团结。李峰利和边舒雯（2012）指出新生代员工的工作价值观可以增强员工对组织的归属感，增强对组织的认同。对组织而言，员工情感上的认同有利于团队协作，创造良好的氛围，进而有利于员工做出积极的组织行为。由此，做出以下推测：

H3：情感认同对利组织行为存在正向影响。

4. 组织支持对利组织行为假设

有研究表明，知识型员工的组织支持感对工作投入具有正向促进作用（谭小宏，2012；孙健敏等，2015）。Wright等（2002）研究发现，工作投入会影响到员工的职业生涯发展。如果组织成员的工作投入度高，就会增强对组织的凝聚力。易红梅等（2015）、潘小康等（2015）认为工作投入水平的提高，能够降低护士离职意愿。陈维政等（2012）指出提升员工工作投入水平和工作满意度，可以降低离职倾向。刘培琪等（2018）的研究证明，领导者率先垂范对员工工作投入将产生正向显著影响，从而影响员工对组织的认可。可见，工作投入可以影响员工对工作的态度，以及员工对待组织的态度，从而形成利组织行为。基于以上分析，提出如下假设：

H4：组织支持对利组织行为存在正向影响。

5. 职业归属感对利组织行为假设

有研究表明，归属感和职业倦怠感之间存在显著的负相关，归属感越强，职业倦怠感越弱（王晓玲，2009）。孟祥乐（2016）的研究表明，组织支持感越高，职业倦怠水平越低。同时，研究证实，组织支持与积极组织行为有显著的正相关关系。基于以上研究，提出如下假设：

H5：职业归属感对利组织行为存在正向影响。

（二）职业归属感对利组织行为的影响差异分析

1. 职业认同与利组织行为之间的方差分析

表3-15　职业认同对利组织行为的方差分析

		平方和	df	均方	F	显著性
投入行为	组间 组内 总数	514.629 718.833 1233.462	18 100 118	28.591 7.188	3.977	.000
负责行为	组间 组内 总数	517.042 640.656 1157.697	18 100 118	28.725 6.407	4.484	.000

续表

		平方和	df	均方	F	显著性
主动行为	组间 组内 总数	409.684 680.299 1089.983	18 100 118	22.760 6.803	3.346	.000
创新行为	组间 组内 总数	430.802 578.660 1009.462	18 100 118	23.933 5.787	4.136	.000
助人行为	组间 组内 总数	439.444 523.379 962.824	18 100 118	24.414 5.234	4.665	.000

从表 3-15 可知，职业认同在投入行为、负责行为、主动行为、创新行为和助人行为维度上，检验结果的 F 值分别是 3.977、4.484、3.346、4.136 和 4.665，概率 p 值均为 0.000，概率 p 值小于 0.001，那么判定职业认同对利组织行为的各个层面存在显著性差异。

表 3-16 投入行为对职业认同的回归分析

因变量	自变量	Beta	R^2	F
投入行为	职业认同	0.465 ($p=0.000$)	0.338	61.369 ($p=0.000$)

回归结果如表 3-16 所示，回归方程结果表明，F = 61.369，p = 0.000，R^2 = 0.338，Beta = 0.465，p = 0.000，较好地解释了样本数据对投入行为的影响，职业认同对投入行为显著正向回归。

表 3-17 负责行为对职业认同的回归分析

因变量	自变量	Beta	R^2	F
负责行为	职业认同	0.344 ($p=0.000$)	0.201	29.399 ($p=0.000$)

回归结果如表 3-17 所示，回归方程结果表明，F = 29.399，p = 0.000，R^2 = 0.201，Beta = 0.344，p = 0.000，较好地解释了样本数据对负责行为的影响，职业认同对负责行为显著正向回归。

表 3-18 主动行为对职业认同的回归分析

因变量	自变量	Beta	R^2	F
主动行为	职业认同	0.267 ($p=0.000$)	0.1128	17.212 ($p=0.000$)

回归结果如表 3-18 所示，回归方程结果表明，$F=17.212$，$p=0.000$，$R^2=0.1128$，$Beta=0.267$，$p=0.000$，较好地解释了样本数据对主动行为的影响，职业认同对主动行为显著正向回归。

表 3-19 创新行为对职业认同的回归分析

因变量	自变量	Beta	R^2	F
创新行为	职业认同	0.340 ($p=0.000$)	0.226	34.116 ($p=0.000$)

回归结果如表 3-19 所示，回归方程结果表明，$F=34.116$，$p=0.000$，$R^2=0.226$，$Beta=0.340$，$p=0.000$，较好地解释了样本数据对创新行为的影响，职业认同对创新行为显著正向回归。

表 3-20 助人行为对职业认同的回归分析

因变量	自变量	Beta	R^2	F
助人行为	职业认同	0.388 ($p=0.000$)	0.307	51.841 ($p=0.000$)

回归结果如表 3-20 所示，回归方程结果表明，$F=51.841$，$p=0.000$，$R^2=0.307$，$Beta=0.388$，$p=0.000$，较好地解释了样本数据对助人行为的影响，职业认同对助人行为显著正向回归。

表 3-21 利组织行为对职业认同的回归分析

因变量	自变量	Beta	R^2	F
利组织行为	职业认同	1.803 ($p=0.000$)	0.385	73.115 ($p=0.000$)

回归结果如表 3-21 所示，回归方程结果表明，$F=73.115$，$p=0.000$，$R^2=0.385$，$Beta=1.803$，$p=0.000$，较好地解释了样本数据对利组织行为的影响，职业认同对利组织行为显著正向回归。

2. 组织认同与利组织行为之间的方差分析

表 3-22　组织认同对利组织行为的方差分析

		平方和	df	均方	F	显著性
投入行为	组间 组内 总数	478.142 755.320 1233.462	14 104 118	34.153 7.263	4.703	.000
负责行为	组间 组内 总数	519.185 638.512 1157.697	14 104 118	37.085 6.140	6.040	.000
主动行为	组间 组内 总数	496.580 593.403 1089.983	14 104 118	35.470 5.706	6.216	.000
创新行为	组间 组内 总数	385.263 624.200 1009.462	14 104 118	27.519 6.002	4.585	.000
助人行为	组间 组内 总数	388.253 547.571 962.824	14 104 118	27.732 5.525	5.020	.000

从表 3-22 可知，组织认同在投入行为、负责行为、主动行为、创新行为和助人行为维度上，检验结果的 F 值分别是 4.703、6.040、6.216、4.585 和 5.020，概率 p 值均为 0.000，概率 p 值小于 0.001，那么判定组织认同对利组织行为有显著关系。

表 3-23　投入行为对组织认同的回归分析

因变量	自变量	Beta	R^2	F
投入行为	组织认同	0.474 ($p=0.000$)	0.286	46.922 ($p=0.000$)

回归结果如表 3-23 所示，回归方程结果表明，F = 46.922，p = 0.000，R^2 = 0.286，Beta = 0.474，p = 0.000，较好地解释了样本数据对投入行为的影响，组织认同对投入行为显著正向回归。

表 3-24　负责行为对组织认同的回归分析

因变量	自变量	Beta	R^2	F
负责行为	组织认同	0.475 ($p=0.000$)	0.307	51.866 ($p=0.000$)

回归结果如表 3-24 所示，回归方程结果表明，F = 51.866，p = 0.000，R^2 = 0.307，Beta = 0.475，p = 0.000，较好地解释了样本数据对负责行为的影响，组织认同对负责行为显著正向回归。

表 3-25　主动行为对组织认同的回归分析

因变量	自变量	Beta	R^2	F
主动行为	组织认同	0.476 (p = 0.000)	0.327	56.937 (p = 0.000)

回归结果如表 3-25 所示，回归方程结果表明，F = 56.937，p = 0.000，R^2 = 0.327，Beta = 0.476，p = 0.000，较好地解释了样本数据对主动行为的影响，组织认同对主动行为显著正向回归。

表 3-26　创新行为对组织认同的回归分析

因变量	自变量	Beta	R^2	F
创新行为	组织认同	0.436 (p = 0.000)	0.297	49.355 (p = 0.000)

回归结果如表 3-26 所示，回归方程结果表明，F = 49.355，p = 0.000，R^2 = 0.297，Beta = 0.436，p = 0.000，较好地解释了样本数据对创新行为的影响，组织认同对创新行为显著正向回归。

表 3-27　助人行为对组织认同的回归分析

因变量	自变量	Beta	R^2	F
助人行为	组织认同	0.444 (p = 0.000)	0.323	55.760 (p = 0.000)

回归结果如表 2-27 所示，回归方程结果表明，F = 55.760，p = 0.000，R^2 = 0.323，Beta = 0.444，p = 0.000，较好地解释了样本数据对助人行为的影响，组织认同对助人行为显著正向回归。

表 3-28　利组织行为对组织认同的回归分析

因变量	自变量	Beta	R^2	F
利组织行为	组织认同	2.306 (p = 0.000)	0.503	118.537 (p = 0.000)

回归结果如表 3-28 所示，回归方程结果表明，F = 118.537，p = 0.000，R^2 = 0.503，Beta = 2.306，p = 0.000，较好地解释了样本数据对利组织行为的影响，组织认同对利组织行为显著正向回归。

3. 情感认同与利组织行为之间的方差分析

表 3-29　情感认同对利组织行为的方差分析

		平方和	df	均方	F	显著性
投入行为	组间 组内 总数	734.200 501.262 1233.462	18 100 118	40.678 5.013	8.115	.000
负责行为	组间 组内 总数	543.451 614.246 1157.697	18 100 118	30.192 6.142	4.915	.000
主动行为	组间 组内 总数	462.056 627.927 1089.983	18 100 118	25.670 6.279	4.088	.000
创新行为	组间 组内 总数	420.062 589.401 1009.462	18 100 118	23.337 5.894	3.959	.000
助人行为	组间 组内 总数	497.936 464.888 962.824	18 100 118	27.663 4.649	5.950	.000

从表 3-29 可知，情感认同在投入行为、负责行为、主动行为、创新行为和助人行为维度上，检验结果的 F 值分别是 8.115、4.915、4.088、3.959 和 5.950，概率 p 值均为 0.000，概率 p 值小于 0.001，那么判定情感认同与利组织行为有显著关系。

表 3-30　投入行为对情感认同的回归分析

因变量	自变量	Beta	R^2	F
投入行为	情感认同	0.554 （p = 0.000）	0.535	134.751 （p = 0.000）

回归结果如表 3-30 所示，回归方程结果表明，F = 134.751，p = 0.000，R^2 = 0.535，Beta = 0.554，p = 0.000，较好地解释了样本数据对投入行为的影响，情感认同对投入行为显著正向回归。

表 3-31 负责行为对情感认同的回归分析

因变量	自变量	Beta	R^2	F
负责行为	情感认同	0.391 ($p=0.000$)	0.285	46.457 ($p=0.000$)

回归结果如表 3-31 所示，回归方程结果表明，$F=46.457$，$p=0.000$，$R^2=0.285$，$Beta=0.391$，$p=0.000$，较好地解释了样本数据对负责行为的影响，情感认同对负责行为显著正向回归。

表 3-32 主动行为对情感认同的回归分析

因变量	自变量	Beta	R^2	F
主动行为	情感认同	0.344 ($p=0.000$)	0.234	35.764 ($p=0.000$)

回归结果如表 3-32 所示，回归方程结果表明，$F=35.764$，$p=0.000$，$R^2=0.234$，$Beta=0.344$，$p=0.000$，较好地解释了样本数据对主动行为的影响，情感认同对主动行为显著正向回归。

表 3-33 创新行为对情感认同的回归分析

因变量	自变量	Beta	R^2	F
创新行为	情感认同	0.277 ($p=0.000$)	0.164	22.877 ($p=0.000$)

回归结果如表 3-33 所示，回归方程结果表明，$F=22.877$，$p=0.000$，$R^2=0.164$，$Beta=0.277$，$p=0.000$，较好地解释了样本数据对创新行为的影响，情感认同对创新行为显著正向回归。

表 3-34 助人行为对情感认同的回归分析

因变量	自变量	Beta	R^2	F
助人行为	情感认同	0.368 ($p=0.000$)	0.303	50.974 ($p=0.000$)

回归结果如表 3-34 所示，回归方程结果表明，$F=50.974$，$p=0.000$，$R^2=0.303$，$Beta=0.368$，$p=0.000$，较好地解释了样本数据对助人行为的影响，情感认同对助人行为显著正向回归。

表 3-35　利组织行为对情感认同的回归分析

因变量	自变量	Beta	R^2	F
利组织行为	情感认同	1.935 ($p=0.000$)	0.485	109.972 ($p=0.000$)

回归结果如表 3-35 所示，回归方程结果表明，F = 109.972，p = 0.000，R^2 = 0.485，Beta = 1.935，p = 0.000，较好地解释了样本数据对利组织行为的影响，情感认同对利组织行为显著正向回归。

4. 组织支持与利组织行为之间的方差分析

表 3-36　组织支持对利组织行为的方差分析

		平方和	df	均方	F	显著性
投入行为	组间 组内 总数	612.655 620.808 1233.462	15 103 118	40.844 6.027	6.776	.000
负责行为	组间 组内 总数	491.227 666.471 1157.697	15 103 118	32.748 6.471	5.061	.000
主动行为	组间 组内 总数	415.316 674.667 1089.983	15 103 118	27.688 6.550	4.227	.000
创新行为	组间 组内 总数	462.370 545.092 1009.462	15 103 118	30.958 5.292	5.850	.000
助人行为	组间 组内 总数	472.177 490.646 962.824	15 103 118	31.478 4.764	6.608	.000

从表 3-36 可知，组织支持在投入行为、负责行为、主动行为、创新行为和助人行为维度上，检验结果的 F 值分别是 6.776、5.061、4.227、5.850 和 6.608，概率 p 值均为 0.000，概率 p 值小于 0.001，那么判定组织支持与利组织行为有显著关系。

表 3-37　投入行为对组织支持的回归分析

因变量	自变量	Beta	R^2	F
投入行为	组织支持	0.627 ($p=0.000$)	0.440	92.046 ($p=0.000$)

回归结果如表 3-37 所示,回归方程结果表明,F = 92.046,$p = 0.000$,$R^2 = 0.440$,Beta = 0.627,$p = 0.000$,较好地解释了样本数据对投入行为的影响,组织支持对投入行为显著正向回归。

表 3-38 负责行为对组织支持的回归分析

因变量	自变量	Beta	R^2	F
负责行为	组织支持	0.528 ($p = 0.000$)	0.333	3.367 ($p = 0.000$)

回归结果如表 3-38 所示,回归方程结果表明,F = 3.367,$p = 0.000$,$R^2 = 0.333$,Beta = 0.528,$p = 0.000$,较好地解释了样本数据对负责行为的影响,组织支持对负责行为显著正向回归。

表 3-39 主动行为对组织支持的回归分析

因变量	自变量	Beta	R^2	F
主动行为	组织支持	0.497 ($p = 0.000$)	0.313	53.315 ($p = 0.000$)

回归结果如表 3-39 所示,回归方程结果表明,F = 53.315,$p = 0.000$,$R^2 = 0.313$,Beta = 0.497,$p = 0.000$,较好地解释了样本数据对主动行为的影响,组织支持对主动行为显著正向回归。

表 3-40 创新行为对组织支持的回归分析

因变量	自变量	Beta	R^2	F
创新行为	组织支持	0.484 ($p = 0.000$)	0.320	54.966 ($p = 0.000$)

回归结果如表 3-40 所示,回归方程结果表明,F = 54.966,$p = 0.000$,$R^2 = 0.320$,Beta = 0.484,$p = 0.000$,较好地解释了样本数据对创新行为的影响,组织支持对创新行为显著正向回归。

表 3-41 助人行为对组织支持的回归分析

因变量	自变量	Beta	R^2	F
助人行为	组织支持	0.486 ($p = 0.000$)	0.339	60.017 ($p = 0.000$)

回归结果如表 3-41 所示，回归方程结果表明，F = 60.017，$p = 0.000$，$R^2 = 0.339$，Beta = 0.486，$p = 0.000$，较好地解释了样本数据对助人行为的影响，组织支持对助人行为显著正向回归。

表 3-42　利组织行为对组织支持的回归分析

因变量	自变量	Beta	R^2	F
利组织行为	组织支持	2.623 ($p = 0.000$)	0.571	155.730 ($p = 0.000$)

回归结果如表 3-42 所示，回归方程结果表明，F = 155.730，$p = 0.000$，$R^2 = 0.571$，Beta = 2.623，$p = 0.000$，较好地解释了样本数据对利组织行为的影响，组织支持对利组织行为显著正向回归。

5. 结果说明

当员工明确工作目标与职责时，就会在工作中投入时间与精力，而当外界提供良好的职业环境与氛围时，有利于提升员工的职业认同度。根据社会认同理论，一方面，员工自身的认同感和组织认同感增加了其工作的价值感和归属感；另一方面，也增加了其自身工作的荣誉感，使员工愿意为组织奉献，在工作中表现出更多的利组织行为。职业认同不仅代表员工对自身工作价值的评价，也是为工作奉献的意愿程度，具有高职业认同的个体，也具有较高的利组织行为。因此，自身对职业的认可会提高组织行为的主动性。

员工对组织的认同不仅仅指组织能够提供较高的薪资待遇，也包括组织满足员工的心理需求。工作不仅是员工谋生的手段，也是为了实现自我发展的手段。因此，员工工作满意程度越高，对组织的忠诚度越高，甚至会为了工作与他人保持良好的人际关系。例如，当领导对员工给予足够多的关心和发展机会时，员工会更多地支持领导工作，维护组织间的和谐关系。同时，努力工作使员工得到更多的晋升机会。由此体现了助人行为的重要性。所以，组织认同正向影响利组织行为。

情感认同能够反映新生代员工对组织付出的程度，代表着个体与组织的关系，高情感认同的员工更多的是因为对组织文化和价值观的认可，而非完全追求个人利益而为组织工作。因此，情感认同高的员工与组织的价值观和目标更为一致，能够自觉遵守组织的各项规章制度，当个人利益与组织利益发生冲突时，个体愿意牺牲自我利益，维护组织利益。提升员工对组织的忠诚度，使员工能够自觉承担各种责任，团结协作，为组织创造一个良好的工作氛围，同时，在组织中的身份认同，也使他们会更加积极地参加各种培训，实现自我价值。所以，情感认同对利组织行为有正向的影响。

当员工在工作中感受到组织支持和帮助时，便会产生对组织的使命感和责任感，进而通过提高自己的工作效率来履行自己的责任。根据需要层次理论，当人们低层次的需要得到满足后，就会有更高层次的需要，在工作中就表现为积极组织行为。新生代员工的需求层次高，需求多样化，必要的鼓励支持会提高员工的工作积极性（李榕，2008）。同时组织支持感更多的是员工的一种主观意识，组织希望员工获得企业的文化精神，这就需要组织进行长期的宣传和灌输，而这是短期内无法完成的。同时，精神上的鼓励也是十分重要的。例如，当员工取得优秀业绩或困难时，若能得到组织的鼓励和帮助，他们的积极性就会提高，继而员工的利组织行为受到影响，随之而来的是工作效率的提高。

（三）职业归属感对利组织行为影响的整体性验证

1. 结构方程模型简介

结构方程模型（Structural Equation Modeling，SEM），是社会科学研究中一个非常好的方法。该方法在20世纪80年代就已经成熟，可惜国内了解的人并不多。在社会科学以及经济、市场、管理等研究领域，有时需要处理多个原因、多个结果的关系，或者会碰到不可直接观测的变量（即潜变量），这些都是传统的统计方法不能很好解决的问题。结构方程模式由测量和潜在变量两部分组成：测量部分求出观察指标与潜在变量之间的关系；潜在变量部分求出潜在变量与潜在变量之间的关系。

测量模式的方程：X、Y 分别是外源和内源指标；η、ε 分别是内源和外源变量，δ、e 分别是 X、Y 的测量误差；Λx 是 X 指标与外源潜在变量 ζ 的关系；Λy 是 Y 指标与内源潜在变量 η 的关系。

结构模式的方程为 $\eta = \beta\eta + \Gamma\varepsilon + \zeta$。其中 η 是内源潜在变量，ε 是外源潜在变量间关系，ζ 是内源潜在变量间关系，Γ 是外源潜在变量对内源潜在变量的影响，β 是模式内未能解释的部分。结构方程分析步骤表述如下。

（1）模型建构。指定观测变量与潜变量的关系、各潜变量间的相互关系，在复杂的模型中，可以限制因子负荷或因子相关系数等参数的数值或关系。

（2）模型拟合。主要是模型参数的估计（e.g., 回归分析，通常用最小二乘方法拟合模型，相应的参数估计被称为最小二乘估计）。

（3）模型评价。结构方程的解是否适当，估计是否收敛，各参数估计值是否在合理范围内，参数与预设模型的关系是否合理。当然数据分析可能出现一些预期以外的结果，但各参数绝不应出现一些互相矛盾、与先验假设有严重冲突的现象，检视多个不同类型的整体拟合指数，如 NNFI、CFI、RMSEA 和卡方值等，在含较多因子的复杂模型中，无论是否删去某一两个路径（固定它们为0），对整个模型拟合影响不大，应当先检查每一个测量模型。

（4）模型修正。依据理论或有关假设，提出一个或数个合理的先验模型，检查潜变量与指标间的关系，建立测量模型，可能增删或重组题目，若用同一样本数据去修正重组测量模型，再检查新模型的拟合指数，就十分接近探索性因素分析，所得拟合指数不足以说明数据支持或验证模型，可以循序渐进地，每次只检查含 2 个因子的模型，确立测量模型部分合理后，最后才将所有因子合并成预设的先验模型，做一个总体检查，对每一模型，检查标准误、t 值、标准化残差、修正指数、参数期望改变值及各种拟合指数，据此修改模型并重复这一步骤。

2. 职业归属感推进利组织行为模型建立

前文已经分别考察了职业归属感各因素对利组织行为的影响。研究表明，个体对利组织行为相关的职业认同、组织认同、情感认同、组织支持情况有正面影响，此处将通过 SEM（结构方程模型）对职业认同、组织认同、情感认同和组织支持三个变量进行整合，考察其对利组织行为的整体解释效力，以便管理者针对不同类型的新生代个体采取积极的管理手段和激励策略，从而提高企业的工作效率。本研究以 3% 的概率从数据库中随机选取 119 个样本，根据前文中设计的假设，建立了职业归属感对利组织行为的结构方程模型，模型的路径系数及显著性如表 3-43 所示。

表 3-43 原假设的结构方程模型路径系数及其显著性

			Estimate	S. E.	C. R.	p
利组织行为	←	职业归属感	0.650	0.081	6.730	***
情感认同	←	职业归属感	1.000			

续表

			Estimate	S. E.	C. R.	p
组织认同	←	职业归属感	0.850	0.088	9.649	***
职业认同	←	职业归属感	0.810	0.103	7.881	***
利组织行为	←	职业认同	1.041	0.029	1.414	0.157
利组织行为	←	组织认同	1.159	0.042	3.798	***
利组织行为	←	情感认同	1.126	0.036	3.513	***
利组织行为	←	组织支持	1.225	0.051	4.422	***
投入行为	←	利组织行为	1.000			
负责行为	←	利组织行为	1.163	0.171	6.807	***
主动行为	←	利组织行为	1.053	0.163	6.457	***
创新行为	←	利组织行为	1.071	0.159	6.737	***
助人行为	←	利组织行为	1.129	0.159	7.121	***
组织支持	←	职业归属感	1.837	0.081	10.310	***

对整体模型适配度进行检验，如表3-44所示，一般要求，$\chi^2/DF < 3$、GFI > 0.9、IFI > 0.9、NFI > 0.9、CFI > 0.9，可以说明模型的解释力；AGFI > 0.9、RMSEA < 0.05，说明模型不受样本数和模型复杂度的影响，且可以看出，该模型的拟合度符合标准。

表3-44 模型指标系数

指标判断标准	指标	说明
$\chi^2/DF < 3$	$\chi^2/DF = 1.341$	解释力较好
GFI > 0.9	GFI = 0.956	解释力较好
IFI > 0.9	IFI = 0.990	解释力较好
RMSEA < 0.05	RMSEA = 0.171	残差适配度很好
AGFI > 0.9	AGFI = 0.871	良性适配度一般
NFI > 0.9	NFI = 0.916	解释力较好
CFI > 0.9	CFI = 0.928	解释力较好

由此可以看出各项指标均已达到要求，表明该模型的拟合度是很合理的。

职业归属感对利组织行为影响 p 值小于0.001，说明前者对后者的影响是显著的。职业归属感包含情感认同的过程，根据社会交换理论，员工

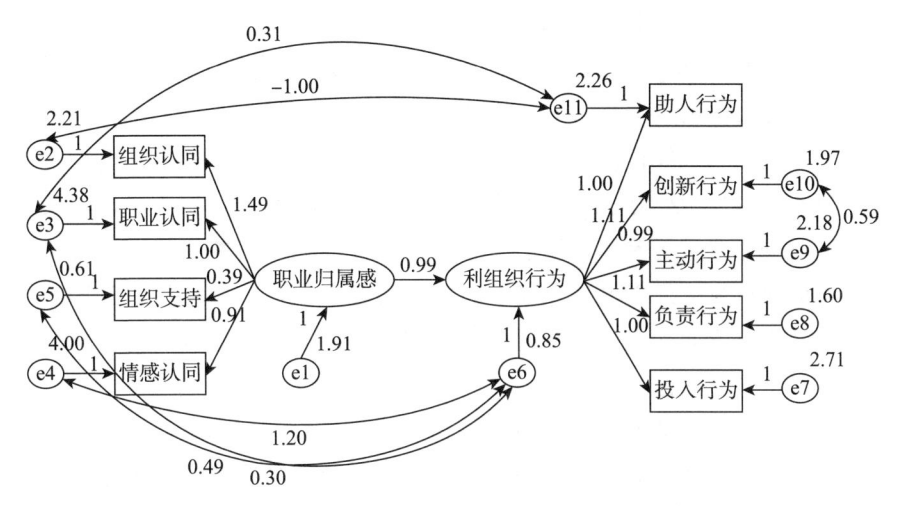

图 3-10 职业归属感影响利组织行为路径分析

在工作中对组织产生感情,并遵守组织的规章制度;同时受到中国传统文化的影响,员工希望在良好和谐的人际关系中工作,在满足个人利益的同时,也需要满足他人的需求,在工作中倾向于做出符合集体利益的行为,因此职业归属感对利组织行为的影响也较为明显。研究假设检验结果如表 3-45 所示,可知在本研究中提出的 4 个研究假设获得了实证检验的支持。

表 3-45 研究假设检验结果

假设序号	研究假设	是否成立
H1	职业认同对利组织行为正向影响	不成立
H2	组织认同对利组织行为正向影响	成立
H3	情感认同正向影响利组织行为	成立
H4	组织支持正向影响利组织行为	成立
H5	新生代群体职业归属感正向影响利组织行为	成立

本节研究以职业归属感和利组织行为为中心,探讨了职业归属感对利组织行为的影响机理。围绕该中心内容,分别探讨了职业认同、组织认同、情感认同和组织支持对利组织行为的影响;并厘清几个变量之间的逻辑关系。运用回归分析、方差分析和结构方程建模等统计方法,对调查样本的数据进行分析,结果显示如下。

1. 从个人统计特征与各研究变量的比较分析可知,不同性别在组织支持、负责行为和主动行为上没有显著差异，但是在组织认同、情感认同、创新行为和助人行为上有显著差异，结果显示男性被调查者在职业归属感和利组织行为各维度上显著好于女性；在来源地方面，不同来源地的新生代职业群体在利组织行为上有显著差异，来自城市的新生代群体的职业归属感和利组织行为要好于来自农（乡）村的新生代职业群体。不同学历在各变量上也存在显著差异，硕士学历的新生代职业群体在组织支持、情感认同和负责行为上好于本科及以下的新生代职业群体，但在组织认同维度上，大专及以下的新生代职业群体相对较好，在创新行为方面博士学历的被调查者要优于其他学历者。

2. 新生代职业群体组织认同对利组织行为存在正向影响。组织认同是心理学和社会学共同关心的一个问题。对大多数人而言，工作占据了生命中大多数的时间，是生活最重要的组成部分。人们可以愉快地、全神贯注地工作，也可以从行为和心理上厌恶工作。当新生代员工感到通过个人努力而获得好的工作成绩时，自尊的需要得到满足，个体会更加投入地工作，这种情况会对员工产生激励作用。新生代职业群体的投入行为，极大地影响着新生代员工的职业发展和职业成功，影响着员工的成就动机需求，进而影响个体利组织行为的形成。当员工的表现受到组织的重视，同时组织可以满足当前个体的显著性需要时，个人就会重视自己的工作，并认真投入到工作中。基于新生代职业群体的性格特点，企业让新生代员工能够在一个有凝聚力、自主性高的组织中工作，这将有利于他们在组织中最大限度地体现自身价值，追求事业的成功。与此同时，组织内部的团结也能增加新生代员工的责任感，使他们感到自己受到了信任和重视，这也将会增加员工对所在组织的积极行为。

3. 情感认同正向影响新生代职业群体的利组织行为。研究表明，情感认同通常是人们在工作过程中逐渐形成的，它将在今后的几十年内影响人们的工作动机。具体表现为工作责任心、对业务的钻研精神和职业的忠诚度。情感认同有利于员提高工作满意度和工作积极性，对员工的利组织行为有积极的推动作用。目前社会上普遍存在新生代员工频繁跳槽、职业怠倦、工作成就感低等现象。通过调查可发现，那些有明确工作价值观的新生代职业群体，通常能够爱岗敬业，捍卫自己的职业荣誉感。情感认同不仅影响个人行为，还影响群体行为和整个组织行为，进而影响组织的绩效与发展。当新生代群体有明确的工作价值观时，他们会积极投入工作，但是如果组织没有明确的价值观，如不太提倡创新、包容的文化，或者对于企业文化没有定位，而且领导、同事对此也不太关注的话，就会对新生代职业群体的工作价值观产生消极的影响。目前社会上大部分职业都需要和其他同事分工协作，需要团队的智慧和力量共同完成，所以在工作中感受到领导、同事或团队成员的支持是十分重要的；此外，多元的工作价值观和宽容的文化氛围对新生代职业群体的组织认同产生重要的影响。本书也通过调查分析验证了新生代职业群体情感认同正向影响他们的利组织行为这一假设。

4. 组织支持正向影响新生代职业群体的利组织行为。改革开放以来，市场经济打破了计划经济下单位对员工自由流动的限制。从调查中可知，新生代职业群体年龄越小，流动的频率越高。一方面，组织之间的人才竞争愈加激烈；另一方面，员工与组织的关系也发生了巨大的变化。新生代职业群体单方面的对组织的投入，包括技术、精力、价值观等，同样影响着新生代职业群体的利组织行为。良好的组织支持，会强化新生代职业群体对该职业的归属感以及与其他职业的区别，以满足自尊的需要。Haslam 等（2001）认为员工由于认同组织的目标和价值观而持续为组织工作，并愿意协助组织达成目标。具体来说，对于新生代职业群体，当他们对所在组织内部团结的认同程度较高的时候，他们会自觉地把自身的认知与内化的组织要求及目标、组织价值观有机地结合起来，把个人的进步发展与组织的进步发展紧密联系起来，他们群体公民行为和团队合作的意愿被激发。与此同时，新生代职业群体个体较高的利组织行为一旦形成，无论个体是否在组织内，个体的态度和行为都会持续受到影响。研究证明，组织提高对新生代员工的投入和理解，保障其需要，这样能相应提升他们对组织的认同感和归属感，影响新生代职业群体工作中的行为，提高他们对组织的贡献度。

5. 新生代职业群体的职业归属感正向影响其利组织行为。本研究结论证实了关于新生代群体职业归属感对利组织行为的影响，并对其正向影响进行推理和理论假设。以前的学者侧重于对独立的两个变量进行研究，较少有人研究两个变量相互之间的关系。而在职业归属感和利组织行为各自的影响因素中，却存在共同因素。研究表明，具有较强职业归属感的新生代员工，通常与组织有共同的目标。当职业目标得到满足时，他们就会得到组织的支持，增加工作中的满意度和减少离职倾向，这些也有利于增强员工的归属感。职业归属感对利组织行为的影响达到了 0.600，说明新生代职业群体的职业归属感正向影响利组织行为的假设在理论和实践中都是可行的。

（四）结果讨论

综合上述研究结果，我们认为企业可以从技能培训、岗位分工、企业文化、绩效管理等几个方面，提升新生代员工的职业归属感，激励新生代员工做出更多的利组织行为，开展更多创新性的工作。

1. 完善工作分工，明确岗位责任。组织应该明确各个岗位的工作职责和权力大小，对工作流程进行再设计，使组织运转更加流畅，合理处理人与岗位之间的关系，避免工作的重复性和职责模糊带来的不良效应和困惑，使部门之间的合作更加便捷。例如，工作轮换制和工作弹性制。

2. 提供心理能力的培训。在调查过程中发现，有很多新生代员工求职中存在共同的问题，如社会压力、失业经历、健康状况不良、教育水平低等。组织要通过心理能力的培训来提高员工的心理韧性、自我效能感，使员工从工作和生活中获得更高的满意度。组织可以开展角色扮演，培养参与者的众多心理能力，提高员工面对挫折的能力，适应实际工作的需求。

3. 加强对员工的激励和考核。除了对员工进行物质奖励以外，精神层面的奖励也是十分重要的。通过与员工建立良好的心理契约关系，提高员工的归属感、主人翁责任感和组织忠诚度，降低其离职倾向。同时，员工的考核指标不能超出其能力要求，否则，过大的压力反而不能提高职业绩效。

4. 建立良好的组织文化，形成融洽的沟通氛围。好的组织文化能够为组织带来凝聚力、经济效益、良好的社会形象以及市场竞争力。良好的组织文化，可以统一员工思想，塑造一个自由、平等的沟通氛围，增强员工的组织承诺，提高员工工作投入度，进而降低职业倦怠感的影响。当新生代员工工作在被认同、被尊重的环境中，并有一个良好的工作团队和工作环境时，其工作满意度也会大大提高。

第四章　新生代职业群体行为与社会治理机制研究

第一节　社会治理概念的发展历程

社会治理的概念是由社会管理发展而来的。社会治理是我国治理体系的重要组成部分，是全面推进依法治国的重要条件。

从社会管理到社会治理概念的升华，蕴含着深刻的现实意义和时代价值。创新社会治理理论的提出，是满足提高国家治理能力和实现国家治理体系和治理能力现代化的要求，是满足建设和谐社会的要求。2004年，党的十六届四中全会提出加强社会建设和管理，推进社会管理体制创新，建立健全党委领导、政府负责、社会协同、公众参与的社会管理格局。之后的十六届六中全会、党的十七大报告、党的十八大报告等均沿用了社会管理这一表述，并提出创新社会管理的要求与部署。2013年，党的十八届三中全会首次明确采用社会治理这一概念，并提出创新社会治理体制、提高社会治理水平的新要求。此后，创新社会治理成为国家体系建设的关键组成部分。社会治理虽然与社会管理仅一字之差，却呈现出与社会管理不同的鲜明特征，社会治理具有更强调"双向互动"和合作、协商的特征，更强调法治的理念，更重视公开、透明的治理方式。社会治理是党的社会建设理论与实践的一次重要的创新。从创新社会管理体制到创新社会治理体制逐步深化的过程中，创新社会治理体制体现了马克思主义的群众观点，体现了我们党对社会主义建设规律认识的不断深化。创新社会治理是我国社会治理体系建设的一个重要阶段，是对中国社会管理的实践经验总结的升级阶段，是我国应对各种接踵而来的社会问题的现实需要。社会治理的创新发展需要社会组织的积极参与，需要各种社会力量的配合与支持，需要我国加快建立和完善社会治理体系的步伐。

社会治理创新是执政哲学升华后社会建设的基本要求。确保社会充满活力和和谐是必然要求，也是实现国家治理体系和治理能力现代化的重要环节。社会治理创新的主要任务是保障和改善民生，促进社会公平正义，增强社会发展活力，促进社会和谐稳定。传统的以政府为单一主体的社会治理机制已不能满足社会发展的需要，社会治理的创新强调治理主体的多元化，各个主体间分工明确，各自承担相应的社会治理任务和社会职能。杨丽等（2015）认为社会组织以及其他社会自治力量正在迅速成长，并开始在社会治理中扮演越来越重要的角色。社会组织可以在多元参与、理性协商、建设性参与三个理论视角的指导下参与社会治理创新。随着改革的深化，社会组织参与社会治理的领域、路径、模式等将日益增多，其在社会治理与社会体制建设过程中也将发挥日益重要的作用。社会工作以其专业性介入社会治理，为创新社会治理开辟了新途径。在多元治理理念的视角下，社会工作不仅是多元社会治理中的重要组成部分，同时社会工作参与社会治理也起到推动其他主体积极参与社会治理的重要作用。叶淑静等（2016）认为社会工作介入社会治理的实现路径为：通过直接参与，承接政府购买服务，促进参与治理理念的传播；通过引导参与，提供专业服务，引导治理主体多元互动；通过协同参与，落实"三社联动"，积极构建参与氛围。在创新社会治理的发展过程中，社会企业的责任表现在社会治理职能的承担，能够增强市场主体社会责任上。社会企业通过参与社会治理，积极履行社会治理的企业社会责任，能够发现解决社会问题的有效方案，通过参与社会治理，推进社会治理的创新发展，为社会企业发展提供了外部动力，同时也使社会企业成为参与社会治理的有力主体。社会企业作为一种新型的治理主体，是社会目标和商业手段的融合体，以商业化的运作手段实现其优先的社会目标，是"目标驱动型"而不是"利润驱动型"组织。提高企业社会责任意识，通过创办社会企业创造就业，可以实现近期价值；通过社会与企业的协同治理以增进社会福利，可以实现中期价值；通过社会资本的积累，推进社会良性互动，可以实现远期价值。上述几个方面的实现正是创新社会治理的价值体现。目前，中国社会已经由社会管理迈向社会治理创新的社会，实现社会治理的创新对社会问题的有效解决具有重要价值。社会企业作为社会建设领域中的新生事物，为人们提供大量的就业岗位和实现职业理想的发展平台，社会企业在社会治理创新的视角下其发展规模会进一步扩大，企业社会责任意识的加强也使其在解决社会问题方面的作用进一步彰显。目前，新生代职业群体作为社会企业发展的主体不仅承担企业绩效发展的企业目标，而且也承担企业社会治理的职能，对新生代职业群体的社会治理能力的全面分析，不仅有助于企业经济发展，也会进一步推动企业积极参与社会治理创新，有效解决社会问题。

由社会治理概念的发展演变，我们能够斩获新生代职业群体社会治理政策的思路来源和理论支持，这些概念的脉络梳理对我们解决社会问题、寻找社会治理多元化的路径、探索社会治理创新发展具有一定的参考价值。

第二节　新生代职业群体的现实困境

一　新生代职业群体的社会失范现象

随着社会和经济的快速发展，目前，以"80后""90后"为代表的新生代员工成为企业发展和建设的主力军。新生代员工不仅包括学界广泛关注的新生代农民工，也包括具有城市户籍的年轻员工，在我国社会经济转型的背景下，新生代员工深受中西方多元文化的影响、工作的工具性增强、具有创新性和创造力、追求经济独立，因此，新生代员工的价值观和行为特征与他们的父辈大相径庭，新生代员工在由学生向就业者身份角色转变的过程中，如果处理不当会出现角色失调现象，导致出现许多心理问题，近年来，我国企业新生代职业群体失范事件频发，例如"年轻员工猝死事件""企业员工频繁离职跳槽""企业员工跳楼事件""企业员工泄密"等有损企业利益的事件，这些以新生代员工为主体并且与员工工作和企业发展息息相关的事件通过媒体的报道，传播的时间更快、范围更广，一方面，这些事件对员工、企业和社会三方面都造成了深远的负面影响；另一方面，这些事件也反映了新生代员工某些共同的行为特征，因此，新生代员工的社会治理问题深受社会各界研究者的关注。从一系列新生代职业群体失范事件中可以看出，目前，摆在我们面前的一个严峻问题是新生代员工尚未形成稳定的职业群体。

从新生代职业群体数量和所承担的社会职能两个方面看,这些职业群体都是城市社会的主导力量。人与人之间通过社会交往而产生的社会关系和社会活动是社会活力和社会发展进步的外在表现形式,而这些社会活动并非由单个个体所呈现出来,而是职业群体开展的群体社会活动,社会治理的主要目标是缓解社会群体间的冲突与矛盾,增强社会活力和促进社会和谐因素的增长,社会治理的主要对象应当是职业群体。涂尔干认为职业群体具有一种内在稳定性,具有实现社会整合的功能,新生代职业群体的失范现象破坏了其内在稳定性,这不仅对企业组织发展形成阻碍,同时也影响经济发展和社会的稳定、和谐。新生代职业群体的社会治理迫在眉睫,职业群体公民行为被认为能够作为组织道德的整合力量增强其自身组织的稳定性与合理性(涂尔干,2013;Patchen,1970;McCread,2007;姚俊,2014),在职业群体公民行为视角下探索新生代职业群体的社会治理路径,提高新生代职业群体的公民行为水平,对引导企业组织的创新发展,提高企业对新生代员工的社会责任能力,使其能够发挥作用促进社会主义和谐社会建设的实现尤为重要。

二 新生代职业群体的现实问题

在我国社会转型的过程中,新生代职业群体不仅是企业组织发展中的主要人才,也是经济发展的中坚力量和和谐社会建设的主力军。党的十九大报告明确指出,要提高保障和改善民生,加强和创新社会治理;打造共建共治共享的社会治理格局;加强社会治理制度建设,完善党委领导、政府负责、社会协同、公众参与、法治保障的社会治理体制,提高社会治理社会化、法治化、智能化、专业化水平。因此,正确面对新生代职业群体在社会治理中的现实问题,创新新生代职业群体的社会治理机制,提高基层社会治理水平,是新生代职业群体创新社会治理机制的研究重点,是建设和谐社会的要求。

通过实证调查发现,当前我国企业新生代员工在工作岗位上普遍存在工作满意度低、人际关系冷漠、离职行为频繁的现实问题;新生代员工自我意识比较强,在企业组织中的组织参与度较低;他们更多地追求经济独立,个性鲜明,蔑视权威,组织归属感较低;在职业生涯中,新生代员工职业规划不明确、缺少有针对性和有效性的职业培训。新生代员工在工作岗位和个人职业发展中所面临的各种现实问题,给企业组织的发展带来一定的挑战，新生代员工受复杂的网络信息影响，自控能力较差，与父辈相比，新生代员工的成长和生活环境相对优越，成长过程中经历的磨难和挫折较少，抗逆能力较弱，尤其当他们初入职场时不可避免地会感受到对职场的不适应和压力，如果处理不好会产生角色失调，甚至角色失败的后果，容易导致社会失范问题的产生，比如犯罪或自杀等极端事件发生。这些社会问题不仅危害新生代员工的自身成长和职业发展，对社会的和谐与稳定也造成严重负面影响。在新生代员工中有一类特殊群体，即新生代农民工，新生代农民工和新生代城市员工一样是城市建设和企业发展的主要成员，但是固化了的城乡二元结构是新生代农民工职业发展道路上无法避免的障碍。这种体制的障碍限制了新生代农民工和新生代城市员工享有平等就业、选择职业、取得劳动报酬的权利，固化了的城乡二元结构不仅严重伤害农民工的尊严，同时使贫富差距进一步扩大。维护新生代农民工权益的机制并未形成，企业组织中农民工权益受损事件频发，使他们深感挫败感和不公平，容易激发他们作为年轻一代的本能冲动，从而会迫使他们自发采取极端方式对企业组织进行抗争。因此相比新生代城市员工，新生代农民工在企业组织中还要承受来自固有体制弊端的压力和不公。新生代职业群体在企业组织中的工作状态及存在的现实问题不仅是企业组织发展中的经济问题，同时其中也包含着一定的政治因素。在建设社会主义和谐社会的背景下，新生代农民工问题和职业群体失范问题，对丰富新生代职业群体社会治理理论内容和创新社会治理体制提出了新的要求。

第三节 多元社会治理与新生代职业群体规范形成

一 企业社会责任与社会治理

在构建社会主义和谐社会的背景下，新生代职业群体社会问题和群体性失范事件多发，社会治理机制模式也需要相应的改进与创新。社会治理，就是政府、社会团体、社会组织、市场主体、社区以及公民个人等诸行为主体，通过平等的合作型伙伴关系，对社会事务、社会组织和社会生活等各领域进行规范和治理，最终实现公共利益最大化。社会治理机制指政府、企业组织、社会组织和居民自治组织等多元主体管理其共同事务的组织协调机制。传统观点下的企业组织功能主要在于管理企业员工，提高企业绩效，这种传统观点的弊端容易造成企业组织忽略自己所要承担的社会责任，企业组织成员不仅是企业的内部组成人员，同时也是社会的主要成员，社会治理是企业社会责任的基本职能，新生代职业群体频发的群体事件很大程度上反映了企业社会责任意识的薄弱。职业群体组织公民行为理论的兴起与实践为企业履行社会责任提供了内在动力。

"组织公民行为"这一概念由美国印第安大学教授 Organ 首次提出。1988 年 Organ 教授将组织公民行为定义为：未被纳入正常报酬体系内的、员工自发的一种角色外行为，这种行为有助于组织的有效运行，员工做出这些行为完全出于个人意愿，既非组织正式奖惩制度要求的行为，又非角色内所要求的行为。职业群体公民行为理论的产生和应用为企业新生代员工的社会治理研究提供了新视角。群体性组织公民行为是群体工作氛围的重要表现形式。柳士顺等（2012）认为群体公民行为一定程度上体现了工作情景中组织成员间的朋友关系，这种朋友关系也能产生一定的人际吸引，使群体成员对该组织形成情感依恋，由群体组织公民行为形成的工作氛围不仅能增强员工工作的敬业精神，也能降低员工的离职倾向。在企业组织中，组织成员自觉表现出来的组织公民行为体现在对组织运作的有效激励作用方面，武欣等（2007）的研究表明团队成员的组织公民行为可以提高团队成员的团队效能，就是说，如果团队成员做出更多的组织公民行为，这种和谐的环境使团队成员对团队的成功具有更多的信心并能够提高团队绩效。在组织公民行为对企业组织的推进作用方面，张小林等（2001）认为组织公民行为能够减少对稀缺资源的占用，从而使资源摆脱束缚进入各种生产活动中，提高同事和企业管理者的工作效率，并有效协调团队成员与工作组之间的活动，可以提高组织吸引和留住人才的能力。步入职场的新生代员工，他们身上一方面呈现个性鲜明且极富创新和挑战精神的特征；另一方面，也存在频发离职、自我认同感低和抗逆能力差的社会问题，这在给企业组织增加新的竞争力的同时无疑也给企业社会责任带来新的挑战。

新生代职业群体在企业社会责任中扮演承受者和传递者的角色，本书从新生代职业群体公民行为的视角入手，重现企业社会责任的社会治理基本功能，研究新生代职业群体公民行为和社会治理机制之间的关系，挖掘新生代职业群体社会治理的多元治理模式。在社会治理方面，新生代员工作为企业社会责任的主要承担者，其职业群体公民行为能够促进企业组织的绩效增长，使企业组织间接认清自己企业社会责任最主要的定位，在追求组织效益的同时，能够发挥社会治理的基本功能，成为职业群体社会治理的重要组成部分；职业群体公民行为能够深入团队成员间的人际关系，培养团队成员间的相互信任，减少新生代职业群体的失范行为，从而为企业管理者履行企业社会责任提供内在动力，丰富社会治理的理论内容，为政府机构进行社会治理的实践提供理论指导；职业群体公民行为能够加深新生代员工与企业组织之间的关系，缓解与同事、企业管理者间的冲突，减少新生代员工群体性事件的发生，维护社会的秩序与稳定，推动"政府负责、社会协同、公众参与"的社会治理格局进一步发展，推进社会治理能力的现代化及依法治国。

二　社会组织与社会治理

随着经济全球化的发展和我国社会的进步，传统的管理方式在我国已经不适用，代替传统管理的社会治理概念在我国已经普及，对于近年来我国频发的职业群体事件，需要在政府权威的指导下加强社会各方面的有效参与，协同治理，只有这样才能在推进法治社会建设等方面事半功倍。社会组织参与社会治理是我国现代社会治理的具体体现，也是政府与社会组织携手合作的内在要求。党的十八届四中全会通过的《中共中央关于全面推进依法治国若干重大问题的决定》，首次明确提出"加强社会组织立法"，明确提出积极发挥社会组织在立法协商、普法和守法、推进法治社会建设等方面的作用。社会组织参与社会治理主要是通过承担政府部分治理职能，从而对政府主导下的社会治理管理模式进行补充和进一步完善，社会组织监督企业运行，使得企业的决策能够合乎法律规范，自觉地履行和承担相应的企业社会责任。社会组织是社会成员权益聚集和能够拥有话语权的一个集合体，所以社会组织在社会治理中的作用之一就是协调社会成员间的社会关系，有效整合社会资源，发挥这些资源的优势，达到解决社会纠纷、缓解社会矛盾的最终目的。在新生代职业群体的社会治理中，政府与社会组织间形成有效的联结机制，政府能够从各种形式的社会组织中了解到民众的真实需求，这对解决企业不按法律要求支付职工节假日三倍薪资、企业恶意拖欠农民工工资、企业职工超负荷劳动等职业群体事件的发生具有一定的遏制作用，能够一定程度上维护农民工的合法权益。近年来我国各地发生的群体性事件对社会造成了十分不良的影响，社会组织有助于减少社会上存在的矛盾，在重大的职业群体事件中化解矛盾与纠纷，稳定社会的发展，促进法治社会的建设。

三 社会工作与社会治理

中共中央十八届三中全会提出了"推进国家治理体系和治理能力现代化"的改革发展目标，社会治理体系创新成为其重要的组成部分。社会工作是一种通过社会工作者有组织、有计划地向有需求的民众提供具体服务的活动。开展社会工作的主体是社会工作服务机构及其专业工作人员，他们是社会治理中多元主体中的重要一元，社会工作的功能主要表现在对于服务对象的功能和对于社会的功能。社会工作的功能对社会治理起到积极支持的作用。新生代职业群体是城市社会的主要群体，从其数量和活动空间范围两方面看，城市社会活动主要是由职业群体展开的。职业群体性事件的发生对企业发展和社会秩序产生负面影响，社会工作者介入群体性事件的协同治理，可以在一定程度上防止群体性事件的发生。社会工作者具有介入、干预社会问题的专业知识与科学方法（曾家达等，2001）。社会群体性事件的治理关键是要强化社会服务，促进公平正义，这是创新社会治理的根本出发点。社会工作能够深入人民群众内部，通过小组个案方式展开社会治理，能够借助社会工作人员的专业知识及早发现问题，介入基层群众的问题。

社会工作以助人自助为主要价值理念，运用科学的方法开展服务，及时回应和协调人民群众各方面各层次利益诉求，同时预防类似问题再次发生。随着群体性事件日益多元化和复杂化，预防社会问题、救助社会有需要的民众、解决社会治理问题、维持社会稳定的社会工作创新思路，成为目前社会工作的重心。社会工作者从预防和发展的角度介入社会问题开展社会工作，不仅协调了多元利益主体之间的和谐关系，而且利于解决社会问题、缓解社会矛盾、促进社会和谐发展。不同于其他社会治理主体特点的是社会工作者在改善困难群体自身困境的同时能够对群体进行增能赋权，激发群体的潜能，培养其积极参与社会治理的主体意识。企业社会工作是社会工作在工作环境的延伸，在通过服务帮助企业可持续发展的同时，还可以使企业以社会治理主体身份积极参与社会治理。贯穿"以人为本，服务为先"的社会治理理念，承担部分政府职能，分担政府压力，协调政府、企业及社会之间的关系，促进社会治理的创新。

第四节　新生代职业群体公民行为激励因素分析

新生代职业群体是城市建设和社会发展的主力军，而近年来频发的新生代职业群体失范行为给和谐社会建设增加了阻力，基于职业群体公民行为理论探索新生代职业群体社会治理路径反映了创新社会治理体制理念的要求，新生代职业群体的社会整合及其公民行为生成是基层社会治理各方目标达成的关键。以企业组织中的新生代员工为分析单位，调查新生代员工在职业生涯各阶段中的职业认同度、组织认同度、法律认同度及个体公民行为水平的具体情况，分析新生代员工的社会认同和社会支持现状及存在的问题，在前述调查分析基础上，通过对法制社会情境下的新生代员工职业认同程度、组织认同度及个体公民行为水平与职业群体公民行为之间的相关性分析，探讨新生代职业群体公民行为对再社会化群体基层社会治理的推动形成过程。

职业群体公民行为是多个员工个体层次组织公民行为的综合体现。本研究的组织公民行为在个体层次的表现主要体现在个体约束、群体约束和工作约束三个层面，较高的个人约束、群体约束、工作约束水平体现了组织成员个体倾向于表现出更多的利于组织发展的组织公民行为。当成员个体对所隶属的组织具有较高的情感信任和归属感时，个体成员会把组织其他成员当成自己的朋友，愿意为同事提供帮助，共享资源信息，主动分享工作经验，协商群体决策事宜，这种融洽的情感信任状态能够进一步促进群体成员与其他群体成员间的沟通和交流，促进群体规范的形成，而群体规范又反过来约束个体成员的行为，这说明个体成员的组织公民行为在促进群体规范形成的同时，群体公民行为同时也以群体规范为调节变量促进个体产生更多的组织公民行为。通过对个体公民行为和群体公民行为在群体规范中作用机理的分析，为企业组织的群体公民行为成长带来更强的组织凝聚力、团队协作精神、组织忠诚、组织承诺等利于企业组织发展的积极效应。

一 职业认同与公民行为生成

职业认同理论衍生于社会认同理论,职业认同概念的发展产生于自我认同并且对职员的职业生涯发展意义重大。职业认同是指职业发展领域中的个体对其所从事工作的自我认同,它是职业群体职业生涯中的重要组成部分,它与职业群体的职业生涯规划、职业决策、职业目标的选择息息相关,同时,职业认同也体现了个体对自身所选择职业的责任和对职业环境的适应能力。从职业认知、职业成功、职业承诺三个维度构建新生代员工的职业认同,有利于对新生代员工的管理,对新生代员工群体公民行为的选择有重要的影响。新生代员工对自己的职业目标和职业价值观的认知越清晰、准确,越利于其在企业组织中的职业发展,准确的职业认知体现了新生代员工对自身职业的较高自我评价,有利于新生代员工与组织成员间的交流、与组织间的对话沟通;新生代员工在企业组织中的职业成功的期望值越高,说明员工的个人利益与企业组织的整体利益诉求,越具有较高的一致性,不仅能加强员工的职业认同感,同时也能对员工的公民行为选择具有引导作用;新生代员工通过职业认知和职业成功的自我评价寻找对企业的归属感,在较高的职业认同感的引导下员工倾向于对企业组织产生一种依赖情感,能够感受到企业组织中个人价值的体现和职业理想的实现,进而做出愿意长期从事当前职业的职业承诺,这种职业认同感反映了新生代员工对企业组织为自己所提供岗位的认可,从而对新生代职业群体公民行为的选择产生一系列重要的影响。

二 组织认同与公民行为生成

组织认同的概念虽然目前尚未形成统一的界定,但是源于社会认同概念的组织认同更多地反映的是组织成员对组织的一种特定的情感认知,揭示了组织成员与组织之间的情感关系。新生代员工组织公民行为作为一种角色外的自愿性行为,其更多地发生于新生代员工对企业组织的情感依赖的情景中。一旦新生代员工对组织形成很强的认同感,他们相应地会在企业组织中呈现一种更强烈的组织公民行为状态。林庆等(2012)的研究结果为这一结论提供了有利证明,林庆等人通过对 16 家企业的 181 名员工的调查研究表明:我国国内员工的组织认同感主要来自员工对组织的情感认同,员工对组织的认同感越强,越容易产生角色外的组织公民行为。本书从组织嵌入和组织凝聚力两个维度对新生代员工的组织认同内容进行分析，一方面，新生代员工在组织中的嵌入程度越高，表明员工在组织中与其他员工之间能够获得越好的社交联结关系，员工的工作积极性和工作热情增加，员工在组织中更倾向于产生有助于组织发展的角色外行为；另一方面，组织凝聚力较强的团队中的成员工作满意度越高，这种组织氛围越有利于组织成员的个人成长，而较高的组织公民行为水平能促进组织凝聚力的增强，职业群体在组织嵌入和组织凝聚力的双重因素影响下，能够产生有利于组织成员做出群体公民行为的激励因素，并且会产生维护组织团结、组织承诺、利他行为、工作投入、信息共享等一系列激励作用，层层递进地增强新生代员工的组织认同感，其直接结果就是新生代职业群体组织公民行为的增加。

三 法律认同与公民行为生成

职业群体的法律认同程度是企业经济生产发展中的重要组成部分，新生代员工的较强法律认同感必然会成为企业组织高效快速发展的助推器。法律认同作为一种社会性的法律意识，其生成于社会交往之中。新生代员工在企业组织中与其他员工所产生的社交联结无不渗透着员工个体的法律意识，法律认同是职业群体在组织中运用个人经验与理性对组织运行是否遵循法律制度的要求进行判断后所产生的内心情感，法律认同体现了职业群体对自身与组织中其他成员的个人价值、尊严的维护，对职业群体的行为选择是否在法律限定范围内有很大的引导作用。职业群体通过对法律态度和法律认知的培育，产生对法律认同的情感体验，职业群体运用自己所掌握的法律知识和实践经验去对企业组织中的社会法律现象进行自我评价，而这种法律评价中包含着职业群体的法律态度、法律认知、法律意识、法律情感，当职业群体将这种对组织中社会法律现象的评价上升到情感道德层面，便形成了职业群体的法律认同，职业群体在法律态度和法律认知的层层叠加递进的过程中形成对组织的法律认同，如果这种法律认同感是倾向于企业组织的，职业群体便会对组织产生强烈的信服感和认同感，从而正确引导其自身的组织公民行为向有利于组织发展的方向转变，增强职业群体的规范，提高职业群体的竞争力，直接推动企业社会责任的有效实践。

四 身份认同与公民行为生成

身份认同是职业群体对自身在组织中的身份和角色地位的一种主体性评价，既是群体中个体行为的选择，又是一种群体行为的整体选择，培育职业群体的身份认同感能够激发他们对组织的支持感和奉献精神，具体的激励作用体现在两个主要方面：一方面，社会距离反向作用于职业群体的整合和组织的社会规范，社会距离的缩小能够减少不同职业群体之间的隔阂和摩擦，形成稳定的职业群体，使其有效发挥职业群体的社会整合功能；另一方面，安全感正向作用于职业群体组织公民行为的性质选择。新生代员工工作不安全感显著正向影响组织报复。职业群体的不安全感的产生致使其对企业组织的信任感降低，极易滋生对组织的报复行为，表现出更多的不利于组织健康发展的组织公民行为，降低企业组织的内外部竞争力。

第五章　新生代职业群体公民
　　　　行为生成分析

　　经济全球化带来的技术革新和激烈的市场竞争给企业组织带来了更多的发展机会，但同时也使企业组织面临更多的挑战和风险。为了适应日新月异的竞争环境，企业组织必须努力从根本上提高自己的核心竞争力。为了全面发展，企业组织在掌握行业尖端技术的同时，也在外部积极地树立良好形象，社会也从更全面的角度去评估和预测组织的实力和潜在的发展前景。企业组织口碑的建立和品牌的塑造依赖企业组织员工对核心技术的掌握程度，如此企业才能创造出满足市场需求的优良质量的产品。

　　现阶段，我国以"80后""90后"为代表的新生代职业群体已经开始成为组织员工中的主力军。新生代职业群体以其良好的知识技能和开拓创新能力而成为组织成长与发展的宝贵资源。新生代职业群体由于受独特的成长环境，如教育背景、家庭关系、社会文化氛围和工作环境等因素的影响，与老一辈的员工相比，他们具有更多独特的特点。这就使得对作为未来劳动力市场上主力军的新生代职业群体展开研究非常必要。另外，新生代职业群体的组织认同是提升组织绩效和实现组织成长的动力源泉。在知识经济时代，组织的成长和壮大离不开员工，尤其是离不开新生代职业群体的努力。因此，在对新生代职业群体的研究中，研究他们的组织认同是非常重要的。正因为如此，组织公民行为对于任何类型的组织都有举足轻重的作用。从组织认同角度提出合理的对策对提升新生代职业群体的满意度和忠诚感，进一步发挥新生代职业群体在组织中的重要作用，进而提升组织的整体绩效都有着非常重要的意义。

　　组织认同和群体公民行为对于提升组织效能具有重要意义。组织的稳定、和谐发展都需要组织内成员的合作互助，谦恭有礼，需要组织的员工能够自觉地自我学习和提高，这都是公民行为的重要构成要素。因此研究组织认同对公民行为的影响机理和预测作用，能够更好地从组织认同方面提升公民行为，为组织的团结和发展服务。

这一章主要通过对组织认同及组织认同与职业群体公民行为关系的认识，组织认同的重要性、组织认同的构成因素，探究基于组织认同的新生代职业群体的公民行为的生成机制。

新生代职业群体对于精神的激励有着更高的需求，因此研究新生代职业群体的组织认同对公民行为产生的影响可以更好地了解新生代职业群体的组织行为。

第一节　新生代职业群体公民行为相关因素分析

在本研究中，自变量（控制变量）为影响因素，包括两个因素；因变量（效标变量）为公民行为，包括三个因素。其中自变量和因变量的个数均超过两个，所以，探讨组织认同和公民行为之间的关系选用典型相关方法。

以个人约束、工作约束和群体约束为公民行为变量组，组织凝聚力与组织嵌入为组织认同变量组，分析两组变量之间的典型相关关系。整体检验和维度递减检验呈现统计显著性（$p = 0.000$），说明两个变量组之间存在典型相关关系，产生两个典型相关系数（$p_1 = 0.76729$，$p_1 = 0.000$；$\rho_2 = 0.28274$，$p_2 = 0.181$）（见表 5-1、图 5-1）。

表 5-1　公民行为与组织认同各因子的典型相关分析摘要

公民行为	典型变量 Y_1	典型变量 Y_2	组织认同	典型变量 X_1	典型变量 X_2
个人约束	-.65052	.72645	组织凝聚力	-.55081	-1.41323
工作约束	-.80638	-.47603	组织嵌入	-.51758	1.42574
群体约束	-.93834	-.10286			
典型变量对本组观测变量的解释率	58.873%	65.130%		38.344%	38.344%
另一组观测变量通过典型变量对本组的解释率	7.994%	25.497%		2.038%	40.382%
$\rho_1 = .76729$ $\rho_2 = .28274$	$p_1 = .000$ $p_2 = .181$	$\rho_1^2 = .58873$ $\rho_2^2 = .07994$			

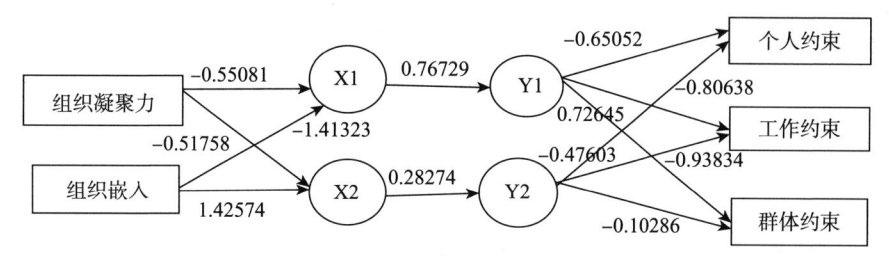

图 5-1　公民行为与组织认同典型相关分析路径

一　组织凝聚力的作用力推进过程

凝聚力概念最初是 Lewin 在对团体动力进行研究时提出来的。直到 20 世纪 50 年代，Festinger 等学者首次较为正式地提出了组织凝聚力的概念，他们认为"凝聚力就是一个吸引组织成员并促使他们留在组织内部的作用力所形成的一个磁场"。Mael 等的研究加速了组织凝聚力的研究进程，1989 年，Ashforth、Mael（1992）等围绕运动团队的凝聚力展开了研究，提出凝聚力反映了组织成员在完成组织共同目标过程中团结一致的趋势。1992 年，Mael、Ashforth 在对凝聚力进行研究的过程中则强调组织成员对组织的归属感，他们认为"组织凝聚力是指个人对组织的归属感，或与团体内其他成员之间密切协作所形成的共同情感"等。国内学者李海和张勉提出凝聚力的发展遵循两条脉络：一是从"组织成员间相互吸引力"发展到"组织共同目标"再到"个人对组织的归属感"；二是具体细化了"吸引力"的内涵，将其描述为"任务""目标""共同情感"等。

群体动力学派著名心理学家 Livan 在 20 世纪 50 年代提出群体凝聚力的概念，Livan 认为，凝聚力概念主要应该关注个体如何知觉其自身与某个特定群体的关系，个体之所以愿意留在群体中，是因为群体能够帮助个体实现个人目标。早期凝聚力理论大多从个体角度出发。1965 年 Lott 指出："凝聚力是多维的，并受群体成员之间相互合作的程度、群体对其成员的接受、群体的外部威胁以及群体成员报酬等因素的影响。"这在一定程度上克服了早期凝聚力理论的缺陷：只是从心理学角度出发，把注意力放在个体的情感上，而忽略了凝聚力的其他方面，尤其是忽略了群体的性质和特点。Organ 和 Hammer（1982）关于群体凝聚力的定义为较多的人所接受，指群体成员多大程度上被群体所吸引，渴望留在群体中，并与群体成员互相影响。群体凝聚力来源于个体，但受群体及其任务、地位、资源、领导和声望等群体性质和特点的影响,在组织内部,群体的以上性质和特点在很大程度上又是由组织决定并受组织因素(如组织结构、声望、任务分配和战略等)影响的。

二 组织凝聚力对新生代职业群体公民行为的作用

通过对两对典型变量的分析发现,组织认同可以解释公民行为总变异量的40.382%,而此两个典型因素可以直接解释公民行为总变异量的66.867%。

两组典型相关及重叠数值以第一组典型相关较大,第二组的重叠量较小,可见变量主要由第一典型因素影响三个控制变量。

组织凝聚力主要影响新生代职业群体的工作约束和群体约束。从两个变量各维度在典型变量上的负荷可以看出:在自变量中,组织凝聚力(-0.55081)与新生代职业群体公民行为呈显著负相关。在因变量中,与典型变量(Y_1)关系较密切者为工作约束与群体约束,其负荷为-0.80638与-0.93834,因而,在新生代职业群体公民行为的典型因素分析里,组织凝聚力和工作约束与群体约束的负荷值均为负数,说明组织凝聚力越弱,新生代职业群体的工作约束力和群体约束力就越小。

影响群体凝聚力的因素包括人际、结构、组织和情境四个层面。人际因素包括群体成员的相似性、相吸性、空间距离等。群体一旦形成,就会呈现出超越个体特性的某些明确的群体特征,如领导、规模和激励等,对于这些特征我们总体上称为群体的结构特征。结构特征会直接影响群体功能的正常发挥和群体目标的实现。这些特征会对群体中的个体产生重要的影响,并对凝聚力的形成具有重要的促进作用。这些特征包括群体规模、群体资源的分享、目标一致性等。组织能够提供某些个体或群体所不具备的凝聚力因素,如组织的社会地位和组织所拥有的资源能够为个体实现自己的目标创造条件。此外,外部威胁有可能会刺激组织增强自己的凝聚力。例如,当组织受到外来攻击时,组织成员就会团结起来共同御敌。群体凝聚力不但会影响群体和组织的绩效,而且还对很多个体、群体和组织变量具有影响作用,群体凝聚力对个体的影响包括对个体态度和行为的影响。群体凝聚力对群体的影响体现在对群体绩效的影响。

三 组织凝聚力对群体层次公民行为的激励作用

社会交换理论认为,高凝聚力的群体会展示出更积极和经常的社会交换行为,因为高凝聚力群体能够形成高度的社会认同感,由此促进其成员内部出现互助行为。即使当个人利益与群体利益发生冲突时,因为高凝聚力群体内部规范约束力强,也很有可能促使其群体成员放弃自身利益而展现出群体规范所要求的行为,比如表现出合作行为。美国学者 Brief 等(1986)通过对服务业组织的实证研究发现,群体凝聚力能够促进群体内部成员移情、互助等组织公民行为的产生,如责任意识、主动精神、主动帮助群体内部的其他成员解决工作中的问题等利他行为。

这种合作行为有可能指向群体内部或是群体外部。群体凝聚力指向群体内部成员时反映在群体凝聚力与个体层面组织公民行为方面。而当这种合作行为指向群体外部时,高内部凝聚力的群体之间会表现出较多的公民行为,当这种现象演变成一种群体内部的规范时,反过来又约束内部成员表现出较多的组织公民行为。因此在群体与群体交往时,群体成员受到群体规范的约束时可能会表现出较多的公民行为。另外群体与群体交往时,为了维护群体形象,营造出有利于提高工作绩效的工作环境,高凝聚力的群体会尽可能展现较多的公民行为,因此,群体凝聚力与群体层次公民行为呈显著正相关。

四 组织嵌入与组织公民行为研究

组织嵌入自提出后在国外学术界取得了丰硕的研究成果,对学术界的影响不容小觑,但国内对其研究还处于起步阶段,研究成果有限。组织嵌入的维度划分比较统一,包括员工与组织之间的联结、匹配以及员工离开组织时所做出的牺牲。组织联结、组织匹配为员工提供了必要的人际交往和情感归属,一般来说,嵌入水平高的员工往往能够体验到更好的组织联结,工作技能的发挥更加充分,与企业价值观的匹配度更高。根据个体积极情感理论和社会交换理论,如果员工在组织中的嵌入度比较高,那么员工基于积极情绪以及交换理论,就会贡献自己的知识技能,努力维护组织的利益,且更容易产生自主性的且有益于组织的行为。而如果员工离开组织的时候所需要付出的代价越大,员工就越能认识到自己在目前组织中越强的嵌入程度,员工对组织就会有越多的认同,在工作上表现出更多的热情,更加倾向于贡献自己的知识技能,并努力维护组织的利益,产生更多的工作职责范围以外的且有利于组织的行为。Wijayanto 等(2004)的研究证明:工作嵌入与组织公民行为呈显著正相关,其中社区嵌入与组织公民行为呈弱正相关,而组织嵌入与组织公民行为呈显著正相关。

五 组织嵌入与职业群体公民行为的相关分析

通过对两对典型变量的分析发现,组织嵌入可以解释公民行为总变异量的 40.382%,而此两个典型因素可以直接解释公民行为总变异量的 66.867%。

两组典型相关及重叠数值以第一组典型相关较大,第二组的重叠量较小,可见变量主要由第一典型因素影响三个控制变量。

组织嵌入主要影响新生代职业群体的工作约束和群体约束。从两个变量各维度在典型变量上的负荷值可以看出:在自变量中,组织嵌入(-0.51758)与新生代职业群体公民行为呈显著负相关。在因变量中,与典型变量(Y_1)关系较密切者为工作约束与群体约束,其负荷值为 -0.80638 与 -0.93834,因而,在新生代职业群体公民行为的典型因素分析里,组织嵌入和工作约束与群体约束的负荷值均为负数,说明组织嵌入能力越弱,新生代职业群体的工作约束和群体约束就越小。而在第二个典型相关自变量中,组织嵌入(1.42574)与新生代职业群体公民行为的个人约束呈正相关。在因变量中,与典型变量(Y_2)个人约束负荷为 0.72645,因而,在新生代职业群体公民行为的典型因素分析里,组织嵌入和个人约束负荷值均为正数,说明组织凝聚力越强,新生代职业群体的个人约束就越大。

在整体水平上,组织嵌入对公民行为的预测作用是比较显著的。组织嵌入可以作为组织公民行为的一个预测变量,员工的组织嵌入度越高,就越容易表现出更多的组织公民行为。

从细化的角度来看,组织嵌入对公民行为各维度有不同的预测效度。研究显示,对个人约束、群体约束和工作约束这三个维度,组织嵌入具备显著的正向影响。从员工组织嵌入的角度来讲,如果员工比较深入地嵌入组织中,准备长期在组织中发展,对组织的认同度就比较高,也倾向于维护和谐的人际关系,但是这并不意味着员工就一定会严格地不占用组织资源,这可能与中国文化背景有关,中国人讲究和谐,讲究集体主义,你的可以是我的，我的可以是你的。在浓厚的家庭观念下，员工嵌入度比较高，把组织当成自己的家来对待，工作与私人事务、组织资源与私人事物就不会分开得那么彻底。

六　组织认同与新生代职业群体的契合程度

组织认同体现的是新生代职业群体与组织的契合程度，个体认为目前的工作充分发挥了他的技能和才华，喜欢目前的工作安排，在现在的公司或者部门感觉很融洽，公司的声誉使他感到了个人价值，自己适合现在公司的文化……这些感受让新生代职业群体感知到自己与所在组织很契合，自我知觉越契合，个人就越会有意识地表现主动行为、帮助行为和对组织的认同意识等，所以，组织认同程度越高，就越会增加员工的公民行为、团队合作和道德行为。当他们感觉自己离开目前组织需要做出的牺牲越多，感觉公司也没有亏待自己，薪酬福利也都具有市场竞争力，工作较稳定，在企业的发展前景不错，能实现自己的职业生涯目标时，他们就越会觉得与企业的联系更强，越有一种归属感，也就越可能表现出组织公民行为。新生代职业群体对所在社区舒适安全的居住环境及社区对他们的人文关怀所形成的依恋，加上对身边伴侣、孩子、朋友和所拥有的房子的牵挂，都成为他们工作外的嵌入内容，在社区中得到的关爱及信息，以及对伴侣、孩子和朋友的爱，会激发他们的工作热情，全身心地投入工作，在社区中感受到的亲情的温暖会促使员工乐意帮助员工解决工作中和生活中的问题，增加自己的公民行为、团队合作和道德行为等，为企业创造更多的价值。

第二节　新生代职业群体公民行为生成路径分析

一　理论关系假设

这部分主要深入挖掘员工的组织心理和行为，了解他们的心理需求和动机，寻找员工的心理需求与行为之间的内在联系，并从组织认同的角度提出相应的解决策略。

组织凝聚力包括领导凝聚力、人际关系、组织发展和薪酬福利四个维度；组织嵌入包括了工作嵌入、情感嵌入和归属感三个维度。本节的基本假设包括组织凝聚力、组织嵌入、公民行为三个变量，各理论变量由其所代表的显变量描述；各显变量不能直接作用于其他理论变量，只能通过自身所代表的理论变量来体现，比如显变量中的领导凝聚力不能直接作用于组织嵌入这个理论变量，只能通过自己所属的组织凝聚力来实现，各显变量可以和显变量的残差发生相互作用，各理论变量间存在相互作用。

本研究理论模型的因果关系假设如下。

组织嵌入指员工个体与组织的联系程度，即个体嵌入到组织中的程度，包括员工在目前组织中的社交网络的广泛程度、对目前工作的适应程度及离开组织所付出的各种代价。上述理论推导和有关研究可以充分表明，组织嵌入能够显著预测组织公民行为。因此提出假设1：

假设1：组织嵌入显著影响新生代职业群体公民行为。

组织凝聚力体现为群体成员之间互相吸引并希望留在群体内的强烈程度（Organ & Hammer，1982）。研究表明，群体成员之间的人际信任能够促进工作群体中成员之间的合作，从而使得群体凝聚力得到显著增强（Morgan et at.，2004）。因此，群体凝聚力与群体公民行为之间应该具有显著的正相关关系。George 和 Bettenhausen（1990）的研究就表明，群体凝聚力对群体层次的亲社会行为具有正向预测作用。故而，提出假设2：

假设2：组织凝聚力显著影响新生代职业群体公民行为。

此外，在假设1与假设2的研究基础上进一步延伸出假设3与假设4，即组织凝聚力能否通过组织嵌入影响群体公民行为；组织嵌入能否通过组织凝聚力来影响公民行为，组织凝聚力与组织嵌入能否成为彼此的中介变量来影响公民行为。

假设3：组织凝聚力以这种嵌入作为中介变量显著影响新生代职业群体公民行为。

假设4：组织嵌入以组织凝聚力作为中介变量显著影响新生代职业群体公民行为。

二 相关变量解释

（一）组织凝聚力

群体凝聚力的增强使得一个群体在与其他群体交往时，也会相应增加群体公民行为。Brief 等（1986）的研究表明，高内部凝聚力的群体之间会表现出较多的公民行为。具体表现为，在群体交往过程中，凝聚力高的群体为了维护群体形象并营造出有利于提高工作绩效的工作环境，会表现出尽可能多的公民行为。因此，群体凝聚力与群体公民行为之间应该具有显著的正相关关系。George 和 Bettenhausen（1990）的研究表明，群体凝聚力对群体层次的亲社会行为具有正向预测作用。

（二）组织嵌入

组织嵌入包括工作嵌入、情感嵌入和归属感三个维度。组织嵌入是指员工个体与组织的联系程度，个体嵌入到组织中的程度，包括员工在目前组织中的社交网络的广泛程度、对目前工作的适应程度及离开组织时所付出的各种代价。根据个体积极情感理论和社会交换理论，如果员工在组织中的嵌入度比较高，具备了广泛的社交网络关系，组织提供了适应度比较高的工作机会，那么员工基于积极情绪以及交换理论，就会贡献自己的知识技能，努力维护组织的利益，且更容易产生自主性的并且对组织有益的行为。如果员工离开组织的时候所需要付出的代价越大，员工就越能认识到自己在目前组织中高强度的嵌入程度，那么员工对组织就会有更多的认同，进而愿意为组织付出，表现出更多的组织公民行为。

根据个体积极情感理论和社会交换理论，如果员工在组织中的嵌入度比较高，那么员工基于积极情绪以及交换理念，就会贡献自己的知识技能，努力维护组织的利益，且更容易产生自主性的且有益于组织的行为。如果员工离开组织的时候所需要付出的代价越大，员工就越能认识到自己在目前组织中高强度的嵌入程度，那么员工对组织就会有更多的认同，在工作上表现更多的热情，更加倾向于贡献自己的知识技能，并努力维护组织的利益，产生更多的工作职责范围以外的且有利于组织的行为。

三 新生代职业群体公民行为生成路径模型设计

本书在总调查数据库中随机抽取了 200 个样本，运用结构方程模型对新生代职业群体公民行为路径的理论假设进行验证。

根据上述四个假设，建立了组织认同对新生代职业群体公民行为的结构方程模型，运行 Amos 后输出的模型路径如表 5-2 所示。

表 5-2　新生代职业群体公民行为生成路径分析

			Estimate	S. E.	C. R.	p
组织嵌入	←	组织凝聚力	1.695	0.273	6.21	***
公民行为	←	组织嵌入	-0.12	0.2	-0.6	0.549
公民行为	←	组织凝聚力	1.908	0.606	3.148	0.002
工作嵌入	←	组织嵌入	1	0.137	7.291	***
人际关系	←	组织嵌入	1.083	0.134	8.111	***
组织发展	←	组织凝聚力	2.214	0.214	10.368	***
情感嵌入	←	组织嵌入	1.673	0.202	8.273	***
工作约束	←	公民行为	1.758	0.31	5.665	***
个人约束	←	公民行为	1.483	0.287	5.163	***
薪酬福利	←	组织凝聚力	3.484	0.306	11.39	***
归属感	←	组织嵌入	1.669	0.199	8.385	***
群体约束	←	公民行为	1.8	0.312	5.772	***
领导凝聚力	←	组织凝聚力	1.186	0.136	8.749	***

组织凝聚力对公民行为影响的 p 值有统计学意义，p 值为 0.002 < 0.05，显著。组织嵌入对公民行为影响的 p 值 0.549 > 0.005，不显著，考虑进行修正。

四　新生代职业群体公民行为生成路径模型修正

在结构方程模型路径图上进行运算，根据修正指标对结构方程路径进行修改，使得修正后的结构方程模型具有一定的理论意义和现实意义。对修正指标校对后，得出全新的结构方程模型修正图，如图 5-2 所示。

对整体模型适配度检验如表 5-3 所示，本书研究主要选取 χ^2/DF（相对卡方值）、GFI（假设模型可以解释观察数据的比例）、RMSEA（比较理论模型与饱和模型的差异）、AGFI（考虑模型复杂度后的 GFI）、NFI（比较假设模型与独立模型的卡方差异）和 CFI（假设模型与独立模型的非中央性差异）等指标来衡量本书研究模型的适配度。

表 5-3　模型指标系数

判断指标	指标	说明
$\chi^2/DF < 3$	$\chi^2/DF = 3.655$	该模型的解释力一般

续表

判断指标	指标	说明
GFI > 0.9	GFI = 0.851	该模型的解释力一般
IFI > 0.9	IFI = 0.902	该模型的解释力良好
RMSEA < 0.05	RMSEA = 0.143	该模型受样本数和模型复杂度的影响
AGFI > 0.9	AGFI = 0.744	该模型受样本数和模型复杂度的影响
NFI > 0.9	NFI = 0.870	该模型的解释力一般
CFI > 0.9	CFI = 0.901	该模型的解释力良好

一般要求，$\chi^2/DF < 3$、GFI > 0.9、IFI > 0.9、NFI > 0.9、CFI > 0.9，可以说明模型的解释力；AGFI > 0.9、RMSEA < 0.05，说明模型不受样本数和模型复杂度的影响。从表5-3可以看出，该模型的拟合程度不够良好，经过修正，修正模型的路径系数如表5-4所示。

表 5-4 修正模型路径分析

			Estimate	S. E.	C. R.	p
组织嵌入	←	组织凝聚力	2.205	0.687	3.212	0.001
组织嵌入	←	公民行为	-0.414	0.326	-1.267	0.205
工作嵌入	←	组织嵌入	0.91	0.212	4.285	***
人际关系	←	组织凝聚力	1.094	0.133	8.228	***
组织发展	←	组织凝聚力	2.239	0.228	9.802	***
情感嵌入	←	组织嵌入	1.5	0.328	4.571	***
工作约束	←	公民行为	2.984	0.427	6.985	***
个人约束	←	公民行为	2.47	0.413	5.975	***
薪酬福利	←	组织凝聚力	3.462	0.326	10.611	***
归属感	←	组织嵌入	1.51	0.329	4.589	***
群体约束	←	公民行为	4.419	0.397	11.125	***
领导凝聚力	←	组织凝聚力	1.223	0.141	8.664	***

如表5-4所示，公民行为对组织嵌入影响的 p 值为 0.205 > 0.005，不显著，因此，考虑将两者的关系剔除，再次修正。新生代职业群体公民行为生成修正路径如图5-2所示。

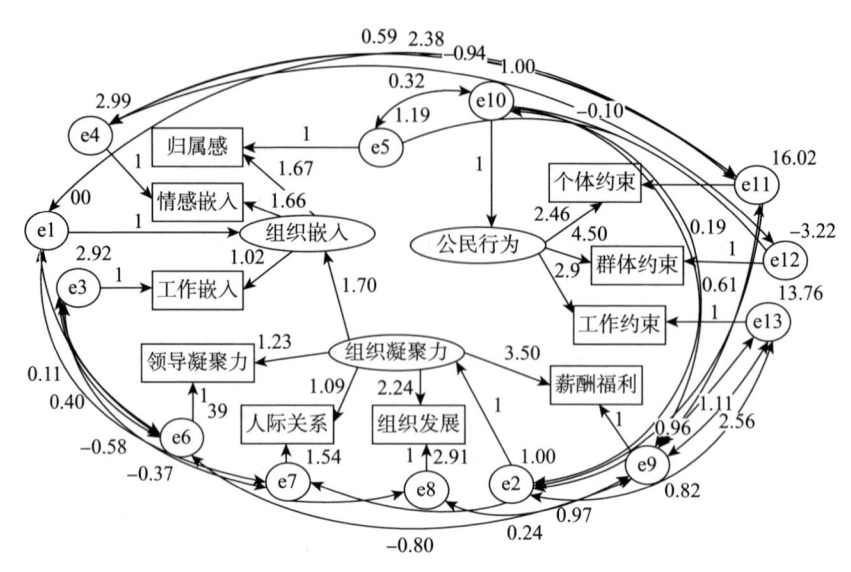

图 5-2　新生代职业群体公民行为生成修正路径

再次对整体模型进行拟合检验，得出结论如表 5-5 所示。

表 5-5　模型解释力指标

判断指标	指标	说明
$\chi^2/DF<3$	$\chi^2/DF=1.336$	该模型的解释力良好
GFI > 0.9	GFI = 0.968	该模型的解释力良好
IFI > 0.9	IFI = 0.994	该模型的解释力良好
RMSEA < 0.05	RMSEA = 0.05	该模型不受样本数和模型复杂度的影响
AGFI > 0.9	AGFI = 0.898	该模型受样本数和模型复杂度的影响
NFI > 0.9	NFI = 0.975	该模型的解释力良好
CFI > 0.9	CFI = 0.993	该模型的解释力良好

由此可以看出各项指标均已达到要求，说明该模型的拟合度是很理想的。

五　分析结果与理论验证

Amos 22.0 输出的各路径系数（结构方程模型修正终结图），通过整理如表 5-6 所示。

表 5-6　结构方程模型修正结果

			Estimate	S. E.	C. R.	p
组织凝聚力	←	组织嵌入	2.054	0.51	4.029	***
公民行为	←	组织嵌入	0.074	0.363	0.203	***
公民行为	←	组织凝聚力	0.697	1.515	0.46	***
工作嵌入	←	组织凝聚力	0.872	0.186	4.7	0.645
人际关系	←	组织嵌入	1.098	0.133	8.255	***
组织发展	←	组织嵌入	2.167	0.227	9.551	***
情感嵌入	←	组织凝聚力	1.423	0.285	4.986	0.844
薪酬福利	←	组织嵌入	3.383	0.333	10.174	***
归属感	←	组织凝聚力	1.429	0.287	4.976	0.832
领导凝聚力	←	组织嵌入	1.239	0.136	9.135	***

本书提出的四个假设中,有三个得到了证实,如表 5-7 所示。

表 5-7　研究假设验证结果

路径	是否证实
组织凝聚力→公民行为	是
组织嵌入→公民行为	是
组织凝聚力→组织嵌入→公民行为	否
组织嵌入→组织凝聚力→公民行为	是

(1) 组织凝聚力对公民行为影响的 p 值小于 0.001,说明前者对后者的影响是显著的,假设 1 成立。

(2) 组织嵌入对公民行为影响的 p 值小于 0.001,说明前者对后者的影响是显著的,假设 2 成立。

(3) 组织凝聚力正向影响公民行为,组织嵌入在该影响过程中起中介作用。虽然组织凝聚力正向影响公民行为,但是组织嵌入没有起到中介作用,因此假设 3 不成立。

(4) 组织嵌入正向影响公民行为,组织凝聚力在该影响过程中起中介作用,影响 p 值均小于 0.001,因此组织凝聚力在此过程中存在中介效应,所以假设 4 成立。

第三节　新生代职业群体公民行为生成效果分析

一　组织嵌入对公民行为的影响

在整体水平上，组织嵌入对组织公民行为的预测作用是比较显著的。组织嵌入可以作为组织公民行为的一个预测变量，员工的组织嵌入度越高，就越容易表现出更多的组织公民行为。

组织嵌入的三个维度对组织公民行为的影响是不同的。根据研究结果，组织联结和组织匹配能够显著预测组织公民行为，但组织牺牲维度则不能显著预测组织公民行为。借鉴赫茨伯格的双因素理论，组织牺牲相当于保健因素，当员工感知到离开组织会承受较大的损失时，员工选择不离开组织，这种代价感知也是员工嵌入组织的一种形式，但这种嵌入形式很多情况下是员工不得不进行的无奈选择，它将员工嵌入组织，但因是无奈之举，这种消极情绪并不能导致员工产生较多的情感归属感，进而不能激发员工产生更多的角色外行为。而组织联结和组织匹配则是员工的一种积极的感知，感知到自我能够在组织中良好地融入，能够发挥自己的技能和才华，与上下级、同事等有良好舒适的人际关系，这种感知能带来积极的、满意的情感，能够激励员工对组织更加认同，更加具备敬业精神，愿意帮助同事解决工作和生活中的难题，更愿意维护组织的形象和资源。当员工的组织联结和组织匹配程度比较高时，对组织产生更多的情感依附，进而表现出更多的组织公民行为。

研究显示，对认同组织、敬业精神、协助同事、人际和谐这四个维度，组织嵌入具备显著的正向影响，但是对保护组织资源维度则没有显著性影响。保护组织资源维度强调的是员工不利用组织的公共资源处理私人的事情，不在公共时间处理私人的事情等。

二　行为主体对公民行为的影响

群体公民行为受到组织认同和组织嵌入的影响，但更多细微、具体的内容分析，会受到领导凝聚力、人际关系、薪酬福利、工作嵌入和情感嵌入等方面的影响。

首先，群体公民行为形成与发展受到来自组织、工作群体和个人自身的影响，包括组织文化氛围、企业的制度规范、组织工作设计、管理者自身的行为、工作群体的能力和表现、职业群体及个体的能力和表现，此外，还会受到是否需要付出较大代价等因素限制。这个结论进一步证实了研究中公民行为与前因变量的关系，尤其是职业群体中个体的能力与表现同群体公民行为的关系。

其次，具体描述了组织、工作群体和群体公民行为本身三个方面的哪些行为能够促进或者阻碍群体公民行为的产生与发展。组织方面如果具有人本主义、互帮互助的文化氛围，则能促进群体公民行为；制度上明确要求公民行为，并能为出现的公民行为提供信息支持和物质、精神的奖励，则能促进群体公民行为。反之，如果组织方面是独善其身的组织文化氛围，制度规范要求员工与群体各安其位，工作设计强调个体任务的完成，则会阻碍群体公民行为。工作群体之间如果关系和谐，努力完成自己的工作，具备时间和能力为别人提供帮助，则能促进群体公民行为，工作群体之间竞争激烈，关系较差，对待本职工作消极被动则会阻碍群体公民行为；管理者的公民行为示范和大公无私的精神，员工之间关系和谐，具备帮助别人的时间和能力，则能促进群体公民行为，管理者尔虞我诈、频繁调动，员工担心公民行为会影响到自身的绩效水平，信息闭塞，则会阻碍群体公民行为；群体公民行为本身需要行为主体付出的代价较小，则能促进群体公民行为，群体公民行为本身需要行为主体付出较大的代价则会阻碍群体公民行为。

三 企业管理者对公民行为的影响

在组织方面，应该发挥企业的人本主义精神，强调员工的"主人翁"意识，建立互帮互助的文化氛围，采取相应的奖励措施以鼓励公民行为，制度上明确工作群体所实施的公民行为是组织所认可和鼓励的，并能为出现的公民行为提供信息支持，工作设计坚持个体、团队与组织任务的目标一致性原则，强调组织任务的完成。同时，要及时发现和纠正组织中"独善其身""自扫门前雪"的行为与态度。

重视工作群体与团队的建设，及时协调组织中各工作群体之间的关系，积极搭建群体间沟通的桥梁，及时解决群体之间的矛盾与冲突，避免群体之间的过度竞争现象，在工作分配上注意难度和工作量的适中，保持工作群体较高的工作热情和积极性,避免工作群体的任务过重,自顾不暇,甚至积极性和工作热情降低。

管理者要"德行垂范",培养管理者的无私精神并努力实践公民行为,管理者的调动不可过于频繁,努力培养管理者之间以及管理者与员工之间和谐融洽的关系;为员工提供培训,促进员工能力的提高和员工之间和谐关系的建立,对员工个人的绩效考评不可过于强调结果,以避免员工会担心公民行为影响到自身的绩效水平,而不敢采取积极行为。

四 网络嵌入对公民行为的影响

企业的良好发展主要依赖于员工,不可复制的人力资源是优秀企业取胜的关键。如何使员工在流失率较低的基础上主动发生工作职责之外的有利于企业发展的行为,是企业的重点和难点。作为企业的管理者,要有构建组织嵌入网络的意识,从组织自身的角度出发,针对中国特殊的文化背景,综合中国人特有的思维模式和价值观,从员工与组织嵌入的角度来着重考虑,创造一系列"黏性"因素,将组织打造成一个黏性的网络,使员工的身心都嵌入当前的组织,注重他们的情感因素,增加他们对于组织的情感成分,进而促其表现出更为积极的组织公民行为。组织嵌入的这些"黏性"要素是组织本身具备的或者说是可以创造出来的一些因素,这些因素必须满足员工的内在需求(骆静、廖建桥,2006)。许多和张小林(2007)在中国情境下的研究显示,中国组织公民行为具有三大特点:角色泛化、员工行为显著受到人际关系的影响、更加强调个体层面的积极行为。因此"黏性"因素的侧重点可以放在人际关系这个角度,只有同时满足了内在需求的因素才具备激励作用,促使员工产生更高的情感承诺,进而表现出更多的组织公民行为,提高组织的绩效。

企业一定要合理分配重要的、需要员工付出较多时间和精力去解决的任务,使员工能有足够的时间和能力去完成,做到能力与任务的适当匹配,应该尽可能地减少需要别人帮助才能完成的工作。

作为一个系统工程,公民行为的产生与发展需要组织内部各个子系统的协同运作,共同面对。任何一个环节的缺失都有可能成为公民行为的发展瓶颈。

第六章 新生代职业群体竞争力分项排序

比较新生代职业群体竞争力的目的在于增强企业比较优势,为企业管理者制定发展战略提供依据,促进社会稳定发展和社会进步。为了完成这个目标,不仅要明确不同性别、不同城乡、不同地区、不同行业中新生代职业群体在企业中的竞争力表现,还要了解新生代职业群体的特征现状,了解新生代职业群体目前面临的困境,探索发生群体性事件背后的原因,从政府制定社会治理政策的趋势中,从企业组织发展的模式中,从社会工作服务对象的特点中去分析职业群体公民行为的积极和消极作用,发现职业群体竞争力对企业发展的推进作用,从而为社会治理提供新的方法和途径。以下分项排序以新生代职业群体竞争力分项比较为主线,在比较中显示有关指标方面的相对数值。这样既可以了解新生代职业群体在企业发展各方面的优劣势,同时也可以知道新生代职业群体在不同性别、不同城乡、不同地区、不同行业中的优劣势状况。

第一节 分性别排序

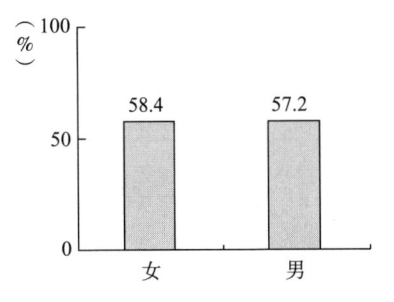

图 6-1 职业生涯具体目标 (女 58.4, 男 57.2)

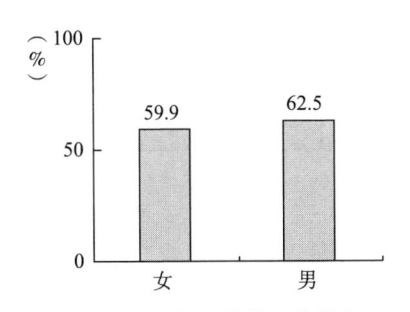

图 6-2 了解目前的工作模式 (女 59.9, 男 62.5)

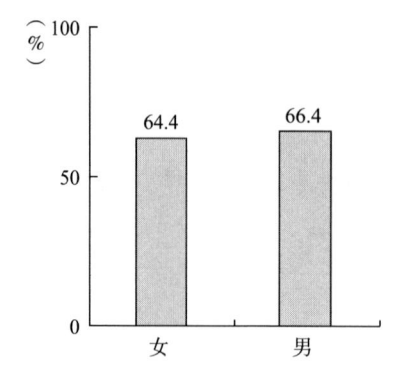

图 6-3　了解工作的职业价值观
女 64.4　男 66.4

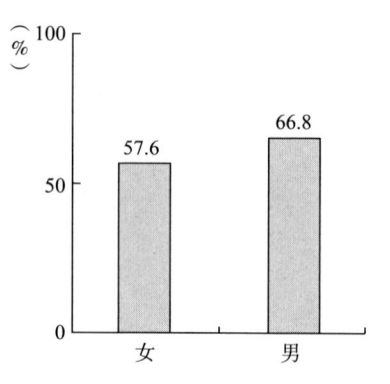

图 6-4　思考与研究工作问题
女 57.6　男 66.8

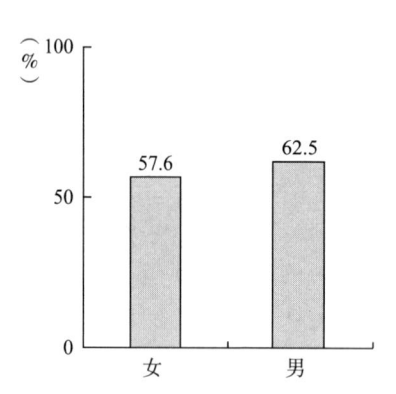

图 6-5　职业和期望相符合
女 57.6　男 62.5

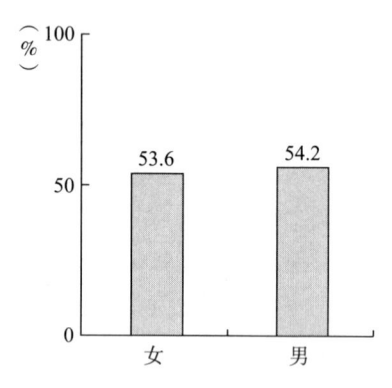

图 6-6　工作是自我形象的一部分
女 53.6　男 54.2

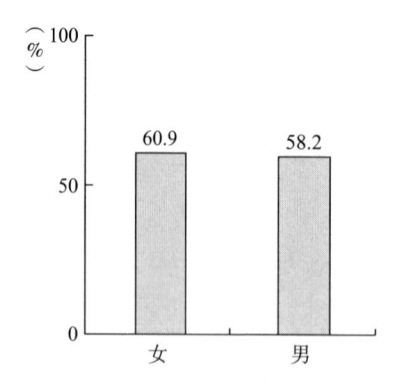

图 6-7　目前工作发展前景很好
女 60.9　男 58.2

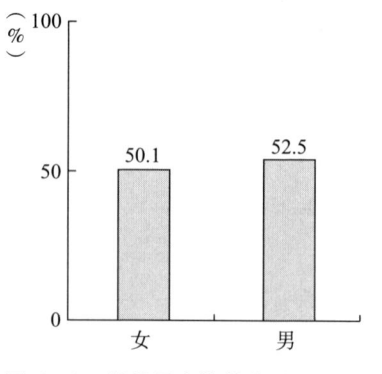

图 6-8　期望子女能从事这项工作
女 50.1　男 52.5

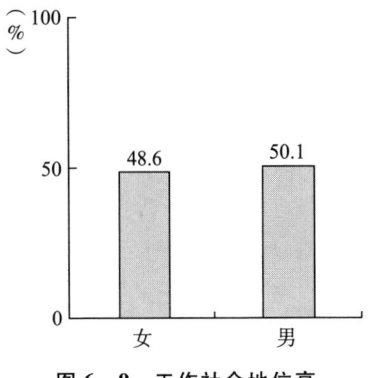

图 6-9　工作社会地位高（女 48.6，男 50.1）

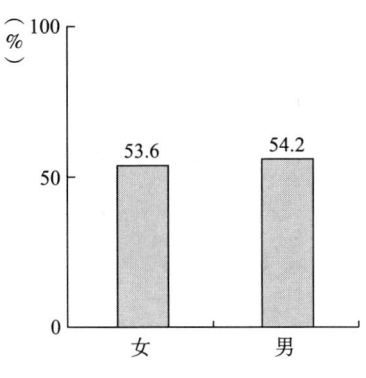

图 6-10　发展机会多（女 53.6，男 54.2）

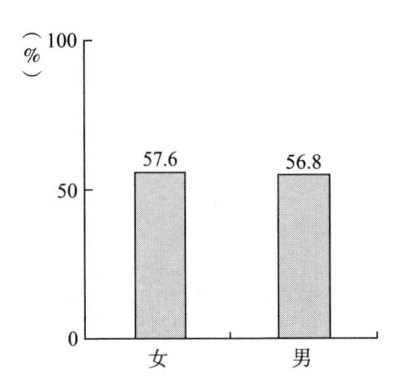

图 6-11　目前的单位重视我（女 57.6，男 56.8）

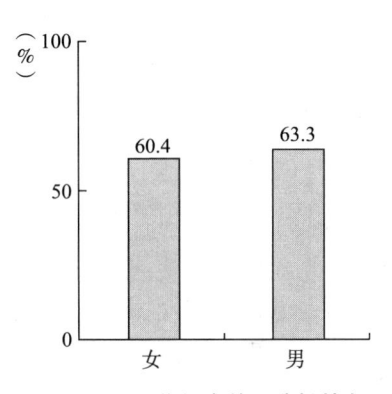

图 6-12　工作机会的可选择性多（女 60.4，男 63.3）

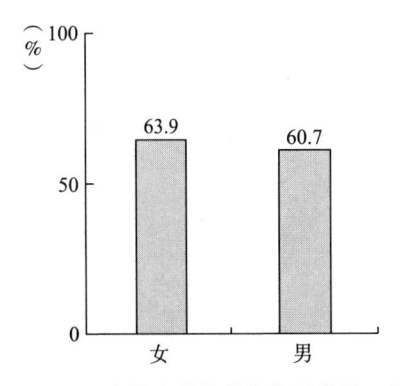

图 6-13　容易在其他单位找到类似工作（女 63.9，男 60.7）

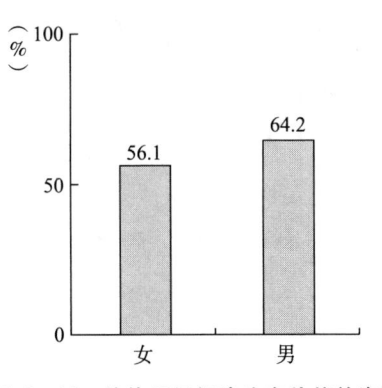

图 6-14　其他组织视我为有价值的资源（女 56.1，男 64.2）

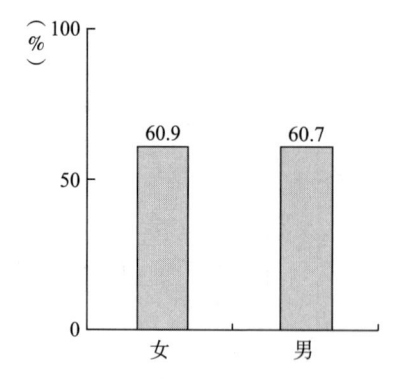

图 6-15　对职业取得的成功感到满意：女 60.9，男 60.7

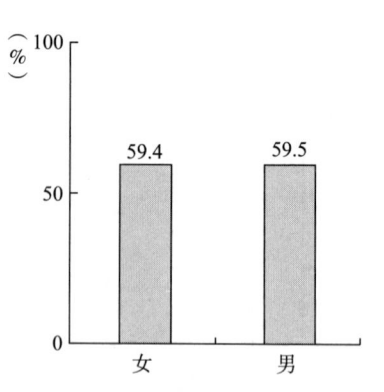

图 6-16　对取得的进步感到满意：女 59.4，男 59.5

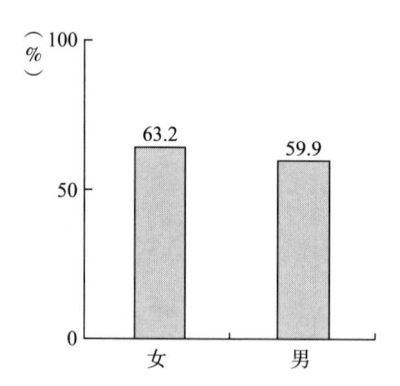

图 6-17　对新技能进步感到满意：女 63.2，男 59.9

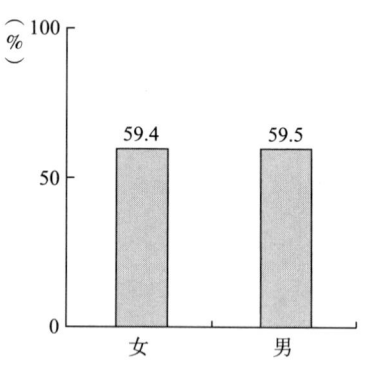

图 6-18　对收入目标的进步感到满意：女 59.4，男 59.5

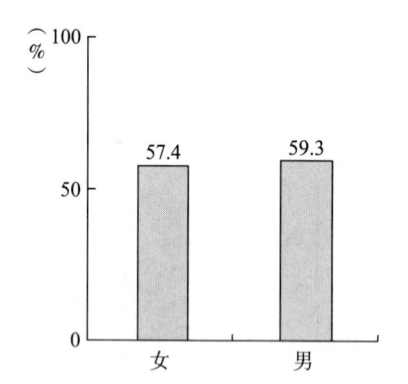

图 6-19　目前的职业能发挥我的特长：女 57.4，男 59.3

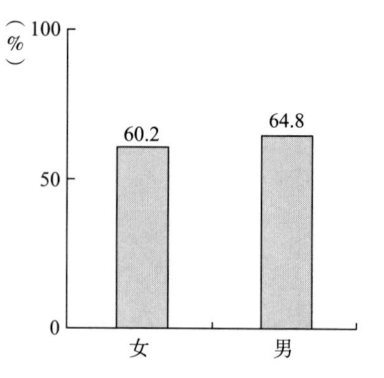

图 6-20　愿意花时间阅读与职业相关的资料：女 60.2，男 64.8

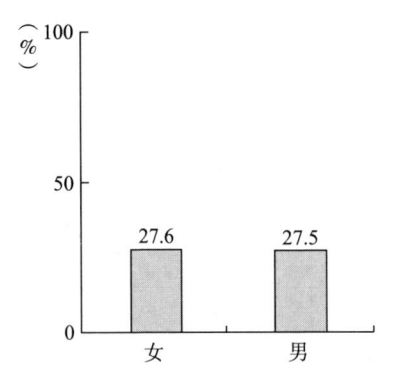

图 6-21　从事同酬的另一职业的工作（女 27.6，男 27.5）

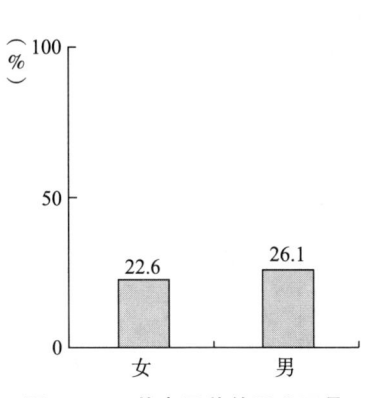

图 6-22　从事目前的职业不是因为金钱（女 22.6，男 26.1）

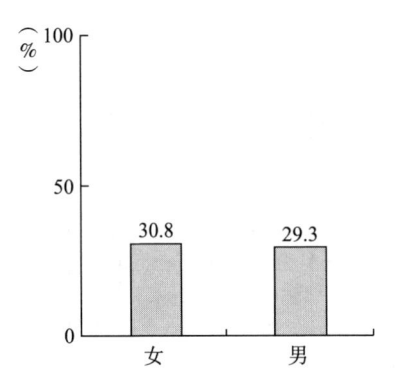

图 6-23　不考虑改变职业（女 30.8，男 29.3）

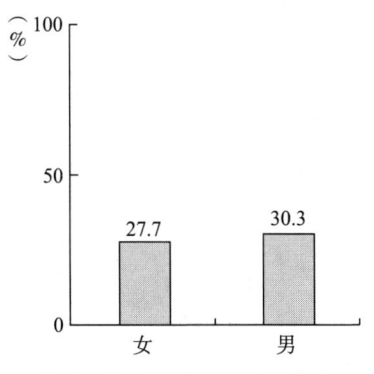

图 6-24　离开现在的职业会损失很多（女 27.7，男 30.3）

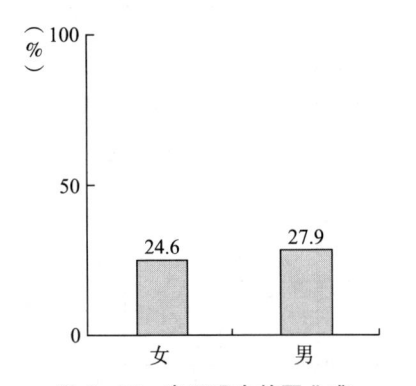

图 6-25　离开现在的职业难找到更好的工作（女 24.6，男 27.9）

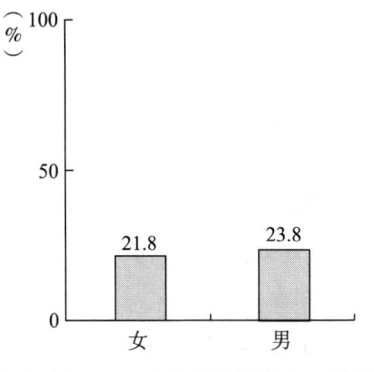

图 6-26　应该为该职业贡献合理时间（女 21.8，男 23.8）

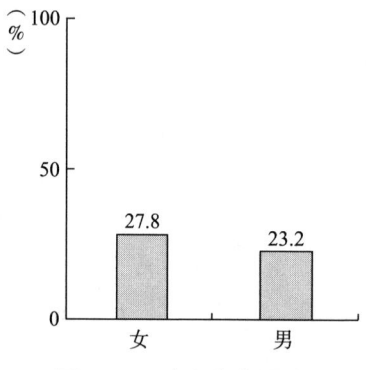

图 6-27 有组织归属感 (女 27.8, 男 23.2)

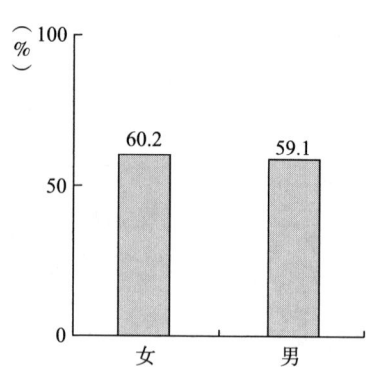

图 6-28 为组织取得成绩而兴奋 (女 60.2, 男 59.1)

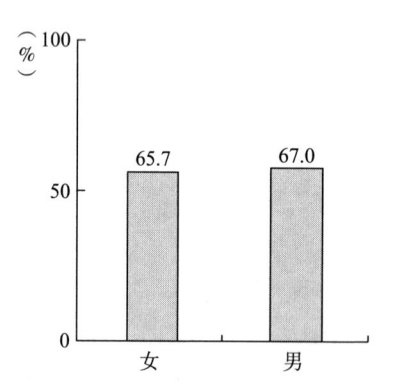

图 6-29 看到组织广告觉得很开心 (女 65.7, 男 67.0)

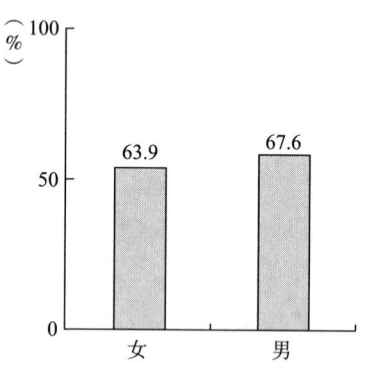

图 6-30 同事指出我的不足是把我当自己人看 (女 63.9, 男 67.6)

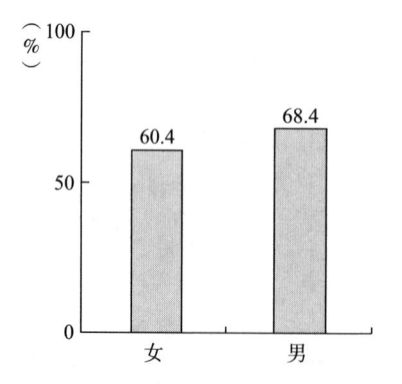

图 6-31 我代表着组织的形象 (女 60.4, 男 68.4)

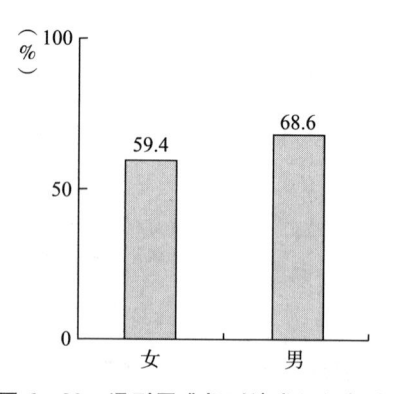

图 6-32 遇到困难想到请求组织帮助 (女 59.4, 男 68.6)

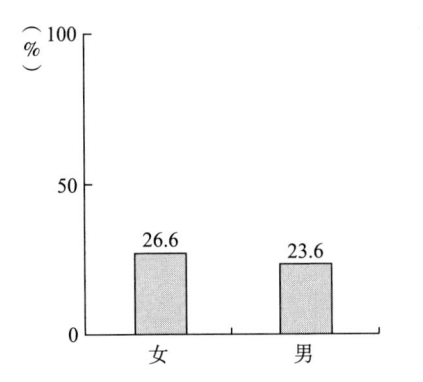

图 6-33　即使离开这家组织我也会自豪

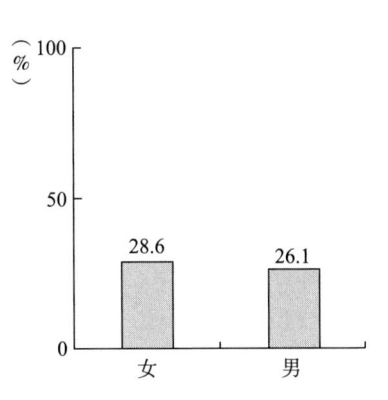

图 6-34　我认为组织员工是一家人

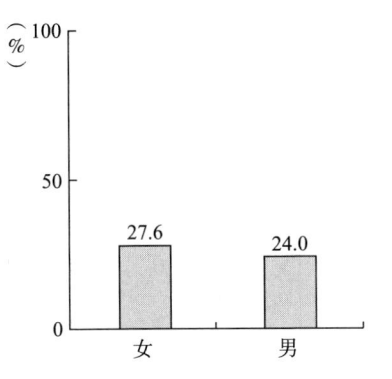

图 6-35　对组织有感情

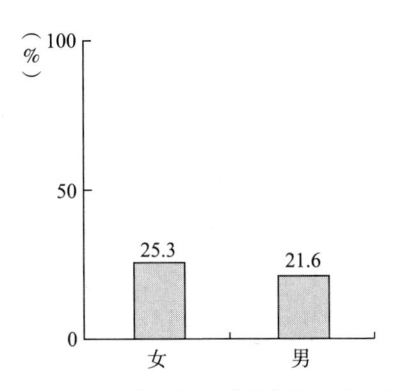

图 6-36　我经常用"我们"谈论组织

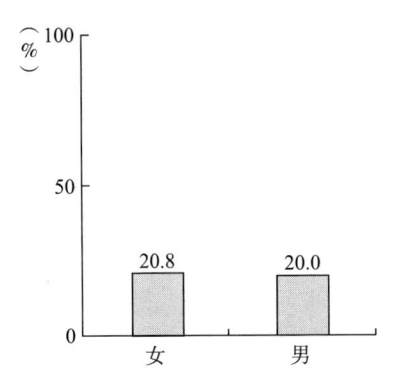

图 6-37　组织的成功就是我的成功

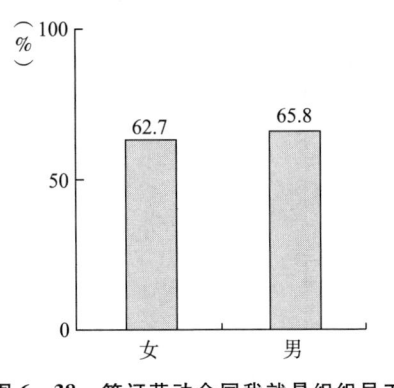

图 6-38　签订劳动合同我就是组织员工

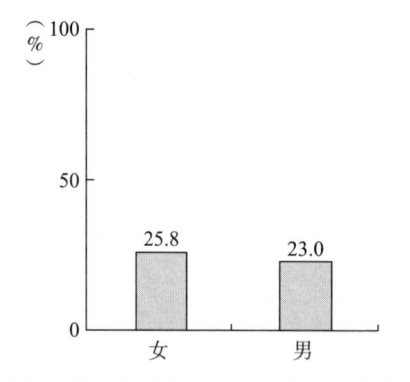

图 6-39 为能够参与组织活动而激动（女 25.8，男 23.0）

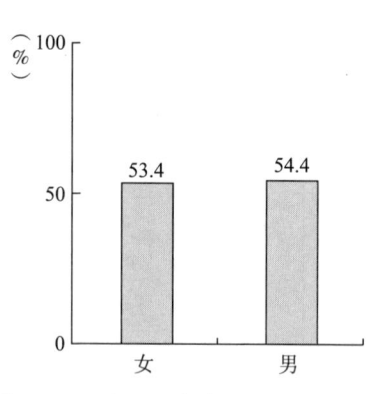

图 6-40 上司工作能力很强让我信服（女 53.4，男 54.4）

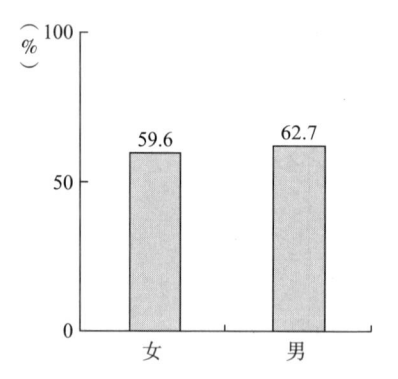

图 6-41 上司能积极对我的工作做出反馈（女 59.6，男 62.7）

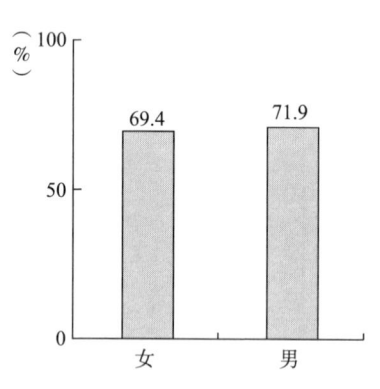

图 6-42 我朋友很羡慕我现在的工作（女 69.4，男 71.9）

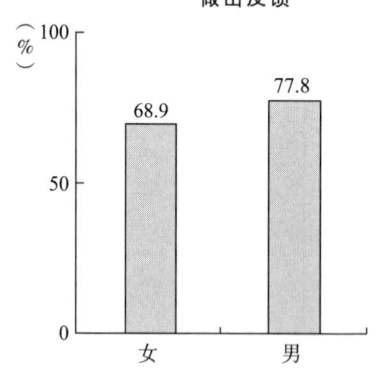

图 6-43 组织为我提供许多决策机会（女 68.9，男 77.8）

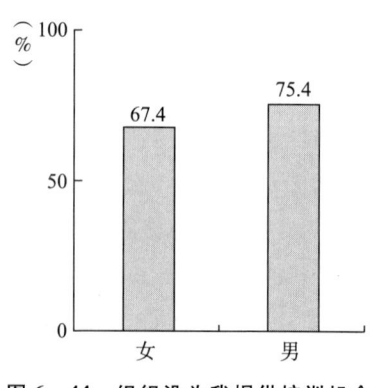

图 6-44 组织没为我提供培训机会（女 67.4，男 75.4）

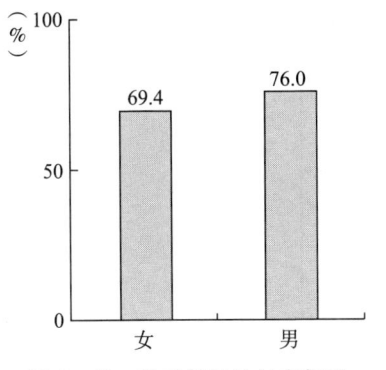

图 6-45 我对组织的付出得到相应回报 (女 69.4, 男 76.0)

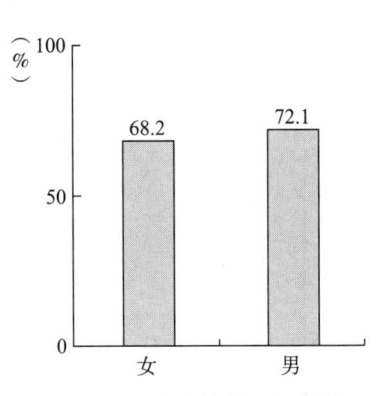

图 6-46 我能够从组织获得足够的信息 (女 68.2, 男 72.1)

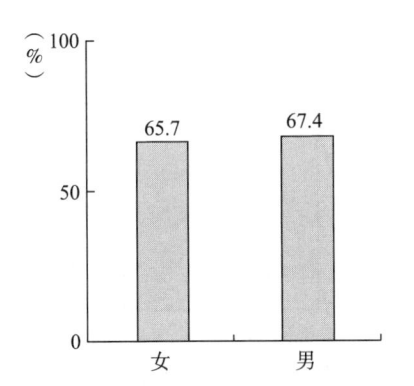

图 6-47 在这家组织我感到很有前途 (女 65.7, 男 67.4)

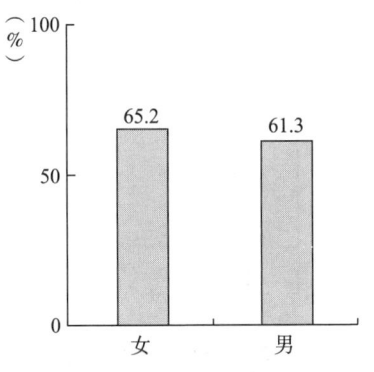

图 6-48 这家组织的薪酬比同行好 (女 65.2, 男 61.3)

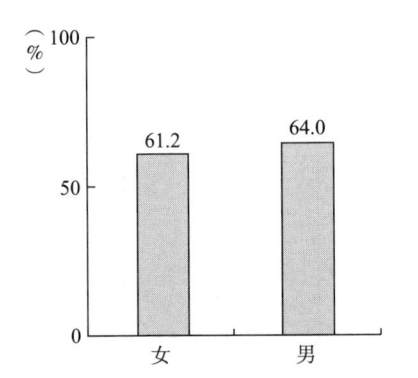

图 6-49 能提供同行不能提供的资源 (女 61.2, 男 64.0)

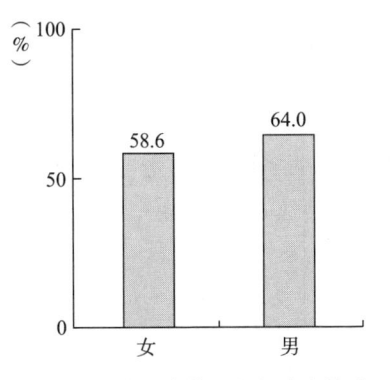

图 6-50 我所在的组织很有凝聚力 (女 58.6, 男 64.0)

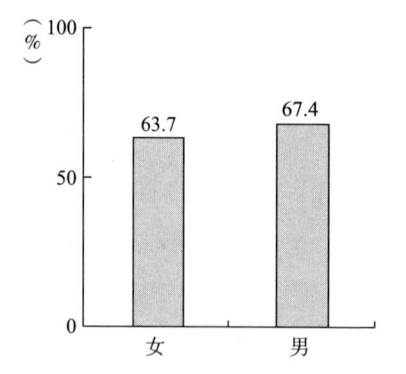

图 6-51　同事们能够团结一致完成工作（女 63.7，男 67.4）

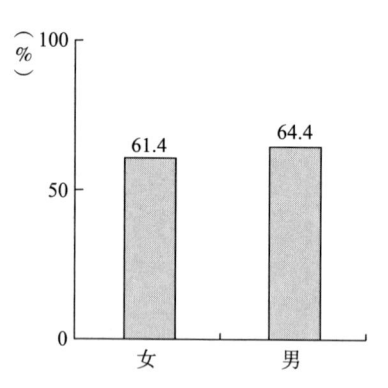

图 6-52　同事会主动来关心我（女 61.4，男 64.4）

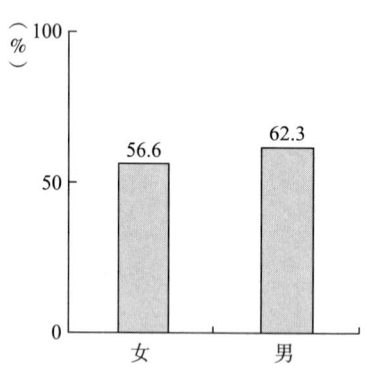

图 6-53　组织为我提供梦寐以求的生活（女 56.6，男 62.3）

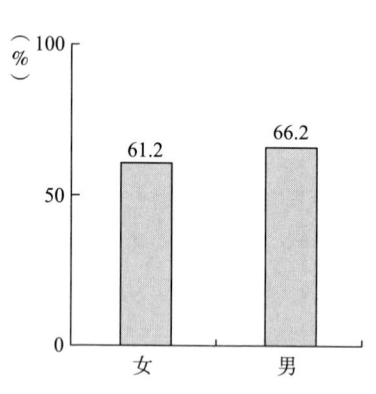

图 6-54　我对于现阶段法律完全赞成（女 61.2，男 66.2）

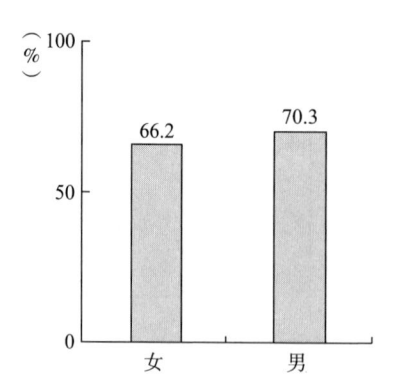

图 6-55　我能够遵守法律（女 66.2，男 70.3）

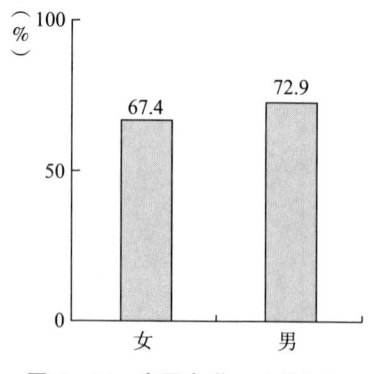

图 6-56　我愿意学习法律知识（女 67.4，男 72.9）

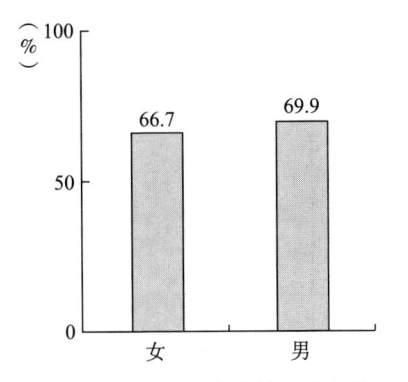

图 6-57 我可以正常接触犯过法的人（女 66.7，男 69.9）

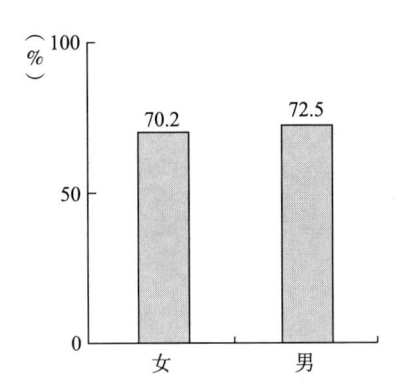

图 6-58 我没有犯过法（女 70.2，男 72.5）

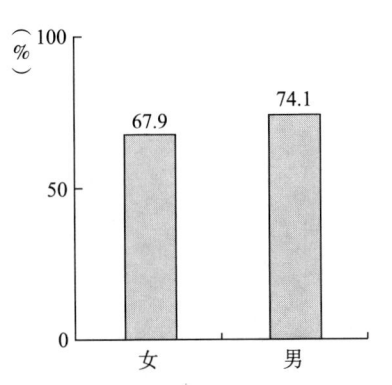

图 6-59 我愿意检举犯法的人（女 67.9，男 74.1）

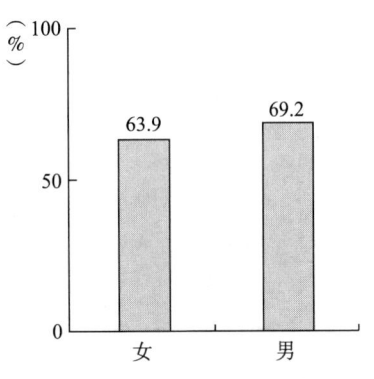

图 6-60 我了解当前的法律知识（女 63.9，男 69.2）

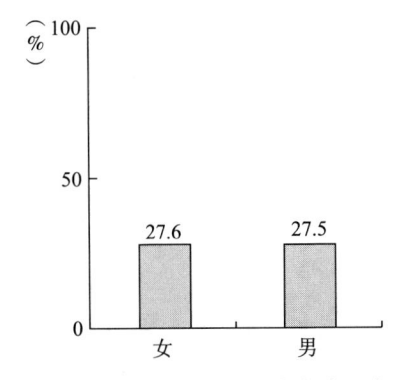

图 6-61 个人犯法对社会危害不大（女 27.6，男 27.5）

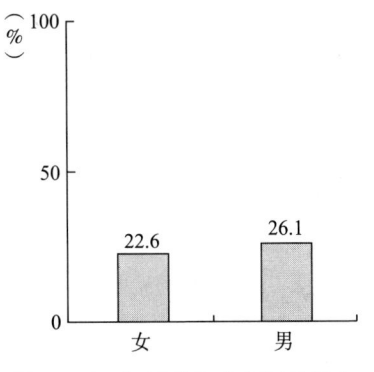

图 6-62 犯过法的人都不是好人（女 22.6，男 26.1）

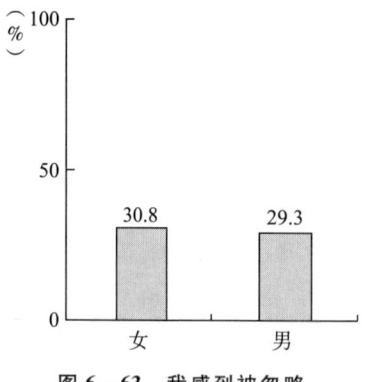

图 6-63 我感到被忽略（女 30.8；男 29.3）

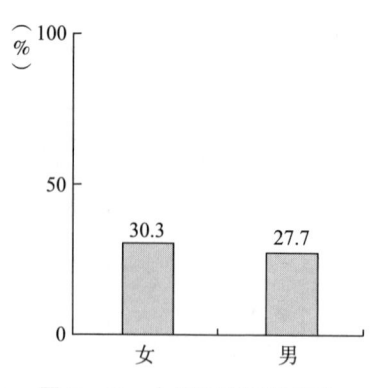

图 6-64 人们好像不接纳我（女 30.3；男 27.7）

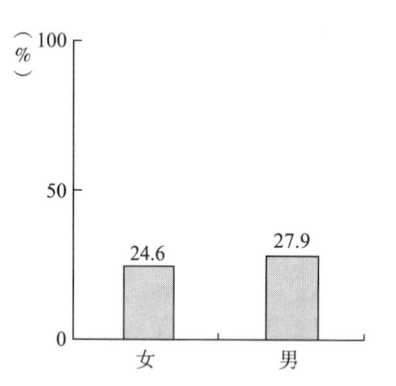

图 6-65 人们对我的看法与我差别很大（女 24.6；男 27.9）

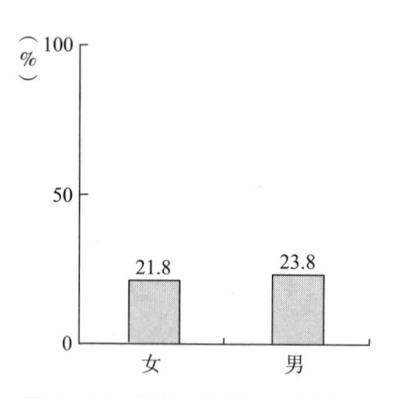

图 6-66 我很少倾诉自己的想法（女 21.8；男 23.8）

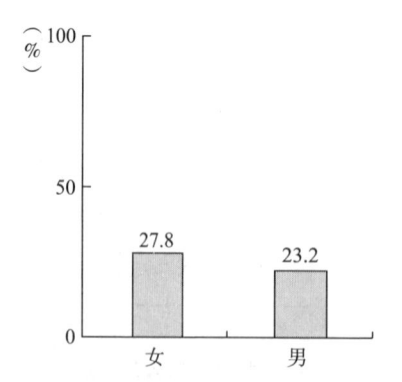

图 6-67 没朋友，常常感觉很孤独（女 27.8；男 23.2）

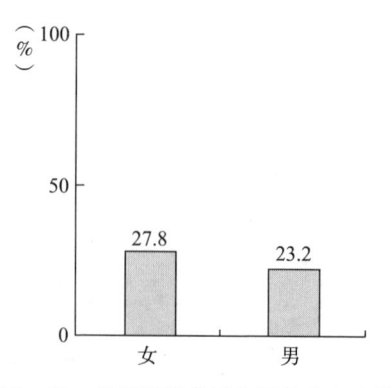

图 6-68 总能准确找到自己的角色定位（女 27.8；男 23.2）

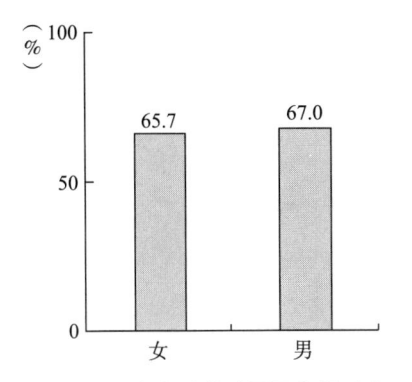

图 6-69　我感到我对周围人很适应（女 65.7，男 67.0）

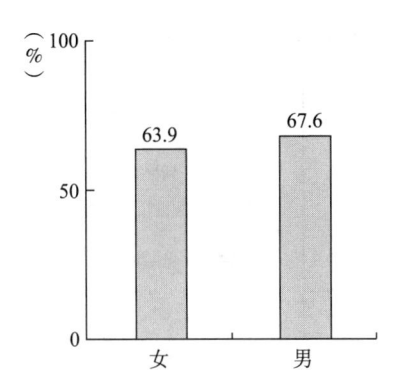

图 6-70　我的价值被他人所承认（女 63.9，男 67.6）

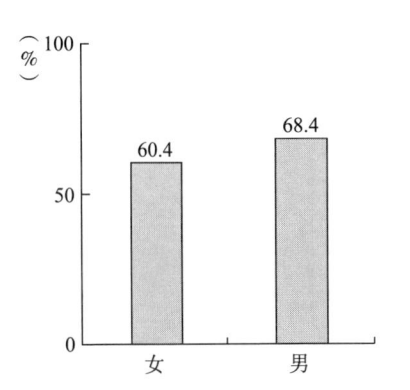

图 6-71　社交能力和人缘都很好（女 60.4，男 68.4）

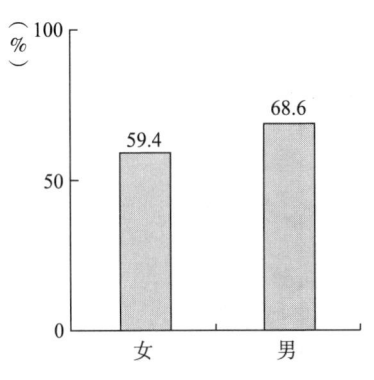

图 6-72　我对于我的朋友很重要（女 59.4，男 68.6）

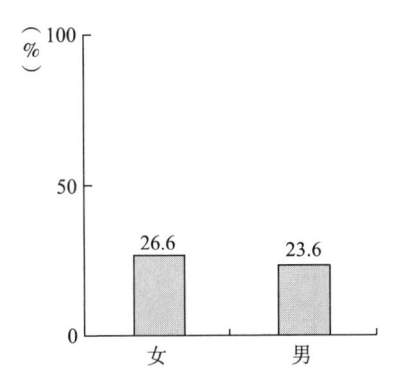

图 6-73　我时常怀疑自己的工作能力（女 26.6，男 23.6）

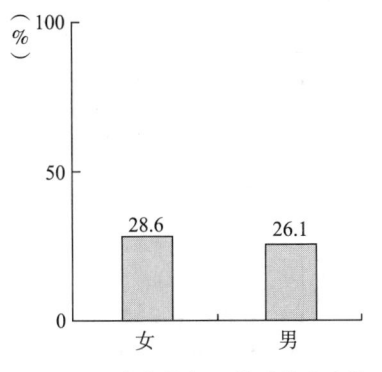

图 6-74　我害怕与不熟悉的人交往（女 28.6，男 26.1）

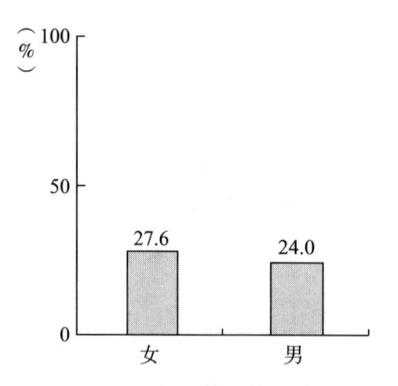

图 6-75 不熟悉的环境使我感到无所适从（女 27.6；男 24.0）

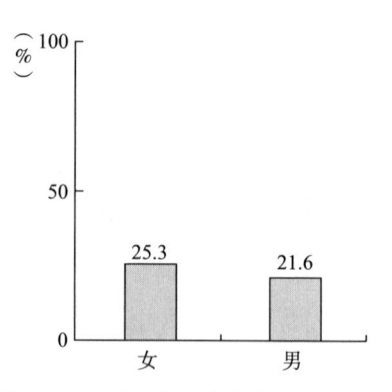

图 6-76 对于人际冲突我会不知所措（女 25.3；男 21.6）

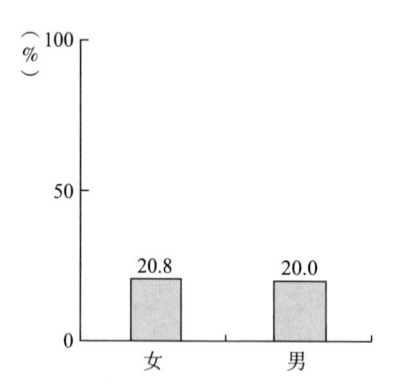

图 6-77 我承受的各方面压力很大（女 20.8；男 20.0）

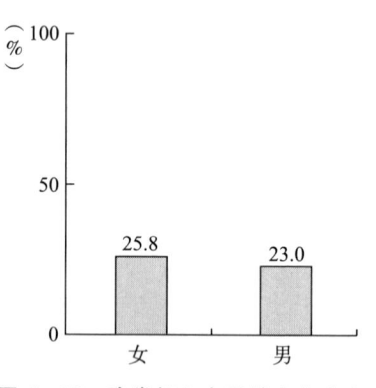

图 6-78 我常担心自己的人身安全（女 25.8；男 23.0）

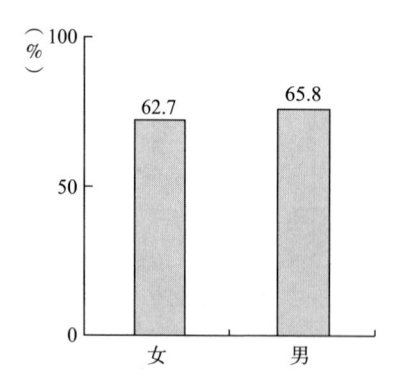

图 6-79 我通过合理的方法缓解压力（女 62.7；男 65.8）

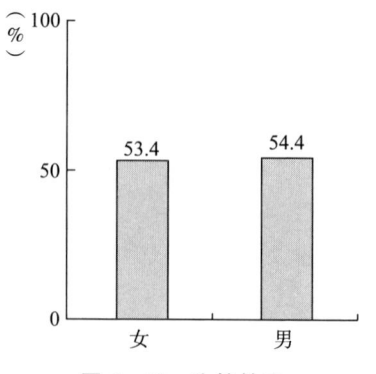

图 6-80 比较敏感（女 53.4；男 54.4）

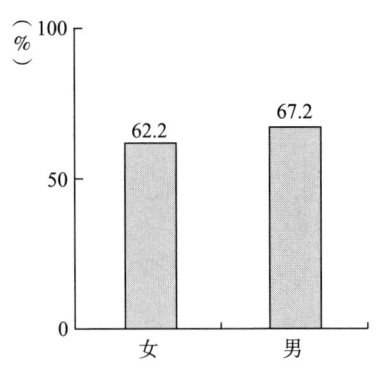

图 6-81　不会为了自己的利益而损害企业利益

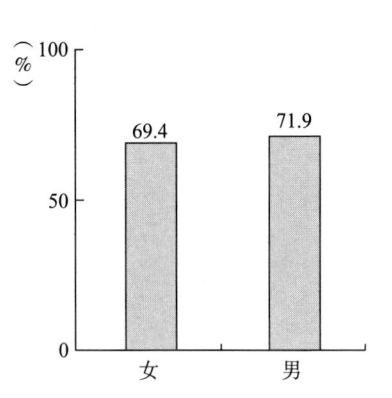

图 6-82　行为规范符合企业要求

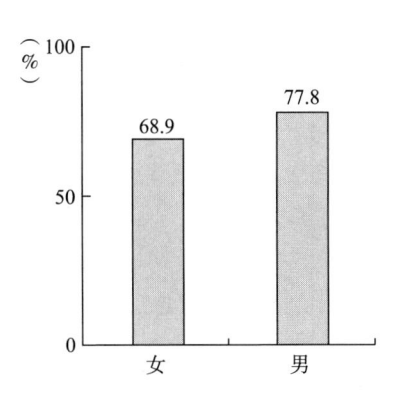

图 6-83　我会时刻维护企业形象

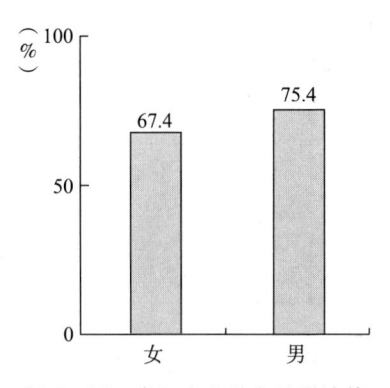

图 6-84　参加企业的各种联谊等

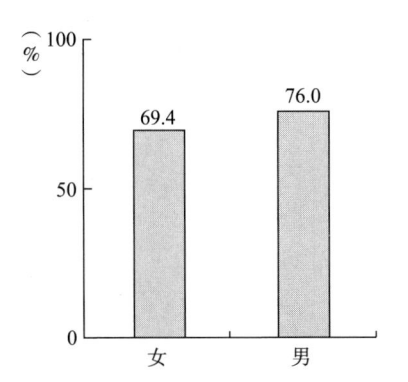

图 6-85　会向企业提供相关的意见

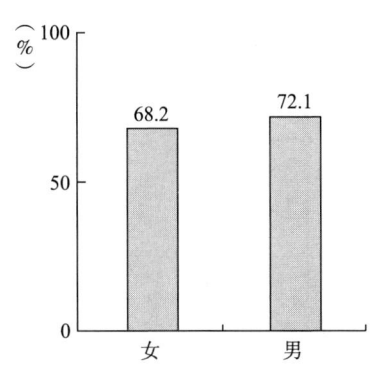

图 6-86　我的出勤率比其他人高

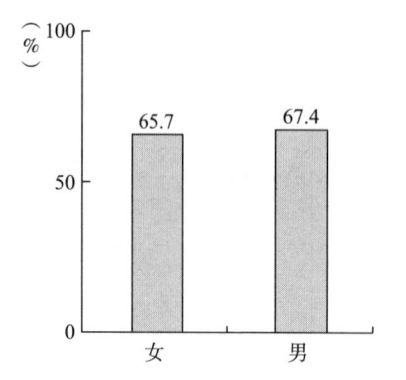

图 6-87 主动向同事介绍我的工作经验（女 65.7，男 67.4）

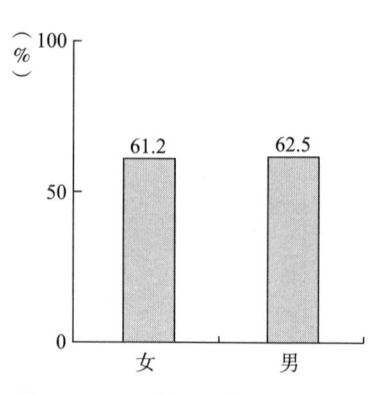

图 6-88 同事认可我的工作表现（女 61.2，男 62.5）

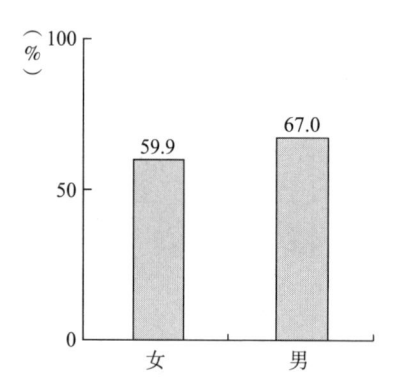

图 6-89 我把其他成员当朋友看待（女 59.9，男 67.0）

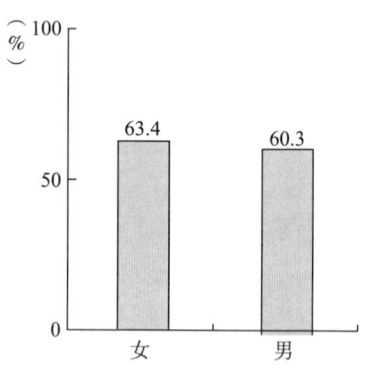

图 6-90 同他人的工作关系很密切（女 63.4，男 60.3）

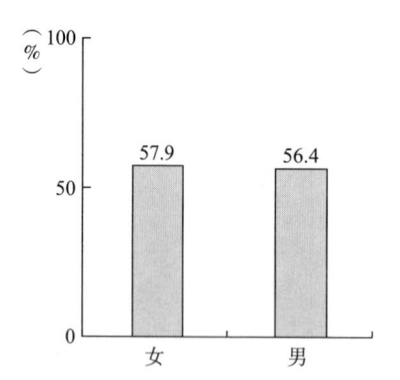

图 6-91 必须合作才能完成工作（女 57.9，男 56.4）

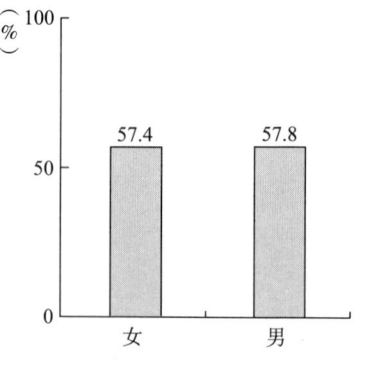

图 6-92 我的绩效依赖于他人的准确信息（女 57.4，男 57.8）

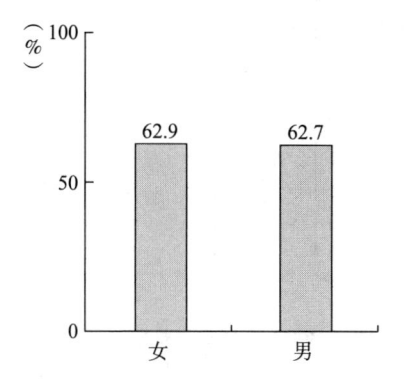

图 6-93　我的工作方式对他人有影响 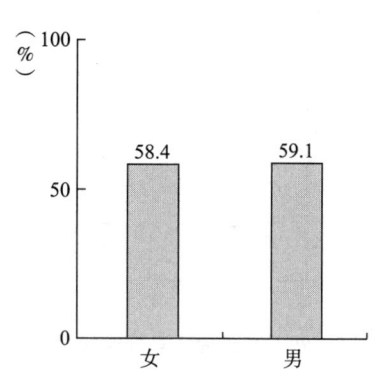　　图 6-94　我的工作要求同他人进行协商

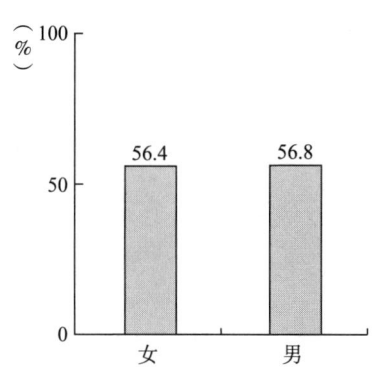

女 62.9　男 62.7　　女 58.4　男 59.1

图 6-95　我的工资比其他企业做类似工作的人高 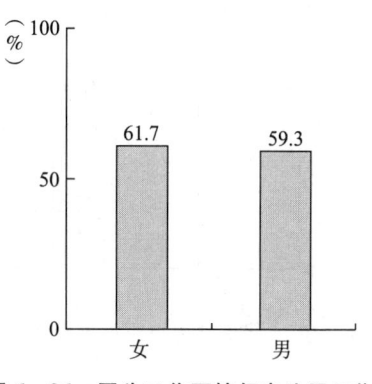　　图 6-96　因为工作环境好在这里工作

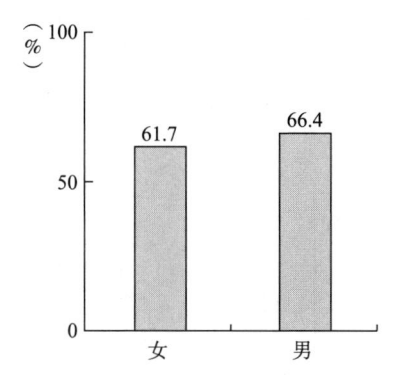

女 56.4　男 56.8　　女 61.7　男 59.3

图 6-97　工作具有挑战性和成就感 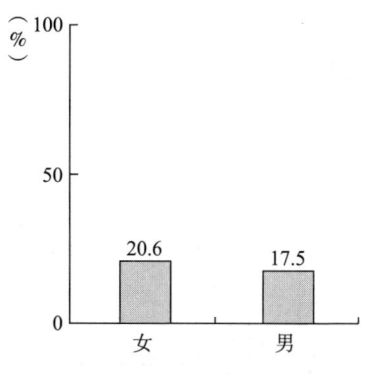　　图 6-98　我经常想离开现在的工作

女 61.7　男 66.4　　女 20.6　男 17.5

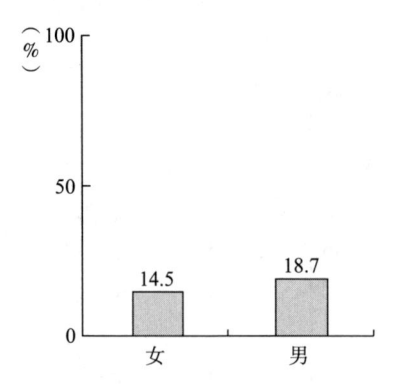

图 6-99　有机会我有可能换新工作（女 14.5，男 18.7）

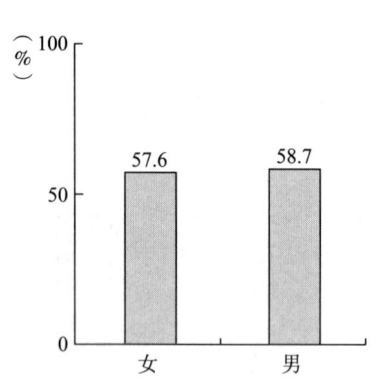

图 6-100　企业效益差我也不会离开（女 57.6，男 58.7）

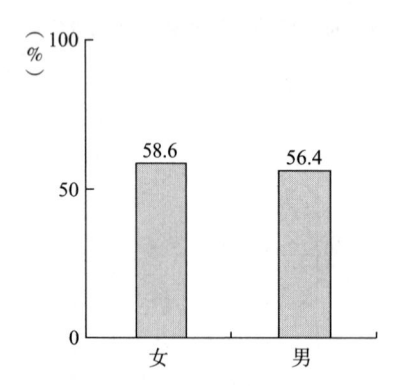

图 6-101　我愿意为企业贡献全部心血（女 58.6，男 56.4）

第二节　分城乡排序

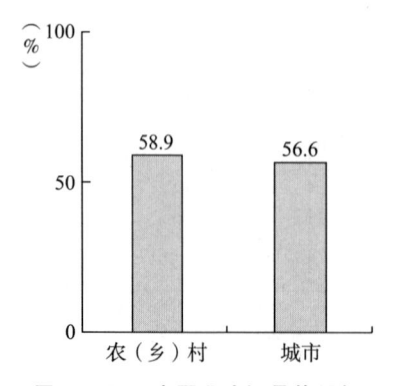

图 6-102　有职业生涯具体目标（农（乡）村 58.9，城市 56.6）

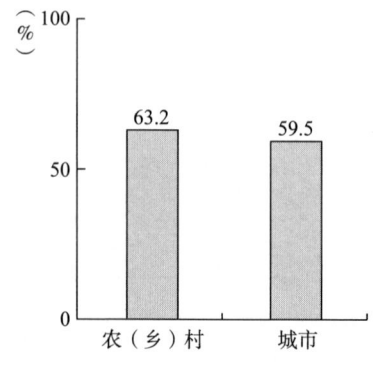

图 6-103　了解目前工作模式（农（乡）村 63.2，城市 59.5）

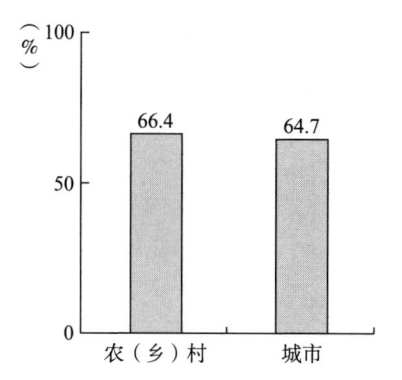

图 6-104　了解工作的职业价值观　　农(乡)村 66.4　城市 64.7

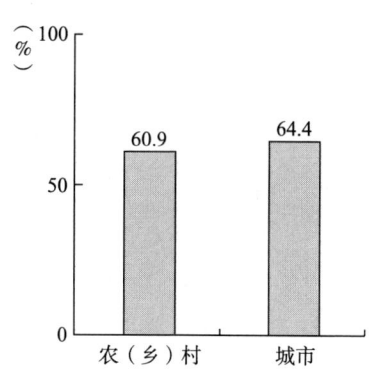

图 6-105　思考与研究工作问题　　农(乡)村 60.9　城市 64.4

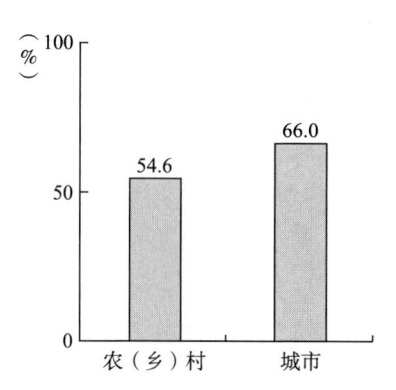

图 6-106　职业和期望相符合　　农(乡)村 54.6　城市 66.0

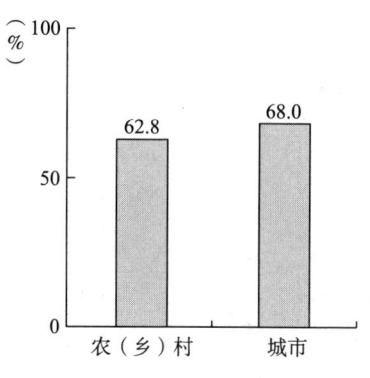

图 6-107　工作是自我形象的一部分　　农(乡)村 62.8　城市 68.0

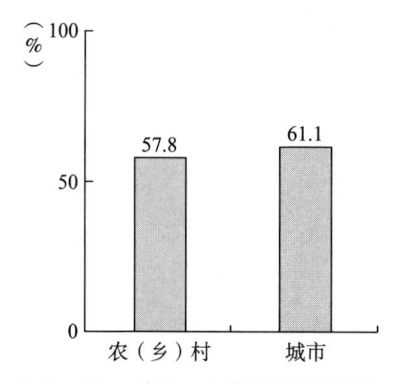

图 6-108　目前工作发展的前景很好　　农(乡)村 57.8　城市 61.1

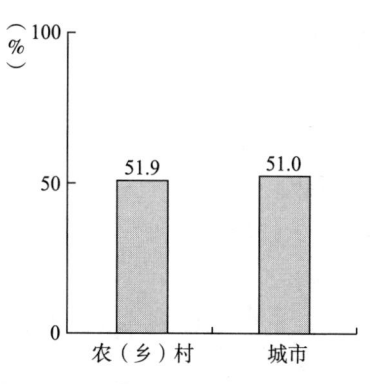

图 6-109　期望子女能从事这项工作　　农(乡)村 51.9　城市 51.0

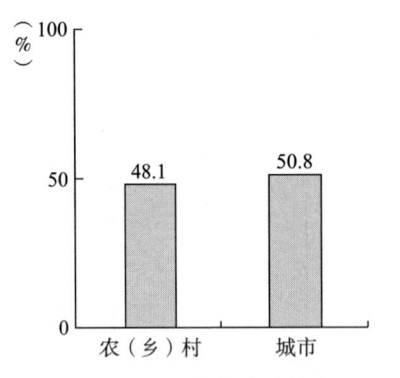

图 6-110　工作社会地位高
农(乡)村 48.1　城市 50.8

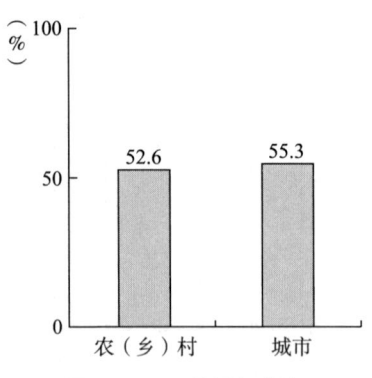

图 6-111　发展机会多
农(乡)村 52.6　城市 55.3

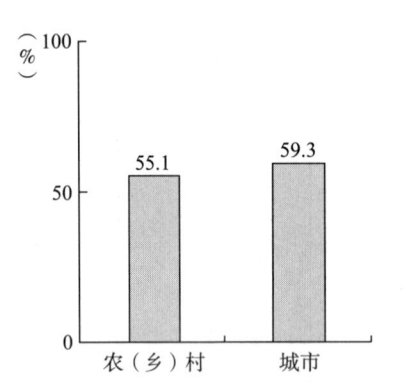

图 6-112　目前单位重视我
农(乡)村 55.1　城市 59.3

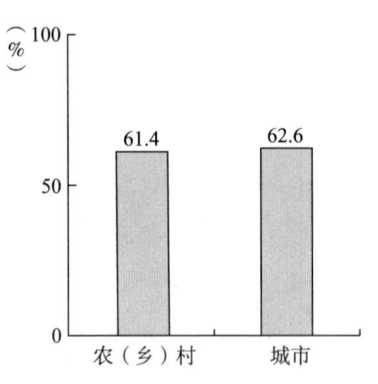

图 6-113　工作机会的可选择性多
农(乡)村 61.4　城市 62.6

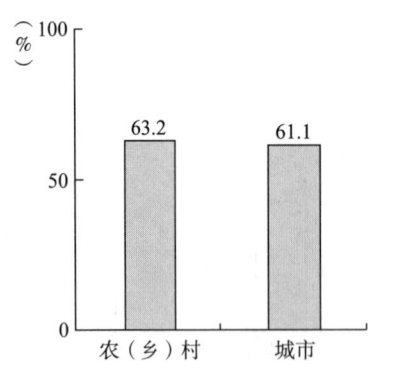

图 6-114　容易在其他单位找到类似工作
农(乡)村 63.2　城市 61.1

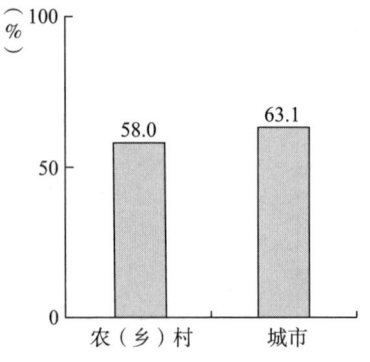

图 6-115　其他组织视我为有价值的资源
农(乡)村 58.0　城市 63.1

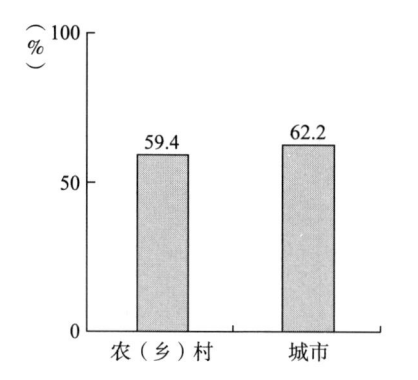

图 6-116　对职业取得的成功感到满意：农(乡)村 59.4，城市 62.2

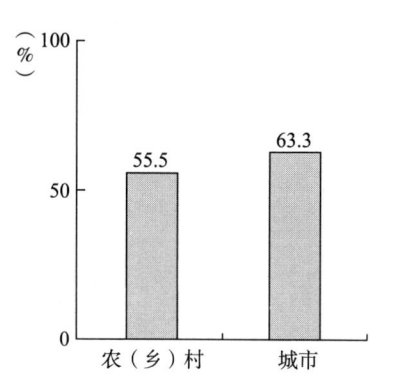

图 6-117　对取得的进步感到满意：农(乡)村 55.5，城市 63.3

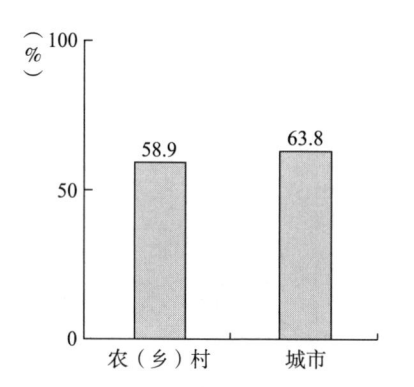

图 6-118　对新技能进步感到满意：农(乡)村 58.9，城市 63.8

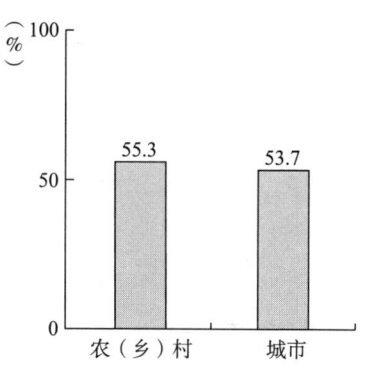

图 6-119　对收入目标的进步感到满意：农(乡)村 55.3，城市 53.7

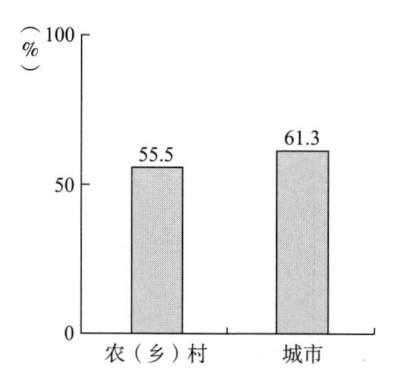

图 6-120　目前的职业能发挥我的特长：农(乡)村 55.5，城市 61.3

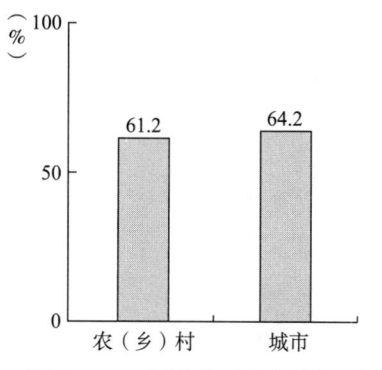

图 6-121　愿意花时间阅读与职业相关的资料：农(乡)村 61.2，城市 64.2

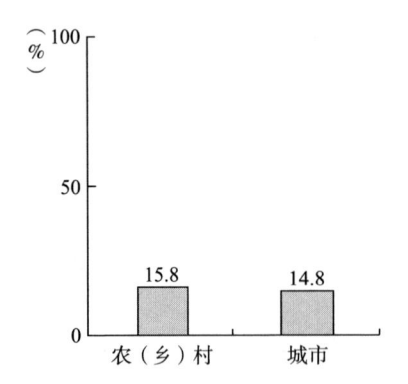

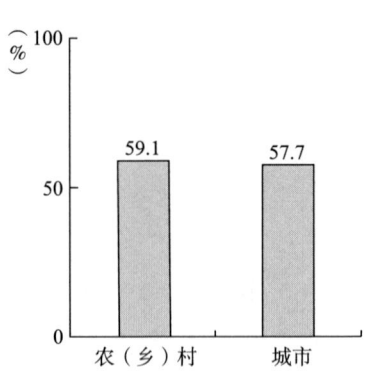

图 6-122　从事同酬的另一职业的工作
农（乡）村 15.8　城市 14.8

图 6-123　从事目前的职业不是因为金钱
农（乡）村 59.1　城市 57.7

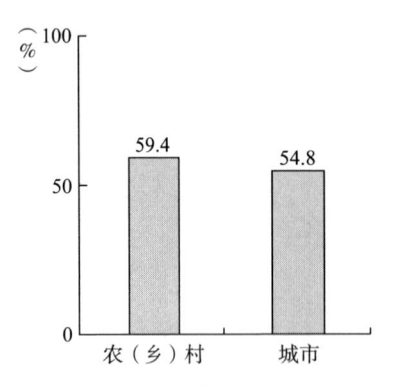

图 6-124　不考虑改变职业
农（乡）村 59.4　城市 54.8

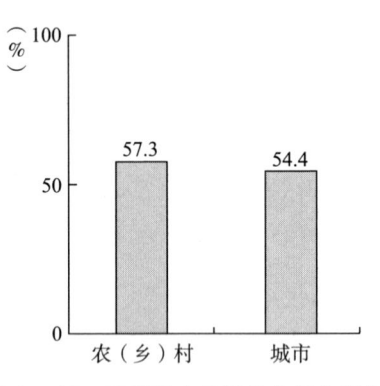

图 6-125　离开现在的职业会损失很多
农（乡）村 57.3　城市 54.4

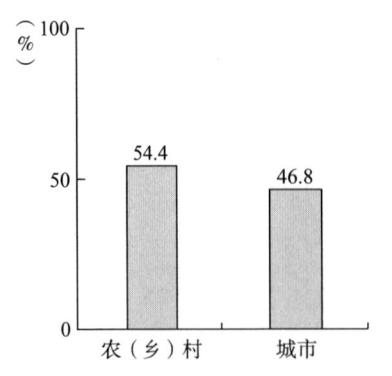

图 6-126　离开现在职业难找到更好的工作
农（乡）村 54.4　城市 46.8

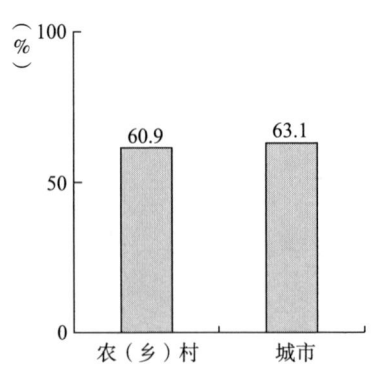

图 6-127　应该为该职业贡献合理时间
农（乡）村 60.9　城市 63.1

第六章 新生代职业群体竞争力分项排序

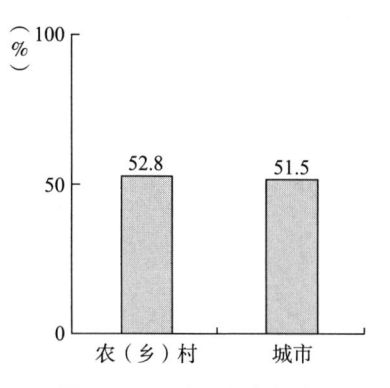

图 6-128 有组织归属感
农（乡）村 52.8　城市 51.5

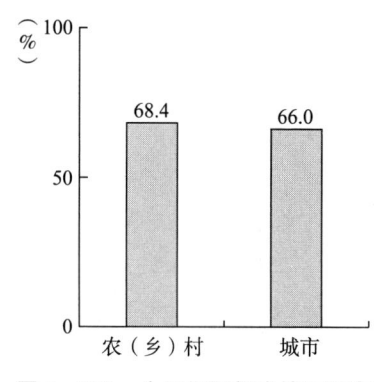

图 6-129 为组织取得成绩而兴奋
农（乡）村 68.4　城市 66.0

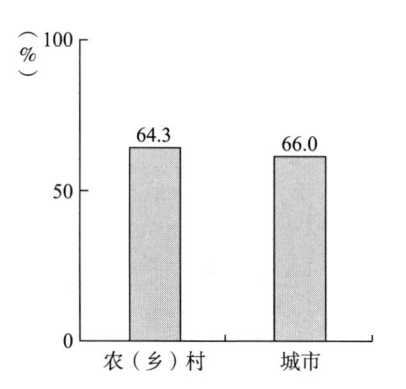

图 6-130 看到组织广告觉得很开心
农（乡）村 64.3　城市 66.0

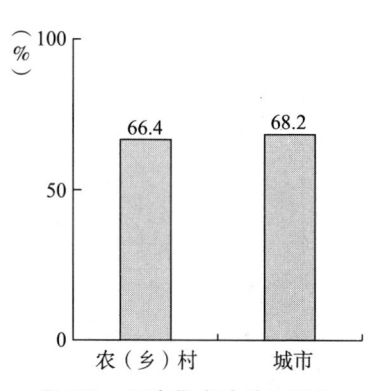

图 131 同事指出我的不足是把我当自己人看
农（乡）村 66.4　城市 68.2

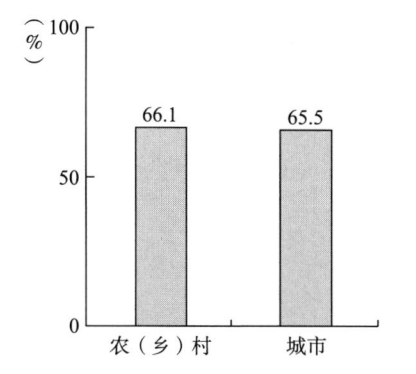

图 6-132 我代表着组织的形象
农（乡）村 66.1　城市 65.5

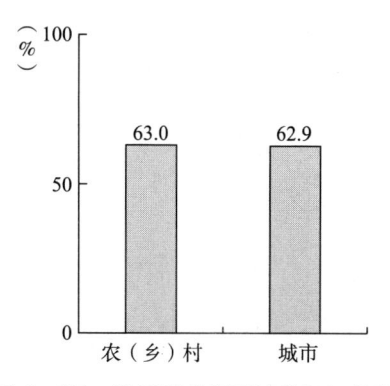

图 6-133 遇到困难想到请求组织帮助
农（乡）村 63.0　城市 62.9

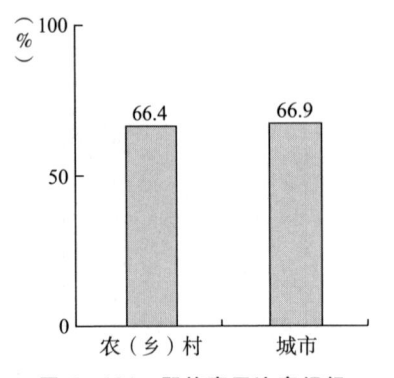

图 6-134 即使离开这家组织我也会自豪（农（乡）村 66.4；城市 66.9）

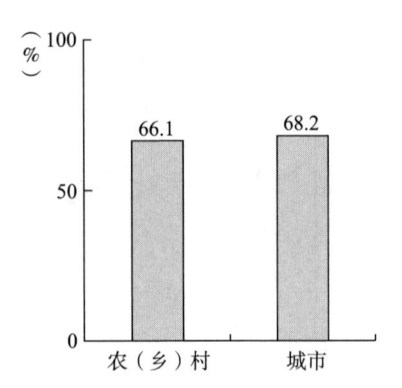

图 6-135 我认为组织员工是一家人（农（乡）村 66.1；城市 68.2）

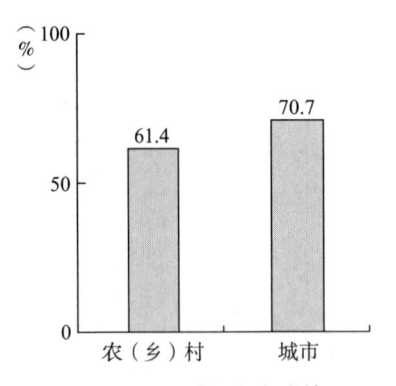

图 6-136 对组织有感情（农（乡）村 61.4；城市 70.7）

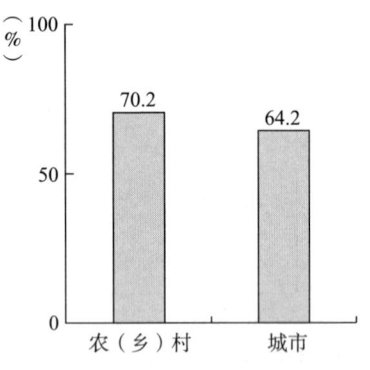

图 6-137 我经常用"我们"谈论组织（农（乡）村 70.2；城市 64.2）

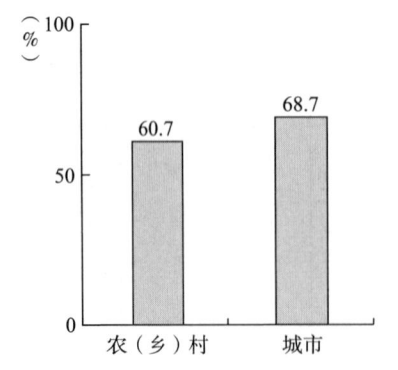

图 6-138 组织的成功就是我的成功（农（乡）村 60.7；城市 68.7）

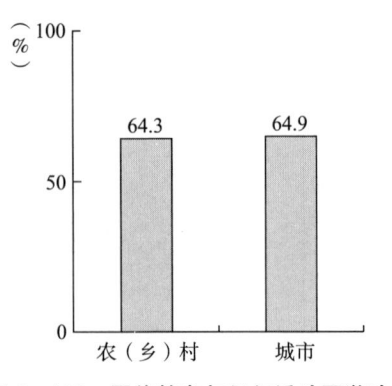

图 6-139 因能够参与组织活动而激动（农（乡）村 64.3；城市 64.9）

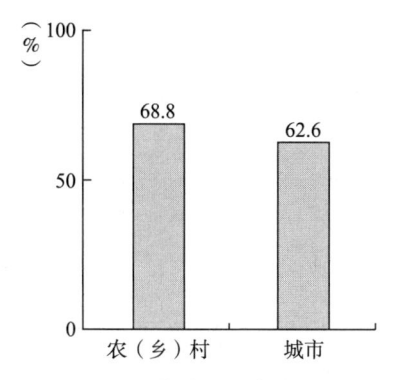

图 6-140 签订劳动合同我就是组织员工 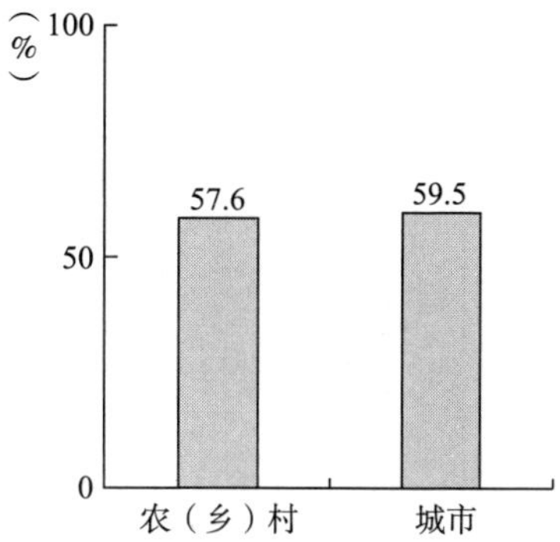　　图 6-141 上司工作能力很强让我信服

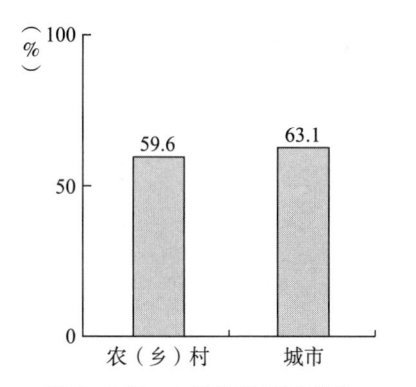

图 6-142 上司能积极对我的
工作做出反馈

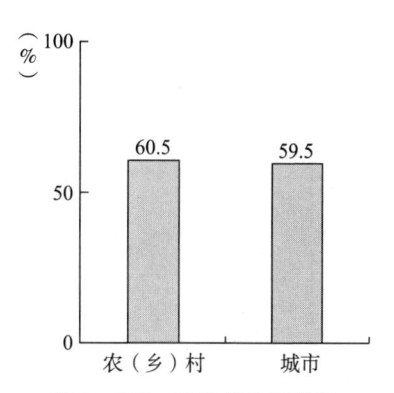

图 6-143 我的朋友很羡慕
我现在的工作

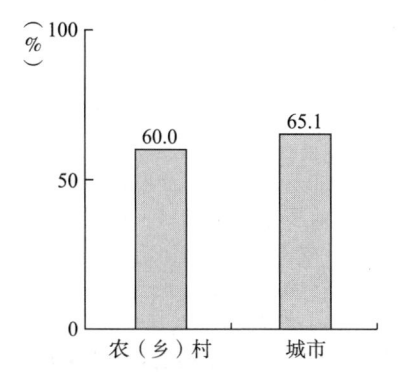

图 6-144 组织给我提供许多决策机会 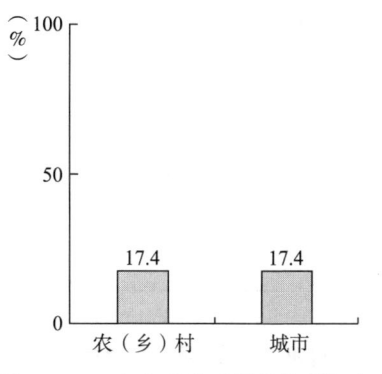　　图 6-145 组织没为我提供培训机会

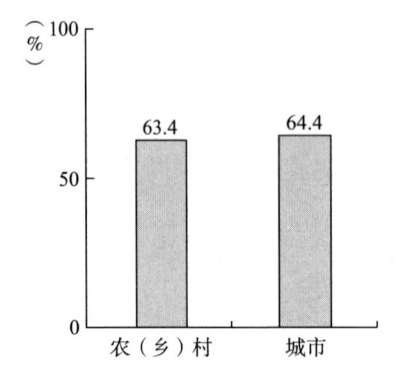

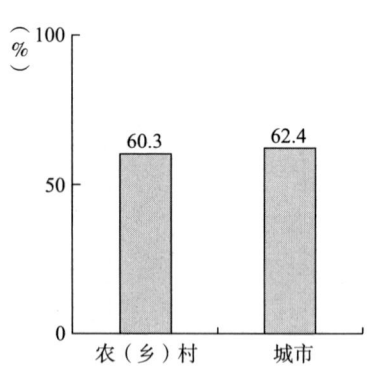

图 6-146　我对组织的付出得到相应回报

图 6-147　我能够从组织获得足够的信息

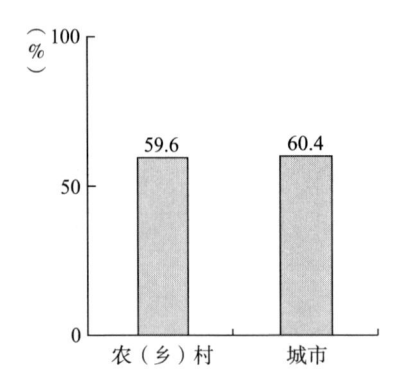

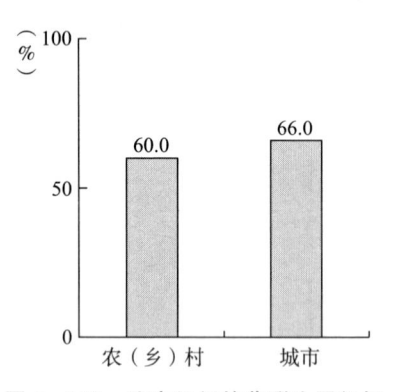

图 6-148　在这家组织我感到很有前途

图 6-149　这家组织的薪酬比同行好

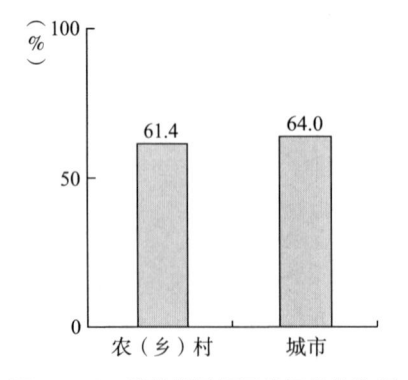

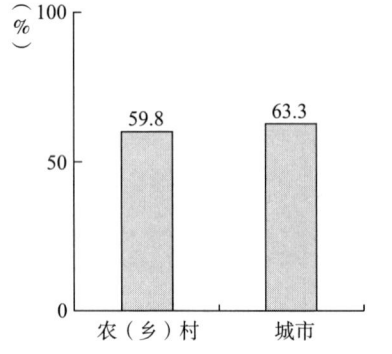

图 6-150　能提供同行不能提供的资源

图 6-151　我所在的组织很有凝聚力

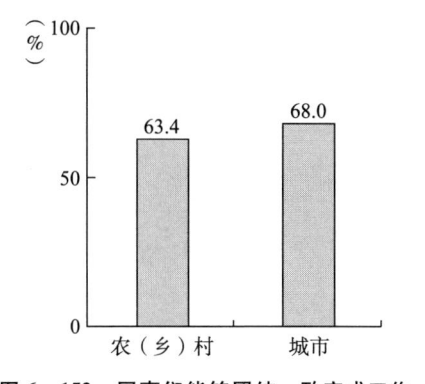

图 6-152　同事们能够团结一致完成工作

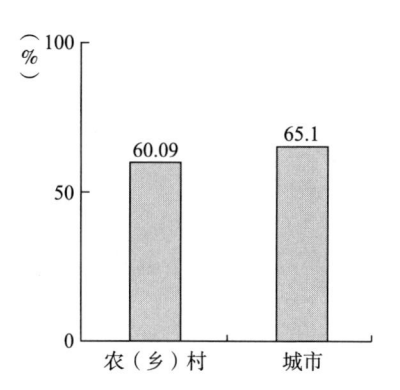

图 6-153　同事会主动关心我

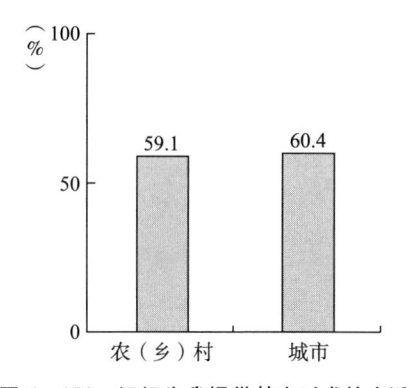

图 6-154　组织为我提供梦寐以求的生活

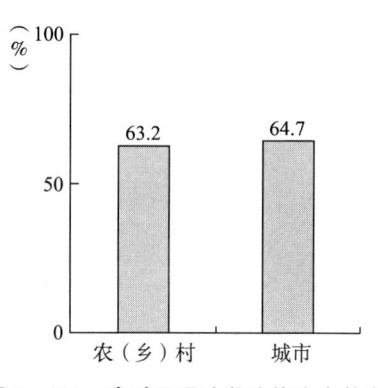

图 6-155　我对于现阶段法律完全赞成

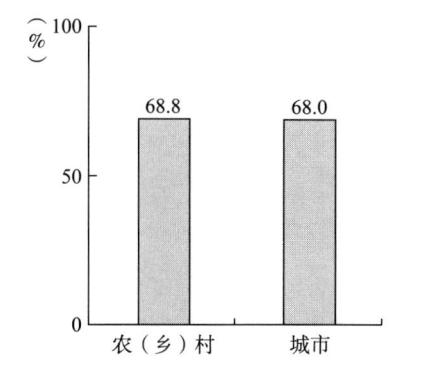

图 6-156　同事们能够团结一致完成工作

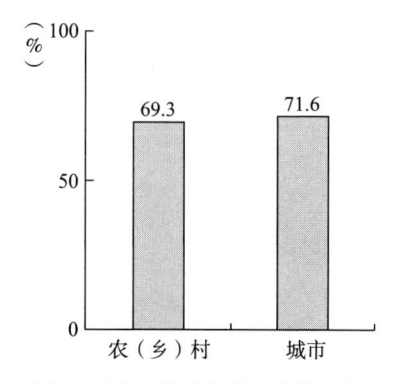

图 6-157　我愿意学习法律知识

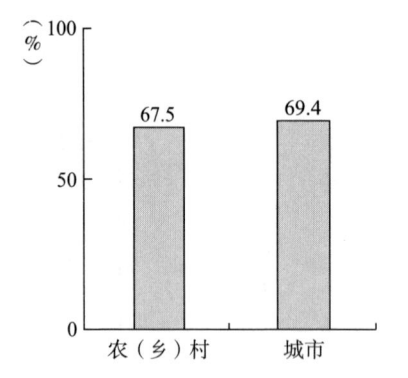

图 6-158　我可以正常接触犯过法的人：农（乡）村 67.5，城市 69.4

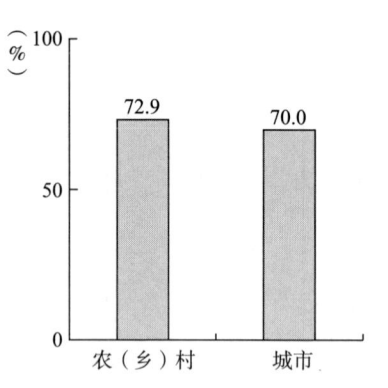

图 6-159　我没有犯过法：农（乡）村 72.9，城市 70.0

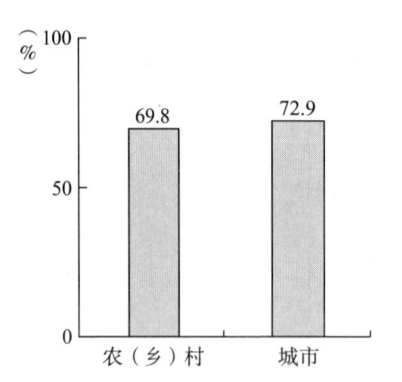

图 6-160　我愿意检举犯法的人：农（乡）村 69.8，城市 72.9

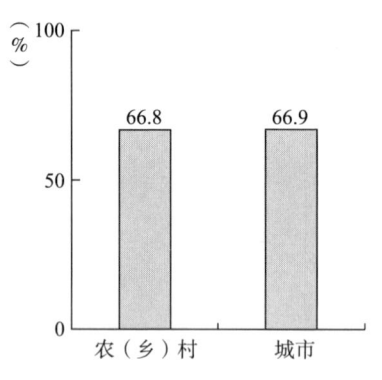

图 6-161　我了解当前的法律方面知识：农（乡）村 66.8，城市 66.9

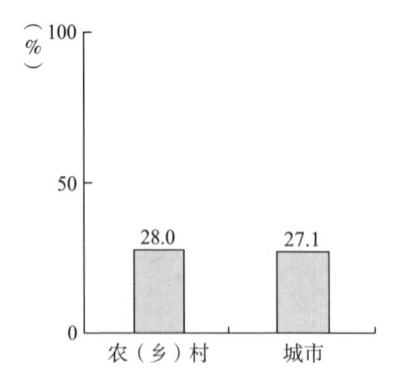

图 6-162　个人犯法对社会危害不大：农（乡）村 28.0，城市 27.1

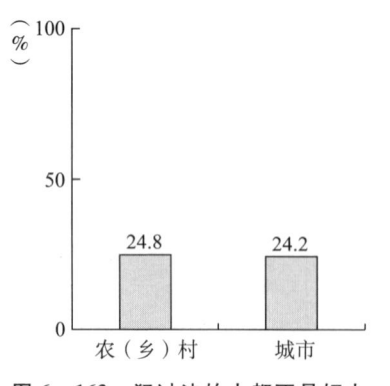

图 6-163　犯过法的人都不是好人：农（乡）村 24.8，城市 24.2

图 6-164　我感到被忽略　农(乡)村 28.0　城市 32.0

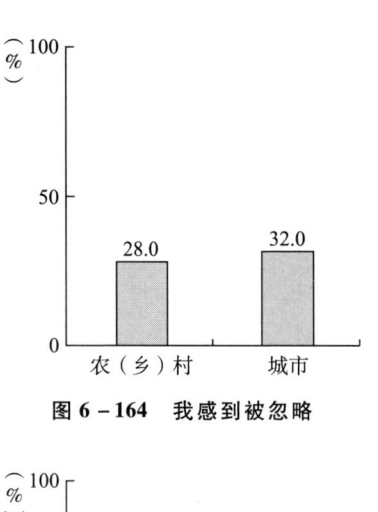

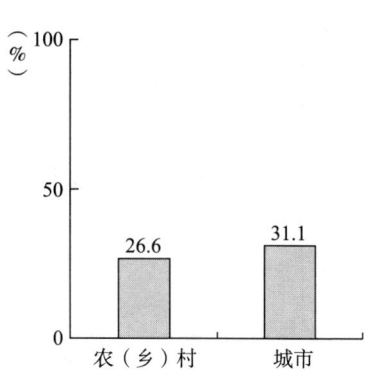

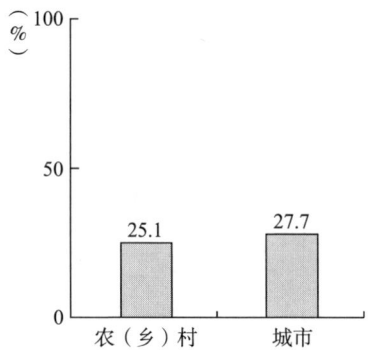

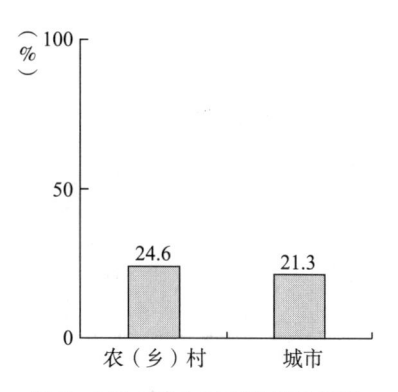

图 6-165　人们好像不接纳我　农(乡)村 26.6　城市 31.1

图 6-166　人们对我的看法与我差别很大　农(乡)村 25.1　城市 27.7

图 6-167　很少倾诉自己的想法　农(乡)村 24.6　城市 21.3

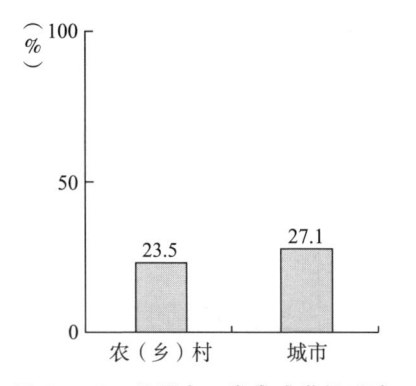

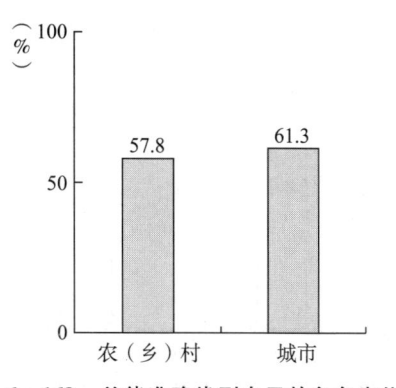

图 6-168　没朋友，常常感觉很孤独　农(乡)村 23.5　城市 27.1

图 6-169　总能准确找到自己的角色定位　农(乡)村 57.8　城市 61.3

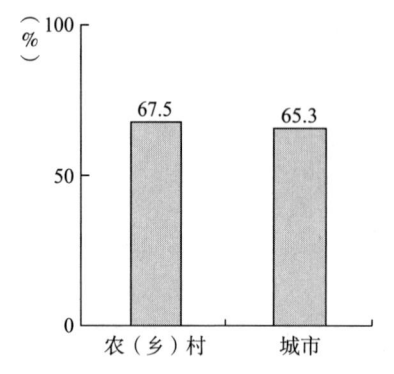

图 6-170　我感到我对周围人很适应 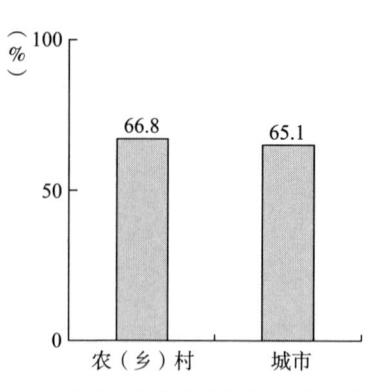　　　　图 6-171　我的价值被他人所承认

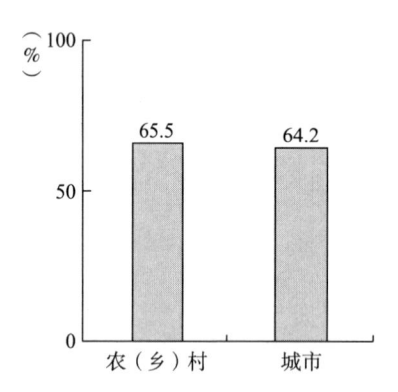

农（乡）村 67.5　城市 65.3　　　　　　　农（乡）村 66.8　城市 65.1

图 6-172　社交能力和人缘都很好 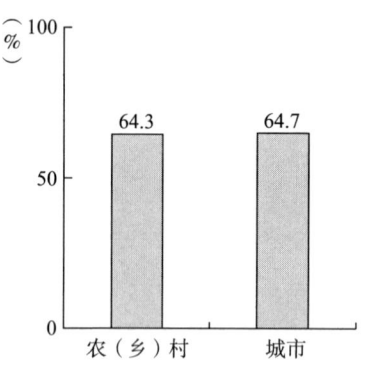　　　　　图 6-173　我对于我的朋友很重要

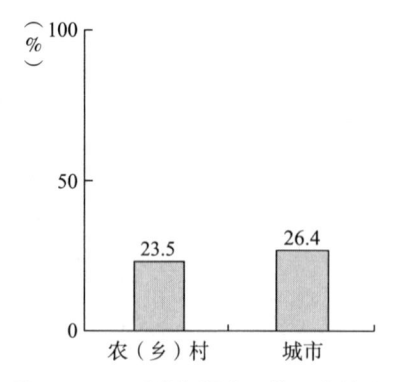

农（乡）村 65.5　城市 64.2　　　　　　　农（乡）村 64.3　城市 64.7

图 6-174　时常怀疑自己的工作能力 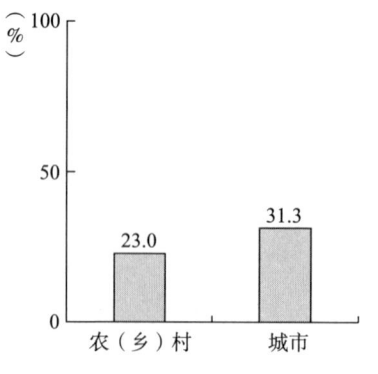　　　　图 6-175　我害怕与不熟悉的人交往

农（乡）村 23.5　城市 26.4　　　　　　　农（乡）村 23.0　城市 31.3

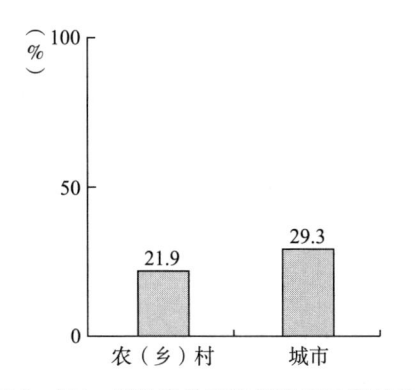

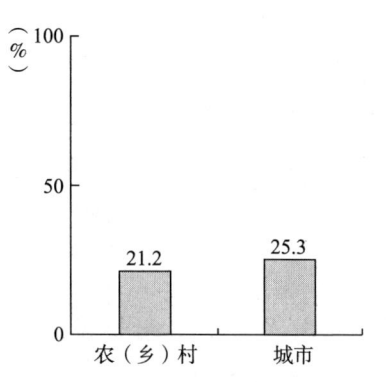

图 6-176　不熟悉的环境使我感无所适从 (农(乡)村 21.9, 城市 29.3)

图 6-177　对于人际冲突我会不知所措 (农(乡)村 21.2, 城市 25.3)

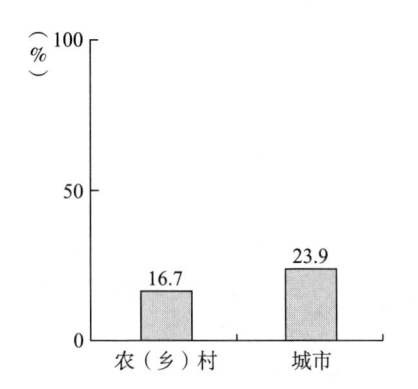

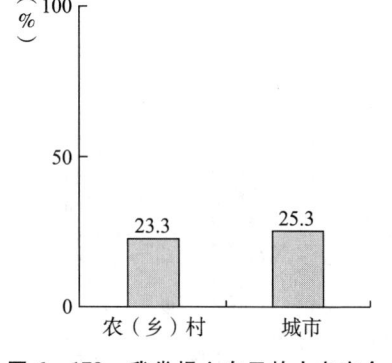

图 6-178　我承受的各方面压力很大 (农(乡)村 16.7, 城市 23.9)

图 6-179　我常担心自己的人身安全 (农(乡)村 23.3, 城市 25.3)

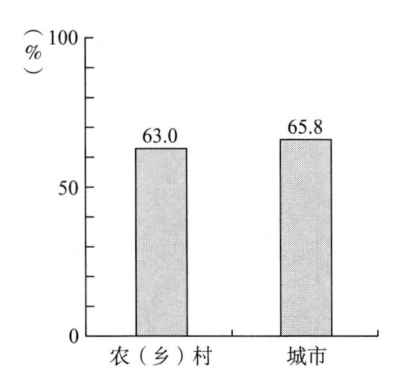

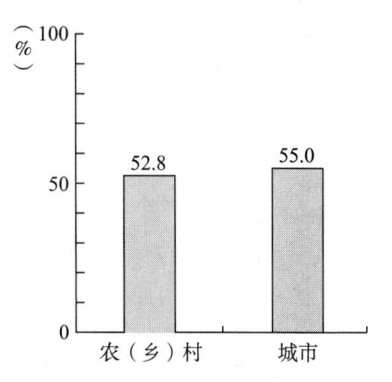

图 6-180　通过合理的方法缓解压力 (农(乡)村 63.0, 城市 65.8)

图 6-181　比较敏感 (农(乡)村 52.8, 城市 55.0)

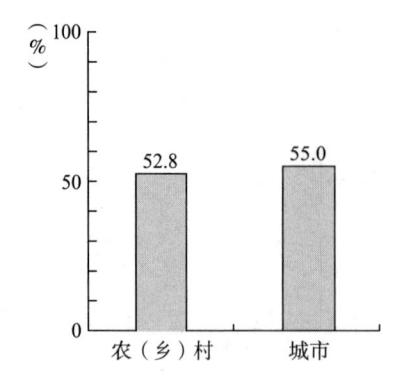

图 6-182　不会为了自己的利益而损害企业利益
农（乡）村 52.8　城市 55.0

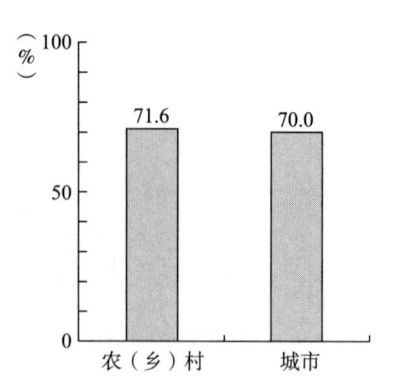

图 6-183　行为规范符合企业要求
农（乡）村 71.6　城市 70.0

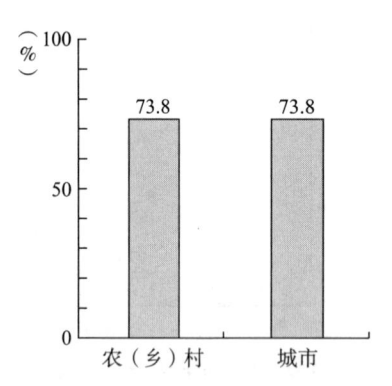

图 6-184　我会时刻维护企业形象
农（乡）村 73.8　城市 73.8

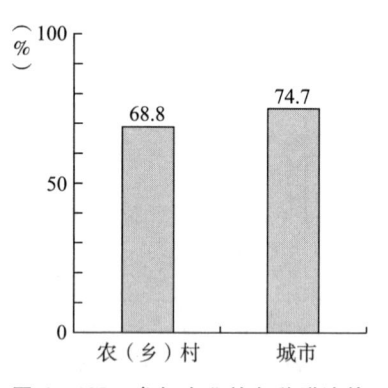

图 6-185　参加企业的各种联谊等
农（乡）村 68.8　城市 74.7

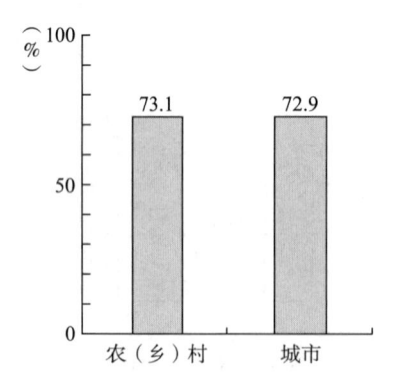

图 6-186　会向企业提供相关的意见
农（乡）村 73.1　城市 72.9

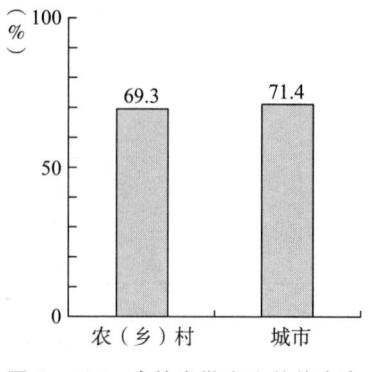

图 6-187　我的出勤率比其他人高
农（乡）村 69.3　城市 71.4

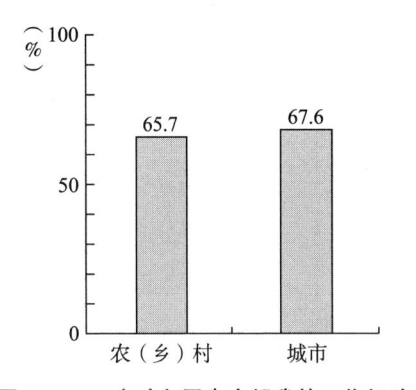

图 6-188　主动向同事介绍我的工作经验

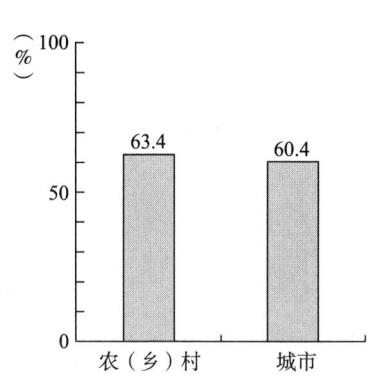

图 6-189　同事认可我的工作表现

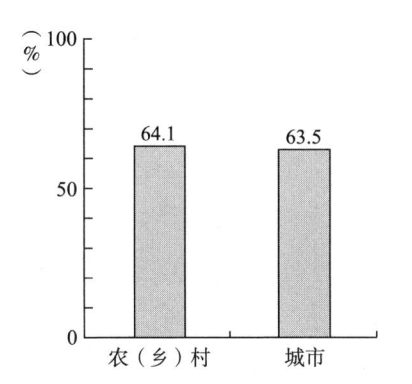

图 6-190　我把其他成员当朋友看待

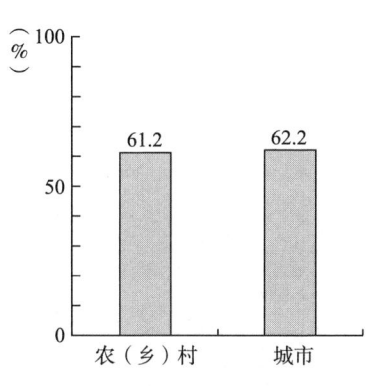

图 6-191　同他人的工作关系很密切

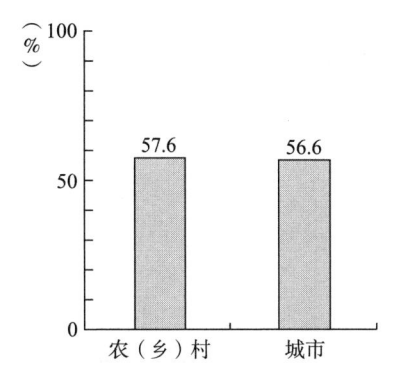

图 6-192　必须合作才能完成工作

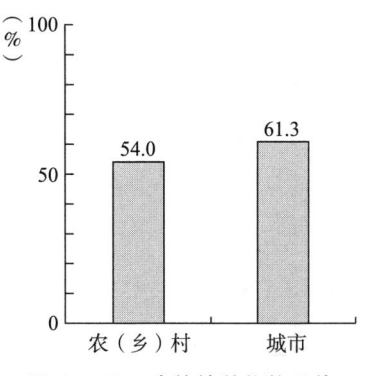

图 6-193　我的绩效依赖于他人的准确信息

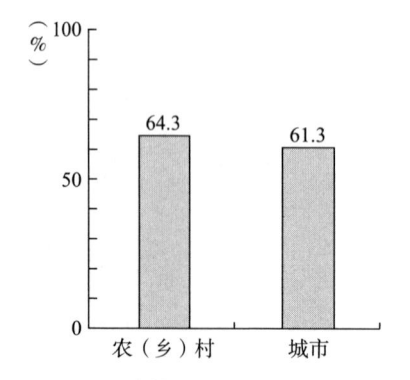

图 6-194　我的工作方式对他人有影响 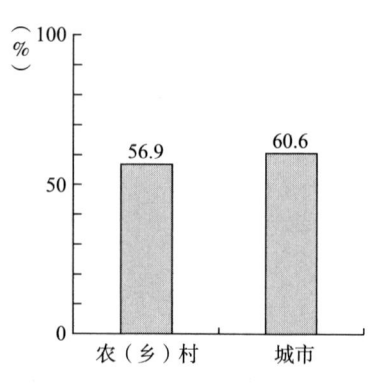　　图 6-195　我的工作要求同他人进行协商

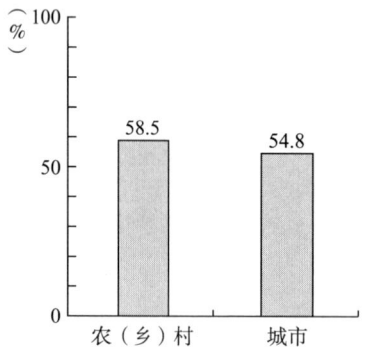

图 6-196　我的工资比其他企业做类似工作的人高 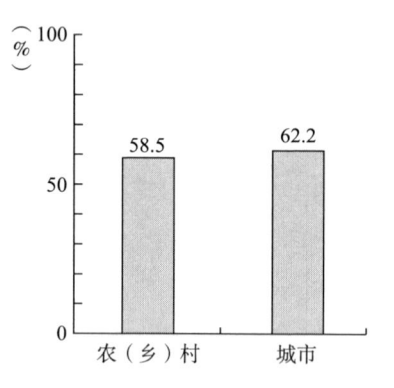　　图 6-197　因为工作环境好在这里工作

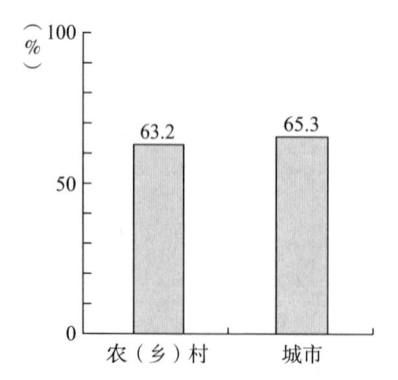

图 6-198　工作具有挑战性和成就感 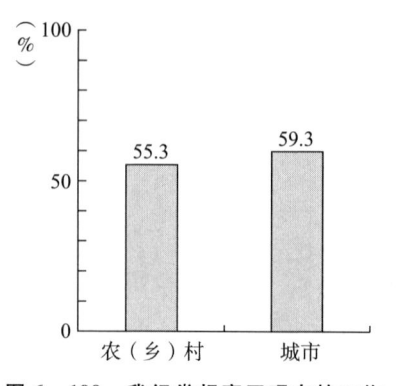　　图 6-199　我经常想离开现在的工作

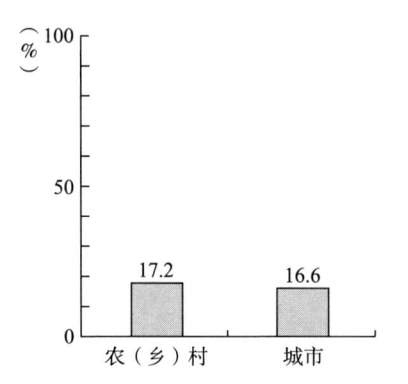

图 6-200 有机会我有可能换新工作

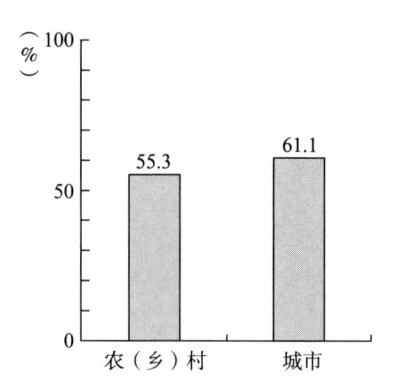

图 6-201 企业效益差我也不会离开

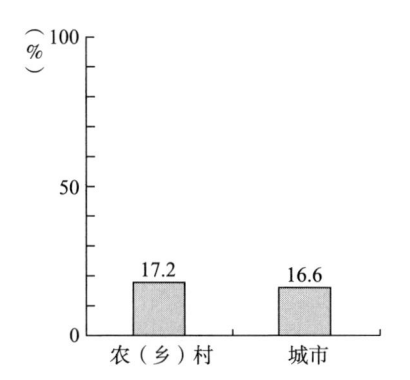

图 6-202 我愿意为企业贡献全部心血

第三节 分地区排序

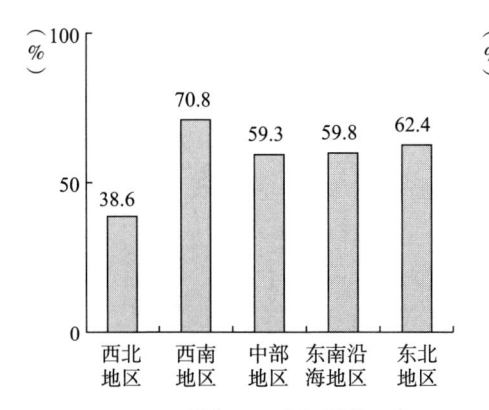

图 6-203 制定职业生涯具体目标

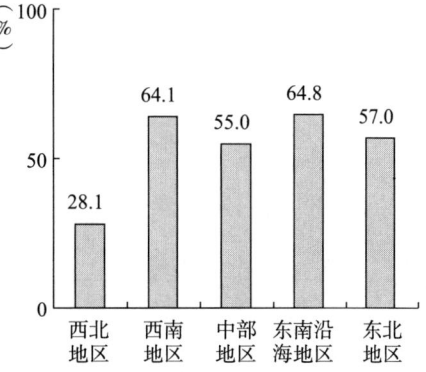

图 6-204 了解目前工作模式

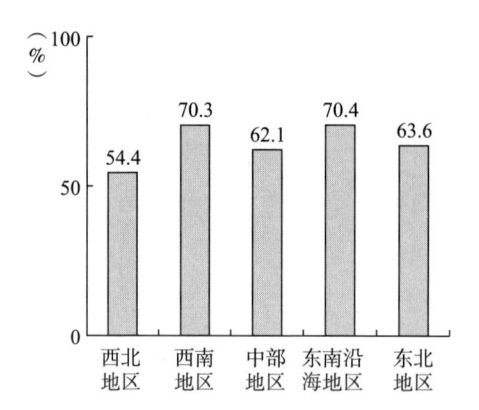

图 6-205　了解工作的职业价值观

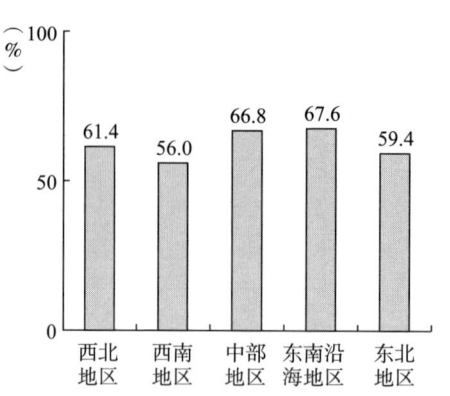

西北地区 54.4　西南地区 70.3　中部地区 62.1　东南沿海地区 70.4　东北地区 63.6

图 6-206　思考与研究工作问题

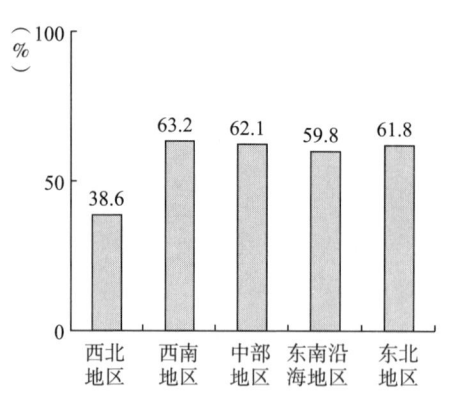

西北地区 61.4　西南地区 56.0　中部地区 66.8　东南沿海地区 67.6　东北地区 59.4

图 6-207　职业和所期望相符合

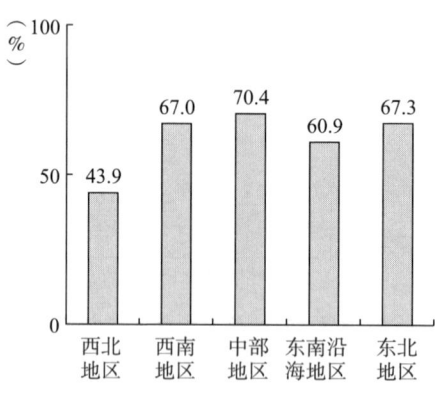

西北地区 38.6　西南地区 63.2　中部地区 62.1　东南沿海地区 59.8　东北地区 61.8

图 6-208　工作是自我形象的一部分

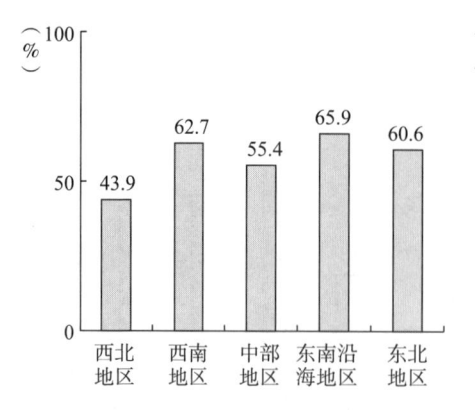

西北地区 43.9　西南地区 67.0　中部地区 70.4　东南沿海地区 60.9　东北地区 67.3

图 6-209　目前工作发展前景很好

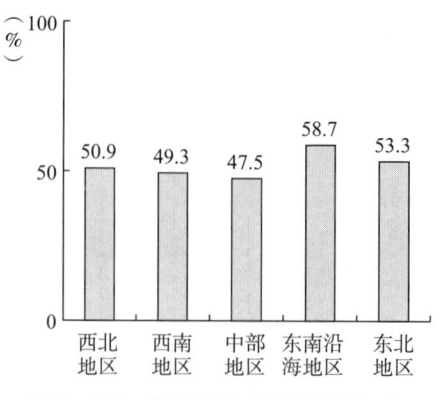

西北地区 43.9　西南地区 62.7　中部地区 55.4　东南沿海地区 65.9　东北地区 60.6

图 6-210　期望子女能从事这项工作

西北地区 50.9　西南地区 49.3　中部地区 47.5　东南沿海地区 58.7　东北地区 53.3

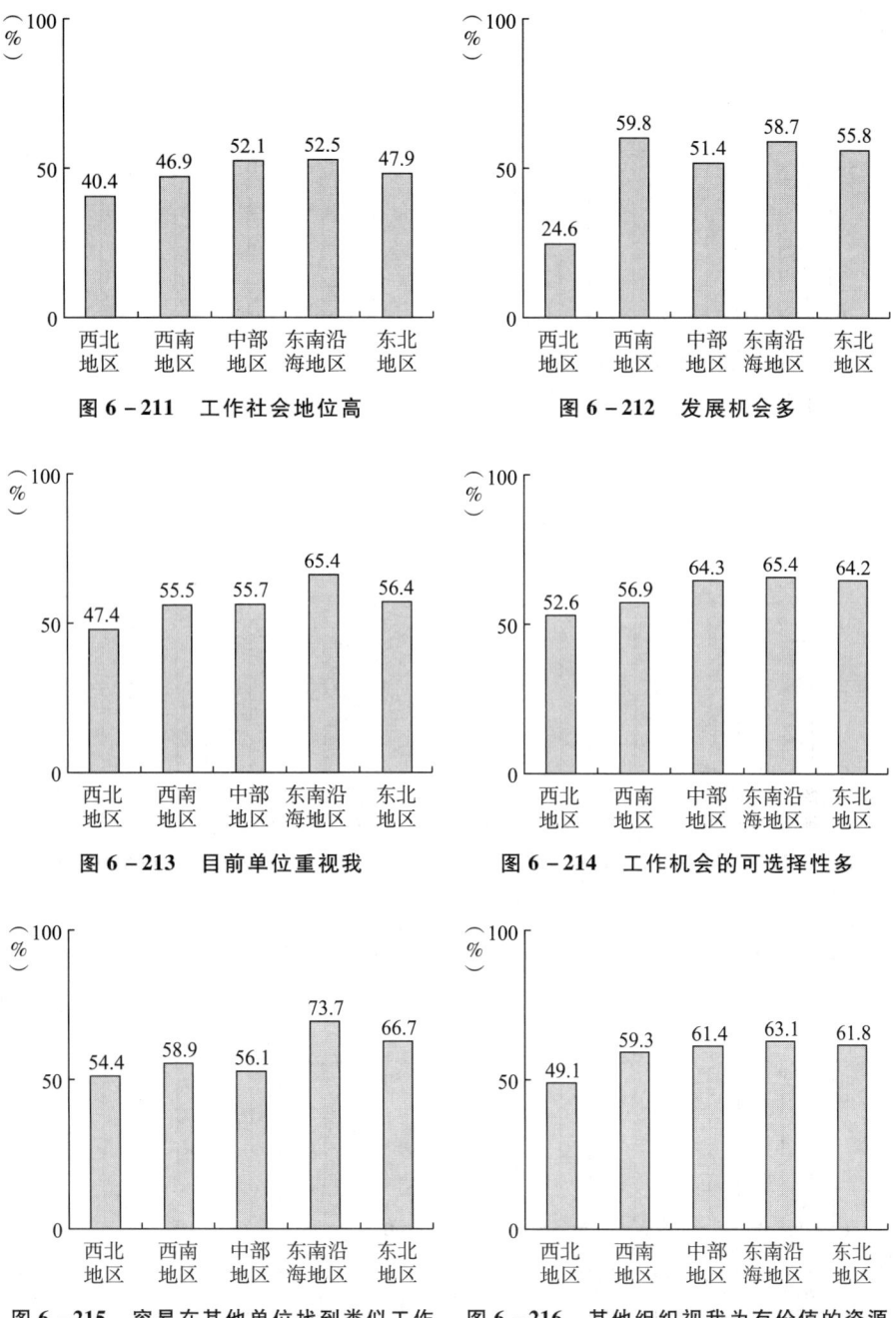

图 6-211　工作社会地位高　　西北地区 40.4　西南地区 46.9　中部地区 52.1　东南沿海地区 52.5　东北地区 47.9

图 6-212　发展机会多　　西北地区 24.6　西南地区 59.8　中部地区 51.4　东南沿海地区 58.7　东北地区 55.8

图 6-213　目前单位重视我　　西北地区 47.4　西南地区 55.5　中部地区 55.7　东南沿海地区 65.4　东北地区 56.4

图 6-214　工作机会的可选择性多　　西北地区 52.6　西南地区 56.9　中部地区 64.3　东南沿海地区 65.4　东北地区 64.2

图 6-215　容易在其他单位找到类似工作　　西北地区 54.4　西南地区 58.9　中部地区 56.1　东南沿海地区 73.7　东北地区 66.7

图 6-216　其他组织视我为有价值的资源　　西北地区 49.1　西南地区 59.3　中部地区 61.4　东南沿海地区 63.1　东北地区 61.8

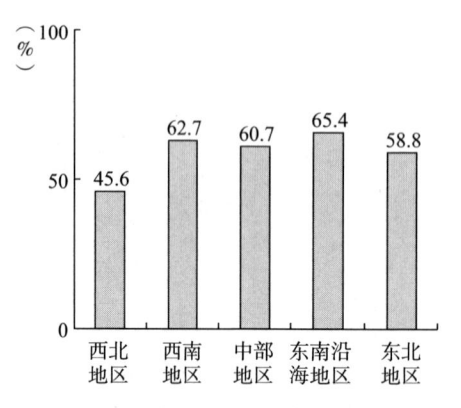

图 6-217 对职业取得的成功感到满意
- 西北地区 45.6
- 西南地区 62.7
- 中部地区 60.7
- 东南沿海地区 65.4
- 东北地区 58.8

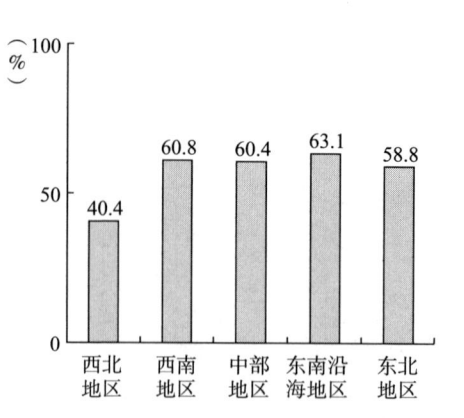

图 6-218 对取得的进步感到满意
- 西北地区 40.4
- 西南地区 60.8
- 中部地区 60.4
- 东南沿海地区 63.1
- 东北地区 58.8

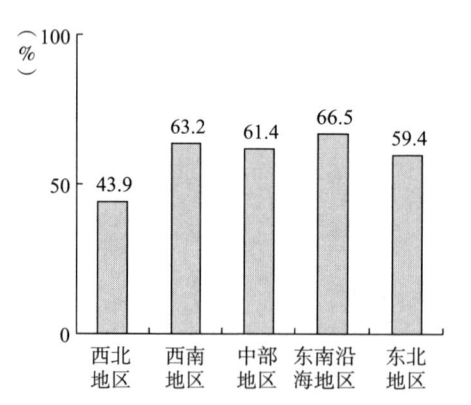

图 6-219 对新技能进步感到满意
- 西北地区 43.9
- 西南地区 63.2
- 中部地区 61.4
- 东南沿海地区 66.5
- 东北地区 59.4

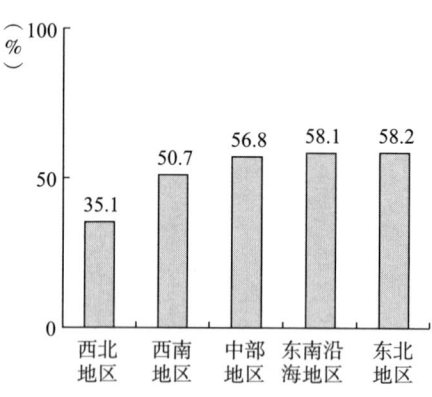

图 6-220 对收入目标的进步感到满意
- 西北地区 35.1
- 西南地区 50.7
- 中部地区 56.8
- 东南沿海地区 58.1
- 东北地区 58.2

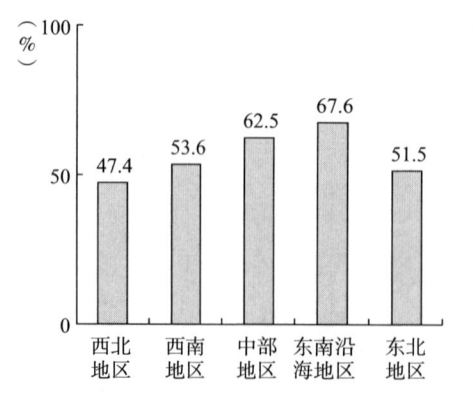

图 6-221 目前的职业能发挥我的特长
- 西北地区 47.4
- 西南地区 53.6
- 中部地区 62.5
- 东南沿海地区 67.6
- 东北地区 51.5

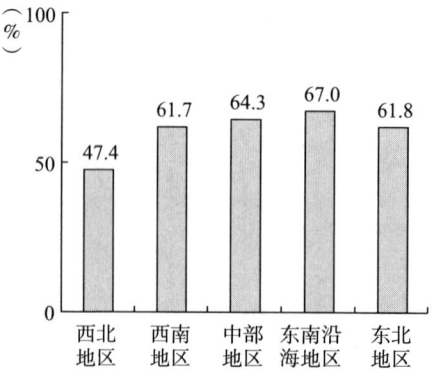

图 6-222 愿意花时间阅读与职业相关的资料
- 西北地区 47.4
- 西南地区 61.7
- 中部地区 64.3
- 东南沿海地区 67.0
- 东北地区 61.8

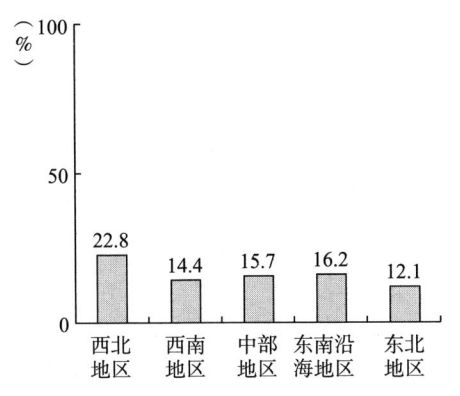

图 6-223　从事同酬的另一职业的工作
- 西北地区: 22.8
- 西南地区: 14.4
- 中部地区: 15.7
- 东南沿海地区: 16.2
- 东北地区: 12.1

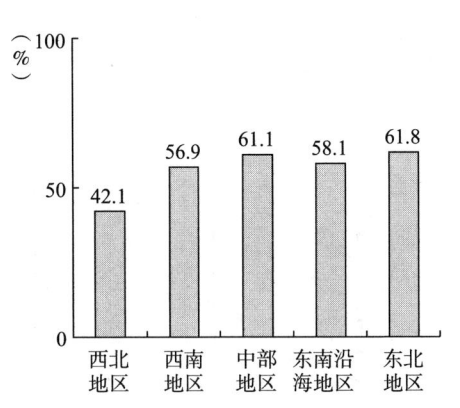

图 6-224　从事目前的职业不是基于金钱
- 西北地区: 42.1
- 西南地区: 56.9
- 中部地区: 61.1
- 东南沿海地区: 58.1
- 东北地区: 61.8

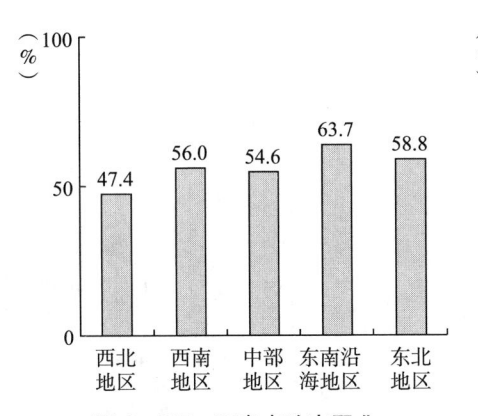

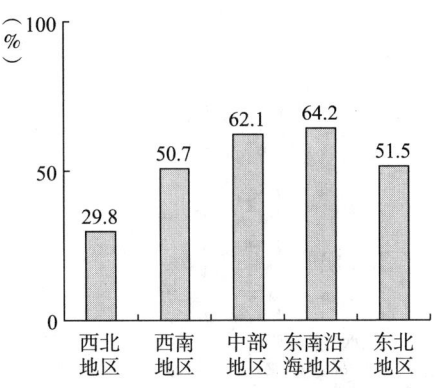

图 6-225　不考虑改变职业
- 西北地区: 47.4
- 西南地区: 56.0
- 中部地区: 54.6
- 东南沿海地区: 63.7
- 东北地区: 58.8

图 6-226　离开现在的职业会损失很多
- 西北地区: 29.8
- 西南地区: 50.7
- 中部地区: 62.1
- 东南沿海地区: 64.2
- 东北地区: 51.5

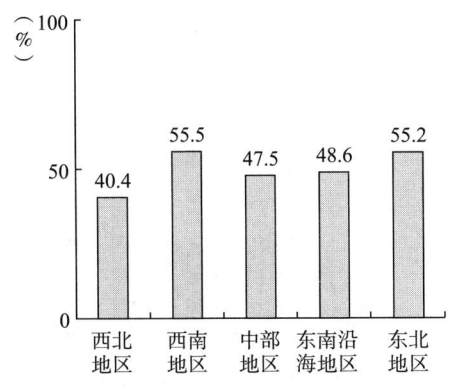

图 6-227　离开现在的职业难找到更好的工作
- 西北地区: 40.4
- 西南地区: 55.5
- 中部地区: 47.5
- 东南沿海地区: 48.6
- 东北地区: 55.2

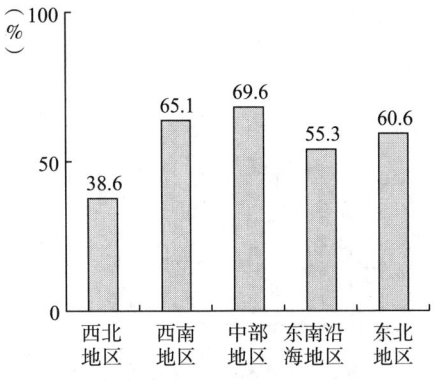

图 6-228　应该为该职业贡献合理时间
- 西北地区: 38.6
- 西南地区: 65.1
- 中部地区: 69.6
- 东南沿海地区: 55.3
- 东北地区: 60.6

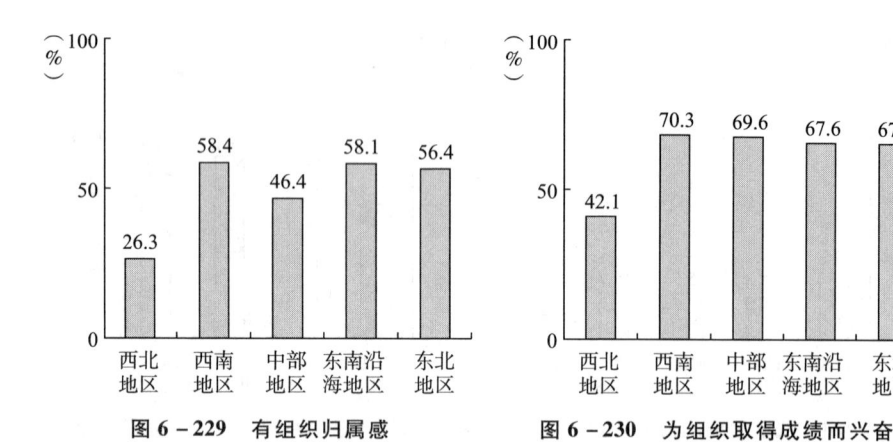

图 6-229 有组织归属感：西北地区 26.3，西南地区 58.4，中部地区 46.4，东南沿海地区 58.1，东北地区 56.4

图 6-230 为组织取得成绩而兴奋：西北地区 42.1，西南地区 70.3，中部地区 69.6，东南沿海地区 67.6，东北地区 67.3

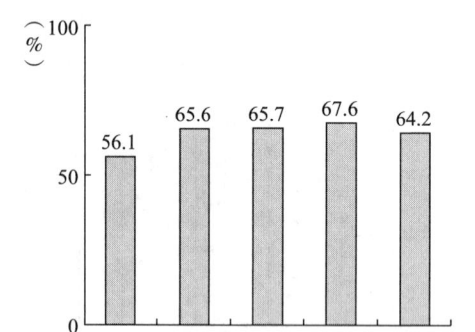

图 6-231 看到组织广告觉得很开心：西北地区 56.1，西南地区 65.6，中部地区 65.7，东南沿海地区 67.6，东北地区 64.2

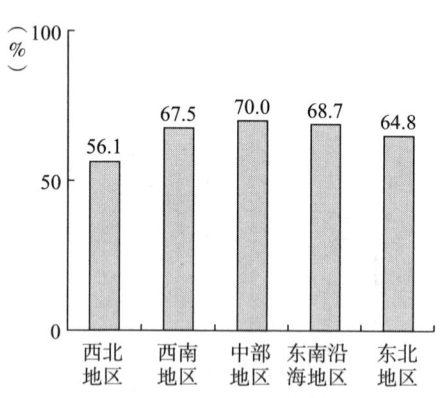

图 6-232 同事指出我的不足是把我当自己人看：西北地区 56.1，西南地区 67.5，中部地区 70.0，东南沿海地区 68.7，东北地区 64.8

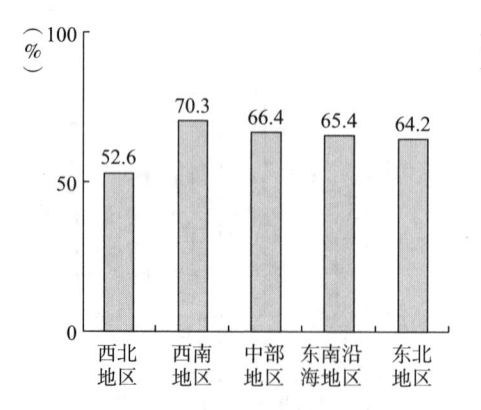

图 6-233 我代表着组织的形象：西北地区 52.6，西南地区 70.3，中部地区 66.4，东南沿海地区 65.4，东北地区 64.2

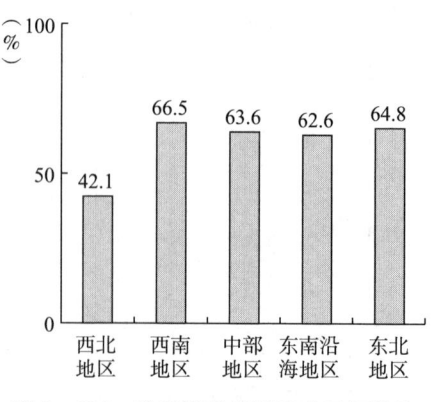

图 6-234 遇到困难想到请求组织帮助：西北地区 42.1，西南地区 66.5，中部地区 63.6，东南沿海地区 62.6，东北地区 64.8

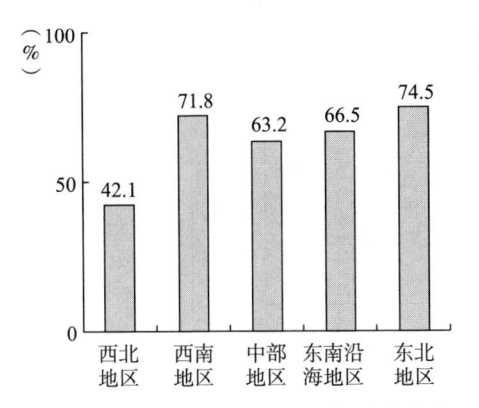

图 6-235　即使离开这家组织我也会自豪

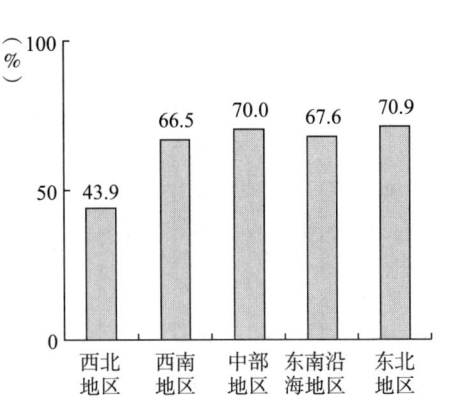

图 6-236　我认为组织员工是一家人

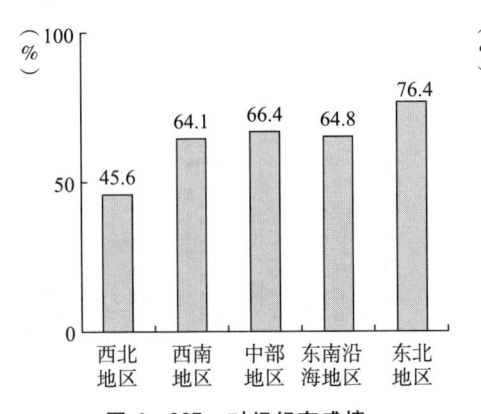

图 6-237　对组织有感情

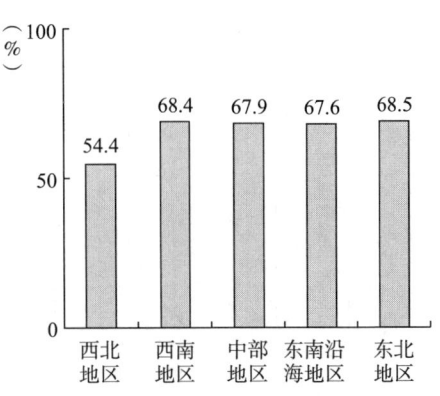

图 6-238　我经常用"我们"谈论组织

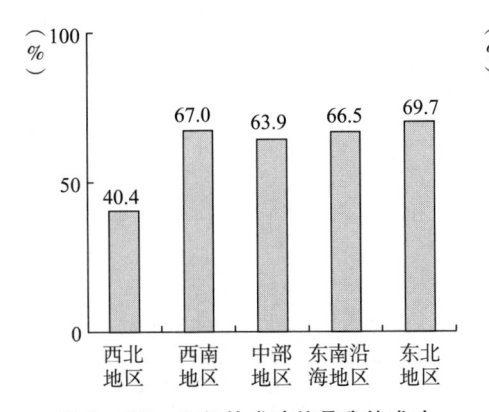

图 6-239　组织的成功就是我的成功

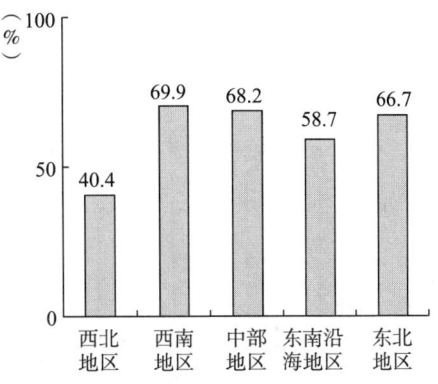

图 6-240　为能够参与组织活动而激动

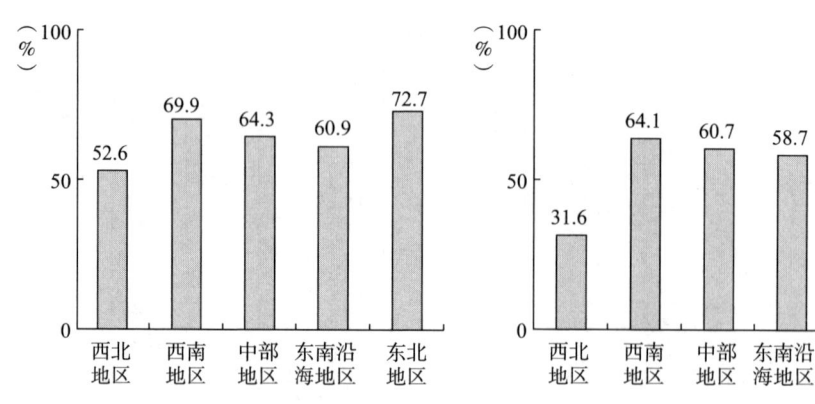

图 6-241　签订劳动合同我就是组织员工
西北地区 52.6；西南地区 69.9；中部地区 64.3；东南沿海地区 60.9；东北地区 72.7

图 6-242　上司工作能力很强让我信服
西北地区 31.6；西南地区 64.1；中部地区 60.7；东南沿海地区 58.7；东北地区 57.0

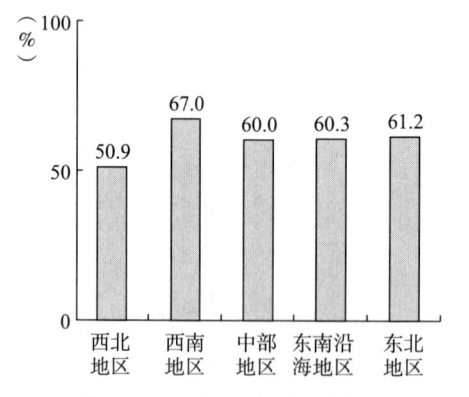

图 6-243　上司能积极对我的工作做出反馈
西北地区 50.9；西南地区 67.0；中部地区 60.0；东南沿海地区 60.3；东北地区 61.2

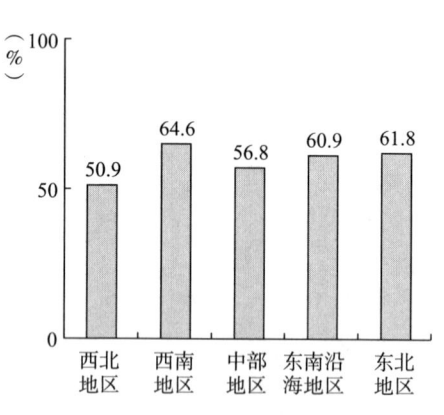

图 6-244　我朋友很羡慕我现在的工作
西北地区 50.9；西南地区 64.6；中部地区 56.8；东南沿海地区 60.9；东北地区 61.8

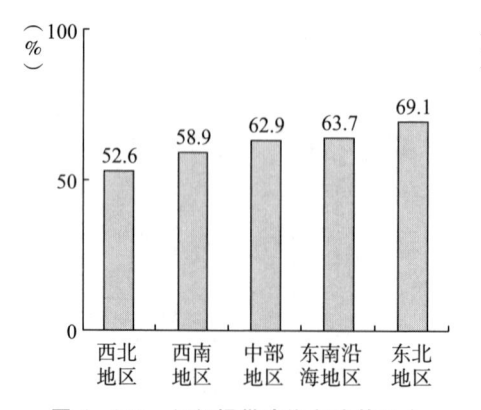

图 6-245　组织提供我许多决策机会
西北地区 52.6；西南地区 58.9；中部地区 62.9；东南沿海地区 63.7；东北地区 69.1

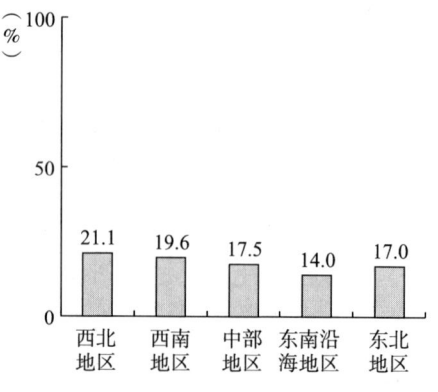

图 6-246　组织没为我提供培训机会
西北地区 21.1；西南地区 19.6；中部地区 17.5；东南沿海地区 14.0；东北地区 17.0

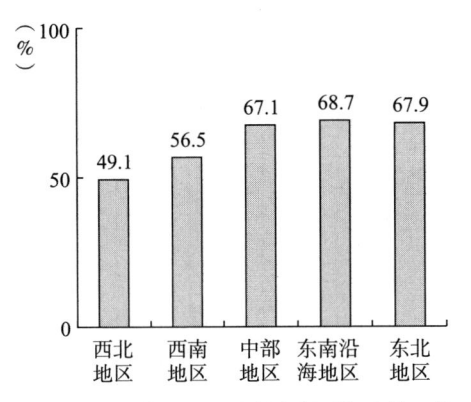

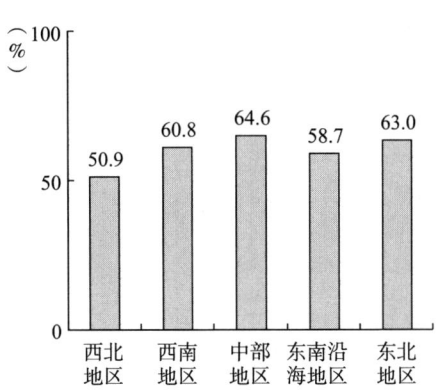

图 6-247　我对组织的付出得到相应的回报（%）：西北地区 49.1，西南地区 56.5，中部地区 67.1，东南沿海地区 68.7，东北地区 67.9

图 6-248　我能够从组织获得足够的信息（%）：西北地区 50.9，西南地区 60.8，中部地区 64.6，东南沿海地区 58.7，东北地区 63.0

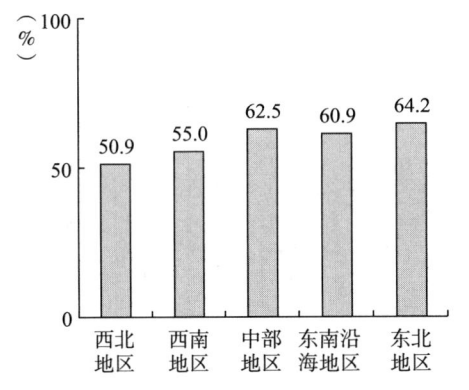

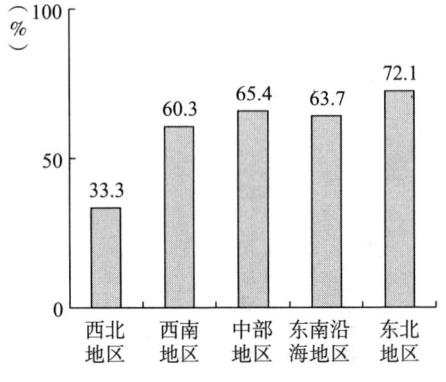

图 6-249　在这家组织我感到很有前途（%）：西北地区 50.9，西南地区 55.0，中部地区 62.5，东南沿海地区 60.9，东北地区 64.2

图 6-250　这家组织的薪酬比同行好（%）：西北地区 33.3，西南地区 60.3，中部地区 65.4，东南沿海地区 63.7，东北地区 72.1

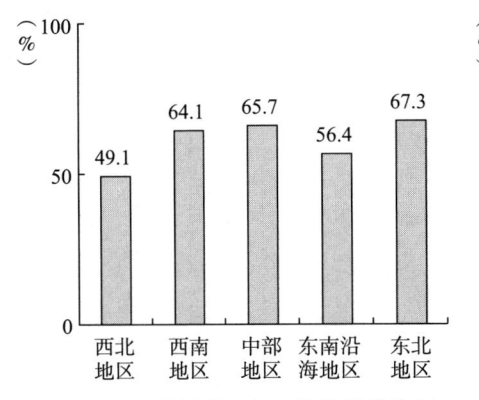

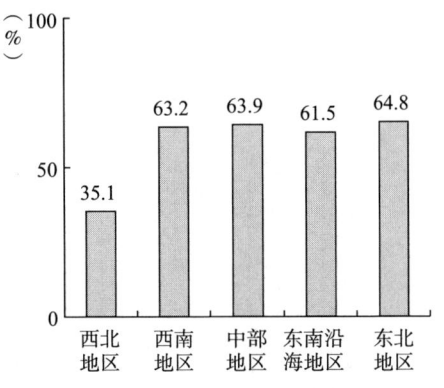

图 6-251　能提供同行不能提供的资源（%）：西北地区 49.1，西南地区 64.1，中部地区 65.7，东南沿海地区 56.4，东北地区 67.3

图 6-252　我所在的组织很有凝聚力（%）：西北地区 35.1，西南地区 63.2，中部地区 63.9，东南沿海地区 61.5，东北地区 64.8

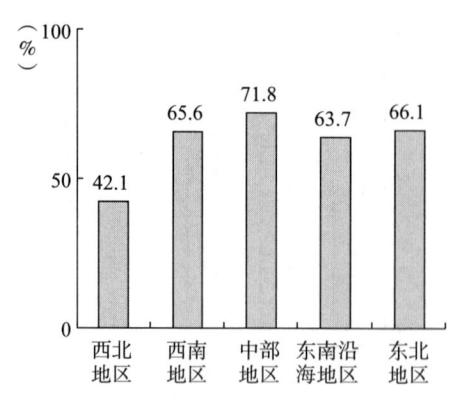

图 6-253 同事们能够团结一致完成工作（西北地区 42.1，西南地区 65.6，中部地区 71.8，东南沿海地区 63.7，东北地区 66.1）

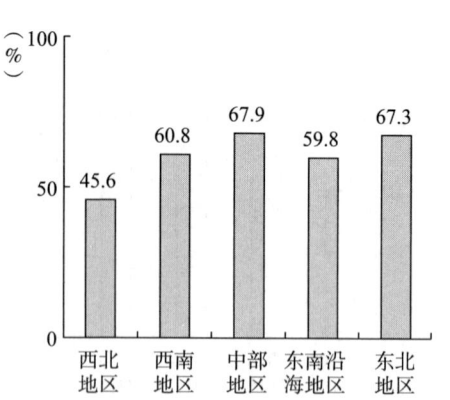

图 6-254 同事会主动关心我（西北地区 45.6，西南地区 60.8，中部地区 67.9，东南沿海地区 59.8，东北地区 67.3）

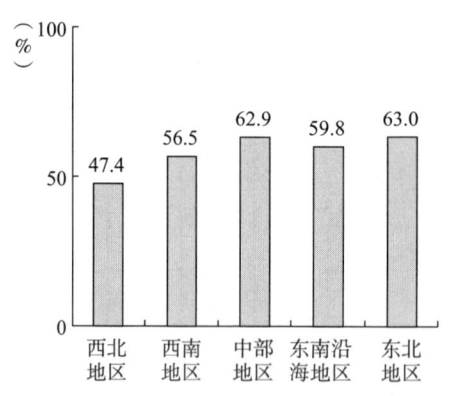

图 6-255 组织为我提供梦寐以求的生活（西北地区 47.4，西南地区 56.5，中部地区 62.9，东南沿海地区 59.8，东北地区 63.0）

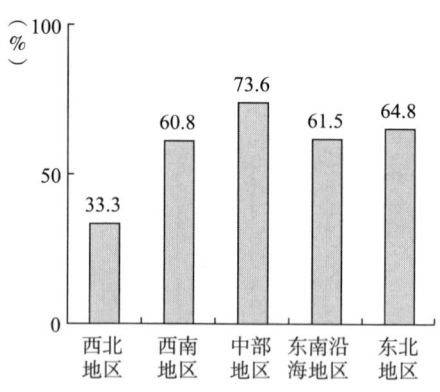

图 6-256 我对于现阶段法律完全赞成（西北地区 33.3，西南地区 60.8，中部地区 73.6，东南沿海地区 61.5，东北地区 64.8）

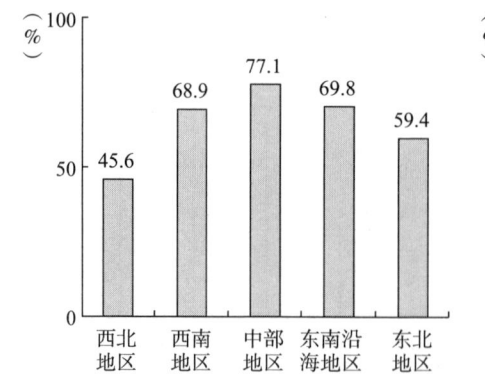

图 6-257 同事们能够团结一致完成工作（西北地区 45.6，西南地区 68.9，中部地区 77.1，东南沿海地区 69.8，东北地区 59.4）

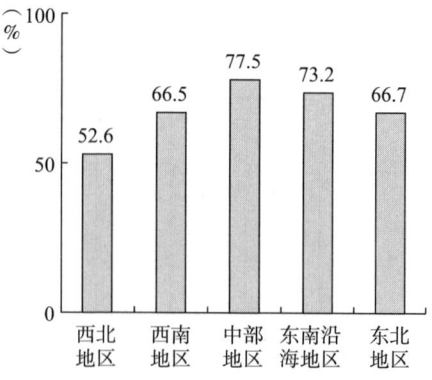

图 6-258 我愿意学习法律知识（西北地区 52.6，西南地区 66.5，中部地区 77.5，东南沿海地区 73.2，东北地区 66.7）

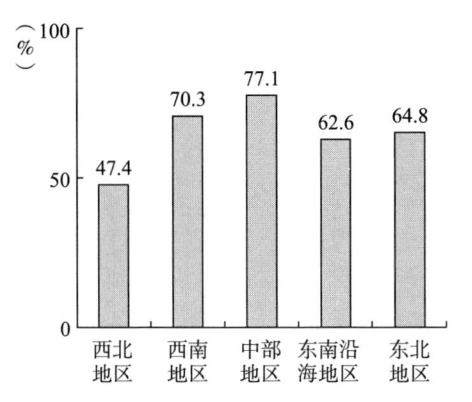

图 6-259 我可以正常接触犯过法的人：西北地区 47.4，西南地区 70.3，中部地区 77.1，东南沿海地区 62.6，东北地区 64.8

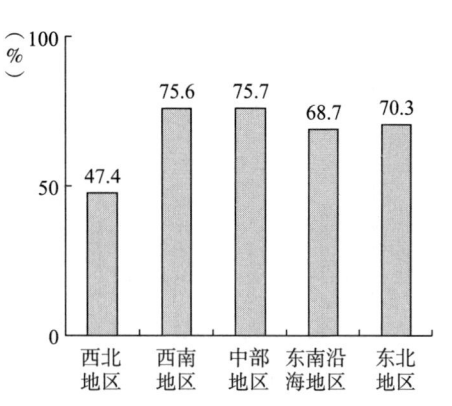

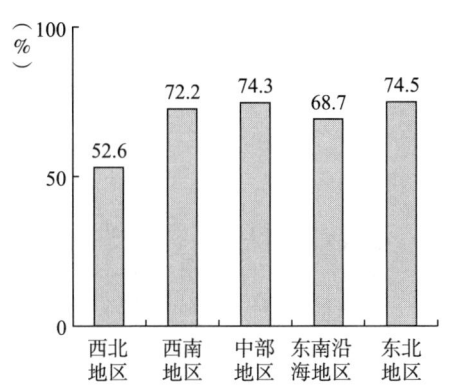

图 6-260 我没有犯过法：西北地区 47.4，西南地区 75.6，中部地区 75.7，东南沿海地区 68.7，东北地区 70.3

图 6-261 我愿意检举犯法的人：西北地区 52.6，西南地区 72.2，中部地区 74.3，东南沿海地区 68.7，东北地区 74.5

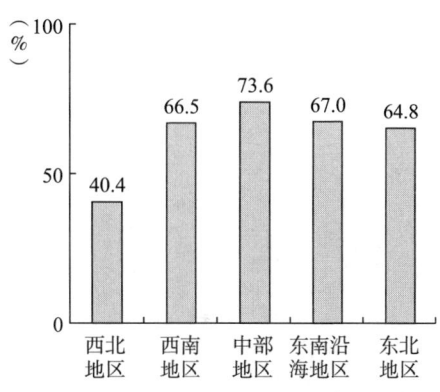

图 6-262 我了解当前的法律方面知识：西北地区 40.4，西南地区 66.5，中部地区 73.6，东南沿海地区 67.0，东北地区 64.8

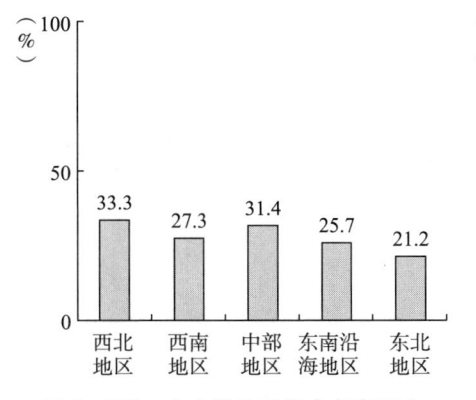

图 6-263 个人犯法对社会危害不大：西北地区 33.3，西南地区 27.3，中部地区 31.4，东南沿海地区 25.7，东北地区 21.2

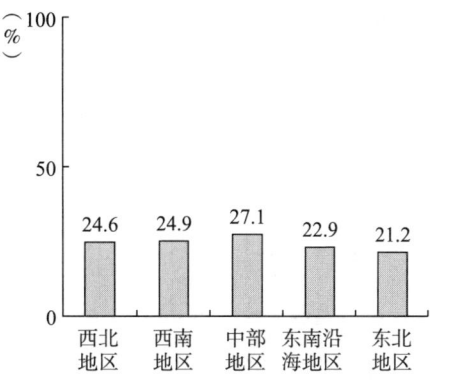

图 6-264 犯过法的人都不是好人：西北地区 24.6，西南地区 24.9，中部地区 27.1，东南沿海地区 22.9，东北地区 21.2

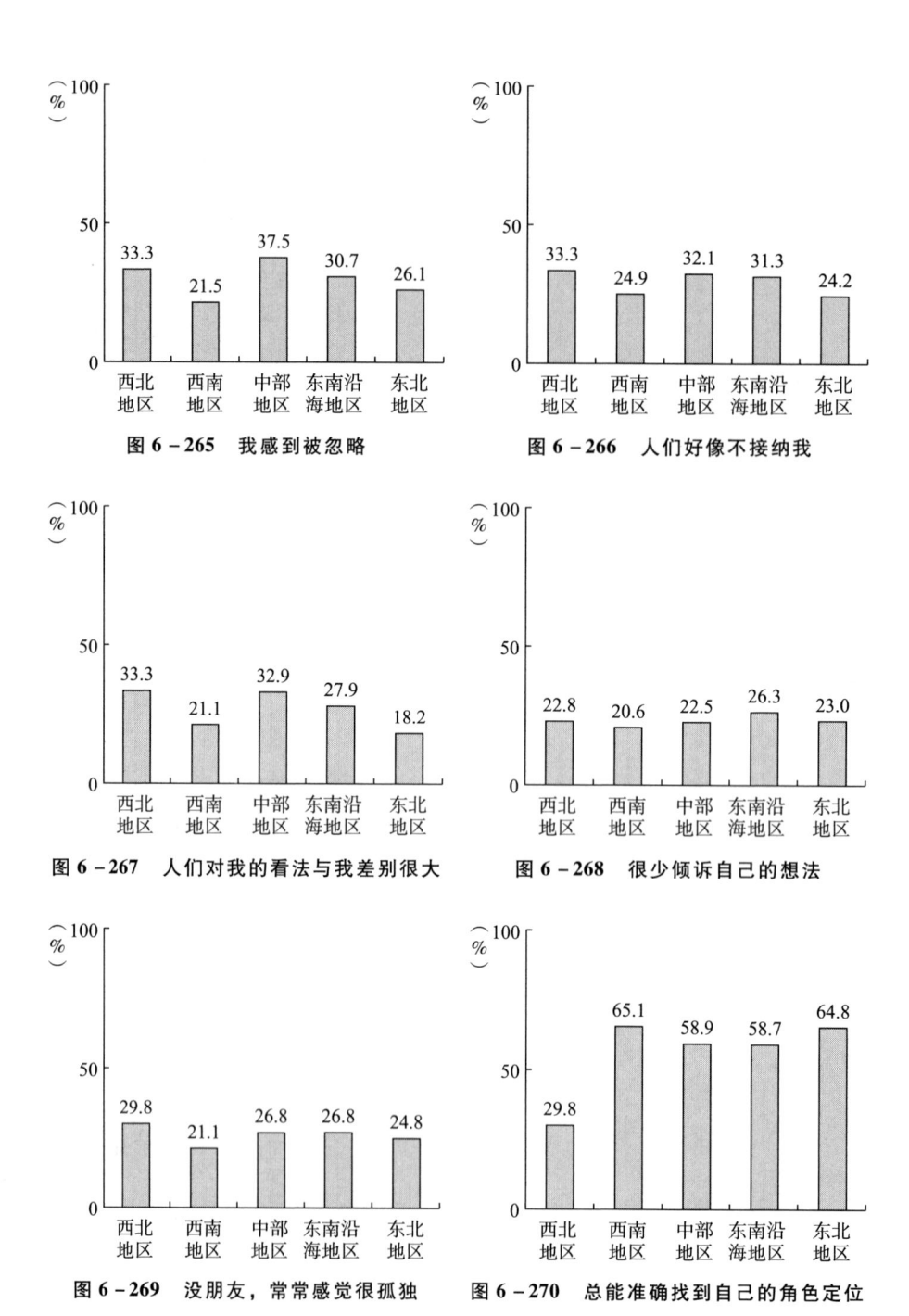

图 6-265　我感到被忽略
- 西北地区：33.3
- 西南地区：21.5
- 中部地区：37.5
- 东南沿海地区：30.7
- 东北地区：26.1

图 6-266　人们好像不接纳我
- 西北地区：33.3
- 西南地区：24.9
- 中部地区：32.1
- 东南沿海地区：31.3
- 东北地区：24.2

图 6-267　人们对我的看法与我差别很大
- 西北地区：33.3
- 西南地区：21.1
- 中部地区：32.9
- 东南沿海地区：27.9
- 东北地区：18.2

图 6-268　很少倾诉自己的想法
- 西北地区：22.8
- 西南地区：20.6
- 中部地区：22.5
- 东南沿海地区：26.3
- 东北地区：23.0

图 6-269　没朋友，常常感觉很孤独
- 西北地区：29.8
- 西南地区：21.1
- 中部地区：26.8
- 东南沿海地区：26.8
- 东北地区：24.8

图 6-270　总能准确找到自己的角色定位
- 西北地区：29.8
- 西南地区：65.1
- 中部地区：58.9
- 东南沿海地区：58.7
- 东北地区：64.8

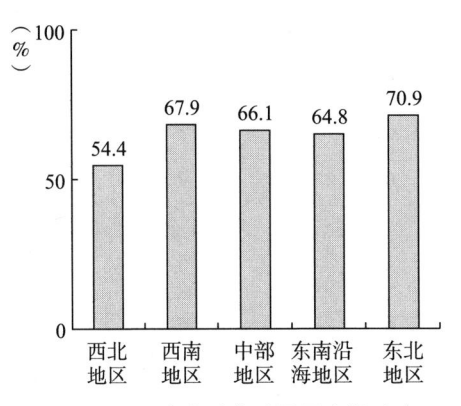

图 6-271　我感到我对周围人很适应：西北地区 54.4、西南地区 67.9、中部地区 66.1、东南沿海地区 64.8、东北地区 70.9

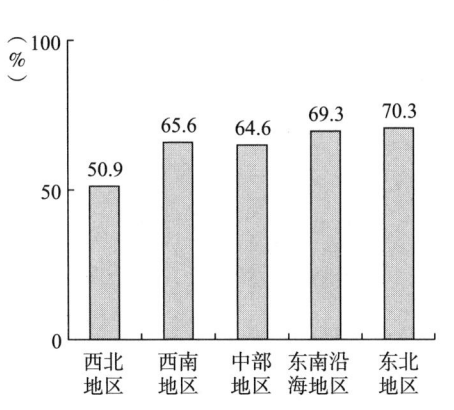

图 6-272　我的价值被他人所承认：西北地区 50.9、西南地区 65.6、中部地区 64.6、东南沿海地区 69.3、东北地区 70.3

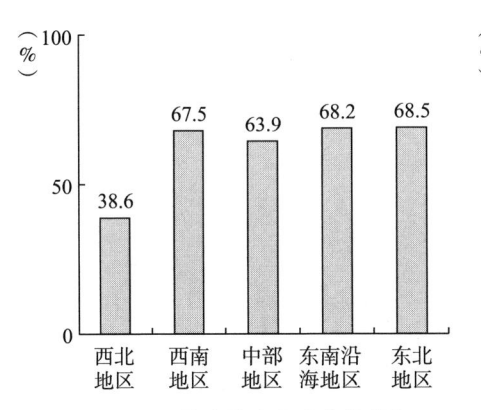

图 6-273　社交能力和人缘都很好：西北地区 38.6、西南地区 67.5、中部地区 63.9、东南沿海地区 68.2、东北地区 68.5

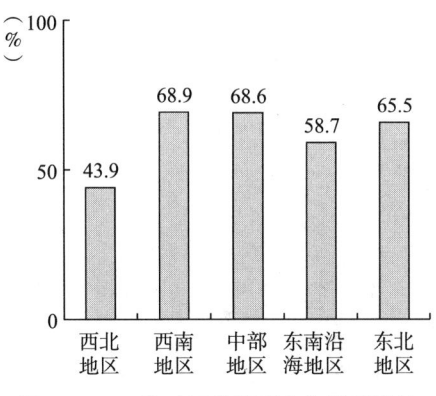

图 6-274　我对于我的朋友们是重要的：西北地区 43.9、西南地区 68.9、中部地区 68.6、东南沿海地区 58.7、东北地区 65.5

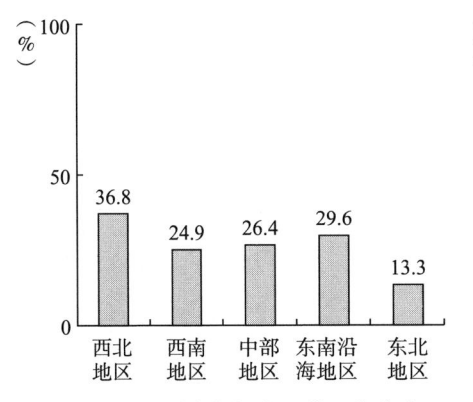

图 6-275　时常怀疑自己的工作能力：西北地区 36.8、西南地区 24.9、中部地区 26.4、东南沿海地区 29.6、东北地区 13.3

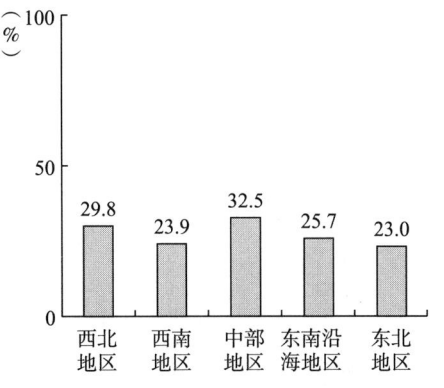

图 6-276　我害怕与不熟悉的人交往：西北地区 29.8、西南地区 23.9、中部地区 32.5、东南沿海地区 25.7、东北地区 23.0

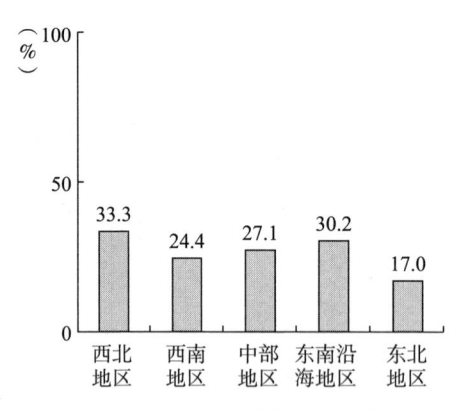

图 6-277　不熟悉的环境使我感到无所适从（西北地区 33.3；西南地区 24.4；中部地区 27.1；东南沿海地区 30.2；东北地区 17.0）

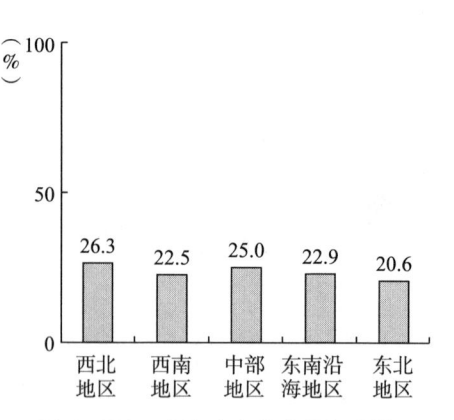

图 6-278　人际冲突使我不知所措（西北地区 26.3；西南地区 22.5；中部地区 25.0；东南沿海地区 22.9；东北地区 20.6）

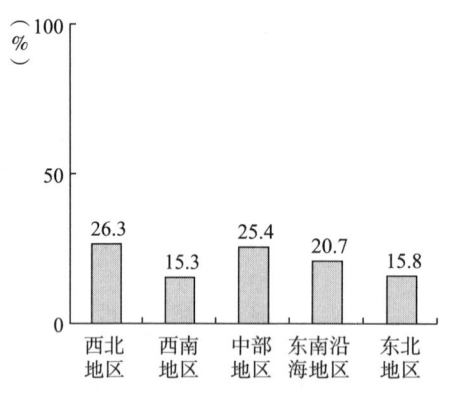

图 6-279　我承受的各方面压力很大（西北地区 26.3；西南地区 15.3；中部地区 25.4；东南沿海地区 20.7；东北地区 15.8）

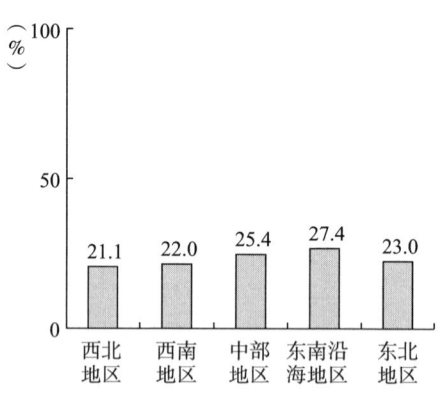

图 6-280　我常担心自己的人身安全（西北地区 21.1；西南地区 22.0；中部地区 25.4；东南沿海地区 27.4；东北地区 23.0）

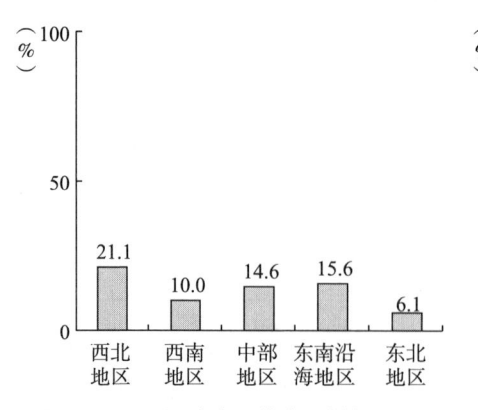

图 6-281　通过合理的方法缓解压力（西北地区 21.1；西南地区 10.0；中部地区 14.6；东南沿海地区 15.6；东北地区 6.1）

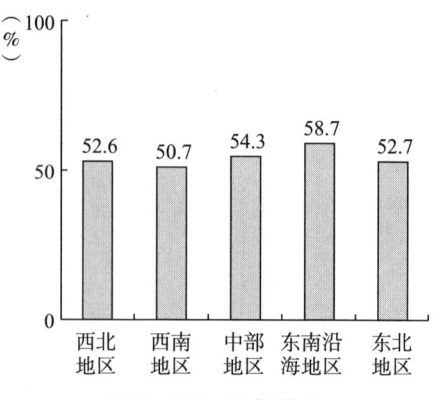

图 6-282　比较敏感（西北地区 52.6；西南地区 50.7；中部地区 54.3；东南沿海地区 58.7；东北地区 52.7）

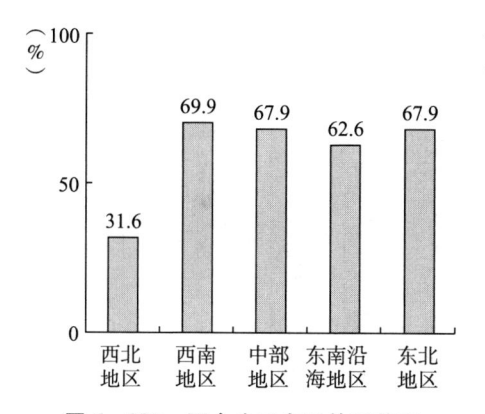

图 6-283　不会为了自己的利益而损害企业利益
西北地区 31.6；西南地区 69.9；中部地区 67.9；东南沿海地区 62.6；东北地区 67.9

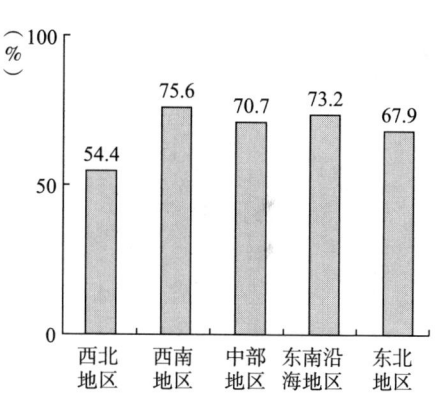

图 6-284　行为规范符合企业要求
西北地区 54.4；西南地区 75.6；中部地区 70.7；东南沿海地区 73.2；东北地区 67.9

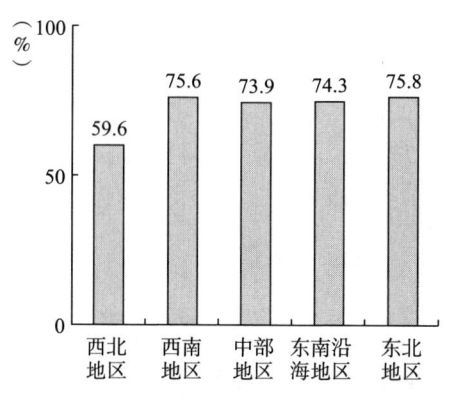

图 6-285　我会时刻维护企业形象
西北地区 59.6；西南地区 75.6；中部地区 73.9；东南沿海地区 74.3；东北地区 75.8

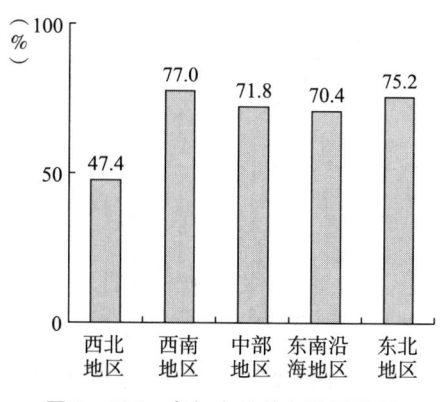

图 6-286　参加企业的各种联谊等
西北地区 47.4；西南地区 77.0；中部地区 71.8；东南沿海地区 70.4；东北地区 75.2

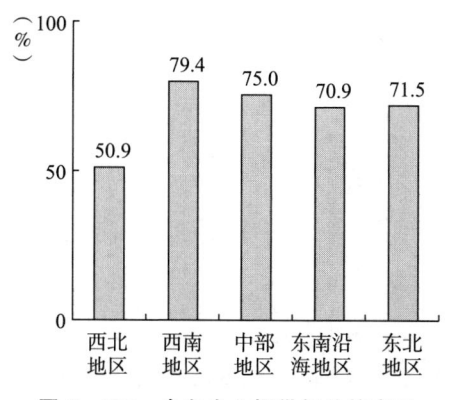

图 6-287　会向企业提供相关的意见
西北地区 50.9；西南地区 79.4；中部地区 75.0；东南沿海地区 70.9；东北地区 71.5

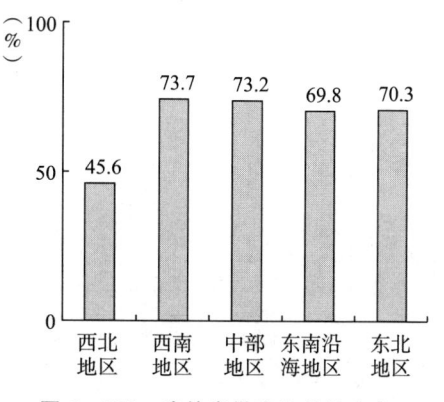

图 6-288　我的出勤率比其他人高
西北地区 45.6；西南地区 73.7；中部地区 73.2；东南沿海地区 69.8；东北地区 70.3

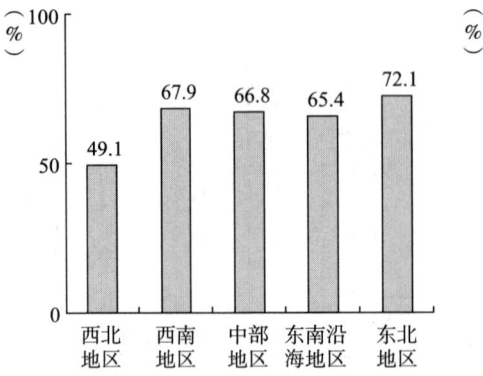

图 6-289 主动向同事介绍我的工作经验
西北地区 49.1；西南地区 67.9；中部地区 66.8；东南沿海地区 65.4；东北地区 72.1

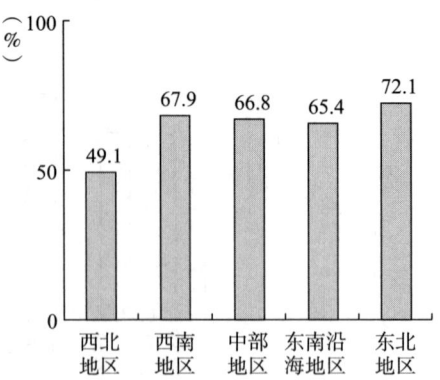

图 6-290 同事认可我的工作表现
西北地区 49.1；西南地区 67.9；中部地区 66.8；东南沿海地区 65.4；东北地区 72.1

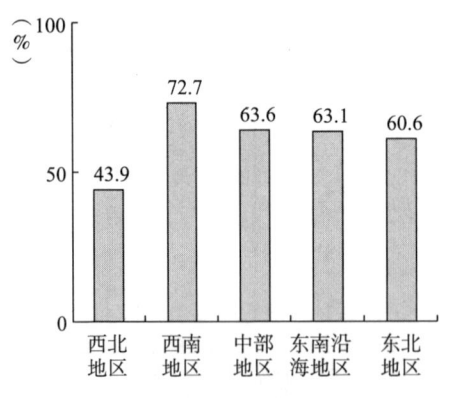

图 6-291 我把其他成员当朋友看待
西北地区 43.9；西南地区 72.7；中部地区 63.6；东南沿海地区 63.1；东北地区 60.6

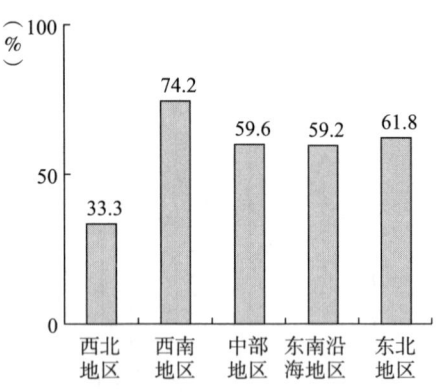

图 6-292 同他人的工作关系很密切
西北地区 33.3；西南地区 74.2；中部地区 59.6；东南沿海地区 59.2；东北地区 61.8

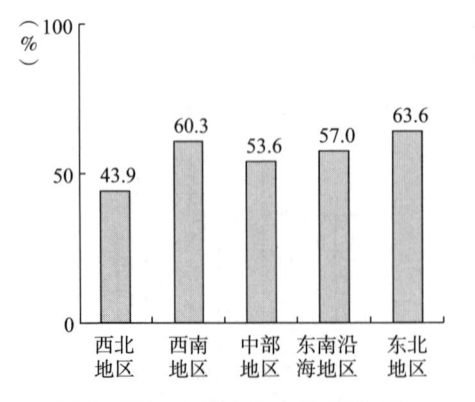

图 6-293 必须合作才能完成工作
西北地区 43.9；西南地区 60.3；中部地区 53.6；东南沿海地区 57.0；东北地区 63.6

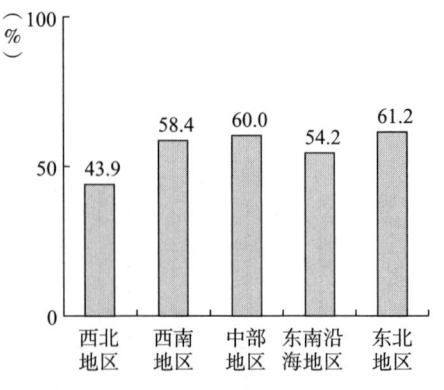

图 6-294 我的绩效依赖于他人的准确信息
西北地区 43.9；西南地区 58.4；中部地区 60.0；东南沿海地区 54.2；东北地区 61.2

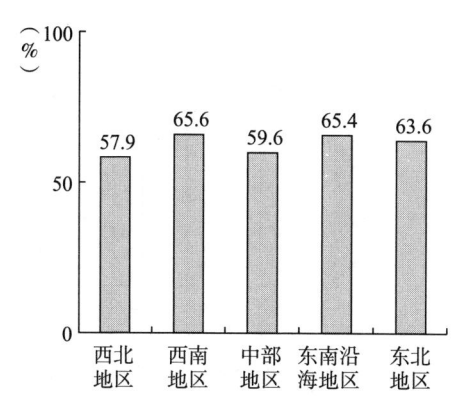

图 6-295　我的工作方式对他人有影响
西北地区 57.9　西南地区 65.6　中部地区 59.6　东南沿海地区 65.4　东北地区 63.6

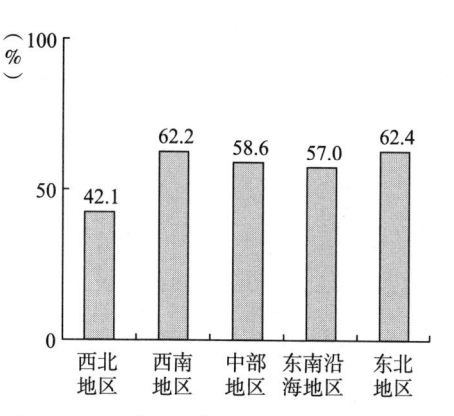

图 6-296　我的工作要求同他人进行协商
西北地区 42.1　西南地区 62.2　中部地区 58.6　东南沿海地区 57.0　东北地区 62.4

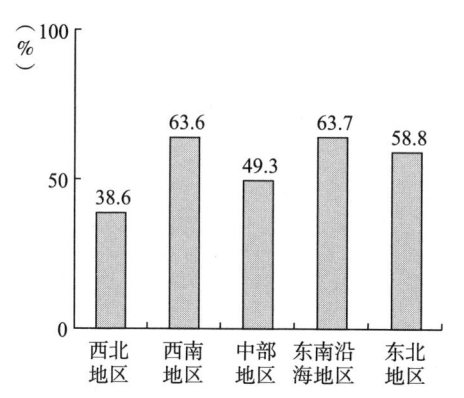

图 6-297　我的工资比其他企业类似工作的人高
西北地区 38.6　西南地区 63.6　中部地区 49.3　东南沿海地区 63.7　东北地区 58.8

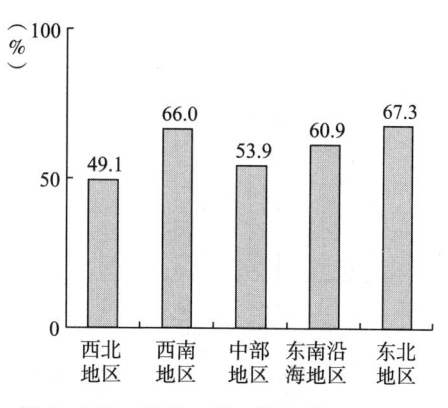

图 6-298　因为工作环境好在这里工作
西北地区 49.1　西南地区 66.0　中部地区 53.9　东南沿海地区 60.9　东北地区 67.3

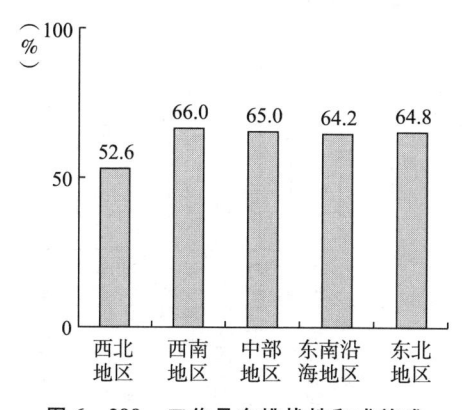

图 6-299　工作具有挑战性和成就感
西北地区 52.6　西南地区 66.0　中部地区 65.0　东南沿海地区 64.2　东北地区 64.8

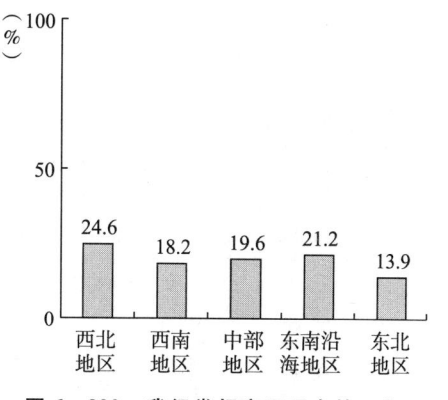

图 6-300　我经常想离开现在的工作
西北地区 24.6　西南地区 18.2　中部地区 19.6　东南沿海地区 21.2　东北地区 13.9

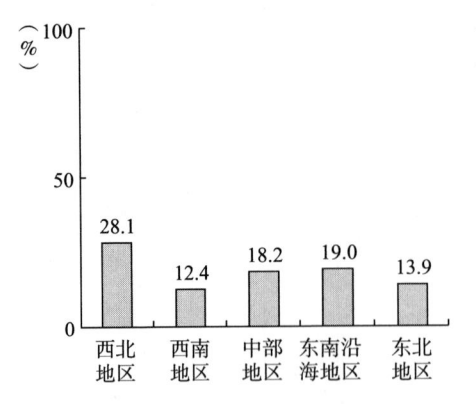

图 6-301　有机会我有可能换新工作

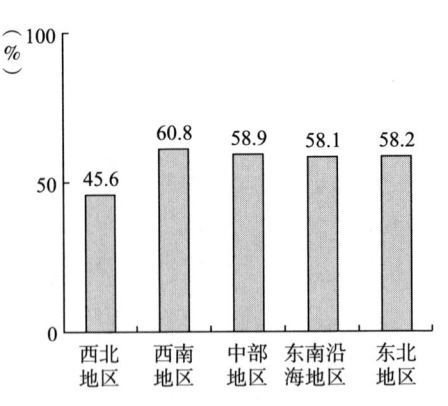

西北地区 28.1　西南地区 12.4　中部地区 18.2　东南沿海地区 19.0　东北地区 13.9

图 6-302　企业效益差我也不会离开

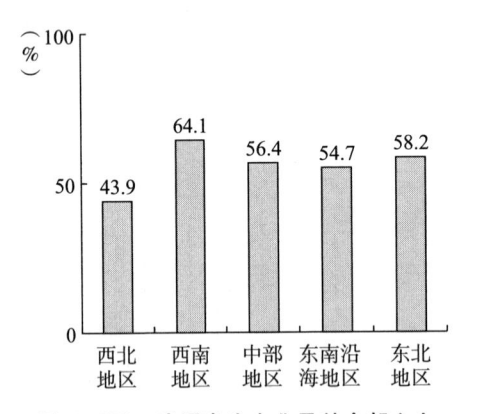

西北地区 45.6　西南地区 60.8　中部地区 58.9　东南沿海地区 58.1　东北地区 58.2

图 6-303　我愿意为企业贡献全部心血

西北地区 43.9　西南地区 64.1　中部地区 56.4　东南沿海地区 54.7　东北地区 58.2

第四节　分行业排序

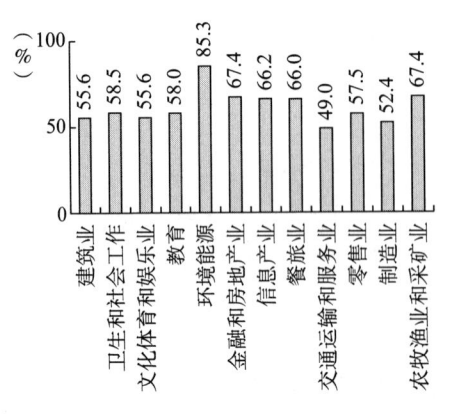

图 6-304　职业生涯具体目标

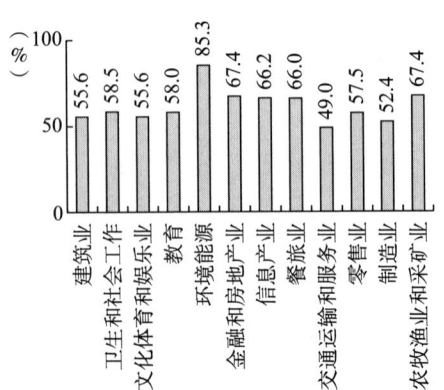

建筑业 55.6　卫生和社会工作 58.5　文化体育和娱乐业 55.6　教育 58.0　环境能源 85.3　金融和房地产业 67.4　信息产业 66.2　餐旅业 66.0　交通运输和服务业 49.0　零售业 57.5　制造业 52.4　农牧渔业和采矿业 67.4

图 6-305　了解目前工作模式

建筑业 55.6　卫生和社会工作 58.5　文化体育和娱乐业 55.6　教育 58.0　环境能源 85.3　金融和房地产业 67.4　信息产业 66.2　餐旅业 66.0　交通运输和服务业 49.0　零售业 57.5　制造业 52.4　农牧渔业和采矿业 67.4

图 6-306　了解工作的职业价值观

图 6-307　思考与研究工作问题

图 6-308　职业和所期望相符合

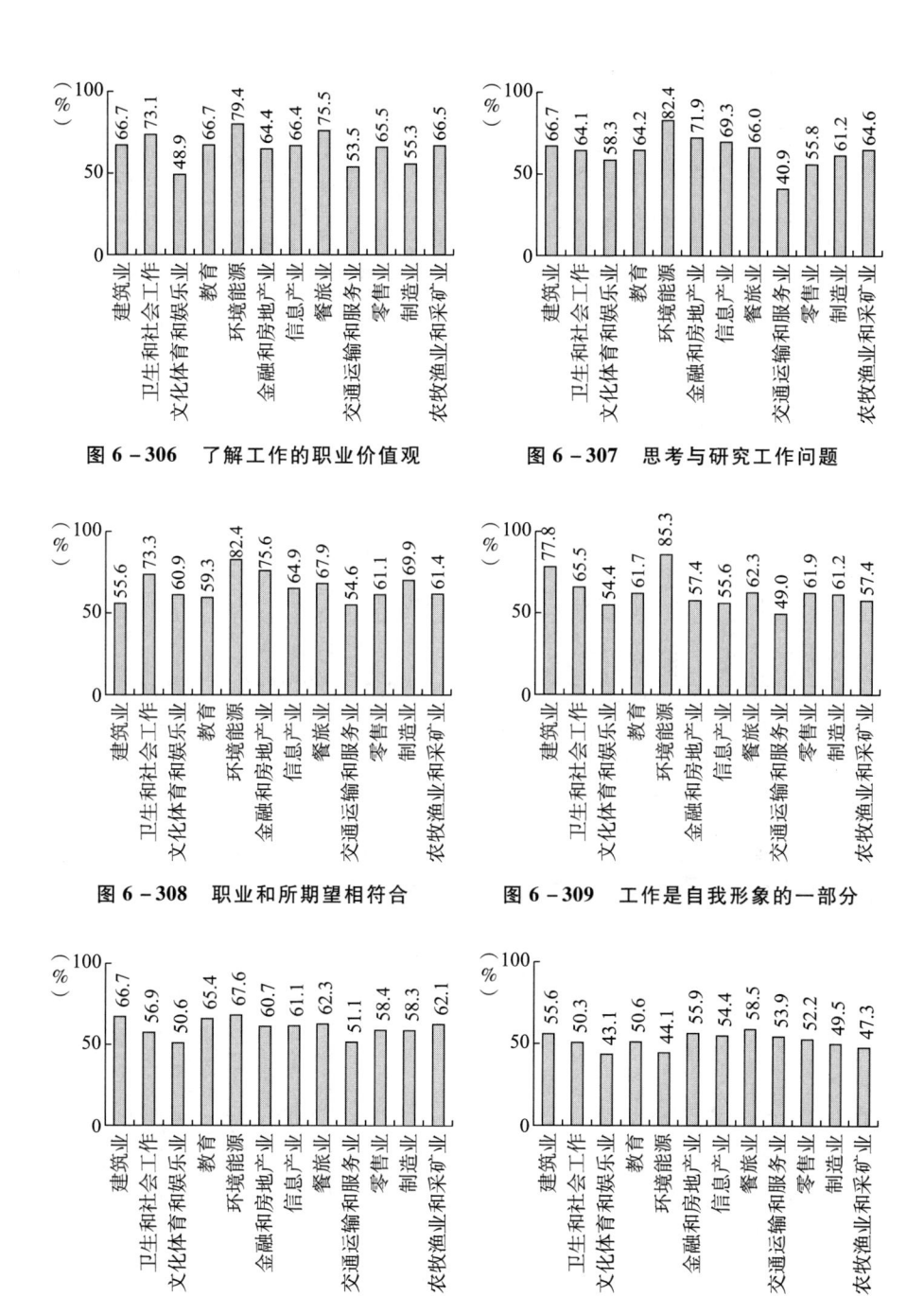

图 6-309　工作是自我形象的一部分

图 6-310　目前工作发展前景很好

图 6-311　期望子女能从事这项工作

图 6-312　工作社会地位高

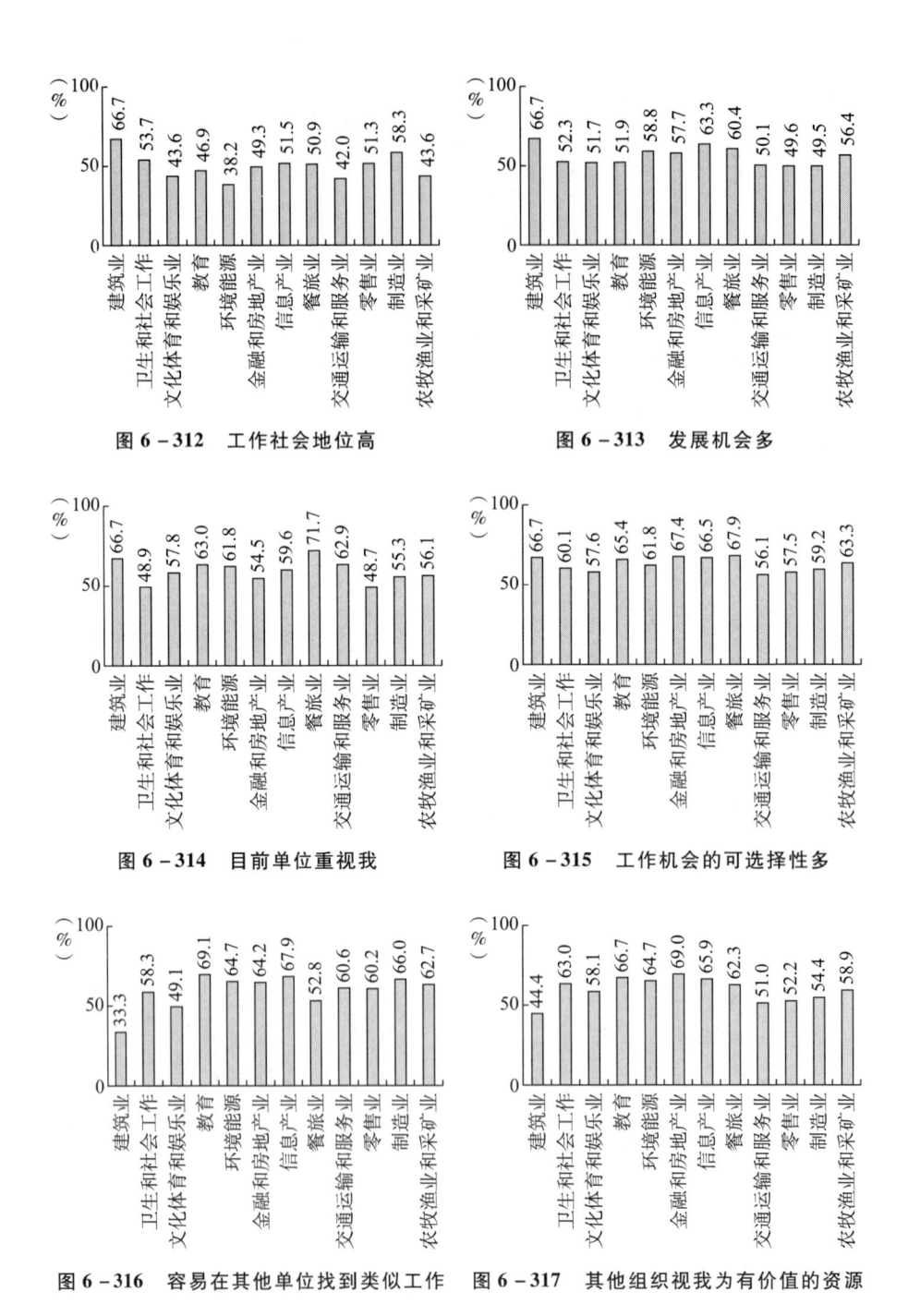

图 6-313　发展机会多

图 6-314　目前单位重视我

图 6-315　工作机会的可选择性多

图 6-316　容易在其他单位找到类似工作

图 6-317　其他组织视我为有价值的资源

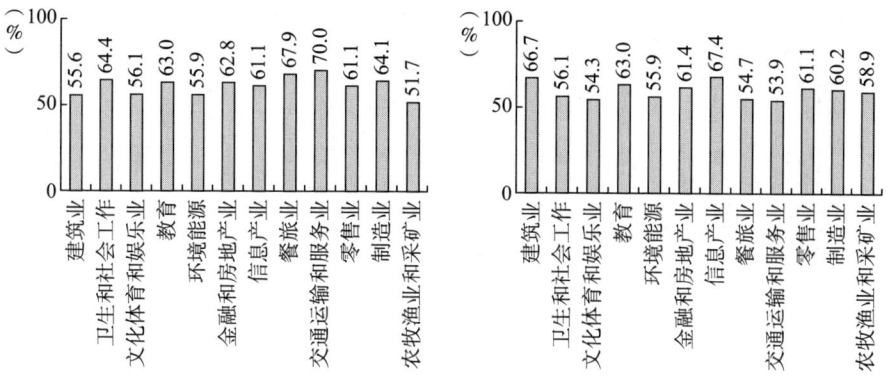

图 6-318 对职业取得的成功感到满意

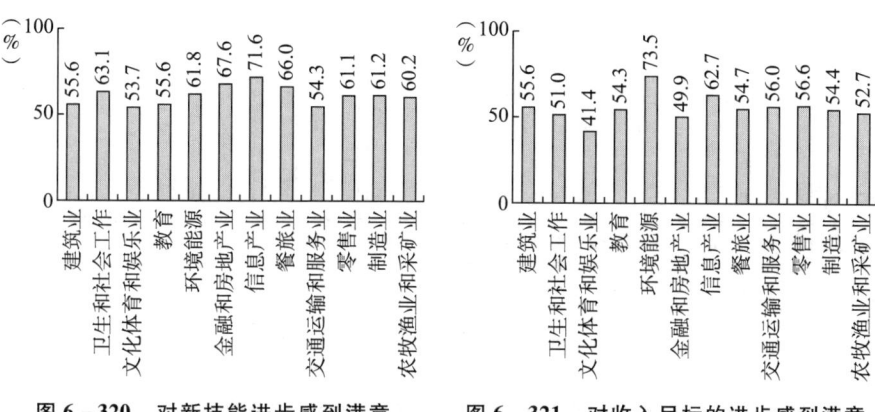

建筑业 55.6
卫生和社会工作 64.4
文化体育和娱乐业 56.1
教育 63.0
环境能源 55.9
金融和房地产业 62.8
信息产业 61.1
餐旅业 67.9
交通运输和服务业 70.0
零售业 61.1
制造业 64.1
农牧渔业和采矿业 51.7

图 6-319 对取得的进步感到满意

建筑业 66.7
卫生和社会工作 56.1
文化体育和娱乐业 54.3
教育 63.0
环境能源 55.9
金融和房地产业 61.4
信息产业 67.4
餐旅业 54.7
交通运输和服务业 53.9
零售业 61.1
制造业 60.2
农牧渔业和采矿业 58.9

图 6-320 对新技能进步感到满意

建筑业 55.6
卫生和社会工作 63.1
文化体育和娱乐业 53.7
教育 55.6
环境能源 61.8
金融和房地产业 67.6
信息产业 71.6
餐旅业 66.0
交通运输和服务业 54.3
零售业 61.1
制造业 61.2
农牧渔业和采矿业 60.2

图 6-321 对收入目标的进步感到满意

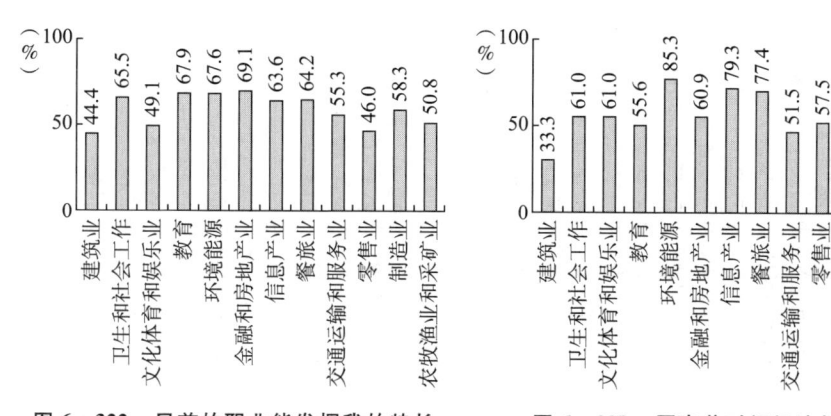

建筑业 55.6
卫生和社会工作 51.0
文化体育和娱乐业 41.4
教育 54.3
环境能源 73.5
金融和房地产业 49.9
信息产业 62.7
餐旅业 54.7
交通运输和服务业 56.0
零售业 56.6
制造业 54.4
农牧渔业和采矿业 52.7

图 6-322 目前的职业能发挥我的特长

建筑业 44.4
卫生和社会工作 65.5
文化体育和娱乐业 49.1
教育 67.9
环境能源 67.6
金融和房地产业 69.1
信息产业 63.6
餐旅业 64.2
交通运输和服务业 55.3
零售业 46.0
制造业 58.3
农牧渔业和采矿业 50.8

图 6-323 愿意花时间阅读与职业相关的资料

建筑业 33.3
卫生和社会工作 61.0
文化体育和娱乐业 61.0
教育 55.6
环境能源 85.3
金融和房地产业 60.9
信息产业 79.3
餐旅业 77.4
交通运输和服务业 51.5
零售业 57.5
制造业 64.1
农牧渔业和采矿业 54.5

图 6-324 从事同酬的另一职业的工作

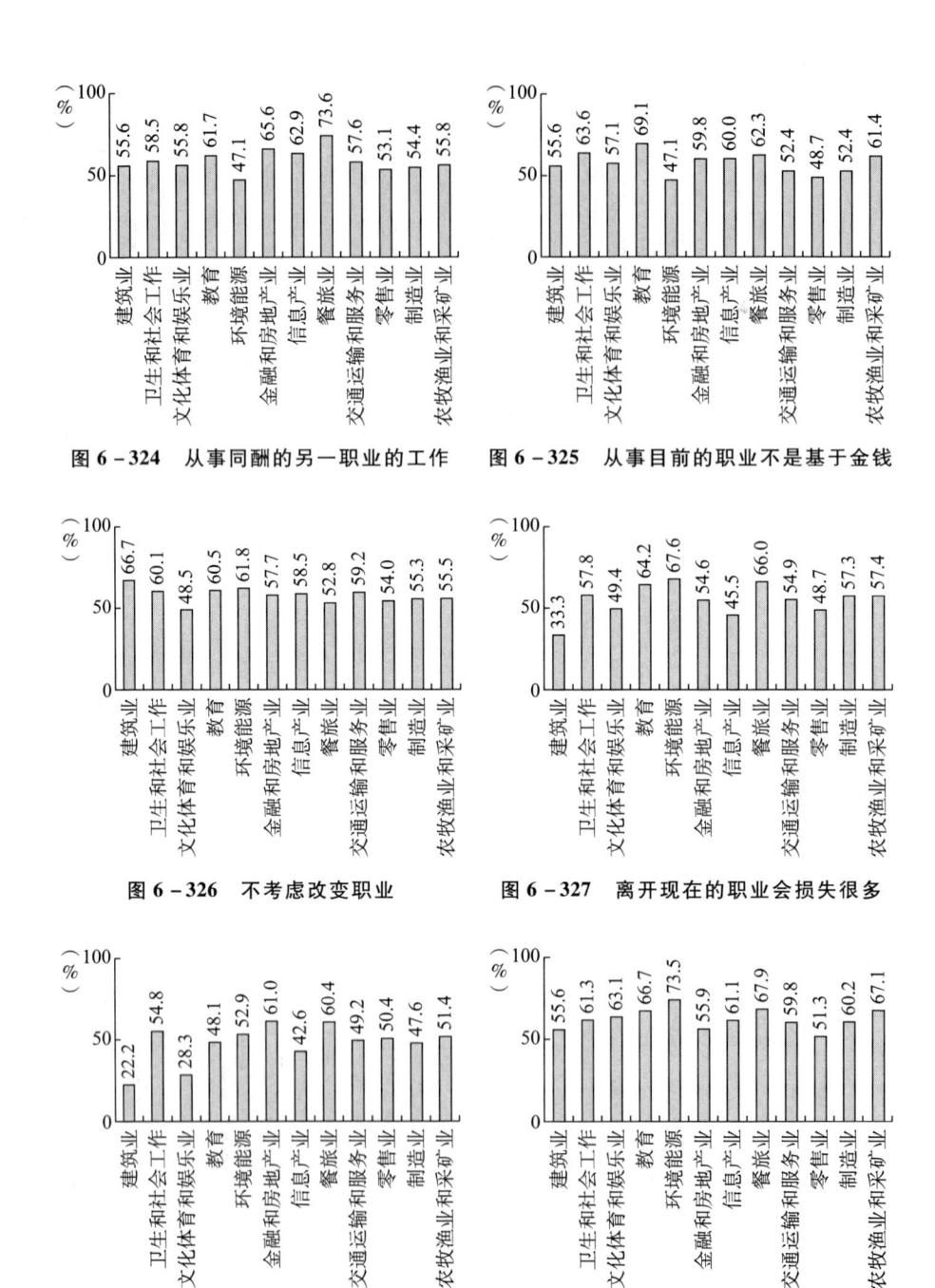

图 6-325 从事目前的职业不是基于金钱

图 6-326 不考虑改变职业

图 6-327 离开现在的职业会损失很多

图 6-328 离开现在的职业难找到更好的工作

图 6-329 应该为该职业贡献合理时间

图 6-330　有组织归属感

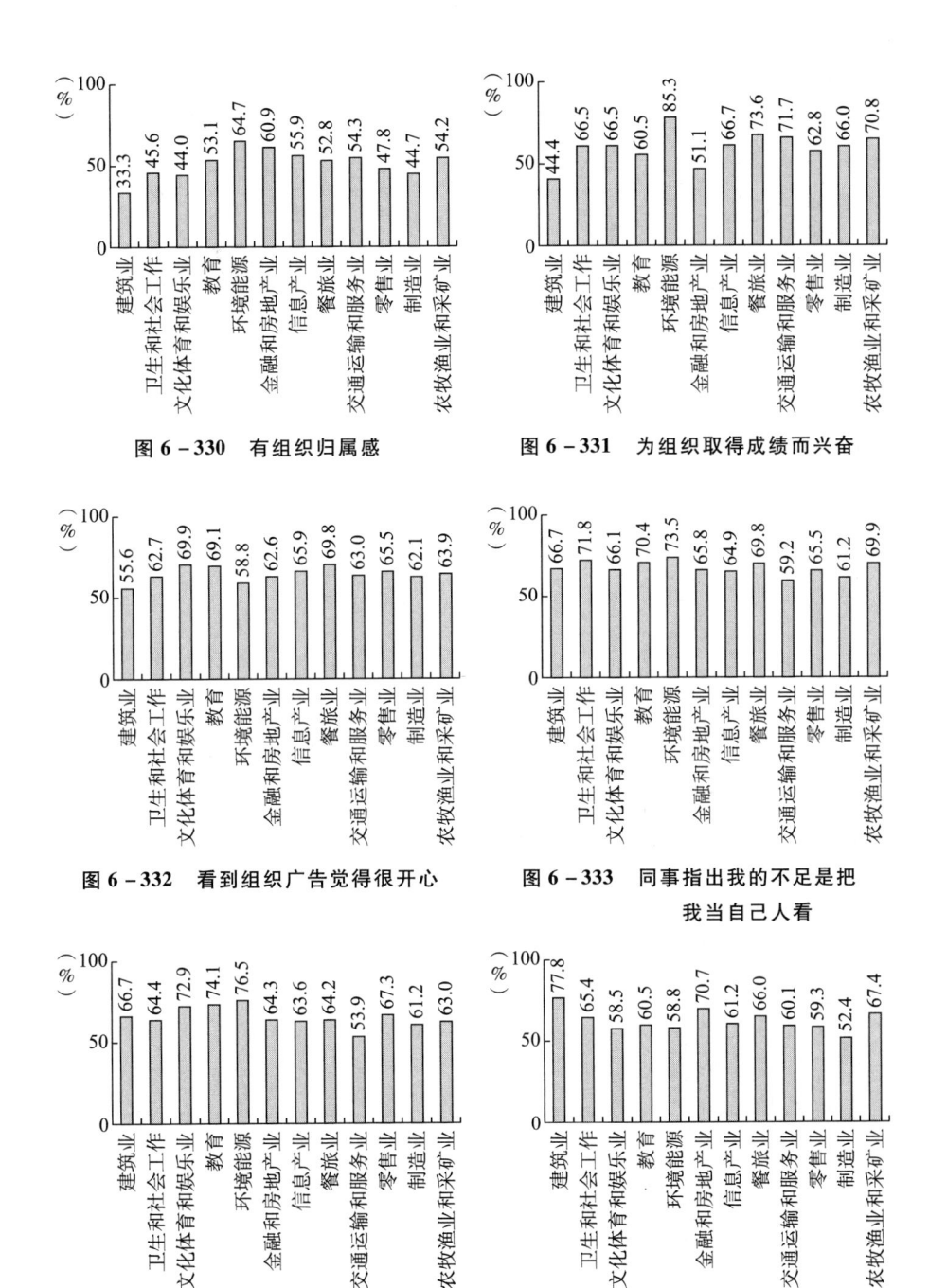

图 6-331　为组织取得成绩而兴奋

图 6-332　看到组织广告觉得很开心

图 6-333　同事指出我的不足是把我当自己人看

图 6-334　我代表着组织的形象

图 6-335　遇到困难想到请求组织帮助

图 6-336 即使离开这家组织我也会自豪

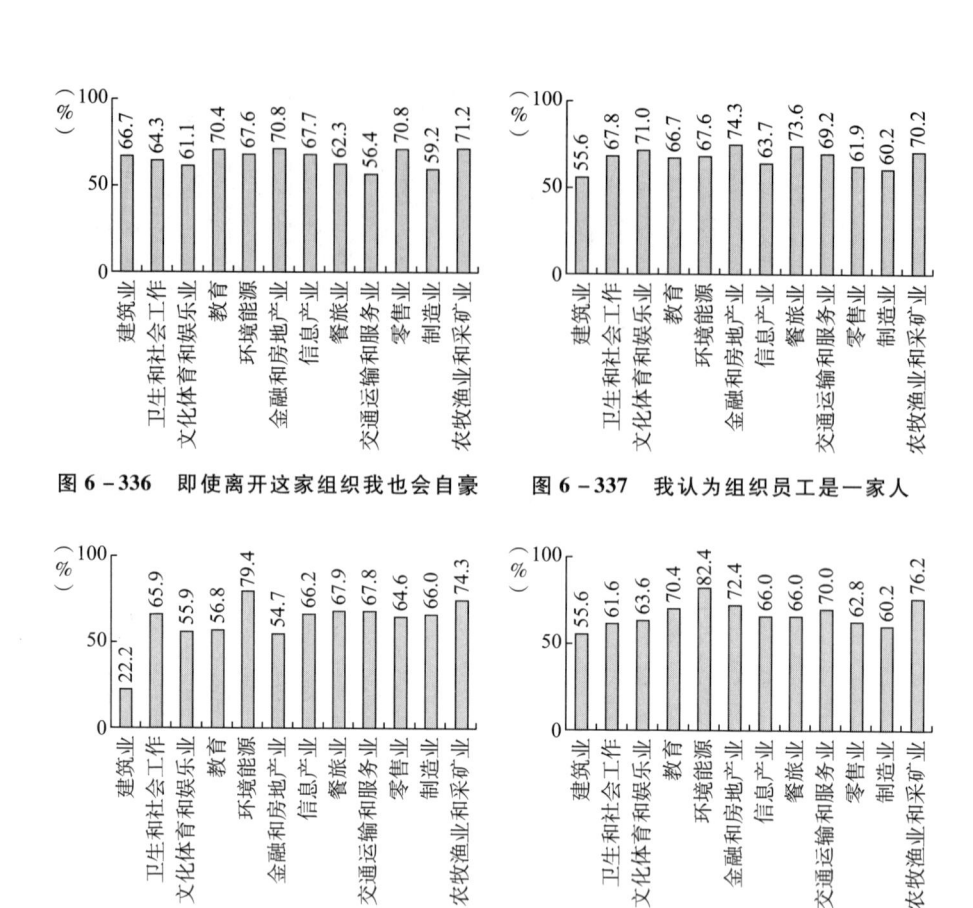

图 6-337 我认为组织员工是一家人

图 6-338 对组织有感情

图 6-339 我经常用"我们"谈论组织

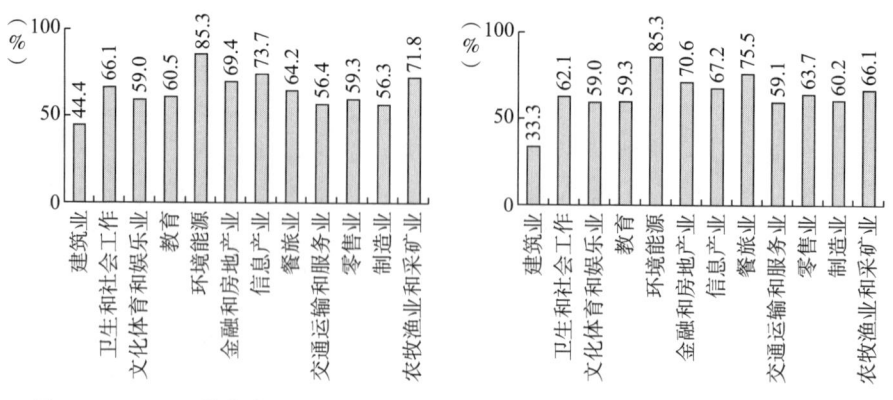

图 6-340 组织的成功就是我的成功

图 6-341 为能够参与组织活动而激动

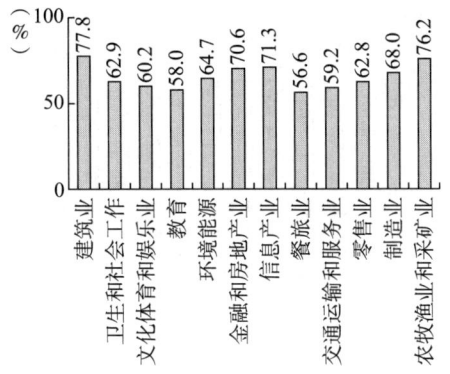

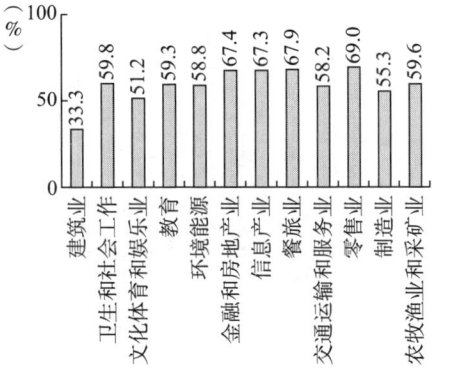

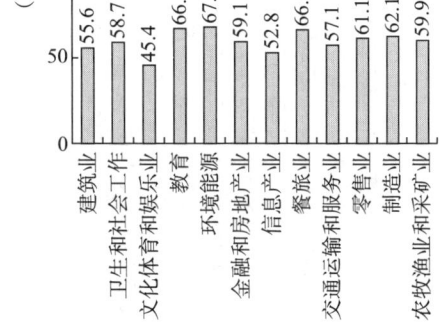

图 6-342 签订劳动合同我就是组织员工

图 6-343 上司工作能力很强让我信服

图 6-344 上司能积极对我的工作做出反馈

图 6-345 我朋友很羡慕我现在的工作

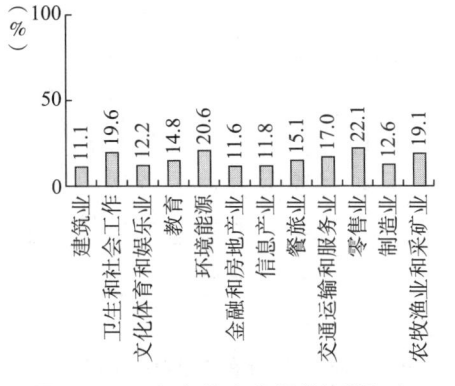

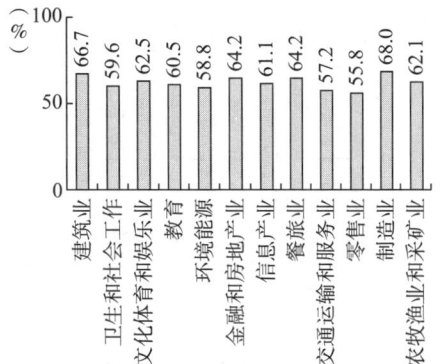

图 6-346 组织没为我提供培训机会

图 6-347 组织提供我许多决策机会

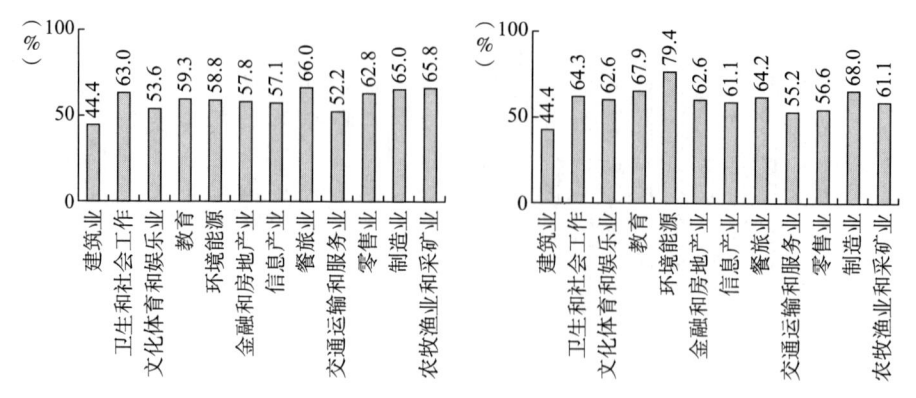

图 6-348 我能够从组织获得足够的信息

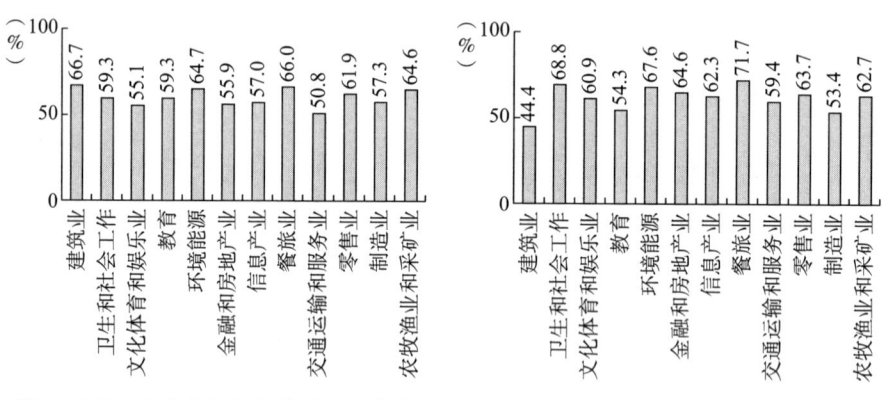

图 6-349 我对组织的付出得到相应回报

图 6-350 在这家组织我感到很有前途

图 6-351 这家组织的薪酬比同行好

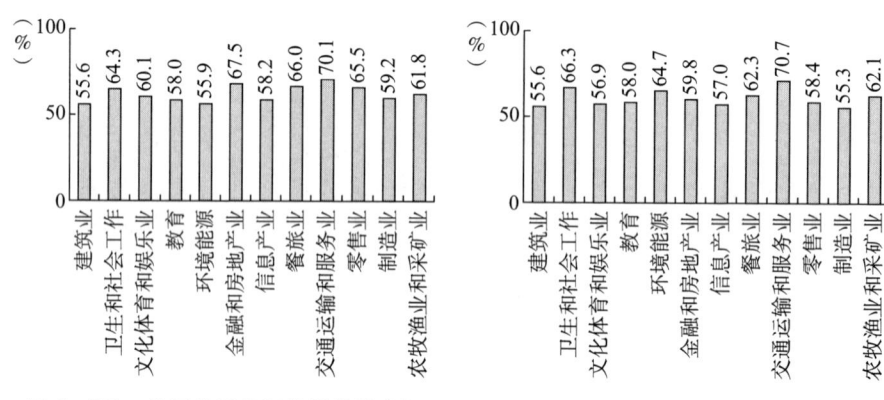

图 6-352 能提供同行不能提供的资源

图 6-353 我所在的组织很有凝聚力

图 6-354　同事们能够团结一致完成工作

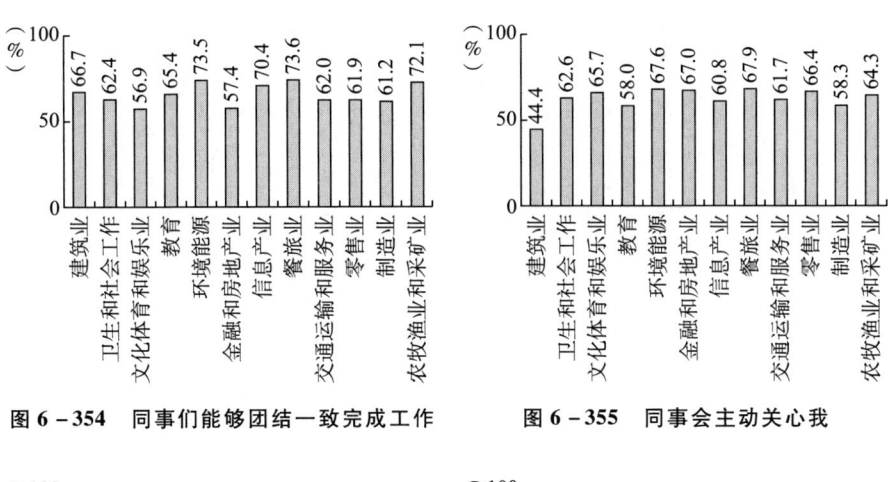

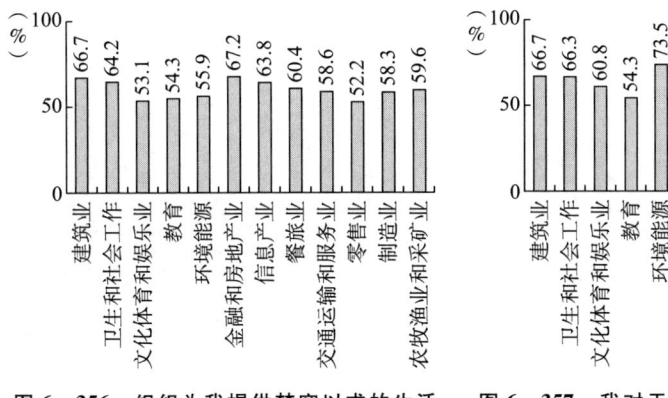

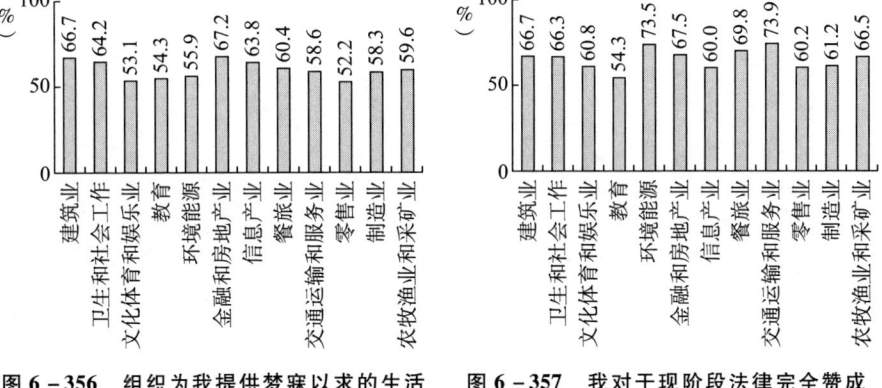

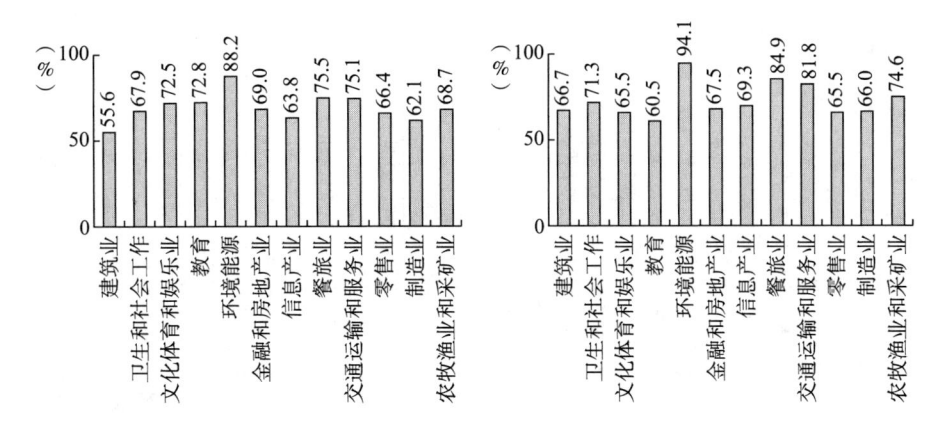

图 6-355　同事会主动关心我

图 6-356　组织为我提供梦寐以求的生活

图 6-357　我对于现阶段法律完全赞成

图 6-358　同事们能够团结一致完成工作

图 6-359　我愿意学习法律知识

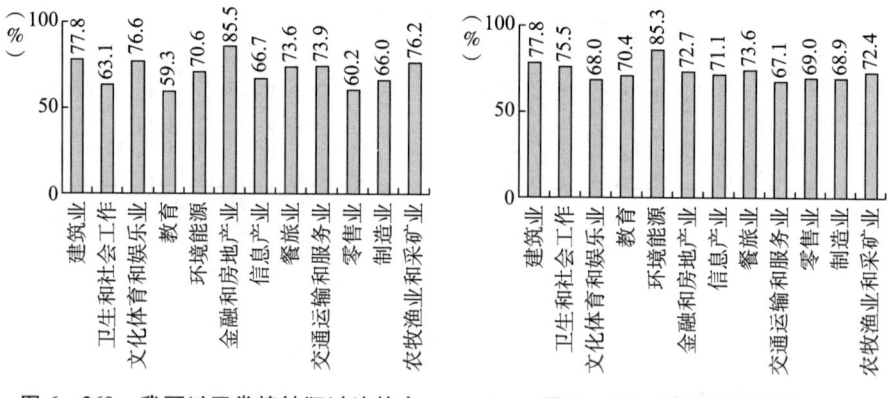

图 6-360　我可以正常接触犯过法的人

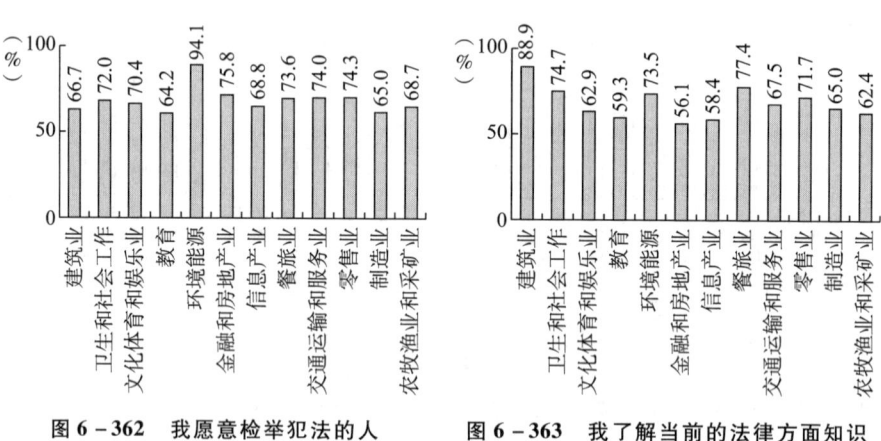

图 6-361　我没有犯过法

图 6-362　我愿意检举犯法的人

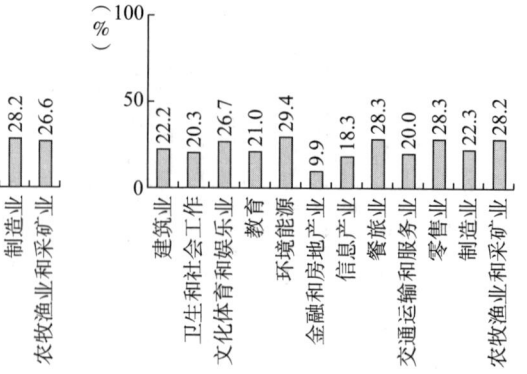

图 6-363　我了解当前的法律方面知识

图 6-364　个人犯法对社会危害不大

图 6-365　犯过法的人都不是好人

图 6-366　我感到被忽略

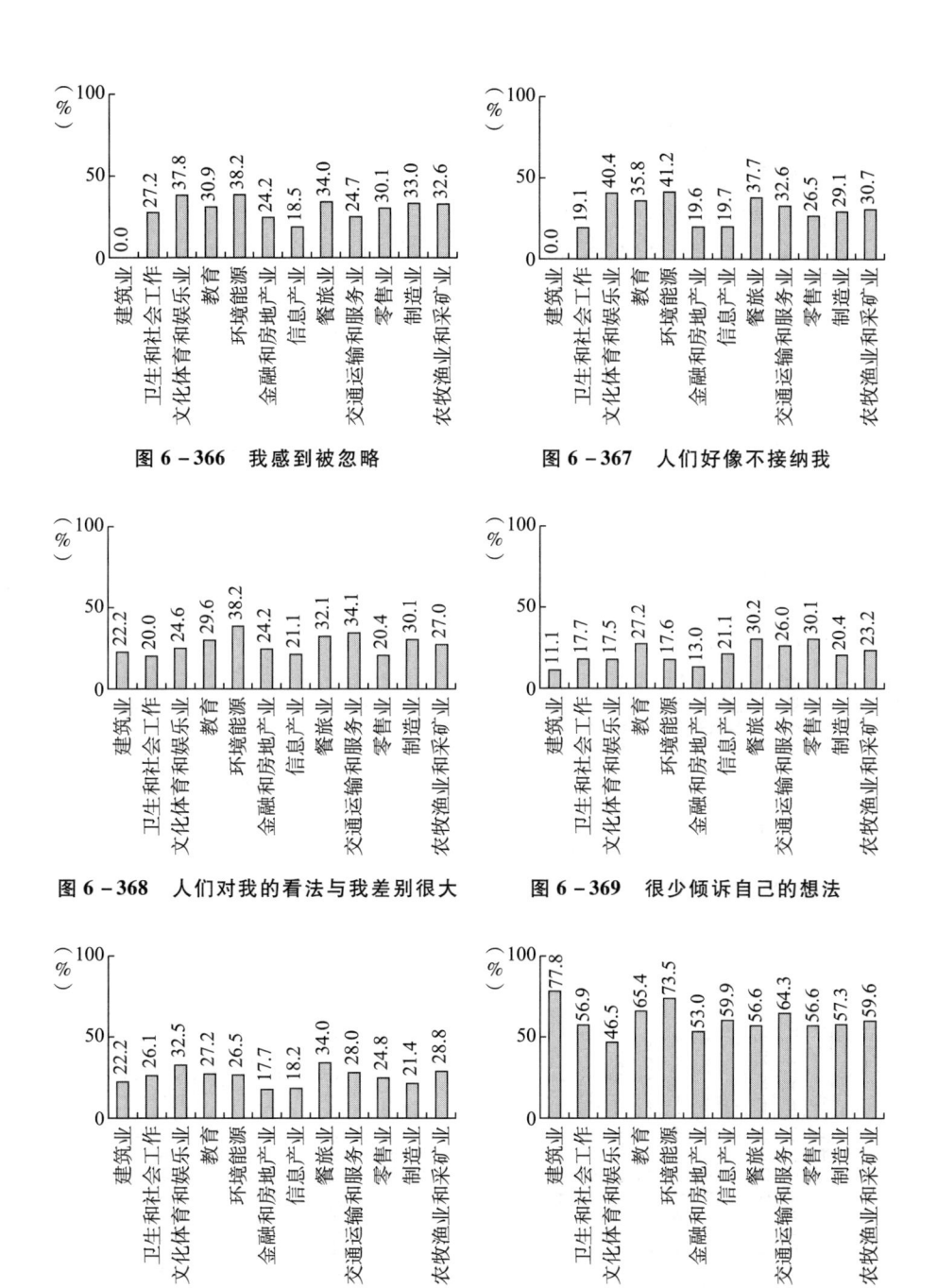

图 6-367　人们好像不接纳我

图 6-368　人们对我的看法与我差别很大

图 6-369　很少倾诉自己的想法

图 6-370　没朋友，常常感觉很孤独

图 6-371　总能准确找到自己的角色定位

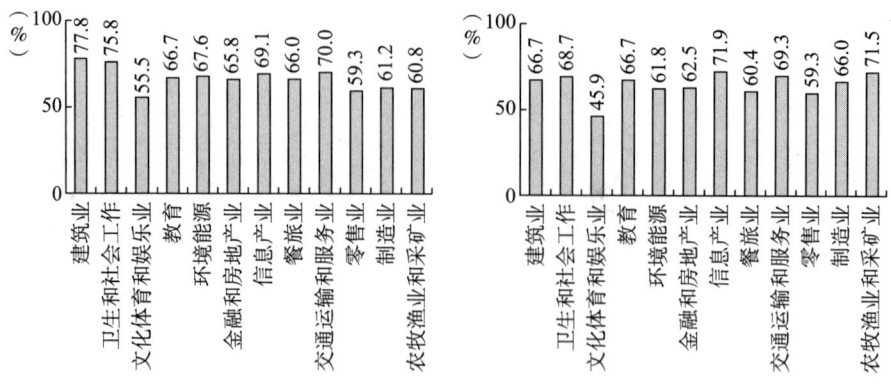

图 6-372 我感到我对周围人很适应

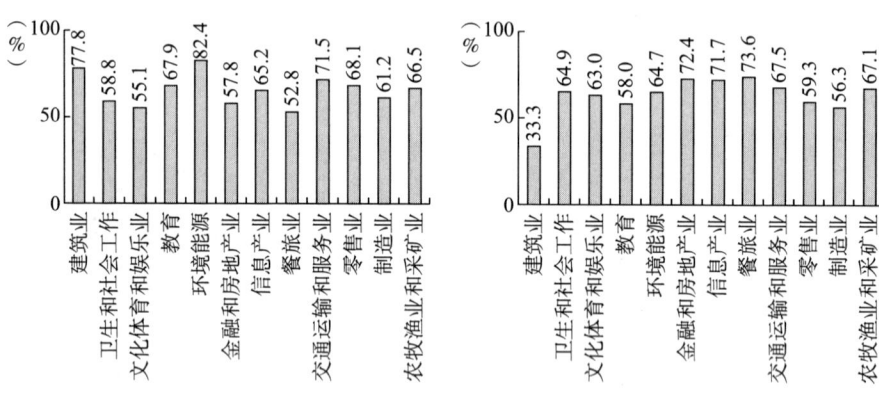

图 6-373 我的价值被他人所承认

图 6-374 社交能力和人缘都很好

图 6-375 我对于我的朋友们是重要的

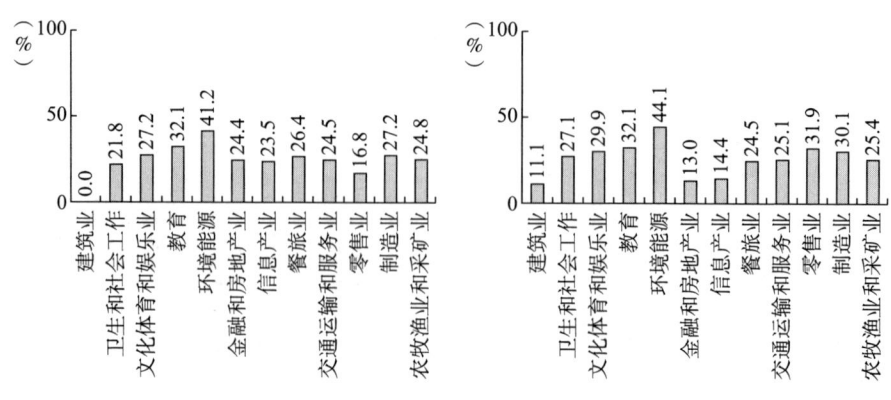

图 6-376 时常怀疑自己的工作能力

图 6-377 我害怕与不熟悉的人交往

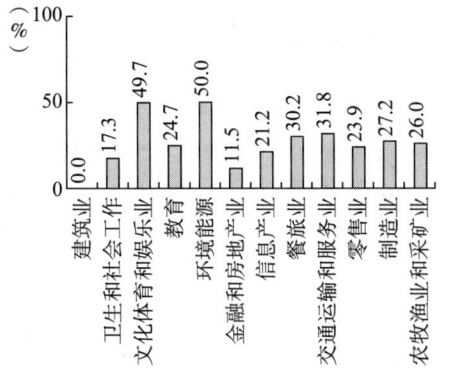

图 6-378 不熟悉的环境使我感到无所适从

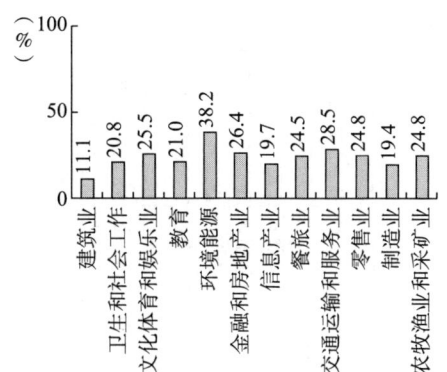

图 6-379 人际冲突使我不知所措

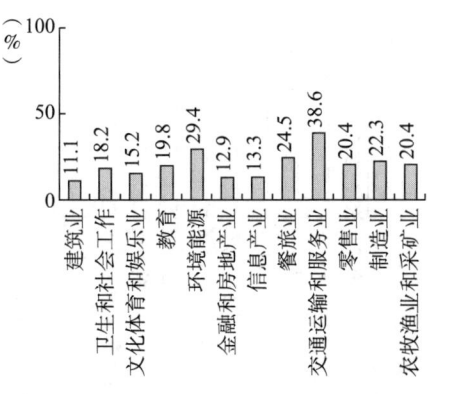

图 6-380 我承受的各方面压力很大

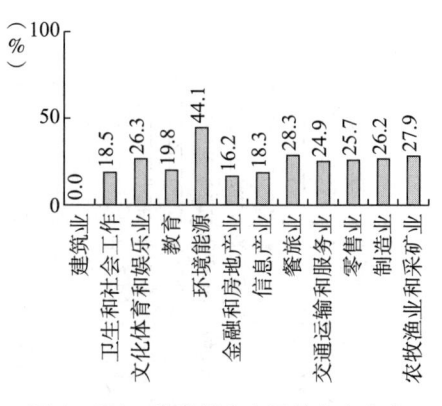

图 6-381 我常担心自己的人身安全

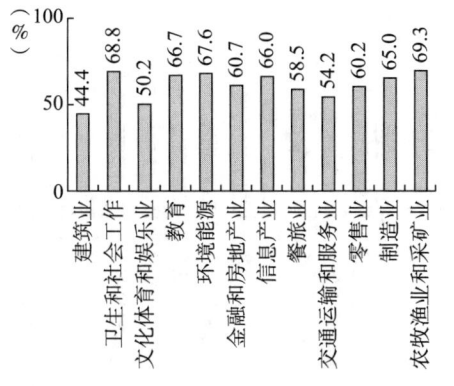

图 6-382 通过合理的方法缓解压力

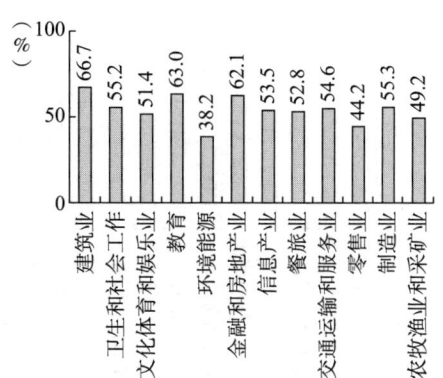

图 6-383 比较敏感

图 6-384 不会为了自己的利益而损害企业利益

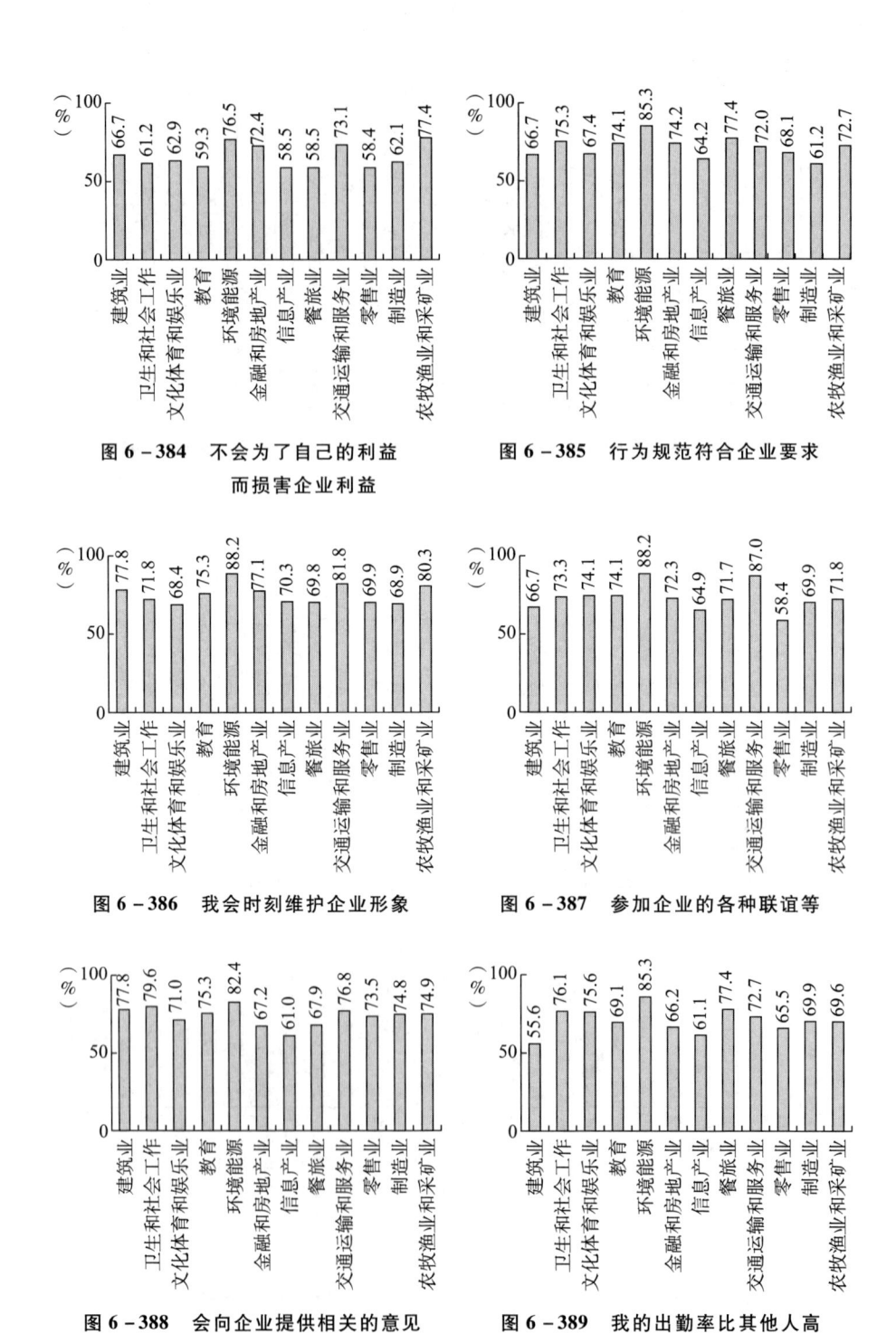

图 6-385 行为规范符合企业要求

图 6-386 我会时刻维护企业形象

图 6-387 参加企业的各种联谊等

图 6-388 会向企业提供相关的意见

图 6-389 我的出勤率比其他人高

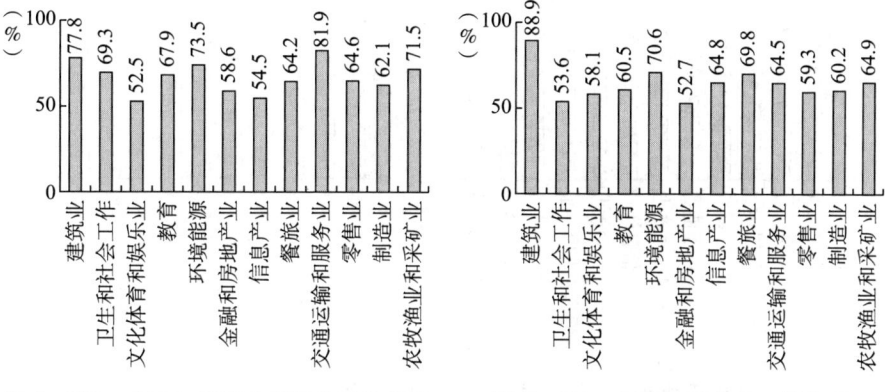

图 6-390　主动向同事介绍我的工作经验

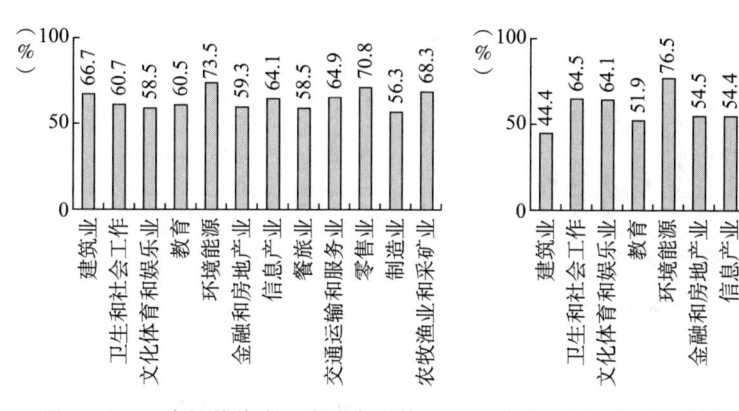

图 6-391　同事认可我的工作表现

图 6-392　我把其他成员当朋友看待

图 6-393　同他人的工作关系很密切

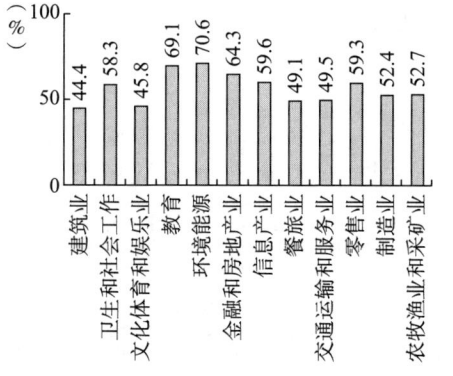

图 6-394　必须合作才能完成工作

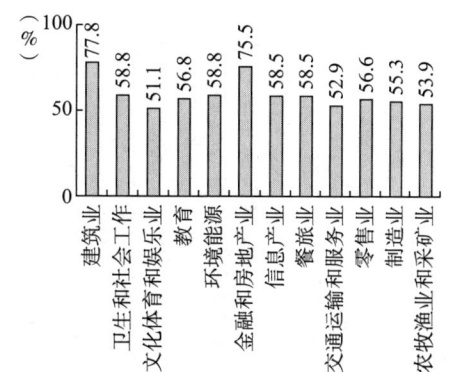

图 6-395　我的绩效依赖于他人的准确信息

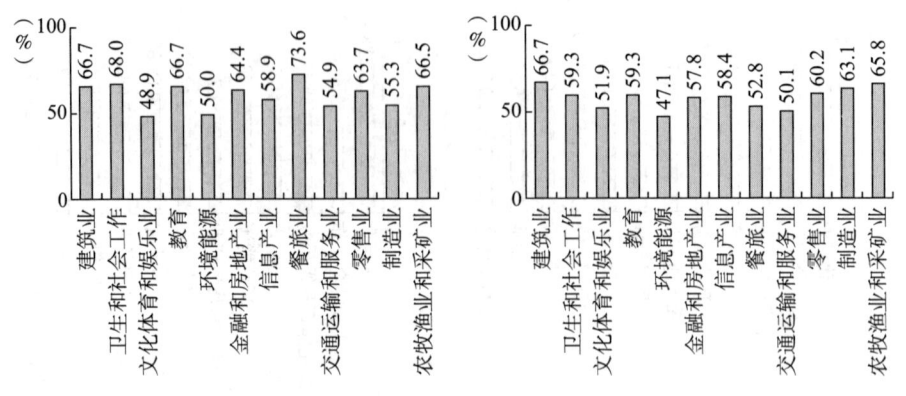

图 6-396　我的工作方式对他人有影响

图 6-397　我的工作要求同他人进行协商

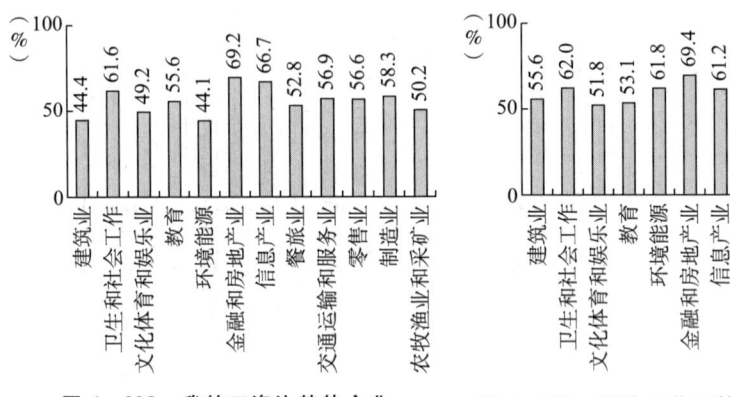

图 6-398　我的工资比其他企业类似工作的人高

图 6-399　因为工作环境好在这里工作

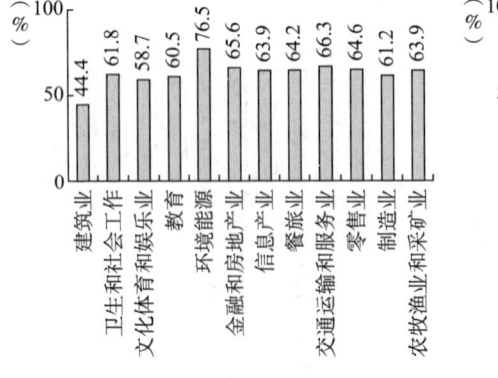

图 6-400　工作具有挑战性和成就感

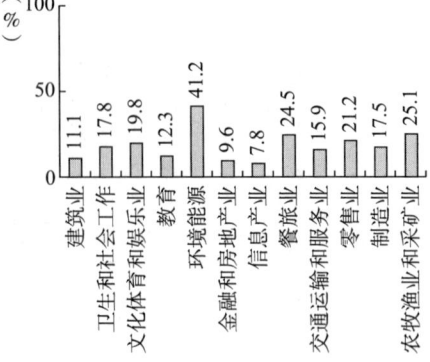

图 6-401　我经常想离开现在的工作

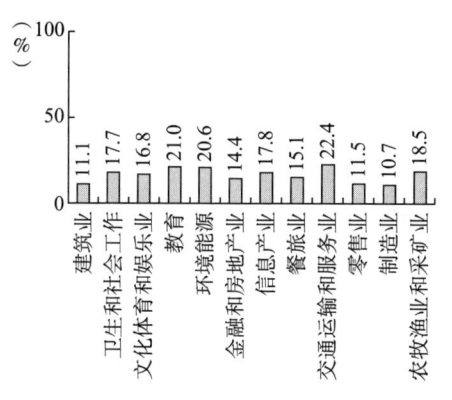

图 6-402　有机会我有可能换新工作

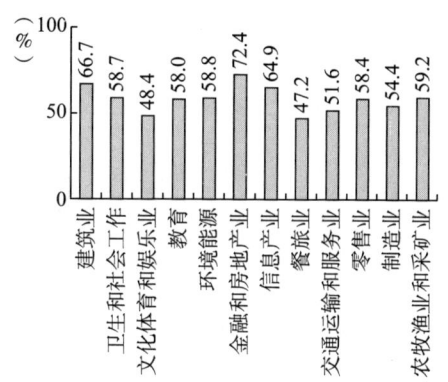

建筑业 11.1
卫生和社会工作 17.7
文化体育和娱乐业 16.8
教育 21.0
环境能源 20.6
金融和房地产业 14.4
信息产业 17.8
餐旅业 15.1
交通运输和服务业 22.4
零售业 11.5
制造业 10.7
农牧渔业和采矿业 18.5

图 6-403　企业效益差我也不会离开

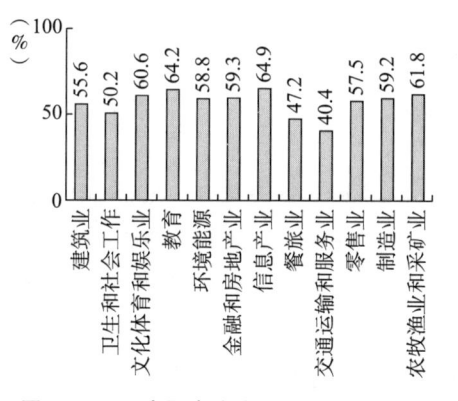

建筑业 66.7
卫生和社会工作 58.7
文化体育和娱乐业 48.4
教育 58.0
环境能源 58.8
金融和房地产业 72.4
信息产业 64.9
餐旅业 47.2
交通运输和服务业 51.6
零售业 58.4
制造业 54.4
农牧渔业和采矿业 59.2

图 6-404　我愿意为企业贡献全部心血

建筑业 55.6
卫生和社会工作 50.2
文化体育和娱乐业 60.6
教育 64.2
环境能源 58.8
金融和房地产业 59.3
信息产业 64.9
餐旅业 47.2
交通运输和服务业 40.4
零售业 57.5
制造业 59.2
农牧渔业和采矿业 61.8

参考文献

白卫东. 工作嵌入理论研究评述与展望 [J]. 商业时代, 2010 (15): 92 - 93 + 29.

包克冰, 徐琴美. 学校归属感与学生发展的探索研究 [J]. 心理学探新, 2006 (02): 51 - 54.

宝贡敏, 徐碧祥. 组织认同理论研究述评 [J]. 外国经济与管理, 2006 (01): 39 - 45.

宝贡敏, 徐碧祥. 组织认同研究评述 [J]. 外国经济与管理, 2006 (1).

陈海砚. 资本助力 决胜人工智能时代 [J]. 中关村, 2018 (06): 97.

陈蕾. 周期性公司估值问题研究述评 [J]. 首都经济贸易大学学报, 2015, 17 (01): 122 - 128.

陈威如, 徐玮伶. 平台组织: 迎接全员创新的时代 [J]. 清华管理评论, 2014 (Z2): 46 - 54.

陈维政, 徐兰, 胡冬梅. 心理资本对员工工作投入、工作满意和离职倾向的影响 [J]. 重庆理工大学学报 (社会科学版), 2012, 26 (01): 18 - 25.

陈祥丽, 张乐华, 杨昭宁. 护士职业认同量表的编制 [J]. 中国健康心理学杂志, 2007 (12): 1136 - 1138.

陈晓萍, 徐淑英, 樊景立. 组织与管理研究的实证方法 [M]. 北京: 北京大学出版社, 2008.

陈兴淋, 冯俊文. 组织公平和组织信任与组织公民行为——基于民营中小企业的实证研究 [J]. 技术经济与管理研究, 2010 (06): 64 - 68.

陈云川, 雷轶. 新生代农民工组织嵌入、职业嵌入与工作绩效研究 [J]. 当代财经, 2014 (11): 79 - 91.

戴冰, 张惠. 组织归属感刍议 [J]. 商场现代化, 2007 (25): 252.

邓昌杰, 胥兴春. 民办幼儿园教师身份的三重自我建构 [J]. 重庆第二师范学院学报, 2016, 29 (04): 130-133+176.

邓昌杰, 胥兴春. 幼儿教师自我职业认同建构之"内涵、价值、困境、建构"机制 [J]. 和田师范专科学校学报, 2016, 35 (04): 85-88.

丁美玲, 童勋. 群体工作满意感与组织公民行为之关系 [J]. 南京大学学报 (哲学·人文科学·社会科学版), 2005 (06): 134-140.

董彦, 王益宝. 企业员工组织认同与忠诚度关系的实证分析 [J]. 经济论坛, 2008 (01): 81-82.

冯冬冬, 陆昌勤, 萧爱铃. 工作不安全感与幸福感、绩效的关系: 自我效能感的作用 [J]. 心理学报, 2008 (04): 448-455.

冯果, 华翠. 新生代农民工权益保护的现实困境与发展途径——基于经济法视角的探讨 [J]. 武汉大学学报 (哲学社会科学版), 2014, 67 (02): 48-52.

付佳迪. 基于因子分析的武汉公交司机职业归属感研究 [J]. 山东交通科技, 2011a (01): 16-19+27.

付佳迪. 武汉公交司机职业归属感及影响因素分析 [J]. 武汉职业技术学院学报, 2011b10 (01): 23-28.

傅红, 段万春. 我国新生代员工的特点及动因——从新生代各种热门事件引发的思考 [J]. 社会科学家, 2013 (01): 88-91.

甘峰. 社会企业与社会协同治理 [J]. 中国特色社会主义研究, 2014 (03): 95-100.

甘罗娜. 新生代员工工作满意度的影响因素实证研究 [J]. 人力资源管理, 2016 (09): 187-190.

高建奕. 组织认同研究综述 [J]. 昆明大学学报, 2007 (01): 32-36.

高珊, 刘勇. 工作嵌入概述 [J]. 社会心理科学, 2008, 23 (06): 3-7.

官蒲光. 社会工作: 社会治理创新的重要制度安排 [J]. 中国民政, 2014 (07): 9-11.

官淑燕, 牛振喜. 中国情景下企业新生代知识员工自我认同测度研究 [J]. 科技进步与对策, 2014, 31 (20): 145-150.

关培兰. 组织行为学 [M]. 北京: 人民出版社, 2004.

郭金山, 芮明杰. 当代组织同一性理论研究述评 [J]. 外国经济与管理, 2004 (06): 2-9.

郭静静；企业员工组织认同结构维度及其相关研究［D］，暨南大学硕士学位论文，2007．

郭开元，陈卫东，陈晨，郗杰英．新生代农民工权益保护与犯罪预防研究报告［J］．中国青年研究，2011（09）：38－42．

郭星华，姜华．农民工城市适应研究的几种理论视角［J］．探索与争鸣，2009（01）：61－65．

哈贝马斯．重建历史唯物主义［M］．郭官义译．北京：社会科学文献出版社，2000．

韩雪松．西方组织认同理论对我国企业管理的启示［J］．经济体制改革，2006（05）：152－155．

侯杰泰，温忠麟，成子娟．结构方程模型及其应用［M］．北京：教育科学出版社，2004（7）．

侯小富．内隐攻击性的研究方法［J］．教育教学论坛，2014（09）：118－119．

胡国栋，王晓杰．中国情境下组织公民行为研究［J］．财经问题研究，2016（04）：3－10．

胡维芳，黄丽．高校师范生教师职业认同及其影响因素研究［J］．教育心理研究，2016（1）：85．

胡翔，李燕萍，李泓锦．新生代员工：心态积极还是忿忿难平？——基于工作价值观的满意感产生机制研究［J］．经济管理，2014，36（07）：69－79．

黄海燕，张林，姜同仁．我国体育产业人才队伍建设的现状、问题及措施［J］．南京体育学院学报（自然科学版），2014，13（03）：1－5．

黄洪基，邓蕾，陈宁，陆烨．关于"80后"的研究文献综述［J］．中国青年研究，2009（07）：5－13．

黄丽华，王林．论组织目标及组织管理中的目标整合［J］．软科学，1999（S1）：68－70．

金杨华，王重鸣．人与组织匹配研究进展及其意义［J］．人类工效学，2001，7（2）．

经卫国，姚本先．苏南地区新生代农民工组织归属感的实证研究［J］．苏州科技学院学报（社会科学版），2015，32（06）：42－48．

乐嘉昂，彭正龙．跨层次视角下的职场排斥与员工积极组织行为、团队效

能影响机制 [J]. 经济管理, 2012 (9): 66-67.

李保东, 王彦斌, 陈雪东, 唐年胜. 组织内部因素对组织认同的影响模型构建 [J]. 统计与决策, 2009 (06): 26-28.

李峰利, 边舒雯. 新生代员工工作价值观、组织认同对其产出的作用机制研究 [J]. 人力资源管理, 2012, 30 (3): 434-440.

李立国. 创新社会治理体制 [J]. 求是, 2013 (24): 14-18.

李琳. "80后"员工压力管理分析 [J]. 人才资源开发, 2007 (04): 55-56.

李玲. 新生代员工离职原因的调查与分析——基于某公司离职员工调查数据 [J]. 人力资源管理, 2014 (10): 242-243.

李强. 创新社会治理体制 [J]. 前线, 2014 (01): 14-16.

李榕. 知识型员工的特征及激励机制 [J]. 江苏商论, 2008 (11): 109-110.

李艳红, 李艳萍. 乡村教师职业归属感现状研究——基于Q县L教育园区的调查 [J]. 天水师范学院学报, 2017, 37 (04): 90-94.

李燕萍, 侯烜方. 新生代女性工作价值观对利他行为影响的实证研究 [J]. 武汉大学学报 (哲学社会科学版), 2013, 66 (04): 123-129.

李迎生. 探索社会工作介入社会治理创新的有效路径 [J]. 社会工作与管理, 2014, 14 (03): 23-28+98.

李永周, 易倩, 阳静宁. 积极沟通氛围、组织认同对新生代员工关系绩效的影响研究 [J]. 中国人力资源开发, 2016 (23): 23-31.

林庆, 沈超红. 组织公平、组织认同感与组织公民行为关系的实证研究 [J]. 财务与金融, 2012 (02): 71-78.

林泉, 林志扬. 国内组织公民行为研究的进展、问题及研究建议 [J]. 经济管理, 2008 (15): 74-78.

凌文辁, 张治灿, 方俐洛. 中国职工组织承诺的结构模型研究 [J]. 管理科学学报, 2000 (02): 76-81.

刘洪义. 用双因素理论有效激励员工 [J]. 企业改革与管理, 2008 (07): 66-67.

刘剑锋, 何立. 企业文化对员工组织认同与关联绩效研究 [J]. 北方经贸, 2008 (08): 127-129.

刘培琪, 刘兵, 李嫄. 授权型领导对知识型员工知识分享意愿的影响——基于社会信息加工的视角 [J]. 技术经济, 2018 (07): 81-87+98.

刘璞, 井润田. 领导行为、组织承诺对组织公民权行为影响机制的研究

[J]. 管理工程学报, 2007 (03): 137-140+158.

刘秋颖, 苏彦捷. 初次就业个体的职业认同获得及其相关因素 [J]. 北京大学学报 (自然科学版), 2007 (2): 263.

刘少杰. 面向职业群体的城市社会治理创新 [J]. 江苏社会科学, 2015 (02): 78-84.

刘小平. 员工组织承诺的形成过程: 内部机制和外部影响——基于社会交换理论的实证研究 [J]. 管理世界, 2011 (11): 92-104.

刘筱芬. 服务业企业员工积极组织行为影响因素的实证研究——以成都为例 [J]. 生产力研究, 2012 (04): 221-222+234.

刘亚, 龙立荣, 李晔. 组织公平感对组织效果变量的影响 [J]. 管理世界, 2003 (03): 126-132.

刘莹, 廖建桥. 员工年龄对工作绩效的影响探析 [J]. 外国经济与管理, 2006 (05): 39-44.

刘于琪, 刘晔, 李志刚. 居民归属感、邻里交往和社区参与的机制分析——以广州市城中村改造为例 [J]. 城市规划, 2017, 41 (09): 38-47.

柳士顺, 凌文辁. 群体组织公民行为对工作奉献与离职意向的影响 [J]. 软科学, 2012, 26 (04): 96-100.

柳延恒. 从再次流动看新生代农民工职业流动方向: 水平、向下抑或向上——基于主动流动方式视角 [J]. 农业技术经济, 2014 (10): 29-37.

卢军. 积极组织行为学研究概述 [J]. 现代商贸工业, 2014, 26 (14): 38-40.

芦慧, 阮浩. 组织公民行为研究评析 [J]. 商业时代, 2006 (06): 31-32.

吕政宝, 凌文辁, 马超. 群体公民行为研究述评 [J]. 华东经济管理, 2010, 24 (02): 145-148.

罗明亮. 组织公民行为研究理论与实证 [M]. 北京: 经济管理出版社, 2007.

罗明忠, 卢颖霞. 农民工的职业认同对其城市融入影响的实证分析 [J]. 中国农村观察, 2013 (5): 22.

罗云齐. 培养员工的归属感 [J]. 财会月刊, 2001 (09): 44-45.

骆静, 廖建桥. 基于提高知识员工组织嵌入度的实践社群研究 [J]. 科研管理, 2006 (02): 133-139.

马娟婷, 徐娟. 手术室护理人员专科化培养与使用对职业认同、医护配合

和离职倾向的影响 [J]. 临床医药文献电子杂志, 2017, 4 (49): 9627 + 9629.

孟祥乐. 陕西省中学体育教师职业倦怠研究 [J]. 职业与健康, 2016, 32 (04): 465 - 467.

聂会平. 人力资源管理实践对教师积极组织行为的影响研究 [J]. 人才资源开发, 2015 (16): 42 - 43.

聂林, 杨蕙馨. 学习型组织文化对组织承诺的影响效应分析 [J]. 理论学刊, 2014 (06): 61 - 65.

欧阳友权. 文化产业人才建设: 问题与思路 [J]. 福建论坛 (人文社会科学版), 2012 (02): 114 - 118.

潘小康, 张静平. 男护士护理工作环境、心理资本、工作投入与离职倾向的相关性研究 [J]. 当代护士 (中旬刊), 2015 (12): 1 - 4.

潘孝富, 秦启文. 生产型企业员工积极组织行为的内在结构模型探究 [J]. 心理科学, 2009 (6): 1468 - 1470.

潘孝富, 秦启文. 生产型企业员工积极组织行为的内在结构模型探究 [J]. 心理科学, 2009, 32 (06): 1468 - 1470 + 1407.

裴佳黛. 社会组织参与维护社会稳定的功能及思路探析 [J]. 领导科学, 2013 (20): 63 - 64.

彭剑锋. 人才强国战略实施应关注的几个问题 [J]. 中国人才, 2003 (06): 47 - 48.

戚振江, 朱纪平. 组织承诺理论及其研究新进展 [J]. 浙江大学学报 (人文社会科学版), 2007 (06): 90 - 98.

秦鹏, 邓安娜. 基于员工情感认同对酒店员工流失倾向的研究 [J]. 现代经济信息, 2014 (24): 118 - 119.

沙莲香. 社会心理学 [M]. 北京: 中国人民大学出版社, 2002.

施跃东, 段锦云. 参与式领导对组织助人行为的影响: 工作幸福感和角色清晰度的作用 [J]. 心理研究, 2016, 9 (04): 67 - 74.

时立荣, 王安岩. 社会企业与社会治理创新 [J]. 理论探讨, 2016 (03): 141 - 144.

史青春, 王平心. 基于组织认同的伙伴关系评估 [J]. 现代管理科学, 2009 (02): 101 - 103.

斯蒂芬. P. 罗宾斯著. 孙健敏, 李原译. 组织行为学 [M]. 第1版. 北京:

中国人民大学出版社，2004

宋超，陈建成．"80、90 后"新生代员工管理与激励 [J]．人力资源管理，2011（05）：92-93．

宋广文，魏淑华．影响教师职业认同的相关因素分析 [J]．心理发展与教育，2006（01）：80-86．

苏雪梅．组织文化与员工认同：理论与实证 [M]．北京：中国社会科学出版社，2012．

孙健敏，陆欣欣，孙嘉卿．组织支持感与工作投入的曲线关系及其边界条件 [J]．管理科学，2015，28（02）：93-102．

孙利，佐斌．中小学教师职业认同的结构与测量 [J]．教育研究与实验，2010（05）：80-84．

孙青平．职业伦理与道德的新视角研究 [J]．河南社会科学，2010，18（06）：208-210．

谭明，方翰青．新生代女性农民工心理契约与工作满意度的相关研究 [J]．现代远距离教育，2014（01）：16-22．

谭小宏．个人与组织价值观匹配对员工工作投入、组织支持感的影响 [J]．心理科学，2012，35（04）：973-977．

涂尔干著．渠东译．社会分工论 [M]．第二版．北京：生活·读书·新知三联出版社，2013：24-34．

王晖．国有银行员工离职分析 [J]．商，2015（17）：36．

王惠卿．社会工作者职业认同的结构与测量 [J]．四川理工学院学报（社会科学版），2013，28（04）：21-25．

王剑兰，甘素文，邱梓茵，黄小玲，张莹．粤北地区农村小学教师职业归属感的研究 [J]．韶关学院学报，2017，38（10）：104-108．

王莉，石金涛．组织嵌入及其对员工工作行为影响的实证研究 [J]．管理工程学报，2007（03）：14-18．15

王思斌．社会工作参与社会治理创新研究 [J]．社会建设，2014，1（01）：8-15．

王卫国．高校青年教师职业认同感的提升策略 [J]．教育探索，2013（10）：85-87．

王晓玲．企业高绩效工作系统：组织承诺中介机制的实证研究 [J]．中国软科学，2009（S1）：223-230+257．

王雅荣,安静雅. 新生代员工主观幸福感影响因素研究 [J]. 开发研究, 2016 (03): 84–89.

王彦斌. 从高校就业工作部门的属性谈就业工作的机制创新 [J]. 河南职业技术师范学院学报 (职业教育版), 2004 (01): 44–46.

王彦斌. 管理中的组织认同——理论建构及对转型期中国国有企业的实证分析 [M]. 北京: 人民出版社, 2004.

王彦斌. 中国组织认同 [M]. 北京: 社会科学文献出版社, 2012.

王彦斌. 转型期国有企业员工的组织认同——一项关于当前国有企业员工组织认同特点及其原因的调查分析 [J]. 天府新论, 2005 (02): 77–84.

王玉峰,陈宗慧,郭瑞英. 农民工工作价值观代际差异研究 [J]. 农业经济问题, 2015, 36 (12): 32–41+110.

魏钧,陈中原,张勉. 组织认同的基础理论、测量及相关变量 [J]. 心理科学进展, 2007 (06): 948–955.

魏钧. 组织契合与认同研究: 中国传统文化对现代组织的影响 [M]. 北京: 北京大学出版社, 2008.

吴明隆. 问卷统计分析实务——SPSS 操作与应用 [M]. 重庆: 重庆大学出版社, 2010.

吴志明,武欣. 变革型领导、组织公民行为与心理授权关系研究 [J]. 管理科学学报, 2007 (05): 40–47.

武瑞杰. 基于员工归属感的薪酬体系 [J]. 集团经济研究, 2005 (12X): 216–216.

武欣,吴志明,张德. 组织公民行为对团队有效性的影响机制研究 [J]. 管理工程学报, 2007 (03): 19–23.

西蒙著. 詹正茂译. 管理行为 [M]. 北京: 机械工业出版社, 2004.

肖可. 社会工作在创新社会治理体制中的主体培育作用探析 [J], 智慧时代, 2016 (03): 153–155.

肖余春. 组织行为的调查与测量 [M]. 杭州: 浙江工商大学出版社, 2010.

徐放. 新生代女性农民工工作压力与职业倦怠关系研究 [J]. 职业技术教育, 2016, 37 (07): 59–64.63

徐尚昆. 组织文化与员工行为: 本土构建与实证分析 [M]. 北京: 中国社会科学出版社, 2011.

许多,张小林. 中国组织情境下的组织公民行为 [J]. 心理科学进展,

2007（03）：505－510.

闫新燕. 新生代员工法律意识觉醒对企业管理的启示［J］. 经营与管理，2014（12）：41－43.

燕超，杨倩，周媛. 员工满意度、组织承诺对组织公民行为的影响研究［J］. 现代商业，2010（05）：126.

杨发祥，叶淑静. 社工薪酬的结构性困境与可能出路——以珠三角地区为例［J］. 江苏行政学院学报，2016（05）：48－53.

杨丽，赵小平，游斐. 社会组织参与社会治理：理论、问题与政策选择［J］. 北京师范大学学报（社会科学版），2015（06）：5－12.

杨廷钫，凌文铨. 新生代农民工工作嵌入内容结构及相关研究——以珠江三角洲为例［J］. 农业技术经济，2013（01）：46－57.

杨紫怡. 浅析企业中的团队精神建设［J］. 东方企业文化，2013（04）：33－34.

姚俊. 从职业群体到公共领域——社会团结视域下当代中国公德塑造的路径分析［J］. 南京社会科学，2014（09）：57－62.

叶勤，戴大双，王海波. 环境因素对薪酬满意度的影响研究：一个中国移动通信运营企业的实证［J］. 科技管理研究，2008（03）：173－175＋184.

叶淑静，戴利有. 社会工作介入社会治理何以可能？［J］. 江西师范大学学报（哲学社会科学版），2016，49（06）：103－110.

易红梅，余兰仙，汤娟娟，李华. 中医医院责任护士心理资本与工作投入及离职意愿的相关性分析［J］. 中国护理管理，2015，15（10）：1216－1219.

袁庆宏，陈文春. 工作嵌入的概念、测量及相关变量［J］. 心理科学进展，2008（06）：941－946.

曾家达，殷妙仲，郭红星. 社会工作在中国急剧转变时期的定位——以科学方法处理社会问题［J］. 社会学研究，2001（02）：63－67.

张斌，熊思成，蒋怀滨，邱致燕，梁美琪. 工作满意度在护士职业认同与离职意愿关系中的中介作用［J］. 中国临床心理学杂志，2016，24（06）：1123－1125.

张朝孝，蒲勇健. 团队合作的博弈机制［J］. 重庆大学学报（自然科学版），2003（09）：27－31.

张凤荣. 社会科学调查研究方法与统计应用［M］. 吉林：吉林文史出版社，2012.

张凤荣. 中小企业低碳社会责任推进策略——基于东北地区职业群体的实证研究 [M]. 北京: 人民出版社, 2016.

张海军. 积极组织行为的作用及其形成 [J]. 当代经济, 2012 (5).

张惠, 廖其发. 女性主义视野中的教师专业化 [J]. 外国教育研究, 2007 (09): 74-76.

张惠琴, 宋丽芳, 吴静. 团队创新氛围对新生代知识型员工创新行为的作用机理研究 [J]. 中国人力资源开发, 2016 (23): 15-22.

张健. 社会工作的协同作用、治理障碍及强化路径——以群体性事件治理为例 [J]. 河南工业大学学报 (社会科学版), 2013, 9 (03): 80-84.

张江波. 海南: 先行先试的智慧 [J]. 中国社会保障, 2018 (03): 32-33.

张伶, 聂婷. 员工积极组织行为影响因素的实证研究: 工作—家庭冲突的中介作用 [J]. 管理评论, 2011, 23 (12): 100-107.

张淑华, 刘兆延. 组织认同与离职意向关系的元分析 [J]. 心理学报, 2016, 48 (12): 1561-1573.

张小锋, 张涛. 社会组织在中国网络社会治理中的作用 [J]. 哈尔滨工业大学学报 (社会科学版), 2017, 19 (06): 36-42.

张小林, 戚振江. 组织公民行为理论及其应用研究 [J]. 心理学动态, 2001 (04): 352-360.

张宇. 企业社会责任感知对员工组织公民行为作用机制研究 [J]. 世界科技研究与发展, 2013, 35 (04): 530-533.

张筝, 黎永泰. 影响员工归属感的七大因素 [J]. 企业活力, 2007 (08): 48-49.

张正国. 积极组织行为在青年员工心理疏导上的应用 [J]. 中国外资, 2012 (5): 230.

张治灿, 方俐洛, 凌文辁. 中国职工组织承诺的结构模型检验 [J]. 心理科学, 2001 (02): 148-150+253.

张卓雅. 员工学历、岗位结构及薪酬水平对企业盈利的影响——以新闻出版上市公司为例 [J]. 上海金融学院学报, 2016 (03): 109-120.

赵妍, 姚垚. 高校男护生专业认同感与适应感的影响因素与对策分析 [J]. 牡丹江医学院学报, 2018, 39 (04): 146-148.

郑伯壎. 组织行为研究在台湾 [M]. 台湾: 桂冠图书股份有限公司, 2003.

郑钦, 李烁, 丁煜轩. 基于企业文化导向的人力资源管理新探 [J]. 企业改革与管理，2014（20）：60-61.

郑钦. 和谐社会视阈下社区工作者的职业归属感初探［J］. 湖北财经高等专科学校学报，2011，23（05）：20-22.

周群英. 社会工作参与社会治理的路径探析［J］. 长江论坛，2016（03）：81-86.

周晓虹. 认同理论：社会学与心理学的分析路径［J］. 社会科学，2008（04）：46-53+187.

朱瑜，凌文辁. 组织公民行为理论研究的进展［J］. 心理科学，2003（01）：181-182.

朱云峰，周玮. 基于高职双创人才培养的职业技能与职业精神融合研究［J］. 中国职业技术教育，2018（20）：47-53.

朱振辉. 创新社会治理体制与构建平安中国［J］. 中共云南省委党校学报，2014，15（02）：135-138.

朱祖平，邵建伟，周琴. 论人文环境对提升监狱民警职业归属感的现实意义［J］. 法制博览，2016（11）：4-7.

朱祖平. 企业管理质量的评价模式研究［J］. 福州大学学报（哲学社会科学版），2007（03）：26-32+112.

宗文，李晏墅，陈涛. 组织支持与组织公民行为的机理研究［J］. 中国工业经济，2010，（07）：104-114.

Abedin N. Community Development Versus Sociocultural and Administrative Values in Rural Bangladesh: 1950s and 1960s ［J］. *Journal of Global South Studies*, 2000, 17 (2): 155.

Aiken L. S., West S. G. *Multiple Regression: Testingand Interpreting Interactions* ［M］. Thousand Oaks, CA : Sage Publications, 1991: 166-209.

Alan M. Saks, Blake E. Ashforth. Organizational Socialization: Making Sense of the Past and Present as a Prologue for the Future ［J］. *Journal of Vocational Behavior*, 1997, 51 (2).

Allen, N. J. & Meyer, J. P. Affective, Continuance and Normative Commitment to the Organization: An Examination of Construct Validity ［J］. *Journal of Vocational Behavior*, 1996, (49): 152-276.

Ashforth, B. E. & Mael, F. Social Identity Theory and The Organization ［J］. *Academy of Management Review*, 1989, (14): 20-39.

Barrick M. R. , Mount M. K. The Big Five Personality Dimensions and Job Performance: A Meta Analysis [J]. *Personnel Psychology*, 1991, 44 (1): 1-26.

Benkhoff, B. Disentangling Organizational Commitment [J]. *Personnel Review*, 1997, (26): 114-131.

Bergami, M. & Bagozzi, R. P. Self-categorization, Affective Commitment and Group Self-esteem as Distinct Aspects of Social Identity in the Organization [J]. *British Journal of Social Psychology*, 2000, (39): 555-577.

Brief A. P. , Motowidlo S. J. Prosocial Organizational Behaviors [J]. *Academy of Management Review*, 1986, 11 (4): 710-725.

Brotheridge C. M. , Lee R. T. Testing a Conservation of Resources Model of the Dynamics of Emotional Labor [J]. *Journal of Occupational Health Psychology*, 2002, 7 (1).

Brown E. M. Identification and Some Conditions of Organizational Involvement [J]. *Administrative Science Quarterly*, 1969, 14 (3).

Chen X. P. , Lam S. S. K. , Naumann S. E. , et al. Group Citizenship Behaviour Conceptualization and Preliminary Tests of its Antecedents and Consequences [J]. *Management and Organization Review*, 2005, 1 (2): 273-300.

Connelly S. Ruark G. Leadership Style and Activating Potential Moderators of the Relationships among Leader Emotional Displays and Outcomes [J]. *The Leadership Quarterly*, 2010, 21 (5).

Dolan S. L. , Garcia S. Managing by Values in the Next Millennium: Cultural Redesign for Strategic Organizational Change, Universitt Pompeu Fabra [J]. *Economics Working Papers*, 2005, 9: 9.

Dolan S. L. , Tzafrir S. S. , Baruch Y. Testing the Causal Relationships between Procedural Justice, Trust and Organizational Citizenship Behavior [J]. *Revue de Gestion des Resources Humaines*, 2005, 57: 79-89.

Donaldson, S. I. , & Ko, I. Positive Organizational Psychology, Behavior, and Scholarship: A Review of the Emerging Literature and Evidence Base [J]. *Journal of Positive Psychology*, 2010, 5 (3): 177-191.

Dutton, J. E. , Dukerich, J. M. & Harquail, C. V. Organizational Images and Member Identification [J]. *Administrative Science Quarterly*, 1994, (34): 239-263.

Eisenberger R., Huntington R., Hutchison S., Sowa D. Perceived Organizational Support [J]. *Journal of Applied Psychology*, 1986, 71 (3): 500 – 507.

Englewood Cliffs Patcnen. *ParticipationAchievement and Involvement on the Job* [M]. NJ: Prentice Hall. 1970

E. T. Canrinus, M. Helms-Lorenz, D. Beijaard, J. Buitink, A. Hofman. Self-efficacy, Job Satisfaction, Motivation and Commitment: Exploring the Relationships between Indicators of Teachers' Professional Identity [J]. *European Journal of Psychology of Education*, 2012, 27 (1): 115 – 132.

Farh J. L. Zhong C. B., Organ D. W. Organizational Citizenship Behavior in the People's Republic of China [J] *Organization Science.* 2004, 15.

Fay, D., Frese, M. The Concept of Personal Initiative: An Overview of Validity Studies [J]. *Human Performance*, 2001, 14 (1): 97 – 124.

George J. M., Bettenhausen K. Understanding Prosocial Behavior, Sales Performance, and Turnover: A Group Level Analysis in a Service Context [J]. *Journal of Applied Psychology*, 1990, 75 (6): 698.

Glomb T. M., Tews M. J. Emotional Labor: A Conceptualization and Scale Development [J]. *Journal of Vocational Behavior*, 2004, 64.

Grant, A. M., Ashford, S. J. The Dynamics of Proactivity at Work [J]. *Research in Organizational Behavior*, 2008, 28 (28): 3 – 34.

G. vanderVink, R. M. Allen, J. Chapin, M. Crooks, W. Fraley, J. Krantz, A. M. Lavigne, A. LeCuyer, E. K. MacColl, W. J. Morgan, B. Ries, E. Robinson, K. Rodriquez, M. Smith, K. Sponberg, 赵英萍, 赵明淳. 为什么美国对自然灾害的承受力越来越弱？[J]. 世界地震译丛, 1999 (04): 86 – 89.

Haslam S. A. Your Wish is Our Command: The Role of Shared Social Identity [J]. *Social Identity Processes in Organizational Contexts*, 2001, 213.

Hrebiniak L. G., Alutto J. A. Personal and Rolerelated Factors in the Development of Organizational Commitment [J]. *Administrative Science Quarterly*, 1972: 555 – 573.

Judge T. A., Watanabe S. Another Look at the Job Satisfactionife Satisfaction Relationship [J]. *Journal of Applied Psychology*, 1993, 78 (6): 939.

Lee T. W., Mitchell T. R., Sablynski C. J., et al. The Effects of Job Embeddedness on Organizational Citizenship, Job Performance, Volitional Absences, and Voluntary Turnover [J]. *Academy of Management Journal*, 2004, 47 (5): 711-722.

Lehman W. E., Simpson D. D. Employee Substance Use and on-the-job Behaviors [J]. *Journal of Applied Psychology*, 1992, 77 (3): 309.

Lewin A. Y., Long C. P., Carroll T. N. The Coevolution of New Organizational Forms [J]. *Organization Science*, 1999, 10 (5): 535-550.

Liesbet H., Gary M. Unraveling the Central State, but How? Types of Multi-level Governance [J]. *American Political Science Review*, 2003, 97 (2): 233-243.

Lincoln J. R., Guillot D. *Durkheim and Organizational Culture* [R]. *Powered by the California Digital Library*, University of California, 2004.

Luthans, F., Avey, J., Avolio, B. J., Norman, S. M., & Combs, G. M. Psychological Capital Development: Toward a Micro-intervention [J]. *Journal of Organizational Behavior*, 2006, 27 (3): 387-393.

Luthans, F. Positive Organizational Behavior (POB): Implications for Leadership and HR Development and Motivation [J]. *Motivation and Leadership at Work*, 2003: 187-195.

Mael F., Ashforth B. E. Alumni and their Alma Mater: A Partial Test of the Reformulated Model of Organizational Identification [J]. *Journal of Organizational Behavior*, 1992, 13 (2): 103-123.

McCread T. Portfolios and the Assesement of Competence in Nursing: A Literature Review [J]. *Int J Nurs Stud*, 2007, 44 (1): 143-151.

McGowen K. R., Hart L. E. Still Different after all these Years: Gender differences in Professional Identity Formation. Professional Psychology: Research and Practice, 1990, 21: 118-123

Meyer J. P., Allen N. J., Smith C. A. Commitment to Organizations and Occupations: Extension and Test of a Three Component Conceptualization [J]. *Journal of Applied Psychology*, 1993, 78 (4): 538-551.

Moorman R. H., Blakely G. L. Individualism Collectivism as an Individual Difference Predictor of Organizational Citizenship Behavior [J]. *Journal of Organizational Behavior*, 1995, 16 (2): 127-142.

Morgan, J. M., Reynolds, C. M., Nelson, T. J., Johanningmeier, A. R., Griffin, M. & Andrade, P. Tales from the Fields: Sources of Employee Identification in Agribusiness [J]. *Management Communication Quarterly*, 2004, (17): 360 – 395.

Mowday R. T., Porter L. W., Steers R. M. *Employee Organization Linkage* [J]. *The Psychology of Commitment Absenteism, and Turn over*, Academic Press Inc. London, 1982.

Organ D. W. Organizational Citizenship Behavior: It's Construct Clean-up Time [J]. *Human Performance*. 1997, 10.

Organ, D. W. and Hammer, W. C. *Organizational Behavior. Business Publications*, Plano, Texas, 1982.

Osterman P. Work Reorganization in an Era of Restructuring: Trends in Diffusion and Effects on Employee Welfare [J]. *ILR Review*, 2000, 53 (2): 179 – 196.

Patchen, M. Participation, Achievement, and Involvement on the Job [M]. Englewood Cliffs, NJ: Prentice-Hall, 1970.

Peterson C., Seligman M. E. P. *Character Strengths and Virtues: A Handbook and Classification* [M]. Oxford University Press, 2004.

Salami S. O. Moderating Effect of Emotional Intelligence on the Relationship between Emotional Labor and Organizational Citizenship Behavior [J]. *European Journal of Social Sciences*, 2007, 5 (2).

Schein E. *Career Dynamics: Matching Individual and Organizationa Needs*. Addison-Wesley Publishing Company, 1978: 12

Shforth, B. E. & Mael, F. Social Identity Theory and the Organization [J]. *Academy of Management Review*, 1989, (14): 20 – 39.

Simon, H. A., & March, J. G. (1958). *Organizations*. New York: John Wiley & Sons.

Snyder C. R., Lopez S. J. The Future of Positive Psychology [J]. *Handbook of Positive Psychology*, 2002: 751 – 767.

Van Knippenberg D. Work Motivation and Performance: A Social Identity Perspective [J]. *Applied Psychology*, 2000, 49 (3): 357 – 371.

Vincent-Höper S., Muser C., Janneck M. Transformational Leadership, Work Engagement, and Occupational Success [J]. *Career Development Interna-*

tional, 2012, 17 (7): 663-682.

Wijayanto B. R., Kismono G. The Effect of Job Embeddedness on Organizational Citizenship Behavior: The Mediating Role of Sense of Responsibility [J]. *Gadjah Mada International Journal of Business*, 2004, 6 (3): 335-354.

Wright T. A., Bonett D. G. The Moderating Effects of Employee Tenure on the Relation Between Organizational Commitment and Job Performance: A Meta-analysis [J]. *Journal of Applied Psychology*, 2002, 87 (6): 1183-1190.

附　录

调查地区：_____省____市 调查员姓名：_____ 问卷号：_____

新生代职业群体公民行为调查问卷

尊敬的职场朋友：

　　　　您好！

　　我们是"新生代职业群体公民行为研究"课题组成员，为帮助职场打拼的新生代工作者获得更多的社会支持，探究基层社会民主法制建设的可行路径，促进地区经济创新发展，需要了解本地区新生代工作者社会支持的现状和经验，及时向政府及有关部门反映新生代工作者存在的问题，并就如何拓宽新生代工作者的社会支持渠道提出政策建议。我们这次调查的目的是想知道您在社会认同方面的真实想法，希望能够得到您的支持和帮助。本调查仅供研究使用，答案也没有正确错误之分，请根据您自己的实际情况填写如下问卷。

　　衷心感谢您的支持与合作！

（附：本研究的调查对象是1980年以后出生，36岁以下的新生代工作者）

Ⅰ 基本情况调查

1. 您的性别　　　　A. 男　　　B. 女
2. 您的出生年月：____年__月
3. 您的民族：_____

4. 您是否共产党员　　　　A. 是　　　　B. 否

5. 您来自：　　　　　A. 城市　　　B. 农（乡）村

6. 工作时间总计：＿＿年＿月；在现在单位工作时间：＿＿年＿月

7. 您目前的月收入是＿＿元

8. 您目前工作所在地＿＿＿＿＿省＿＿＿＿市＿＿＿＿县

9. 您家乡所在地＿＿＿＿＿省＿＿＿市＿＿＿县

10. 您目前所处的行业是：＿＿＿＿岗位是：（比如：生产、销售、管理、财务等）＿＿＿＿

10.1 您所在企业的经济类型：

A. 国有（营）　　　　B. 民营　　　　　C. 港澳台独（合）资

D. 外商独（合）资　　E. 个体工商户　　F. 乡镇企业

G. 家族企业　　　　　H. 家庭手工作坊　I. 自由职业者

J. 其他类型

10.2 （仅党政机关回答）您的行政职务是：

A. 没有行政职务　　　B. 副科级　　　　C. 正科级

D. 副县级　　　　　　E. 正县级　　　　F. 副市级

G. 正地市级及以上

10.3 （仅企业工人回答）您在企业里处于的位置是：

A. 普通员工　　　　　B. 基层管理人员

C. 中层管理人员　　　D. 企业高层管理者/企业法人

11. 您的宗教信仰是：

A. 没有任何信仰　　　B. 佛教　　　　　C. 基督教

D. 伊斯兰教　　　　　E. 道教　　　　　F. 有信仰，其他教

G. 有信仰，但是不清楚具体是什么教

12. 您的文化程度是：

A. 小学及以下　　　　B. 初中　　　　　C. 高中或中专

D. 大专　　　　　　　E. 大学本科　　　F. 硕士

G. 博士及以上

13. 您是否有自己创业的打算：

A. 有　　　　　　　　B. 无

14. 您是否与您的父辈从事相同的工作：

A. 是　　　　　　　　B. 否

Ⅱ 社会认同量表

	完全不同意	比较不同意	说不清	比较同意	完全同意
[第一部分——职业认同分量表]					
一、职业认知					
(1) 我制定了职业生涯各阶段的具体目标	1	2	3	4	5
(2) 我了解目前工作的工作模式	1	2	3	4	5
(3) 我了解工作的职业价值观、职业伦理	1	2	3	4	5
(4) 我能够经常对工作中的问题进行思考与研究	1	2	3	4	5
(5) 我觉得目前职业和在学校时所期望的相符合	1	2	3	4	5
(6) 我目前的工作是中很重要的一部分	1	2	3	4	5
(7) 我认为目前的工作发展前景很好	1	2	3	4	5
(8) 我希望我的子女以后也能从事这项工作	1	2	3	4	5
(9) 我目前的工作社会地位高	1	2	3	4	5
二、职业成功					
(10) 在目前的单位里,我有许多发展机会	1	2	3	4	5
(11) 我目前的单位视我为宝贵的资源	1	2	3	4	5
(12) 凭借我的技能与经验,我有很多工作机会可以选择	1	2	3	4	5
(13) 我很容易就能在其他单位找到相类似工作	1	2	3	4	5
(14) 凭借我的技能与经验,其他组织视我为有价值的资源	1	2	3	4	5
(15) 我对自己的职业所取得的成功感到满意	1	2	3	4	5
(16) 我对自己为满足收入目标取得的进步感到满意	1	2	3	4	5
(17) 我对自己为满足获得新技能目标所得的进步感到满意	1	2	3	4	5
三、职业承诺					
(18) 从事当前职业能使我实现职业理想	1	2	3	4	5
(19) 目前的职业能发挥我的特长	1	2	3	4	5
(20) 我花较多时间阅读与目前的职业相关的资料	1	2	3	4	5
(21) 我愿意从事给予相同报酬,但不同于现有职业的另一职业的工作	1	2	3	4	5
(22) 如果我不必工作就能拥有必需的钱,我仍然会继续从事目前的职业	1	2	3	4	5

续表

	完全不同意	比较不同意	说不清	比较同意	完全同意
（23）我已经在目前的职业上投入太多个人努力（如教育），因而我不再考虑改变职业	1	2	3	4	5
（24）如果离开现在的职业，我会损失很多待遇，如住房、子女入学、离退休保险等	1	2	3	4	5
（25）一旦离开现在的职业，我很难找到更好的工作	1	2	3	4	5
（26）我认为接受过某类职业教育或培训的人，就应该为该职业贡献一段合理的时间	1	2	3	4	5

[第二部分——组织认同分量表]

一、组织嵌入

	完全不同意	比较不同意	说不清	比较同意	完全同意
（27）在这个组织（公司）工作，我很有归属感	1	2	3	4	5
（28）当组织（公司）取得成绩时，我会很兴奋	1	2	3	4	5
（29）看到组织（公司）的广告时，我觉得很开心	1	2	3	4	5
（30）当同事主动指出我的不足时，我觉得他/她是把我当自己人看	1	2	3	4	5
（31）当我与外界打交道时，我会想到我是代表着组织（公司）的形象	1	2	3	4	5
（32）当我遇到困难时，我首先会想到的是请求组织（公司）的帮助	1	2	3	4	5
（33）即使以后我离开了这家组织（公司），我也会经常自豪	1	2	3	4	5
（34）我认为组织（公司）员工是一家人	1	2	3	4	5
（35）我对组织（公司）很有感情	1	2	3	4	5
（36）谈论组织（公司）时，我经常用"我们"而非"他们"	1	2	3	4	5
（37）组织（公司）的成功就是我的成功	1	2	3	4	5
（38）我为自己能够参与组织（公司）的大型活动而激动	1	2	3	4	5
（39）我觉得我是组织（公司）的员工，是因为我签订了正式的劳动合同	1	2	3	4	5

二、组织凝聚力

	完全不同意	比较不同意	说不清	比较同意	完全同意
（40）我的上司工作能力很强，他做的许多事情都让我信服	1	2	3	4	5
（41）我的上司能积极地对我的工作做出反馈	1	2	3	4	5
（42）我朋友很羡慕我现在的工作	1	2	3	4	5
（43）组织（公司）提供我许多参与组织（公司）经营的决策机会	1	2	3	4	5
（44）组织（公司）没有为我提供足够的培训机会	1	2	3	4	5

续表

	完全不同意	比较不同意	说不清	比较同意	完全同意
（45）我对组织（公司）的付出得到相应的回报	1	2	3	4	5
（46）我能够从组织（公司）获得足够多的信息来完成我的工作	1	2	3	4	5
（47）在这家组织（公司）工作我感到很有前途	1	2	3	4	5
（48）总的来说，这家组织（公司）的薪酬福利政策比同行其他公司好	1	2	3	4	5
（49）在这家组织（公司）工作，我能接触到许多信息和资源，这是同行其他公司不能提供的	1	2	3	4	5
（50）我所在的组织（公司）很有凝聚力	1	2	3	4	5
（51）为了出色地完成工作，同事们能够团结一致	1	2	3	4	5
（52）当同事知道我身体不适时，他们会主动来关心	1	2	3	4	5
（53）组织（公司）为我提供了梦寐以求的生活	1	2	3	4	5
[第三部分——法律认同分量表]					
一、法律态度					
（54）我对于现阶段法律完全赞成	1	2	3	4	5
（55）我能够遵守法律	1	2	3	4	5
（56）我愿意学习法律知识	1	2	3	4	5
（57）我认为可以正常接触犯过法的人	1	2	3	4	5
（58）我没有犯过法	1	2	3	4	5
（59）我愿意检举犯法的人	1	2	3	4	5
二、法律认知					
（60）我了解当前的法律方面知识	1	2	3	4	5
（61）我认为个人犯法对社会的危害不大	1	2	3	4	5
（62）我认为犯过法的人都不是好人	1	2	3	4	5
[第四部分——身份认同分量表]					
一、社会距离					
（63）我感到被忽略	1	2	3	4	5
（64）人们好像不接纳我	1	2	3	4	5
（65）人们对我的看法与我自己的看法差别很大	1	2	3	4	5
（66）常常无法拒绝别人做些违心的事，很少倾诉自己的想法	1	2	3	4	5
（67）其实，我没几个真心好的朋友，常常感觉很孤独	1	2	3	4	5

续表

	完全不同意	比较不同意	说不清	比较同意	完全同意
（68）在聚会场合我总能准确找到自己的角色定位，能够参与进大家的互动中	1	2	3	4	5
（69）我感到我对周围人很适应	1	2	3	4	5
（70）我的价值被他人所承认	1	2	3	4	5
（71）我具有很好的社交能力，人缘也很好	1	2	3	4	5
（72）我认为我对于我的朋友们是重要的	1	2	3	4	5
二、安全感					
（73）我时常怀疑自己的工作能力	1	2	3	4	5
（74）我害怕与不熟悉的人交往	1	2	3	4	5
（75）面对不熟悉的环境，我常常感到无所适从	1	2	3	4	5
（76）面对人际冲突，我常常会不知所措	1	2	3	4	5
（77）我感觉自己承受的各方面压力很大	1	2	3	4	5
（78）我时常担心自己的人身安全	1	2	3	4	5
（79）面临巨大的心理压力时，我会通过合理的方法缓解压力	1	2	3	4	5
（80）比较敏感，别人的窃窃私语我总是容易联想到是对自己不满的评价	1	2	3	4	5

[第五部分——公民行为分量表]

一、个人约束					
（81）我不会为了自己的利益而损害企业利益	1	2	3	4	5
（82）我的行为规范符合企业要求	1	2	3	4	5
（83）我会时刻维护企业形象	1	2	3	4	5
（84）我会参加并支持企业的各种联谊、会议等	1	2	3	4	5
（85）我会向企业提供相关的意见建议	1	2	3	4	5
（86）与其他人相比，我的出勤率较高	1	2	3	4	5
（87）我会主动向同事介绍自己的工作经验	1	2	3	4	5
二、群体约束					
（88）我认为同事认可我在工作中的表现	1	2	3	4	B1___
（89）我把其他成员看作自己的朋友	1	2	3	4	B2___
（90）在工作中我同他人的工作关系很密切	1	2	3	4	B3___
（91）我必须和他人一起才能完成工作	1	2	3	4	5

续表

	完全不同意	比较不同意	说不清	比较同意	完全同意
（92）我自己的绩效依赖于来自他人的准确信息	1	2	3	4	5
（93）我工作的方式对他人有重要影响	1	2	3	4	5
（94）我的工作要求同他人很频繁地进行协商	1	2	3	4	5
三、工作约束					
（95）我觉得和其他企业做类似工作的人相比我的工资比较高	1	2	3	4	5
（96）我认为工作的环境很好，所以在这里工作	1	2	3	4	5
（97）我的工作具有挑战性并且有一种成就感	1	2	3	4	5
（98）我经常想离开现在的工作	1	2	3	4	5
（99）如果有机会，我很可能去做新工作	1	2	3	4	5
（100）即使企业效益差，我也不会离开	1	2	3	4	5
（101）我愿意为企业贡献全部心血	1	2	3	4	5

Ⅲ 职业群体行为量表

	完全不同意	比较不同意	说不清	比较同意	完全同意
一、互动程度					
（1）我的工作小组不会为了本小组利益而损害企业利益	1	2	3	4	5
（2）我的工作小组不会为了本小组利益而损害其他小组的利益	1	2	3	4	5
（3）我的工作小组时刻维护企业形象	1	2	3	4	5
（4）我的工作小组会参加并支持企业的各种联谊、会议等	1	2	3	4	5
（5）我的工作小组会主动参与企业的变革行动	1	2	3	4	5
（6）我的工作小组会向企业提供相关的意见建议	1	2	3	4	5
（7）与其他工作小组相比，我的工作小组出勤率较高	1	2	3	4	5
（8）我的工作小组会积极进行内部变革，以谋求企业最大利益	1	2	3	4	5
（9）我的工作小组会与其他工作小组联络与沟通	1	2	3	4	5
（10）我的工作小组关心小组成员的个人生活问题	1	2	3	4	5
（11）我的工作小组会给其他工作量沉重的小组提供支援	1	2	3	4	5

续表

	完全不同意	比较不同意	说不清	比较同意	完全同意
(12) 我的工作小组会帮助遇到困难的其他工作小组的成员	1	2	3	4	5
二、群体目标	1	2	3	4	5
(13) 我们工作小组的优先目标与企业的优先目标相似	1	2	3	4	5
(14) 我们工作小组与企业有相似的工作目标	1	2	3	4	5
(15) 我们工作小组与企业的工作目标没有差异	1	2	3	4	5
(16) 我所在小组是非常具有胜任力的	1	2	3	4	5
(17) 我所在小组做事非常有效率	1	2	3	4	5
(18) 我所在小组能够把工作做得很好	1	2	3	4	5
三、协作精神					
(19) 愿意帮助新同事适应工作环境	1	2	3	4	5
(20) 我的同事愿意帮助其他同事解决工作中的相关问题	1	2	3	4	5
(21) 我的同事愿意在需要的时候分担其他同事的工作任务	1	2	3	4	5
(22) 和同事相比,我的工作成绩比较优秀	1	2	3	4	5
(23) 我的领导对我的工作成绩比较满意	1	2	3	4	5
(24) 同事对我的工作成绩评价比较高	1	2	3	4	5
(25) 我的工作成绩经常受到单位的表扬	1	2	3	4	5

请对自己的工作能力打分:(　　)

请对自己在同事中的认可程度打分:(　　)

请对自己对从事岗位的认可程度打分:(　　)

请对自己对所在企业的认可程度打分:(　　)

请对自己在工作单位的守法情况打分:(　　)

请对自己帮助企业完成任务情况打分:(　　)

请对自己的社会地位满意程度打分:(　　)

请对自己的社会交往程度打分:(　　)

请对自己的人际关系情况打分:(　　)

请对企业对员工的照顾程度打分:(　　)

6　5　4　3　2　1

很高　　　　很低

调查员指导手册

1. 调查对象特征：1980 年以后出生的各类在职人员。

工作类型包括：

- 企业各层次人员：法人、管理者、职员、工人……
- 事业单位：教师、行政人员、后勤人员……
- 公务员
- 个体经商户
- 自由职业者
- 其他各行业务工人员

2. 调查员要自备抽样卡 20 张，抽样方案如下：

①到每一企业后先抽部门，将部门编号，随机抽取 3~10 个部门；

②调查每个部门的所有岗位/工种，对每个岗位/工种抽 3~5 人；

③通用抽样原则：

  总体 50~100 人，抽样 10~30 人；

  总体 100~200 人，抽样 30~50 人；

  总体 500 人以下，抽样 100 人；

  总体 500 人以上，抽样不超过 200 人。

3. 开场白要自然、诚实：您好！我（们）是"新生代职业群体公民行为研究"课题组成员，非常感谢您能接受我们的调查！我们课题组想了解本地新生代在职人员的社会认同的情况，想知道您在这方面的真实想法，希望能够得到您的支持和帮助！谢谢！

4. 在访问时要向被访者重复说明如何填写：本问卷所有题均为单选。遇到有线的问题，就请直接在上面填写。

5. 调查员调查前应仔细阅读问卷，清楚每一题的填答方法，随时回答被调查人的提问。

6. 调查表填写完成后，调查员要仔细检查填写情况，尽量在填答人离开前确保无漏答和错填，检查内容：

①是否按要求填答；

②有无漏答的问题；

③调查员在回收问卷后将每题的答案号填在横线上。无法取得

被调查人意见的漏答问题填写 8；调查人拒绝回答的问题填写 9。

7. 调查员在调查中要求诚实、认真、谦虚、耐心。调查结束后，将调查问卷交给负责人，负责人逐一核查问卷，无误后再统一输入数据库。

图书在版编目(CIP)数据

新生代职业群体：公民行为与社会治理／张凤荣著. -- 北京：社会科学文献出版社，2018.10
（马克思主义社会学与新时代社会治理研究）
ISBN 978 - 7 - 5201 - 3268 - 8

Ⅰ.①新… Ⅱ.①张… Ⅲ.①民工 - 社会管理 - 研究 - 中国 Ⅳ.①D422.6

中国版本图书馆 CIP 数据核字（2018）第 186337 号

马克思主义社会学与新时代社会治理研究
新生代职业群体：公民行为与社会治理

| 著　　者 / 张凤荣

| 出 版 人 / 谢寿光
| 项目统筹 / 杨桂凤
| 责任编辑 / 胡　亮

| 出　　版 / 社会科学文献出版社·社会学出版中心（010）59367159
  地址：北京市北三环中路甲29号院华龙大厦　邮编：100029
  网址：www.ssap.com.cn
| 发　　行 / 市场营销中心（010）59367081　59367018
| 印　　装 / 三河市龙林印务有限公司

| 规　　格 / 开　本：787mm × 1092mm　1/16
  印　张：19　字　数：322千字
| 版　　次 / 2018年10月第1版　2018年10月第1次印刷
| 书　　号 / ISBN 978 - 7 - 5201 - 3268 - 8
| 定　　价 / 89.00元

本书如有印装质量问题，请与读者服务中心（010 - 59367028）联系

版权所有 翻印必究